Lith. Anst. v. M. Seeger. Stuttgart.

Fertig zur Abfahrt!

# Das
# Neue Universum

Die interessantesten
Erfindungen und Entdeckungen
auf allen Gebieten

Ein Jahrbuch für Haus und Familie
besonders für die reifere Jugend

* *
*

Mit 264 Abbildungen

Stuttgart
Verlag von W. Spemann

Bei dem vorliegenden Werk
handelt es sich um den unveränderten Nachdruck
des 1882 erschienenen dritten Bandes
des Jahrbuchs
DAS NEUE UNIVERSUM


ISBN 3-517-00884-2

# „Was das Buch will.“

Das Erscheinen eines weitern Jahrgangs des „Neuen Universums“ wird, wie wir aus zahlreichen Zuschriften zu unserer Freude ersehen, in den verschiedensten Kreisen, soweit die deutsche Zunge erklingt, diesseits wie jenseits des Ozeans, als ein frohes Ereignis begrüßt. Wir betrachten es deshalb als ernsteste Pflicht, unablässig an der Vervollkommnung unseres Werkes zu arbeiten, und ein Blick in den vorliegenden Jahrgang desselben wird genügen, um erkennen zu lassen, daß nichts gescheut wurde, um das Höchste zu leisten! Wort und Bild stehen auf gleich hoher Stufe und die Reichhaltigkeit unsers Universums gestaltet es zu einem wahrhaften Orbis pictus, in welchem dem empfänglichen Gemüt das Ringen und Treiben des schaffenden Menschengeistes, der Triumph und Sieg des neunzehnten Jahrhunderts über die Kräfte der Natur vorgeführt werden. Und wie rasch schreitet nicht die Menschheit vorwärts! Man durchblättere die bis jetzt erschienenen drei Bände des Neuen Universums und man wird in jedem überraschende Fortschritte geschildert finden. Im vorliegenden Bande gehört hierhin unter vielen andern die Gotthardbahn mit der weiten langen nachtdunkeln Triumphstraße, welche menschliche Willenskraft durch den Felsen schlug; es gehören hierhin die Fortschritte im Baue der Kriegsschiffe, die von kundiger Feder überaus interessant und eingehend geschildert werden; es gehört hierhin die äußerst sinnreiche Erfindung der photographischen Büchse, welche die Jagd auf fliegende Bilder ermöglicht. Daneben machen wir aufmerksam auf die ausführliche Schilderung des ungeheuren Krupp'schen Etablissements, denn eine derartige Darstellung desselben in Wort und Bild ist bisher noch niemals veröffentlicht worden. Doch was sollen wir hier Einzelheiten hervorheben wo die reiche Mannigfaltigkeit jede Wahl schwer macht und der eine sich vorzugsweise für diese Erfindung, der andre für jenen Fortschritt am meisten interessiert! Genug, daß auch der vorliegende Jahrgang überaus reich an neuen, interessanten Beschreibungen, Schilderungen, Bildern ist, daß er wie die frühern eine unerschöpfliche Quelle der Belehrung und Unterhaltung gewährt, eine Quelle, die immer neu und stets verjüngend sprudelt.

Froh im Gefühle der Anerkennung, welche unser Streben: aus allen Teilen der Erde das Neueste, Wissenswerteste und Interessanteste zu sammeln und in Bild und Wort dem Leser vorzuführen, gefunden hat, senden wir den dritten Jahrgang dieses einzig in seiner Art dastehenden Werkes in die Welt hinaus mit dem Wunsche:

Es sei willkommen!

Die Redaktion. Die Verlagshandlung.

Auf dem Dache des Zentral-Wetter-Bureaus zu Washington.

# Das Zentral-Wetter-Bureau der Vereinigten Staaten.

Wohl eins der interessantesten Gebäude in einer der interessantesten Städte der Welt, wenn sie auch noch keine hundert Jahre alt ist, nämlich in Washington, ist das geräumige Doppelhaus, in welchem die Geheimnisse des Wetters den stummen Elementarkräften der Luft abgerungen werden. Ueberrascht stehen wir hier vor einer erstaunlich großen Anzahl der genialsten und sinnreichsten Instrumente, die, das Wirken der Naturkräfte belauschend, dieselben dem Menschen zum segensreichen Dienste zwingen.

Schon das Aeußere des Gebäudes verrät, daß es zu etwas ganz Außerordentlichem bestimmt ist. Doch ist es nicht die Form oder die Bauart desselben — wenigstens nicht an der Straßenfront — die uns dies vermuten läßt; nein, seine Fassade unterscheidet sich in gar nichts von der so vieler hundert anderer Häuser in amerikanischen Städten. Richten wir aber unsern Blick aufwärts, so werden wir gewahr, daß wir es hier mit etwas ganz Besonderem zu thun haben, und wenn wir beim Anblicke der Dutzende von Telegraphendrähten, die von der Straße in den Hof hineinführen, vielleicht erst geneigt waren, ein Telegraphen-Zentralbureau daselbst zu vermuten, so belehrte uns ein Blick, den wir — seitlich in die Straße zurücktretend — auf das Dach und in den Hof werfen, bald genug eines Besseren. Und wenn wir's noch nicht wußten, so wissen wir's jetzt:

das kann nur das Hauptquartier des Old Prob*) sein, das Zentralstationsgebäude des meteorologischen Dienstes der Vereinigten Staaten. Und so ist es! Die unzähligen Drähte, die da oben den Himmel im Zickzack mit Kreuz- und Querstrichen bedecken, diese Drähte tragen mit Blitzesschnelle die Geheimnisse der „Dinge zwischen Himmel und Erde" von den eisigen Gestaden der großen Seen, vom sonnigen Süden, von Kaliforniens Goldküste und von den hafenreichen Ufern der Atlantis, von den Piks der Felsengebirge, von den Savannen und Prairien im Herzen des riesigen Kontinentes, wie vom Mississippithale und den Cypressensümpfen der Golfstaaten herzu. Und erst auf dem Dache! Da wimmelt es von Stangen und Wetterfahnen, Spiegeln und Metallscheiben, Kugeln und Kreuzen, runden und eckigen Blechgefäßen, kurz von allen möglichen Gestellen mit allen nur denkbaren Apparaten und Instrumenten, die der Erfindungsgeist des Menschen erdacht, um die Natur der Wissenschaft zu erschließen und dienstbar zu machen.

Ja, nicht auf diesem Dache allein, sondern auch auf denen der benachbarten Häuser erheben sich diese vierarmigen Wächter, diese Miniaturwindmühlen, auch über sie erstreckt sich das dichte Netz der elektrischen Drähte. Und das alles steht nicht etwa still, sondern die Windmühlflügel schwirren lautlos ihren Reigen und die mit ausgehöhlten Metallscheibchen besetzten Arme jagen im Wirbel umher, unaufhörlich, ohne Rast, bald langsamer, bald schneller, so daß einem schwachbesaiteten, zur Seekrankheit geneigten Gemüte wirklich schwach und jämmerlich zu Mute werden könnte auf dieser schwindelnden Höhe. Und dies thun sie Tag und Nacht, Sommer und Winter, jahraus, jahrein; erst eine einzige Unterbrechung haben sie sich zu schulden kommen lassen, und dabei traf sie eigentlich gar keine Schuld, denn sie wollten ihr Möglichstes

Die meteorologische Zentralstation in Washington.

*) Die Ueberschrift der in allen Zeitungen der Vereinigten Staaten täglich veröffentlichten Bulletins des meteorologischen Bureaus: ‚Probabilities' wurde dem allerwärts beliebten und hochgeachteten Chef, General Myers, im Volksmunde humoristischerweise als Spitzname beigelegt.

thun. Es war im letzten August, als ein Wirbelsturm über die Bundeshauptstadt zog; die kleinen fleißigen Rädchen und Windmühlen, die Windfahnen und mit Metallscheibchen versehenen Kreuze drehten sich und drehten sich; der Wind wurde stärker und heftiger, er wurde zum Sturme, zum Orkane. Und immer rasender flogen die kleinen fleißigen Burschen umher, 1100 Meilen Wind hatten sie schon seit Beginn des Arbeitstages (7½ Uhr Morgens) registriert, da — ein weiterer noch fürchterlicher Windstoß des Cyklons und das Dach war reingefegt von allen den sinnreichen Apparaten, wie ein Tisch, über den das Kind mit seiner Hand das Spielzeug herunterwerfend, wegfährt!

Doch treten wir ein in das schmucklose Gebäude, auf dessen Dach uns unsere Phantasie, die vorschnelle, schon geführt!

Durch einen geräumigen Hausflur, dessen Wände mit Karten, Zeichnungen und dergleichen bedeckt sind, gelangen wir zur Treppe; wir eilen an den verschiedenen Thüren in den unteren Stockwerken vorbei in den obersten und betreten den Instrumentensaal. Hier stürmt wieder „eine Fülle der Gesichte" auf uns ein, wie sie Faust in seiner düstern, gewölbten Zelle nicht schwerer bedrängt haben können. In großen Glaskästen findet sich da alles, was nur an Uhren und Chronometern, Zifferblättern und Zeigern, an kunstvollen Mechanismen, an Barometern, Thermometern, Hygrometern, Psychrometern und all den andern Metern Denkbares existiert.

Der Instrumentensaal.

Ein beschränktes Gemüt dürfte sich wohl in dieser seltsamen Gesellschaft, in welcher eine bedrückende Stille herrscht, recht sonderbar fühlen, und seine Ahnung, daß es hier „nicht mit rechten Dingen zugeht", würde zur Gewißheit werden, sollte es zu verstehen im stande sein, was uns unser Cicerone jetzt mit halb-, nein mit ein achtellauter Stimme zuraunt:

„Dort das Ombrometer, welches die neuesten Verbesserungen hat, registriert die Regenmenge auf den vierhundertsten Teil eines Zolles; dort die Barometer zeigen die Aenderungen des Luftdruckes auf einen viertausendstel Zoll einer Quecksilbersäule an; natürlich ist, wie überall, der Kobold, der neuerdings in allem seine Hand im Spiel hat, die Elektrizität, allein im stande, die Instrumente zu solchen Leistungen zu befähigen. Und so kommt es, daß Entfernungen nicht mehr existieren. Ein Barometer, das in New-York aufgestellt ist, registriert seine Schwankungen in San Franzisko oder Washington; ein Thermometer auf Pikes Pik, nahe den Regionen des ewigen Schnees, hat sein Steigen und Fallen in kontinuierlicher Linie auf einen Papierstreifen registriert, der hier unter unsern Blicken mit schneckenartiger Langsamkeit sich ab- und wieder aufwickelt. Dort ist Pater Secchis Meteorograph, Dr. Robinsons Anemograph, der mit der Anzahl kleiner Flügelkreuze und Windmühlen in Verbindung steht, die uns vom Dache herab entgegenwinken.

„Dieses Instrument verdrängt alle andern durch seine Einfachheit. Es dreht sich mit einer Geschwindigkeit, die ein Drittel von der des Windes repräsentiert und 500 Umdrehungen repräsentieren eine Meile Weges, die der Wind zurücklegt.

„Dort drüben neben dem Glaskasten, welcher Modelle aller Wolkenformen (aus Wolle hergestellt) enthält, befindet sich das Aimé'sche Nephoskop, welches dazu dient, Wolkenrichtungen zu bestimmen, die in höheren Regionen, als die des unten herrschenden Windes, so häufig verschieden von deren Richtung vorkommen."

Beobachten des Barometerstandes.

An einem Beamten vorüber, der eben mit dem Ablesen des Barometers beschäftigt ist, betreten wir das die photographischen Vorrichtungen enthaltende Gemach. Hier wird, so zu sagen, das Wetter porträtiert; auf langen Streifen, von, für photographische Aufnahmen empfänglichem Papier, werden durch längere Exposition oder kürzere beim Lichte einer „ewigen Lampe" tiefere oder hellere Schattenlinien erzeugt und so die Temperatur eines Thermometers — das übrigens am Ende eines 500 Meilen langen elektrischen Drahtes befindlich sein darf — unausgesetzt und der genauesten Kontrolle zugänglich fixiert.

Auf dem ganzen ungeheuren Gebiete

der Vereinigten Staaten existieren 300 Stationen; von diesen nehmen 143 ganz genaue meteorologische Beobachtungen und stehen mit dem Zentralbureau in telegraphischer Verbindung. Dieselben müssen dreimal täglich gleichzeitig berichten. Von den übrigen sind 24 sogenannte ‚Sunset-Stations‘, 24 ‚Special-River-Stations‘ behufs Beobachtungen des Wasserstandes

Photographischer Apparat zur Aufnahme der Temperatur.

in den für den Verkehr wichtigen Flüssen, 12 sogen. ‚Display-Stations‘, in denen durch bestimmte Signale den Schiffen gewisse Information über Winde und dergl. gegeben wird, 12 ‚Commercial-Stations‘ in Häfen und 3 ‚Printing-Stations‘, in denen die täglichen Karten gedruckt und nach allen größeren Verkehrsplätzen versendet werden.

Telegraphische und Post-Berichte kommen dem Bureau ferner von 19 Stationen in Kanada und 4 in Westindien zu; seit November 1879 sind auch die Seeschiffe aller Flotten verpflichtet, eine gleichzeitige Beobachtung jeden Tag anzustellen. Diese schwimmenden Stationen auf allen Ozeanen werden das Verständnis über Entstehen, Verlauf und Richtung der Stürme bedeutend fördern helfen.

Die drei gleichzeitigen Beobachtungen der 143 Stationen (die um 7.35 Uhr Vorm., 4.35. Nachm. und 11 Nachts stattfinden) beziehen sich auf:

1. Luftdruck (Barometer).
2. Temperatur (Thermometer).
3. Richtung und
4. Geschwindigkeit des Windes (Anemometer und Anemograph).
5. Regenmenge (Ombrometer).
6. Feuchtigkeitsgehalt (Psychrometer).
7. Taupunkt (Hygrometer).
8. Form und Anzahl der Wolken in oberen und unteren Luftschichten (Nephoskop).

Ferner sind noch 3 örtliche Beobachtungen gebräuchlich (um 7 Uhr Vorm., 2 Uhr Nachm. und 9 Uhr Abends) und eine weitere um 12 Uhr Mittags. Aber auch zu Sonnenuntergang ist eine Beobachtung vorgeschrieben und endlich ist noch die durch den meteorologischen Kongreß in Rom (1879) beschlossene 6 Uhr Nachmittagsbeobachtung, die (durch die Flottenschiffe) auf der ganzen Erde gleichzeitig stattfindet, zu berücksichtigen.

Die Organisation ist so ausgezeichnet und die Uebung der Adepten ‚Old Probs‘ eine so vollkommene, daß die wichtigen Berichte der Hauptstationen — über 200 an der Zahl — im ‚Report-Room‘ empfangen, im ‚Fact-Room‘ verzeichnet und in der großen Halle des Hausflurs von den Beamten (mit Pfeilen, Kreisen 2c.) auf die acht Karten übertragen und im ‚Study-Room‘ begutachtet und die daraus sich ergebenden Wahrscheinlichkeiten (Probabilities) ausgearbeitet werden in 35 bis 40 Minuten!

Die Superintendenten der meteorologischen Bureaus sämtlicher Staaten senden zweimal monatlich Berichte ein; die Zahl der täglich einlaufenden Berichte beläuft sich auf mindestens zweitausend. Darein sind die Berichte eingeschlossen, die von einem Orte dann eingesendet werden müssen, wenn die Lokalbeobachtung (12 Uhr Mittags) irgend welche beunruhigende Symptome verkündet.

Uebertragung von Berichten der Hauptstationen auf verschiedene Karten.

Die Arbeiten des meteorologischen Bureaus, die bekanntlich den ersten Rang einnehmen, eingehend zu beschreiben, ist hier nicht der Platz. Genüge es zu erwähnen, daß jede der acht Beobachtungen (s. o.) einer besonderen Abteilung zur Ausarbeitung übergeben wird. Dieselbe besteht im Eintragen sämtlicher Berichte in acht Spezialkarten, behufs Uebersicht. Aus den dadurch erleichterten Schlüssen wird dann der allgemeine Bericht zusammengestellt und die Wahrscheinlichkeiten (Probabilities) des Wetterzustandes für die nächste Periode über die ganzen Vereinigten Staaten telegraphiert, und durch Veröffentlichung in Morgen- und Abendzeitung erreichen dieselben wenigstens ein Drittel der Bevölkerung. Die Karten werden täglich gedruckt und durch die Post ebenfalls über das Land verbreitet. Namentlich bekommen alle Postämter, Militärposten, sowie Regierungsbehörden, wie Verwaltungen der größeren Verkehrs- und Industrie-Anstalten u. s. w. dieselben zugeschickt.

Das Beamtenpersonal rekrutiert sich meist aus der Armee, wie denn der ganze meteorologische Dienst eine militärische Pünktlichkeit und Disziplin verlangt, so daß das Bureau eine besondere Abteilung des Kriegsdepartements bildet. Es besteht aus:

Einem Chef nebst zwei Assistenten;
18 Offizieren verschiedener Chargen;
150 Sergeanten; 30 Korporalen und
260 Gemeinen,

zusammen also 460, außer dem (Generals-rang habenden) Chef.

Seit dem im letzten Jahre unerwartet schnell eingetretenen Ableben des Generals Albert Myers, des ausgezeichneten Organisators dieses hochwichtigen Verwaltungszweiges, ist General William B. Hazen, zum Chef ernannt worden, ein praktisch, wie theoretisch bewährter Militär, über dessen speziell-wissenschaftliche Befähigungen bisher nichts bekannt war.

Das meteorologische Bureau macht — wie alle seine staatlichen und Bundes-Unternehmungen dem Volke und der Regierung der großen Republik des Westens alle Ehre, und die volle Million, die es jährlich kostet, ist gewiß eine der bestverwendeten von all den vielen von zivilisierten Regierungen „verwendeten“ Millionen.

Auch bei uns im alten Europa gibt es bekanntlich „Witterungs-Observatorien“, von denen uns für den nächsten Tag das wahrscheinlich eintretende Wetter angekündigt wird. Wir werden gelegentlich unsere Leser auch zu einer europäischen Wetterwarte führen, wollen jedoch nicht verfehlen zu bemerken, daß sowohl drüben in Amerika als bei uns in Europa das Wetter sehr viele Tücken besitzt, die bis jetzt noch der Wissenschaft und allen Anstrengungen spotten, und daß die Ergebnisse der Wettervorausbestimmungen drüben wie hier noch ungemein vieles zu wünschen übrig lassen, sobald es sich um größere Länderbezirke handelt. Dagegen entwickelt sich die lokale Wetterprognose sehr erfolgverheißend.

## Neue transportable Dampfsägemaschinen.
### (Sägemühle.)

Wir haben unseren Lesern im ersten Bande des Neuen Universums (S. 119) einige neue Sägen in Wort und Bild vorgeführt, darunter auch eine Dampfsäge zum Fällen der Bäume. Die gegenwärtig abgebildete Maschine nun, welche von der Hereshoff Manufacturing Company in Bristol, Staat Rhode

Neue transportable Dampfsägemaschine.

Island fabriziert wird, erlaubt es das gefällte Holz sofort in Bretter und Pfosten zu zerschneiden. Die an anderer Stelle (s. d. Artikel „Dampfjachten") genauer beschriebene und abgebildete Konstruktion der von dieser Firma gebauten Röhrenkessel ermöglicht diese praktische Einrichtung. Das Ganze ist in der That eine transportable Sägmühle. Eine Explosion des Kessels ist bei derselben nicht zu befürchten.

---

# Die Gotthardbahn.

Ein rascher Verkehr der Länder und Städte untereinander ist in der neueren Zeit ein unabweisbares Bedürfnis geworden. Entfernungen, die jetzt in wenigen Stunden oder Tagen zurückgelegt werden, wurden früher von der Postschnecke, von Lastwagen, Reitern und Fußwanderern in kaum ebensovielen Wochen durchmessen. Gebirge und Flüsse trennten Länder und vermehrten die Entfernung; und nun gar die Meere!

Aber bleiben wir auf dem festen Lande. Das Altertum kannte zum Reisetransport nur Sklaven und Lasttiere. Die Wege waren nur Pfade; Straßen wurden erst durch die Bedürfnisse der Kriegskunst hervorgerufen. Wie sollten größere Militärmassen ohne Straßen vorwärtsgebracht werden? Aber auch diese ließen oft viel zu wünschen übrig. Die römischen Straßen in Deutschland — es haben sich viele derselben mehr oder weniger vollkommen erhalten — waren höchst roh gepflastert und so uneben, daß dadurch vielfach Hindernisse in der Bewegung entstanden. Aber noch viel schlechter waren die Straßen in den spätern Jahrhunderten, selbst bis in das vorige; erst gegen Ende desselben wurden bestimmte, durch Gesetze geregelte Normen für ihren Bau aufgestellt. Man suchte die Straßen zu befestigen, um zu vermeiden, daß das Fuhrwerk bei nassem Wetter im Schlamme versinke und stecken bleibe, oder bei trocknem Wetter durch die festgewordnen tiefen Geleise am Fortkommen gehindert werde. Um die Stockung so viel wie möglich zu vermindern, wurden die Straßen mit Steinen gefestigt; besser noch gelang dies durch das Niederlegen von Längshölzern, und endlich, lange vor der Erfindung der Lokomotive, wurden Eisenschienen gelegt, auf denen das Fuhrwerk mit geringster Reibung vorwärts bewegt wurde. Allerdings waren diese ersten Eisenbahnen nur auf wenige Bergbaudistrikte beschränkt, aber ihre Erfindung war insofern von der größten Bedeutung, als ohne dieselben die spätere Erfindung der Lokomotive wesentlich von ihrem Werte verloren haben würde.

Zwar hatte sich die Stephensonsche Lokomotive schon seit 1814 auf der Stockton-Darlington-Eisenbahn eingebürgert, aber bis zum Jahr 1826 herrschte großer Zweifel, ob es möglich sein würde, die Dampfkraft zum Transport von Lastwagen zur Beförderung der Post und von Personen zu verwenden. 1826 genehmigte das englische Parlament den Bau der Eisenbahn von Manchester nach Liverpool, und 1829 wurde ein Preis für die zweckmäßigste Lokomotive ausgeschrieben. Stephenson gewann ihn mit seiner Maschine „1829" und so war das Eis gebrochen. Der erste Versuch der Personenbeförderung im März 1829 übertraf alle Erwartungen.

Wie haben sich seitdem alle Ver-

Eisenbahnbrücke über die Göschener Reuß.

hältnisse geändert! Die erste vierrädrige Lokomotive von Stephenson wog 80 Zentner. Jetzt werden Ungeheuer von 1300 und mehr Zentner Gewicht hergestellt. Stephensons Lokomotive „Rakete“ hatte eine Geschwindigkeit von 25 km in der Stunde; seit 1855 kann man mit einer Geschwindigkeit von 100 km fahren; es ist die der Kurierzüge: 50 Fuß in der Sekunde!

Der erste gelungene Versuch mußte zur Nachahmung reizen. Sehr bald bedeckte sich England mit einem Eisenbahnnetz, auf dem Kontinent folgte zunächst Belgien, dann Deutschland, das 1835 die Strecke Nürnberg-Fürth und 1837 Leipzig-Dresden baute. Immer weitere Gebiete wurden von dem mehr und mehr sich vergrößernden Eisennetze überspannt. Die Unternehmungslust der Privatgesellschaften wuchs zusehends, und kolossale Kapitalien wurden durch dieselben flüssig gemacht und zum Eisenbahnbau verwendet.

Erst 1849 wurde in Deutschland von Preußen die erste Staatseisenbahn erbaut.

Jetzt hat Deutschland 3000 Meilen Eisenbahnen im Betrieb, auf der ganzen Erde aber durchmessen die Eisenbahnen 34000 geogr. Meilen, eine Linie, welche sechsmal größer ist als der Umfang der Erde.

In der ersten Zeit des Eisenbahnbaues waren die finanziellen Schwierigkeiten wohl auch leichter zu überwinden; länger dauerte es, über manche technische Hindernisse hinwegzukommen; zu diesen gehörten in erster Linie die hohen Gebirge mit ihren starken Steigungen und den engen gewundenen Thälern. Wie Mauern schieden sie immer noch die Völker und ihre Eisenbahnnetze.

Doch auch diese Schwierigkeit wurde überwunden durch kühne Gebirgsbahnen mit ihren vielfachen Windungen und zahlreichen geraden oder mehr oder weniger gekrümmten Tunneln. Die Bahnen über den Semmering, den Mont-Cenis, den Brenner, den südlichen Schwarzwald, über die Gebirge im Westen Nordamerikas wurden als Meisterwerke moderner Ingenieurwissenschaft gebaut und sind von der größten Bedeutung für den Verkehr großer Ländergebiete.

Immer aber waren Deutschland und die Schweiz nicht mit Italien verbunden, und diesem Mangel hilft nun die Gotthardbahn ab. Der Schienenweg über den Semmering nähert das Herz Oesterreichs dem adriatischen Meere, der über den Brenner kommt vorwiegend den Handelsbeziehungen Bayerns und Tyrols zu gute, der über den Mont-Cenis verbindet Frankreich mit Piemont und Genua. Aber das westliche Deutschland und die Schweiz haben durch das langjährige Fehlen einer Bahnverbindung mit Italien und der Levante in ihren Handelsbeziehungen Verluste erlitten, die wiedergewonnen werden müssen. Diese Aufgabe wird die Gotthardbahn erfüllen. Seit ihrer Vollendung wird von Zürich aus Mailand in derselben Zeit erreicht, wie etwa Stuttgart oder Augsburg; Basel-Mailand ist dieselbe Eisenbahnentfernung wie Basel-Mannheim. Dadurch müssen natürlich die bedeutendsten Verkehrsänderungen eintreten. Der wichtigste Seehafen für die Schweiz ist Genua; durch die Gotthardbahn wird er um einige hundert Kilometer nähergerückt. Aber ebenso verhält es sich mit einem großen Teil von Deutschland, Frankreich mit Belgien, Holland und England; auch für sie eröffnet sich ein neuer viel kürzerer und folgerecht außerordentlich wichtiger Verkehrsweg.

Bei den finanziellen und technischen Schwierigkeiten, die sich der Ausführung dieser weittragenden Schienenverbindung

Airolo.

entgegenstellten, ist es begreiflich, daß Jahre über die Vorverhandlungen hingingen. Doch wurden endlich die nötigen Geldmittel geschafft, und nun konnte auch damit begonnen werden, die technischen Hindernisse aus dem Wege zu räumen.

Jetzt ist die Gotthardbahn mit dem größten aller bis jetzt ausgeführten Tunnels vollendet. Eine besondere Schwierigkeit ergab sich bei dem Bau dadurch, daß die gesamte Bodenfläche der Bahn fortwährenden Veränderungen durch das massenhaft und heftig strömende Wasser unterworfen ist, welches hier Schluchten bildet, dort Massen von Schutt und Geröll absetzt. Gegen die schädigenden Einflüsse der Gießbäche, der Gletscher und Lawinen war die Bahn zu sichern; dabei sollte die höchste Stelle der Bahn nicht mehr als 1163 m über dem Meere liegen, die Steigung eine mäßige sein und der kleinste Durchmesser der Kurven 300 m betragen. Um diese Bedingungen zu erfüllen, wurden Berge in Schraubenlinien erklettert und wunderbare Schleifen in der Bahnstrecke gebildet.

Der große Gotthardtunnel ist nicht horizontal. Das Nordportal bei Göschenen liegt 1109, das Südportal bei Airolo 1145 m hoch und der Scheitelpunkt des ganzen Tunnels ist 1154 m über dem Meeresspiegel. Es steigt also die Bahn im Tunnel von Göschenen aus 7851 m mit 5,82 pro mille, um dann gegen Airolo schwächer wieder zu fallen.

Der höchste Punkt des Mont-Cenistunnels liegt beträchtlich höher (1295 m); dafür ist dieser Tunnel aber auch wesentlich kürzer (12,220 m gegen 14,950 m im St. Gotthard) und die Steigung viel stärker (22,2 pr. m im Maximum, 11,6 pr. m im Mittel).

Nach vieljährigen Verhandlungen der bei dem Zustandekommen der Bahn beteiligten Staaten, nach den sorgfältigsten Vermessungen und technischen Vorbereitungen wurde am 13. September 1862 bei Airolo und am 9. Dezember desselben Jahres bei Göschenen der Tunnel von beiden Seiten in Angriff genommen und bei der vorzüglich wirksamen Einrichtung der Bohrmaschinen rasch gefördert. Nur zweimal wurden die Arbeiten in ihrer Fortsetzung bedroht. Im Juli 1875 revoltierten die italienischen Arbeiter in Göschenen und im September 1877 brannte ein großer Teil Airolos ab. Aber diese Störungen waren vorübergehend und konnten beseitigt werden.

Als bewegende Kraft für die Bohrmaschinen diente eine ca. 100 m hohe Wassersäule, die von der Reuß aus zugeführt wurde und auf Turbinen wirkte, welche die Gebläse in Bewegung setzten. Die Einrichtung auf der Südseite war dieselbe, nur wurde die Kraft des fallenden Wassers der Tremola benutzt.

Die verdichtete Luft wurde bis vor Ort geleitet und setzte dann stählerne Meißel in Bewegung, welche dadurch gegen die Stollenbrust gestoßen wurden. Durch einen Strahl kalten Wassers in die Bohrlöcher wurden diese fortwährend vom Bohrmehl entleert und die Meißel abgekühlt.

Doch hatte die verdichtete Luft noch eine andere sehr wichtige Aufgabe. Waren die Bohrlöcher hinreichend tief und explodierten dann in denselben zahlreiche Dynamitpatronen, so wurde durch das Ausströmen der verdichteten Luft in kürzester Zeit der Tunnel von allem Rauch und den schädlichen Verbrennungsgasen befreit. Ueberhaupt war nötig, den Arbeitern fortdauernd frische Luft zum Atmen zuzuführen, umsomehr, als die Temperatur im Innern des Tunnels sich bedenklich steigerte. Dadurch wurden die Arbeiter nicht wenig belästigt. Eine Erhöhung der Temperatur bis zu 30 ° C. und etwas mehr war zwar noch zu ertragen. Bei dem projektierten Simplon-Tunnel würde sich dagegen wahrscheinlich eine Wärme von 47 bis 48° ergeben und dadurch die Ausführung der Arbeit unmöglich werden.

Louis Favre, Leiter des Tunnelbaues, † 19. Juli 1879.

Der kenntnisreiche und geistvolle technische Leiter des riesigen Unternehmens, Louis Favre von Chêne bei Genf, sollte die Beendigung seiner Arbeit nicht erleben. Wie ein Soldat in der Schlacht, so starb er mitten in seiner unermüdlichen Thätigkeit am 19. Juli 1879 infolge eines Schlaganfalls im Tunnel selbst. Doch wurde dadurch die Arbeit nicht unterbrochen und am 29. Februar 1880 insofern glücklich zu Ende geführt, als Morgens 9 Uhr der Durchschlag erfolgte,

d. h. die trennende Wand zwischen den beiden Tunnelstücken fiel. Als großer Triumph der Ingenieurkunst muß es angesehen werden, daß die Arbeiten wirklich von beiden Seiten zusammentrafen und keine Abweichung von der Richtung stattfand.

Schon am 21. Dezember 1880 war der Tunnel so erweitert, daß die Gotthardpost denselben befahren konnte. Auf sieben Rollwagen wurden Briefe und kleineres Gepäck, aber keine Passagiere innerhalb vier Stunden von Göschenen nach Airolo befördert.

Immerhin aber dauerte es noch bis zum Mai des Jahres 1882, bis die ganze Bahn von Luzern bis Como dem regelmäßigen Betrieb übergeben werden konnte, denn beträchtliche Teilstrecken diesseits und jenseits des Sanct Gotthard waren bis dahin noch nicht beendet. Die internationale Schlußbesichtigung der Bahn mit Brückenproben u. s. w. begann am 19. Mai, gleichzeitig rüstete sich die offizielle Welt Deutschlands, der Schweiz und Italiens zu den großen Festen, die zunächst bei der Eröffnung der Bahn in Aussicht standen. Die Städte legten überall Festschmuck an und viele Tausende erwarteten mit Spannung das große Ereignis der Verbindung der Völker auf beiden Seiten der Alpen.

Göschenen.

Am Abend des 20. Mai trafen die

deutschen Festgäste in Basel ein, der 21. war zu einer Lustfahrt von Luzern aus auf dem Vierwaldstätter See ausersehen, am 22. war großes Verbrüderungsfest der Vertreter der drei am meisten beteiligten Staaten in Luzern, und wie es sich bei der Einweihungsfeier eines eminenten Friedenswerkes geziemt, wurden allerseits wohlgemeinte Worte des Friedens und der Verbrüderung ausgetauscht.

Dann begann die Fahrt über oder richtiger durch den St. Gotthard nach Mailand. Bietet sie schon am See die mannigfachsten Reize der Natur, so steigern sich diese im Reußthal stetig selbst bis zu einem gewissen Grauen; von Amsteg bis Göschenen steigt die Bahn in einer Länge von 28,9 km von 475 auf 1109 m. Da ist ein Aufeinander, Nebeneinander und Nacheinander von Brücken, Viadukten, gefütterten Böschungen und Tunnelpforten, das jeder Beschreibung spottet. Hier öffnet sich das Thor eines Tunnels nach Osten und gleich daneben in derselben Höhe eins nach Norden. An einer anderen Stelle klaffen deren drei aus dunkler Tiefe, während hoch oben ein Viadukt herläuft. Viermal schlingt sich an einer Stelle die ganze Riesenschlange um uns herum. Wohin wir blicken, über uns, neben uns, unter uns, diesseits, jenseits der Straße, nahe der Thalsohle und hoch darüber erscheinen Teile der merkwürdigen Bahn, die sich immer höher emporschraubt, bis sie den großen Tunneleingang erklommen hat.

Keine Spur von Belästigung von Rauch oder Hitze auf der Fahrt von 23 Minuten durch die 14,920 m langen Eingeweide des Berges und die verschiedensten Gesteinsformationen, Gneiß, schwarzen Schiefer, Serpentin und Dolomit.

Wir sind auf der Südseite der Alpen und sehen nun, wie die Bahn die steilen Abhänge ebenso herabklettert, wie sie vorher mühsam emporgestiegen war. Auch hier wieder eine Anzahl der merkwürdigsten Kehrtunnel, die eigentümlichsten Schraubenwindungen der Eisenstraße, die kühnsten Brücken und Viadukte, an einzelnen Stellen, namentlich bei Dazio Grande noch schreckenerregender, als auf der Nordseite. An einzelnen Stellen erweitert sich dagegen das Thal, es sind ehemalige Seebecken, wo jetzt die Bahn und das Gemüt des Reisenden wieder mehr zur Ruhe kommt. Nur von Airolo bis Bodio fällt die Bahn von 1145 auf 333 m.

So erreichen wir den herrlichen Langensee, und wenn die wie ein Alp auf uns lastenden übermächtigen Eindrücke seither nur an wenigen Stellen von freundlichen Naturbildern gemildert und beruhigt wurden, so werden letztere jetzt häufiger, ohne daß erstere ganz verschwunden wären. Auf der Ostseite des Lago Maggiore durchbricht die Bahn die Gebirgsscheide zwischen diesem und dem Luganer See, wo der mächtige Tunnel durch den Mont-Cenere gebohrt wurde. So erreichen wir Lugano. Wieder Festreden, Festjungfrauen, Laub-, Blumen- und Flaggenschmuck, wieder Festjubel aller Art und Bankette mit Verbrüderungstoasten.

Doch die Hauptfeier folgte in Mailand. Theater, Konzerte, Festjubel in den öffentlichen Gärten ꝛc., auf deren Beschreibung wir nicht eingehen können. Das große Werk ist vollendet, die völkerverbindende Bahn dem allgemeinen Verkehr übergeben. Doch seien vorher noch einige allgemeine Thatsachen über dieselbe angeführt:

Die Länge der eigentlichen Bergbahn Erstfeld-Bodio beträgt 84 km. Die Höhe der beiden Endpunkte und ihr Verhältnis zum Gipfelpunkt wurde bereits angegeben. Die Maximalsteigungen betragen 26 und 27 m auf 100. Die Bergstrecken sind vorerst nur einspurig angelegt, mit Ausnahme der Tunnels. Die Thalstrecken sind durchweg nur einspurig. Die Zahl der Tunnels, abgesehen von dem großen durch den St. Gotthard, beträgt 51, ihre Gesamtlänge 24,208 m. Die größten sind bei Brunnen auf der Schweizerseite und der beim Mont-Cenere auf der Südseite. Die erwähnten Kehrtunnels haben durchschnittlich eine Länge von je 1500 m. Dazu gesellen sich 223 Brücken und Durchlässe mit Eisenkonstruktionen, darunter die Inschi-Reußbrücke mit 77 m Stützweite und der Z'graggenthal-Viadukt mit 3 × 30 m Stützweite, im ganzen 969 Kunstbauten.

Alles über die Gotthardbahn Gesagte zeigt, daß unsere Zeit in der That stolz sein darf auf die gelungene Ausführung eines geradezu riesigen Unternehmens. Ohne Zweifel verdienen die Kunstfertigkeit und Kühnheit des Baumeisters, so-

Der Durchschlag des Richtstollens im Gotthardtunnel am 29. Febr. 1880.

wie der Mut und die unerschütterliche Ausdauer seiner Gehilfen bis zum einfachsten Arbeiter herab, das allerhöchste Lob und unsere volle Bewunderung. Aber andere, in der technischen Ausführung noch schwierigere Arbeiten werden in der Zukunft glücklich gelöst werden. In dieser Richtung also kann die Gotthardbahn überflügelt werden. Immer aber wird ihr der Ruhm bleiben, eine neue Epoche des Weltverkehrs eingeleitet zu haben. Nicht die Schlachten, in denen am mutigsten gestritten worden, sondern die, an welche sich die heilsamsten Folgen geknüpft haben, behaupten den Ruhm in der Weltgeschichte. Nicht anders verhält es sich mit den Schöpfungen der Mechanik.

Die Bedeutung der Eisenstraße durch den St. Gotthard ist zunächst, daß sie das deutsche Reich, Italien und die Schweiz enger mit einander verknüpft, indem sie das gewaltige Verkehrshindernis, die Alpen, den Mitteln des modernen Verkehrs erschließt. Die Schweiz bildet nun nicht mehr die Grenzregion, sondern die Durchgangsregion des deutsch-italienischen Verkehrs. Dieser Verkehr aber, und das ist die fernere größere Bedeutung der Gotthardbahn, wird zu einem wichtigen Glied des Weltverkehrs. Aus den Meeren, welche den Süden Asiens bespülen, wurden die Produkte jener fernen Länder noch bis vor kurzer Zeit auf dem Seeweg um das Cap der guten Hoffnung nach Europa gebracht. Seit der Beendigung des Suezkanals erreichten die Schiffe das Mittelmeer auf einem viel kürzeren Weg. Aber ein Teil derselben, und ebenso ein Teil der von Deutschland nach Asien zu führenden Waren mußten immer noch den weiten Weg durch den atlantischen Ozean an der Westküste Europas hin nehmen. Seither durchliefen die Wege, welche von Nord- und Ostsee an das Mittelmeer direkt führten, immer noch französisches oder österreichisches Gebiet. Durch die Gotthardbahn ist den deutschen Waren ein direkter Weg nach dem östlichen und nach dem westlichen Mittelmeere eröffnet, und umgekehrt finden nun die Waren des fernen Osten, Süden und Westen, d. h. Asiens, Australiens, Afrikas und für gewisse Zeiten auch Amerikas, eine direkte Handelsstraße nach Deutschland. Im Altertum und im Mittelalter war das mittelländische Meer ein Welthandels- und Weltkulturmeer. Mit Eröffnung der Gotthardbahn ist die Möglichkeit gegeben, daß es diese so lang verlorene hohe Bedeutung wieder erlange.

Wie bei jeder Hauptverkehrstraße sich Seitenstraßen abzweigen, welche in weiter und weitergreifenden Regionen Leben und Handel hervorrufen, so auch bei der Gotthardbahn. Schon jetzt ist das Seitennetz, das damit in Verbindung steht, wesentlich erweitert und wird von Jahr zu Jahr mehr erweitert werden. An Plänen fehlt es nicht. Einer der merkwürdigsten derselben sei zum Schluß kurz erwähnt.

Die Gotthardreisenden der Zukunft werden auf den Genuß verzichten müssen, welchen die reizende Lage Andermatts im Urserenthal gewährt.

Es ist das „heitre Thal der Freude" jenseits des „schwarzen Felsenthors", in dem „die Ruhe wohnt". Nun ist das scheinbar abenteuerliche Projekt aufgetaucht, Andermatt mit seinen 800 Einwohnern durch eine Untergrundeisenbahnstation im Gotthardtunnel in den Verkehr hereinzuziehen. Andermatt liegt 4450 Fuß hoch, 2200 Fuß tiefer als das Gotthardhospiz und in gerader Linie über dem Gotthardtunnel. Der Plan ist, nun von Andermatt aus einen schiefen Zweigtunnel von 600 bis 650 m Länge nach dem Gotthardtunnel zu führen und diesen mit einer Drahtseilbahn zu befahren.

An dem Vereinigungspunkte der beiden Tunnels wären alsdann die erforderlichen, gehörig auszustattenden Räumlichkeiten (Stationsgebäude, Restaurants u.s.w.) für die Untergrundstation herzustellen. Als Vorteile, welche die Ausführung dieses Projektes haben würde, werden u. a. genannt: Das Urserenthal erhielte einen Ersatz für den wegfallenden Personen- und Güter-Verkehr auf dem Bergpaß. Eine Menge der dort durchströmenden Reisenden würde die so tief unter der Erde einzig in ihrer Art dastehende Eisenbahnstation als ein außerordentlich interessantes und originelles Werk betrachten, daselbst aussteigen und sich auf der Abzweigungsbahn nach dem Obergrund, in das schöne freundliche Hochthal, begeben. Infolgedessen müßte die Zweigbahn einen nicht zu unterschätzenden Betriebsertrag abwerfen. Hierdurch aber würden die Einnahmen der Gotthardbahn

Brücke über die Maderanerschlucht bei Amsteg.

wesentlich vermehrt werden. Durch den projektierten Zweigtunnel würde auch wesentlich zur Verbesserung der Ventilation des großen Tunnels beigetragen werden. Daß das Projekt technisch ausführbar ist, unterliegt keinem Zweifel; und ebenso scheint es offenbar zu sein, daß die Ausführung desselben nicht nur speziell für Andermatt und Urserenthal, sondern auch für die Gotthardbahn überhaupt bedeutende Vorteile bringen würde. Der schwierigste Punkt aber ist der finanzielle; da wird es sich fragen, ob die in Betracht kommenden Gesellschaften, Behörden, Gemeinden ꝛc. sich entschließen können, durch Subventionen und Aktienübernahmen das Projekt zu fördern.

Möchten alle guten Wünsche den drei durch die neue Welteisenstraße verbundenen Staaten in Erfüllung gehen, möchte sie in vielen Jahren des friedlichen Verkehrs erstarken und dem Handel aller Länder zum Segen gereichen. Möchte namentlich das *deutsche Reich* seine mit offenen Händen und gutem Herzen dargebrachten Opfer aufgewogen sehen durch weiteres Erblühen seines Handels und Verkehrs und seiner freundschaftlichen Beziehungen zu den Nachbarstaaten.

---

## Einrädriges Velociped.

Wenn Jemand, schreibt der „Techniker", der es noch nicht versucht hat, auf einem Bicycle zu fahren, sieht, wie Andere auf dem zweirädrigen Fahrzeug, und zwar oben auf dem großen Rade, dahinfliegen, so staunt er wohl über die Geschicklichkeit und Kühnheit, sich einem solchen leichten und anscheinend zerbrechlichen Gefährt anzuvertrauen. Auf einem dreirädrigen Velociped zu fahren, ist natürlich „keine Kunst", bei einem zweirädrigen ist die Sache schon etwas schwieriger, — aber was soll man erst von einem sagen, der mit einem Velociped fährt, das nur mit *einem* Rade den Boden berührt. — Und doch ist ein Monocycle oder einrädriges Velociped gar nicht so unmöglich, ja es bietet sogar, wenn richtig konstruiert, eine größere Sicherheit vor dem Stürzen als ein zweirädriges Velociped. — Die beistehenden Abbildungen, die wir der „Mining & Scientific Press" in San Francisco entnehmen, stellen ein von Frederik Langmaak und Peter Strief in San Francisco erfundenes Monocycle dar, welches kürzlich von G. H. Strong auf der „Mechanics Fair" in San Francisco, Calif., ausgestellt war. Ein großes ringförmiges Rad von 7½ Fuß im Durchmesser besteht aus einem äußern größern Reif und einem kleinen innern Reif, welch letzterer konzentrisch fest mit dem äußern Reif verbunden ist. Der innere Reif trägt innerhalb seines freien Raumes einen dreirädrigen Wagen, dessen Räder in einer Nute des innern Reifs so laufen, daß sie am Herausspringen verhindert sind. Dieser innere Wagen ist eigentlich nichts anderes als ein dreirädriges Velociped, dessen Räder in der Vertikalebene des äußern Reifs laufen. Ueber dem mittlern Rade des Wagens befindet sich der Sitz, so daß der Schwerpunkt, wenn jemand auf dem Sitze Platz genommen hat, unterhalb des Mittelpunktes des großen Rades liegt. Das Rad unter dem Sitz wird indirekt durch Hebelübertragung bewegt, wenn der Fahrende mit seinen Füßen die beiden senkrechten Hebel hin und her bewegt. Die Hebelübertragung kann in verschiedener Weise arrangiert sein. In der Abbildung ist eine einfache Konstruktion dargestellt.

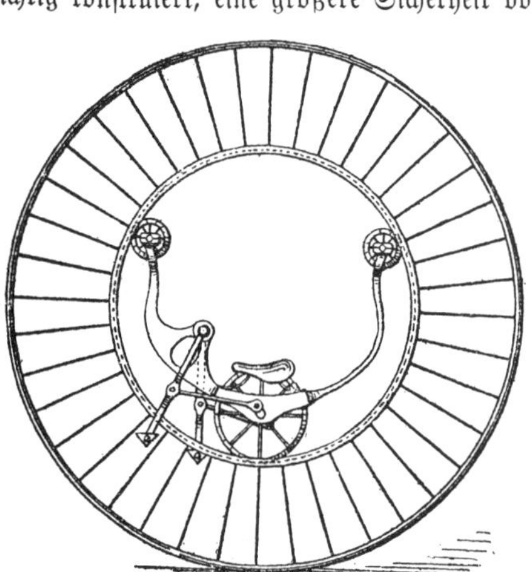

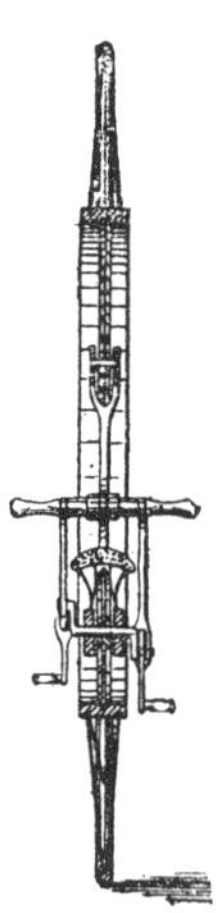

Einrädriges Velociped.

Die Vorwärtsbewegung des Monocycles beruht auf dem Prinzipe des Tretrades. Wenn der allgemeine Schwerpunkt unter dem Mittelpunkte des Ringrades liegt, so steht das Veloziped fest, ausgenommen es fiele seitlich um. Fängt dann aber die auf dem Sitze befindliche Person an, durch eine Tretbewegung das innere Fahrzeug innerhalb des Ringrades nach vorne zu bewegen, so rückt auch der allgemeine Schwerpunkt nach vorne. Da das Monocycle aber rund ist und auf einer ebenen Fläche steht, so folgt es dem Schwerpunkt und bewegt sich vorwärts. Während diese Ausgleichung nur zum Teil stattfindet, wird der Sitzwagen ununterbrochen im Ringrade vorwärts, d. h. etwas aufwärts getrieben, wodurch der allgemeine Schwerpunkt immer wieder vor die vertikale Mittellinie gerückt wird und das Monocycle beständig vorwärts läuft. So wird der Apparat eigentlich durch die Schwere des Körpers des Fahrenden getrieben, der durch seine Tretbewegungen eine schräg aufsteigende und durch seine Schwerkraft eine fallende Bewegung annimmt, aus welchen beiden kontinuierlichen Bewegungen das Fortlaufen des Rades resultiert. Uebrigens können mit dem Monocycle ebensogut wie mit anderen derartigen Fahrzeugen Steigungen genommen werden. — Das Fahren mit diesem Velociped ist leichter als mit dem zweirädrigen, da der Schwerpunkt des Fahrenden unterhalb des Mittelpunktes des Rades liegt, während er sich bei den andern oberhalb desselben befindet, so daß ein Stürzen nach vorn unmöglich wird. Das Monocycle kann beliebig groß gebaut werden, auch kann man ganz langsam damit fahren. Um das Monocycle zum Stillstande zu bringen, hört man auf zu treten, worauf der Schwerpunkt von selbst unter den Mittelpunkt fällt und das Rad weiter keinen Antrieb mehr erhält. Um es zu lenken, neigt man sich einfach nach der Seite hin, nach welcher man einbiegen will.

---

## Der Geheimmittel-Unfug.

Wenn man den Annoncenteil unserer heutigen Zeitungen durchblättert und die Anpreisungen von Geheimmitteln gegen alle Leiden, die Mensch und Tier treffen können, betrachtet, so muß man sich fast wundern, daß überhaupt heutzutage noch jemand krank werden kann, der dies irgend verhüten will. Gibt es doch gegen alle nur denkbaren Krankheiten zahlreiche Geheimmittel, deren jedes von seinem „Erfinder“ oder Verkäufer als Spezifikum, als untrügliche, nimmer versagende Hilfe bei diesem oder jenem Leiden angepriesen wird. Und solche Anpreisungen sind gewöhnlich durch Atteste belegt; man hat es schwarz auf weiß vor sich, daß diesem Trank die Schwindsucht nicht zu widerstehen vermag, daß jene Salbe die Gicht vertreibt und daß dieses Pulver den kranken Magen heilt. Wer nun noch an diesen Krankheiten leidet, ist offenbar selbst schuld, er will es nicht besser und einem solchen Manne kann nicht geholfen werden. Allerdings auch denjenigen nicht, die kein Geld haben, das Geheimmittel zu bezahlen! Denn diese Mittel sind stets teuer, weit teurer als die Mixturen des Apothekers, der bekanntlich auch nicht leicht etwas umsonst thut.

In Bezug auf seine Gesundheit scheut allerdings niemand Geldausgaben, wären sie auch noch so bedeutend für seine Mittel, und es entsteht daher die Frage: Was ist von den vielen Geheimmitteln zu halten? Sind sie mit Hilfe besonderer Erfahrungen und Kenntnisse, die sich bisher der Wissenschaft entzogen, zusammengesetzt? Die Geheimmittelfabrikanten beantworten diese Frage eifrigst mit Ja! die Aerzte ebenso bestimmt mit Nein! Was ist da zu thun? Am besten ist es, den Chemiker zu Rate zu ziehen und die gepriesenen Tränke, Pillen oder Pulver zu analysieren. Es wird sich dann ja herausstellen, was in ihnen steckt. Bevor wir jedoch dazu übergehen, die Zusammensetzung einer Anzahl von Geheimmitteln mitzuteilen, ist es angezeigt, zunächst einen Blick auf die Menge dieser gepriesenen Produkte zu werfen. Der Uneingeweihte wird staunen über deren Zahl! Schon vor Jahren hat der damalige Professor der Medizin, Dr. Richter in Dresden, eine Sammlung der in Deutschland aufgetauchten, in den Zeitungen angepriesenen Geheimmittel angelegt. Als Resultat kam er zu einer Kollektion von fünfhundert und fünfzig Mitteln, von denen jedes nach den Anpreisungen seines Erfinders dem menschlichen Körper von ganz besonderem Nutzen sein und im Durchschnitt gegen 6 bis 10 verschiedene Krankheiten als Spezifikum dienen soll. Das ist eine erstaunliche Anzahl von Mitteln, und wenn man bedenkt, daß deren Verkauf lediglich durch teure Zeitungsinserate betrieben werden kann, und diese Inserate nur dann fortgesetzt erfolgen, wenn sie sich bezahlt machen, so kann man ermessen, welche ungeheure Summen das unwissende Publikum jährlich zum Fenster hinauswirft, um wirkliche oder eingebildete Krankheiten zu vertreiben. Den Geheimmittelfabrikanten ist es nämlich zunächst darum zu thun, die Schwindsucht ihres Geldbeutels zu kurieren, alles Uebrige ist ihnen gleichgültig; denn wäre es anders, weshalb sollten sie nicht einfach die Zusammensetzung ihrer Mittel veröffentlichen?

Also 550 verschiedene Geheimmittel sind bestimmt, die leidende Menschheit um einen Teil ihrer Habe zu bringen; wer nun glauben sollte, diese Zahl umfasse alle gangbaren Mittel dieser Art, würde sich gröblich täuschen; denn vor einigen Jahren hat Herr Apotheker Hahn eine Schrift veröffentlicht, in welcher er Nachricht von Eintausend siebenhundert sechsundfünfzig Geheimmitteln gibt! Viele dieser Mittel sind geradezu wahnwitzige Zusammenstellungen, eine Menge ist direkt gesundheitsschädlich, alle aber sind viel zu teuer!

Vier Männer sind es hauptsächlich, welche sich das große Verdienst erworben haben, dem Geheimmittelschwindel energisch auf den Leib zu rücken, dadurch, daß sie alle in ihre Hände gelangenden Mixturen dieser Art chemisch analysieren und deren Wert oder Unwert öffentlich bloßlegen. Diese vier Männer sind die Chemiker: Hager, Jacobsohn, Schädler und Wittstein. Besonders die beiden Erstgenannten haben in den Industrie-Blättern die Zusammensetzung und den Wert zahlreicher Geheimmittel seit Jahren gekennzeichnet, und auf ihren Mitteilungen hauptsächlich basiert das nachfolgende.

Im allgemeinen kann man annehmen, daß etwa 1/4 aller Geheimmittel giftige Stoffe enthält und dem Körper direkt verderblich ist. Ungefähr 2/3 sind ganz unschädlich oder unwirksam, so daß nur ein verschwindender Rest übrig bleibt, der thatsächlich arzneikräftig wirkt, aber freilich auch noch meist an der unrichtigen Stelle.

Nach den Erfahrungen von Dr. Richter finden sich die giftigen Geheimmittel meist als Spezifikum gegen Gicht, Epilepsie oder Bandwurm, auch zur Beförderung des Haarwuchses. Wie unverschämt die Geheimmittelfabrikanten dabei zu Werke gehen, beweist ein Mittel gegen Epilepsie, das aus Pillen besteht, die Höllenstein und Opium enthalten! Bulliots Universalarznei — ein haarsträubendes Mixtum compositum — enthält Schwefelsäure und Arsenik!

Unter den Mitteln gegen die Gicht ist der „Gichtbalsam" nach Dr. Lavilette eins der besten, nicht etwa weil es (laut Gebrauchsanweisung) Podagra, Chiragra, Cephalia (Kopfgicht), Gelenk-Rheumatismus und Migräne wirklich vertreibe, sondern weil es bloß 20 Krz. kostet. Es wird von Albin Müller in Brünn der leidenden Menschheit entgegen getragen. „Lavilette," sagt Dr. Hager, „hat wahrscheinlich nie existiert, dagegen ist uns ein Dr. Laville bekannt, welcher sich auch nicht schämte, ein Geheimmittel gegen Gicht (liqueur antigoutteux du Dr. Laville) in den Handel zu bringen, welches aber nach Henris Untersuchung in Grammen aus 800 Xereswein, 100 Spiritus, 85 Wasser, 2,5 Koloquintenextrakt, 5 Chinin und Cinchonin besteht! Ferner ist uns auch eine Vorschrift zu einer Gichtarznei, ein Elixir antigoutteux de Villette, bekannt, welche ein Auszug von 100 brauner Chinarinde, 50 Klatschrosen, 25 Sassafras, 50 Guajakharz in 4000 Rum und mit 2500 Sarsaparillsyrup versetzt war.

Wie es scheint, hat Hr. Albin Müller den Laville mit dem Villette vermischt und ist so zu einem Lavilette gelangt.

Das Albin Müller'sche Mittel gegen Gicht ist ein äußerliches und ist zusammengesetzt aus

5,0 Chantaridentinktur,
5,0 Salmiakgeist,
40,0 Spiritus,
35,0 Spanischer Seife,
0,5 Kampfer,
0,25 Rosmarinöl.

Es bildet nach längerem Stehen in der Ruhe eine braungelbe, klare, nach Opodeldok riechende, dickliche Flüssigkeit mit einem grauen Bodensatze, wie solchen die marmorierte spanische Seife, in Spiritus gelöst, ausgibt.

Es ist merkwürdig, oder wenn man will bezeichnend, daß die glücklichen Erfinder eines Geheimmittels, bei guter Nachfrage, vielfach auch das Glück haben, bald darauf ein weiteres Geheimmittel zu entdecken. So ging es z. B. auch dem oben genannten Albin Müller. Er war zuerst mit der „Orientalischen Schönheitsmilch" aufgetaucht, deren Erfolg er garantierte; wahrscheinlich, bemerken die „J. B.", hat er sich auch einen geräumigen Schornstein angelegt, in welchen er die Namen seiner Abnehmer schreibt. Wie dem auch sein möge, sein Mittel besteht aus

12,5 Grm. präpariertem Talkstein,
10,0 Grm. Glycerin,
0,5 Grm. Borax,
12,0 Grm. Eau de Cologne mit Moschus.
109,0 Grm. Wasser.

Einen „Universal-Gichtthee" hat der Apotheker Mayr in Gleisdorf erfunden oder zusammengebracht. Das Rezept zu dem Thee, schreibt Hager, lautet vermutlich: Herr Mayr, kehren und fegen Sie das Liegende aus allen Ecken und Winkeln ihres Kräuterbodens zusammen, sieben Sie den Staub ab und verkaufen Sie den Rest als Universal-Blutreinigungsthee! Wir möchten dem Thee die Aufschrift geben: Wohl dem, der ihn nicht gebraucht!

Der Universal-Gicht-Thee wird auch von Dr. Walker in London und Dr. Raudnitz in Wien völlig verachtet, aber freilich weil beide sich mit einem andern Heilmittel gegen Gicht, Rheuma und Gott weiß welche andere Leiden sonst, mehr als billig befassen. Dieses Mittel führt den Namen „Dr. Walkers Orientalisches Wasser", und soll der Angabe nach in London fabriziert werden. Freilich hat es London nie gesehen, und der Dr. Walker ist nur ein bloßes Phantom. Das Mittel wird ganz gemütlich in Berlin gemacht und besteht aus einer Art schwacher Eau de Cologne, die mit 10 Prozent Essigsäure, $1\frac{1}{2}$ Prozent Ammonacetat versetzt und mit Moschus parfümiert ist. Die dem Wasser beigegebene Gebrauchsanweisung strotzt von krassem Unsinn.

Auf die Dummheit und den Aberglauben zugleich spekuliert die Gichtsalbe des „Scharfrichtereibesitzers“ Krätz. Sie besteht aus 60 gr Schweinefett, 5 gr Kienöl und 1 gr Kampfer. Der Mann versteht wenig, denn Apotheker Radig in Berlin, der einen „Gichtbalsam“ verkauft, hält den Kampfer für überflüssig, verachtet die Krätz'sche Gichtsalbe vollkommen und setzt an deren Stelle ein mit Birkenteer geschütteltes Gemisch von Rüböl und Kienöl. Serwald in Hochholz hält seinerseits diese Zusammensetzung für unwirksam, denn sein Gichtbalsam wird gewonnen aus 4 Teilen Terpentinöl und 1 Teil konzentrierter Schwefelsäure. Die Gichtsalbe von C. Püttmann in Köln ist zusammengesetzt aus 88 Teilen klarem Terpentin, 10 Teilen Schwarzpech, 2 Teilen Holzteer. Von diesem Quark kosten 50 gr. 3 Mark! Pattisons Gichtwatte ist eine schlecht geleimte Watte, auf der einen Seite mit einem weingeistigen Sandelholzauszuge, der mit wenig Perubalsam und Benzoëharz parfürmiert ist, rot gefärbt. Ein ca. 20 cm langes, 13 mm breites Paket 50 Pfennig.

Mit einer äußerst komischen Gichtsalbe sucht die Firma Milius in New-York die Menschheit zu beglücken. Sie bezeichnet den Quark als ein Universalmittel gegen die meisten Leiden, als da sind: Quetschungen, Verrenkungen, Gliederlähmung, Geschwülste u. s. w. Diese Salbe kostet 2,1 Mark, besteht aber nur aus 6 gr schwarzem (meist Kampfer enthaltendem) Mutterpflaster, 4 gr Harz, 4 gr Wachs, 12 gr amerikanischem Schweinefett und 1,3 gr fein zerteiltem (nicht präzipitiertem) Schwefel. Diese braune Unsalbe macht jeder Apotheker für 35 Pfennig.

Von gleichem Kaliber ist das Bauersche Essenzöl gegen Gichtleiden. Es ist ein kunstloses Gemisch, das dem Bildungsstande seiner Erfinder entspricht. Die letztern nennen sich in der geschriebenen Gebrauchsanweisung Eleonora und Johann Bauer (wohnhaft nicht weit bei Hietzing) und ihr Mittel „Essentzöhl“. In einer Flasche finden sich 65 Gramm Flüssigkeit von gelblicher Farbe, aus zwei Flüssigkeitsschichten bestehend, die sich weder durch Schütteln noch durch Wärme vereinigen lassen. Die obere Flüssigkeitsschicht (ca. 40 gr) erwies sich als Sonnenblumenöl, die untere Schicht als ein Gemisch von Wasser, Aether (6 gr) und Saft der sog. Meerzwiebel, die nämlich Gärtner als Meerzwiebel an das Publikum abzugeben pflegen.

Von der Gicht zum Zahnweh ist ein ziemlicher Sprung, der aber für die Geheimmittelkrämer ohne wesentliche Bedeutung erscheint. In der That, wer Gichtmittel entdeckt, warum sollte der nicht auch augenblicklich schmerzstillende Zahntropfen erfinden können? Dies ist auch die Ansicht des bereits genannten Herrn Albin Müller in Brünn, und so verkauft er das sogenannte Prompto Allivio des Dr. John Yates, der wahrscheinlich im Monde wohnt. Diese Mischung ist nicht eigentlich neu, denn sie besteht aus $1\frac{1}{2}$ gr Cajaputöl, 2 gr Kampfer und 9 gr Spiritus; dem Ganzen ist durch Rosanilin eine schöne rote Farbe erteilt worden. Herr Kreplin in Lehrte hält freilich die Müllersche Tinktur nicht für die beste, denn er preist statt ihrer eine Flüssigkeit an, die 0,008 gr Morphin enthält und mit 30 Proz. Spiritus versetzt ist. Dieses Mittel, bemerkt Hager, dessen Darstellung dem großen Samariter vielleicht 5 Pfg. (incl. Fläschchen) zu stehen kommt, trägt also den Charakter homöopathischer Gelehrsamkeit an sich. — Zahnweh kommt ziemlich häufig vor, aber für Geheimmittel ist es doch weniger geeignet, als das schreckliche Leiden der Epilepsie. Wer hiermit behaftet ist, scheut keine Ausgabe, um sich von dem Uebel zu befreien, und da dem so ist, so wäre es wunderbar, wenn nicht gleich ein ganzes Heer von Geheimmittelkrämern bereit stände, den Hilfesuchenden und sein Geld in Empfang zu nehmen. Hager zählt in seinem obengenannten Buch 28 Epilepsiegeheimmittel auf. Am bekanntesten ist dasjenige von Quante. Es besteht aus rektifiziertem, mit Alcanna gefärbtem Petroleum, dem eine unbedeutende Quantität stinkendes Tieröl zugesetzt ist. Hierzu ist noch ein gedrucktes Rezept, worauf sich ein Theegemisch aus gleichen Teilen Lindenblüten- und Stiefmütterchen-Thee verordnet findet. 15 gr nebst Rezept 15 Mrk. Andere Rezepte desselben gegen Epilepsie sind: 1) Rp. Kalii bromati, Ammonii bromati je 0,045, Zinci valerianic. 0,06, Rad. Artemisae 0,62. MDS. 2.) Olei Succinirectific. 11,0.

Ein von einer Frau Krügler verkauftes Epilepsiemittel besteht nach der Untersuchung des Herrn F. Oswald in Oels aus Pulvern, die je 2 gr Bromkalium, verunreinigt mit Kochsalz enthalten. Diese Pulver sollen allmorgendlich genommen werden, abends soll ein Thee aus einer den Pulvern beigegebenen Theemischung genossen werden. Der Thee besteht aus Sennesblättern, Pfefferminze, Huflattig, Lindenblüten und Schafgarbenblüten. Den Patienten wird von der weisen Frau außerdem anbefohlen, sich viel Bewegung zu machen und bei Kopfschmerzen Fußbäder zu nehmen. Der Genuß saurer Speisen, sowie rohen Obstes ist untersagt. Daß einem kurpfuschenden Dorfweiblein bereits das Bromkalium bekannt ist, zeugt jedenfalls von einem hohen Kulturfortschritt, und ist nicht bloß für das Kreisphysikat Reichenbach, in der Frau Krügler ihre Bromierungen unternimmt, von Interesse.

Zu den unverschämtesten Epilepsiemitteln zählt das Auxilium orientis, das der wackere Herr Silvius Boas in Berlin aus „noch nicht bekannten Vegetabilien des Orients" bereitet und von dem er dem Publikum gegenüber behauptet, es sei von den ersten Autoritäten der Chemie und Medizin geprüft worden. Das hat nun freilich Dr. Hager nicht abgehalten, dieses Mittel noch einmal zu prüfen. Sein Bericht über Fabrikant, Fabrikat und Vertrieb ist folgender:

Der Silvius Boas ist ein Mann, der von der Heilkunst soviel versteht, wie jeder andere, der kein Arzt ist, aber wohl den richtigen Weg einzuschlagen versteht, zerrütteten Verhältnissen ein Ende zu machen. Eine Dienstmagd sendet ihren Bruder zu dem Silvius Boas und läßt für sich das Arzneimittel gegen Epilepsie fordern. Dieser gibt nun seine Arznei während der Kur umsonst, steckt aber dem Fordernden für 1 Mrk. eine Broschüre von 20 Seiten in die Hand, von der die 4 letzten Seiten groß und breit die Atteste enthalten eines: 1) Dr. Heß, Königlich preußischer Apotheker I. Klasse. 2) Dr. F. W. Johannes Müller. 3) Dr. med. et chir. Wilhelm Groyen und 4) Dr. Theobald Werner, Direktor &c.

Bemerkenswert ist, daß unser Theobald

Werner dem Orientreisenden Boas attestiert, was dieser gar nicht haben will, nämlich, daß das Auxilium orientis nur aus unorganischen Stoffen besteht. Der gute Theobald hat das Postpaket nach seiner Weise analysiert und den Brief des Boas unaufmerksam gelesen!

9 Seiten der Broschüre handeln über Epilepsie, deren Ursache und Wesen, irgend ein Auszug aus einem populären medizinischen Werke, umgesetzt zur Reklame für das Auxilium orientis. Wir greifen wohl auch nicht fehl, wenn wir dieses Machwerk als die Arbeit des Dr. med. Groyen ansehen. In dieser Broschüre gibt es einige interessante Punkte, deren Mitteilung der Mühe wert sein dürfte:

„Bei solch schweren Leiden, wie Fallsucht und Krämpfe, lohnt es sich wirklich der Mühe, der Menschheit klar zu machen, daß sie abstehe vom Gebrauch aller nutzlos, nur auf den Geldbeutel spekulierenden Mittel, daß sie vielmehr ihr Augenmerk richte auf mein neues Präparat, dem die besten und schönsten Erfolge zur Seite stehen.

„Schwindler haben geglaubt, Mittel gefunden zu haben, die die Epilepsie heilen, aber die Schwierigkeiten liegen darin, daß solche Leute keine Gelegenheit hatten, diese Krankheit in ihrem Verlaufe genau zu beobachten 2c.

„Mein Auxilium ist ein Geheimnis mit sieben Siegeln, berühmt durch seine ausgezeichnete Wirkung.

„Wie alles Große und Erhabene auf dieser Erde, wird auch mein orientalisches Präparat von verschiedenen Seiten angegriffen werden. Es werden sogen. Halbchemiker, die glauben, mein Präparat ergründet zu haben, sich erheben und durch falsche Analyse das Publikum täuschen! Jeder Gebildete wird sich mit Abscheu von solchen Leuten abwenden, die die Tendenz verfolgen, alles in den Kot zu ziehen, was von ihnen nicht gekannt ist."

In einer der Zeitungsreklamen sagt der 2c. Silvius Boas: „Ich warne ausdrücklich vor jenen Leuten, die lediglich auf den Geldbeutel der armen Patienten spekulieren, indem sie als Spezifikum gegen obige Leiden nichts als eine Lösung von Bromkalium geben."

Die Flüssigkeit in den Flaschen à 200 gr Inhalt war bei Untersuchung von grauenhaftem Ansehen, gelblich, trübe, mit darinherumschwimmenden Flocken. Der Geruch war aus der einen Flasche stinkend, nicht aus den übrigen. Vielleicht war dieser Geruch durch längeres Stehen der Arznei herbeigeführt. Die Flüssigkeit bestand aus einer Bromkaliumlösung, die zur Verdeckung ihrer wässerigen Natur mit einer Kleinigkeit eines Aufgusses des erwähnten Thees versetzt war. Der Bromkaliumgehalt war nicht in jeder Flasche derselbe, denn in der einen fanden wir 2,6 gr, in der zweiten 3,5 gr, in einer dritten 6,0 gr Bromkalium, ein Beweis, daß der p. Boas sein Auxilium aus freier Hand ohne Wage und Gewicht fabriziert.

Der Thee war ein kunstloses Gemisch aus Süßholz, Eibischwurzel, Sennesblätter, Carragaheenmoos, Bittersüß, Baldrianwurzel und — Torf. Daß letzterer nicht zufällig in den Thee hineingekommen ist, läßt sich daraus entnehmen, daß die Stückchen an Größe sich ziemlich gleich waren und das feinere Torfpulver durch Absieben beseitigt schien.

Daß die Tropfen in der kleinen Flasche nur Baldriantropfen waren, wurde oben gesagt.

Daß das Auxilium orientis ein längst

bekanntes Heilmittel enthält und daran nur die Spur Sennesblätter das Orientalische ist, geht aus dem Erwähnten hervor, und daß der p. Boas bei seiner Warnung vor gaunerischen Leuten, die uns Bromkalium gegen Epilepsie geben, sein Bild in einem vor ihm stehenden Spiegel sah, war doch wohl nur ein Zufall.

Ein „neues kostbares" Heilmittel gegen die Epilepsie, wie die Ankündigung lautet, ist „von dem berühmten Doktor und Professor G. Paoli in Rom" erfunden worden, und der Apotheker Peter Rigotti in Fiume verkauft das Pulver. Würde man ihn nach der genauen Adresse des „berühmten" Professors Paoli in Rom fragen, so käme er wahrscheinlich in große Verlegenheit.

Der Preis des kostbaren Heilmittels ist bloß 20 Mark. Damit man recht die Menschenfreundlichkeit des berühmten Professors in Rom und seines Ablatus in Fiume bei dieser Preisnormierung erkenne, folgt hier die Zusammensetzung des Mittels:

10 Teile Baldrianwurzel,
2 „ Päonienwurzel,
2 „ Haselwurzel,
2 „ Aronswurzel,
2 „ Beifußwurzel,
1 Teil Zimmt,
30 Teile Zucker,
1 Teil baldriansaures Ammon.

Ein Mittel gegen den Schwindel sollen Dr. Langs Reinigungspillen sein, sie sind aber durchaus unwirksam gegen den Schwindel, und außerdem giftig. Diese Pillen, heißt es in den „Ind.-Bl.", repräsentieren einen alten Geheimmittelschwindel, deren Verkauf im bayrischen Inlande verboten, deren Versendung aber ins Ausland gemäß eines Ministerial-Reskripts vom 12. Dezember 1834 erlaubt ist. Die Nichtbayern können sich für diese menschenfreundliche Fürsorge der bayrischen Regierung wohl bedanken, denn der Nichtbayer hat nun den Vorzug vor dem Stockbayer, sich von kaltem und gelbem Fieber, Cholera, Wassersucht, Podagra, Hömorrhoidalbeschwerden, Salzflüssen, Syphilis ꝛc. ꝛc., selbst vom Schwindel auf eine leichte Weise zu befreien, er hat also das Vergnügen, nicht an diesen Krankheiten zu sterben. Die Pillen sind auch ein echt isopathisches Mittel, denn als ein gelungener Schwindel heilen sie den Schwindel!

Das Purgans in den Pillen ist Gutti, das begleitende Schwefelquecksilber aber gewiß ein sehr unschuldiges Mittel, das denselben Heilerfolg haben würde, wenn es auch nicht in den Pillen vertreten wäre. Diese Pillen, die in einer Apotheke ca. 1/6 Thlr. kosten, verkaufen die Dr. Lang'schen Erben in München für 1 fl. 12 kr. oder 2,1 Mrk.

Der Panax-Extrakt ist eins der merkwürdigsten Geheimmittel, die von Hager und Jacobsen geschildert worden sind. „Panax," berichten sie, „ist ein Name, vor welchem unsre größten Aerzte, ja selbst der Papst in Rom die Segel streichen muß, denn die Panaxwurzel ist ein Unsterblichkeitsmittel — und Unsterblichkeit geht doch wohl über Unfehlbarkeit. — Die echte Panaxwurzel, Schin-seng oder Gin-seng der Chinesen, kommt von einer Pflanze (Panax Schin-seng Nees), die im westlichen Asien heimisch und dabei nur selten ist, aber auch in Nord-China kultiviert wird. Sie gilt in China als die Königin aller Arzneien und Seelenmittel. Dort wird sie um so teurer bezahlt, je mehr sie eine der Menschengestalt ähnliche Form zeigt. Der berühmte Reisende Rumph (1684) sah 20 Gramm der Wurzel mit 30 Mark Silber bezahlen. Plaksin erzählt (1869), daß man in China für eine menschenähnliche Wurzel ca. 5000 Mark (nach deutschem Gelde) bezahlte. Nun wachsen auch in Nordamerika Panaxarten mit einigermaßen der echten Panax ähnlichen Wurzeln. Das war ein Geschäft für die Jesuiten, die 1718 die amerikanische als echte Panaxwurzel in China importierten und sich für 15 gr (1 Lth.) Wurzel 450 bis 600 gr (30 bis 40 Lth.) Silber zahlen ließen. Später legten sich auch die Engländer auf dieses Geschäft. Endlich wurden aber die Chinesen auf diesen Betrug aufmerksam und sie kaufen heute nur die echte Waare, in deren Besitz zu gelangen allein den Reichsten möglich ist. Die Holländer versuchten gegen Ende des vorigen Jahrhunderts, die Europäer mit einer Art Panaxwurzel zu beglücken, es machten aber in Europa teils die Alraunwurzel, teils die Amulette nach Marpingenschem Schnitte so bedeutende Konkurrenz, daß das Geschäft keinen Fortgang fand. Dazu wollten unsere Aerzte in der echten wie falschen Panaxwurzel keine besondern Heilkräfte finden und — die Panaxwurzel kam in Vergessenheit, der sie zu entreißen zuerst der Apotheker Tiedemann in Stralsund und nun der Apotheker B. Fiebag in Breslau sich zur Aufgabe gestellt haben. Die Chinesen tragen die Wurzel am Leibe als Schutzmittel gegen alle Krankheiten, gegen Schuß, Stich und Hieb, gegen Unholde und andere böse Geister, auch innerlich genommen ist sie ein Gegengift und Heilmittel für alle Fälle. Die Wurzel soll das Leben verlängern, ja selbst den Träger derselben unsterblich machen. Der Apotheker B. Fiebag ist ein kluger Mann, denn da er die echte Wurzel nicht durch den Handel beziehen kann, er schwerlich die falsche Panax in Europa auftreiben dürfte, so will er gläubige Deutsche mit einem Extrakt aus der Panaxwurzel für den innerlichen Gebrauch versehen und für den äußerlichen Gebrauch das Geschäft dem Marpinger- oder Lourdes-Schwindel überlassen. Er sagt dies zwar nicht in der Gebrauchsanweisung, jedoch muß man verstehen, zwischen den Zeilen zu lesen. Herr Fiebag ist auch andrerseits ein kluger Mann und versteht es, sich den Rücken zu decken, denn Etikette und Gebrauchsanweisung sprechen von einem zusammengesetzten Panax-Extrakt. Bei aller seiner Klugheit und Vorsicht vergaß er aber eines, nämlich, daß die echte und auch die falsche Panaxwurzel Gerbstoff enthalten, und dieser Gerbstoff ist in seinem Extrakt verloren gegangen. Dieser zusammengesetzte Panax-Extrakt ist eine braune Tinktur, die vorwiegend die Bestandteile der in den Apotheken bekannten Gewürztinktur und des langen Lebenselixiers, dann den Auszug aus einer kleinen Menge Schlangenwurz und eine Spur Pfefferminze enthält. Eine besondre Eigenschaft dieses Mittels ist, wie die Gebrauchsanweisung angibt, daß es den Schwindel beseitigt, trotzdem vermochte es nicht, sich selbst zu beseitigen, — ein Beweis, daß seine Heilkräfte von seinen Fabrikanten zu hoch angeschlagen werden."

In neuester Zeit wird das Publikum mit Anpreisungen eines neuen Wundermittels heimgesucht, das den Namen Shaker-Extrakt führt. In ungeheurer Anzahl sind Traktätchen über diesen Extrakt ausgegeben worden, die sachlich auf der Stufe der Wundergeschichte des Mittelalters stehen, dabei aber in einer Weise geschrieben sind, die völlig genügt, das unwissende Publikum zu täuschen. Damit aber auch für denjenigen Teil der Menschheit, der auf solche Erzählungen nicht hereinfällt, gesorgt sei, veröffentlichen die Fabrikanten des besagten Extraktes den Brief eines deutschen Professors der Chemie, der aber freilich sein Gutachten zu dieser Art der Verwendung niemals abgegeben hat. Der Brief lautet: „Ihrem Wunsche entsprechend bestätige ich hierdurch, daß dieses Präparat, in welchem keine giftigen unorganischen (metallischen) Stoffe entdeckt werden konnten, allerdings kräftig wirkende organische Pflanzenstoffe enthält, daß es aber, wie ähnliche Mittel, nach Vorschrift genommen, nicht als gesundheitsschädlich bezeichnet werden kann. Meines Dafürhaltens ist dieser Extrakt, in kleinen Mengen gebraucht, als ein den Magen anregendes und stärkendes, schwach abführendes und die Verdauung beförderndes Mittel zu betrachten."

Nun vergleiche man dieses „Gutachten" mit den Angaben in dem Buche der „Mutter Seigel", wo behauptet wird, das Mittel dieser Frau (d. h. eben der Shaker-Extrakt) enthalte 5 Alkaloide, deren erstes schlafbefördernd, das zweite abführend, das dritte schweißtreibend wirke u. s. w., und man wird erkennen, ob der Fabrikant Ursache hat, auf einen deutschen Professor zur Stütze seiner Behauptungen hinzuweisen. Tollerer Unsinn, wie das Buch von der Mutter Seigel enthält, ist überhaupt noch nicht dagewesen; man weiß nicht, ob das Subjekt, welches diese Schrift verfaßte, sich über das Publikum lustig machen will oder nicht. Der p. White sollte der Angabe nach in Frankfurt gr. Hirschgraben 17 wohnen, war aber dort auch mit Hilfe der Polizei nicht auffindbar. Dieselbe fand nur eine „Firma", die ein auf einige Tage angeblich dort anwesend gewesener Andrew Judson White gegründet hatte. Den eigentlichen Vertrieb des Shaker-Extrakts hat die Firma Elnain & Comp. in Frankfurt und nach den eignen Briefen dieser Herren besteht das Wundergebräu aus den Extrakten folgender Pflanzen: Iris versicolor, Leptandra Virg., Stillingia off., Taraxacum off., Juglans regia, Gaultheria procumbens, Hydrastis canad., Actaea racemosa, Gentiana rubra, Aloë, Capsicum annuum, Lign. Sassafrass, denen hinzugefügt ist: Natr. biboracic., Acid. hydrochlor. dilut., Syr. Sacchari und Aqua destill. Das ca. 60 gr haltende Glas dieses »Extr. Iridis versicolor cpst.« wird vom Fabrikanten zu Mk. 2,50 mit 30 Proz. Rabatt an die Apotheker abgegeben. Wer eine Frühlingskur mit frischem Kräutersaft (dem ehemaligen Succ. Herbar. recent. der Pharmakopöen) macht, erreicht jedenfalls dieselbe medizinische Wirkung als durch den Gebrauch des vielbestandteiligen Extraktes und spart sich neun Zehntel der Kosten.

In einer andern Tonart, wie die Fabrikanten des Shaker-Extraktes, bläst ein gewisser Kuhlmann, der dem Publikum beizubringen sucht, er bereite „magnetisch-heilkräftiges" Wasser. Um klar zu machen, was die Leute an diesem unverschämten Wässerlein eigentlich haben, sagt der wackere Mann folgendes von sich selbst: „Dr. Kuhlmann, wohlgemerkt, nicht Dr. der schulmäßig hergebrachten und bevorrechteten Medizin, mit der er nichts gemein hat, sondern Dr. der Philosophie und Eingeweihter der uralten Magie, der Wissenschaft des innern Wesens und Zusammenhanges aller Dinge und der darauf beruhenden Wirkungsmacht, der ursprünglichen Wissenschaft und Menschheit und einzig wahren, die aus einer Quelle schöpfte, die den zur Herrschaft gelangten Schulwissenschaften aller Art von jeher verschlossen ist und ihres wesentlichen Zweigs der magischen Heilwissenschaft und Heilkunst, der ursprünglichen der Menschheit und im Altertum alleinherrschenden, die nicht das handgreifliche Stück Fleisch und Knochen den Kadaver, mit dem in ihm vorausgesetzten, aber noch bis heute nicht ertappten „Prinzip des Lebens", das man nach seinen intellektuellen Funktionen auch die Psyche oder Seele nennt, und das mit dem Erdenkloß, besonders mit dem Brei im Schädel, entstehen und vergehen soll, für den Menschen ansieht, sondern die den ganzen, die dem Außensinn verborgnen geistig-leiblichen Organismus, mit andern Worten, den dem Fleischesauge unsichtbaren ewigen und unsterblichen Menschen in seiner zeitlichen und vergänglichen Hülle vor Augen hat und gründlich kennt und eben darum, wenn er krank ist, gründlich heilt, und die das Vorgenannte während eines zehnjährigen Aufenthaltes im Orient, der Wiege der alten Magie, wo sie, nie ganz erloschen, noch heute von Eingeweihten kultiviert wird, mit dieser im besondern erforscht, in ihrer Tiefe begründet, allseitig entwickelt und zu einer vollendeten Wissenschaft und Kunst gestaltet hat, sonach Vertreter einer Heilwissenschaft und Heilkunst, die der heutigen Medizin nicht nur ganz fern liegt, sondern weit über ihren Horizont geht und von der sie gar nichts versteht."

Es dürfte wohl selten vorkommen, daß ein Quacksalber mit gleicher Unverfrorenheit seine eigne Unwissenheit dem Publikum auskramt und stolz darauf hinweist. „Eingeweihter der alten Magie": das soll nach etwas klingen, ist aber nichts als ein ganz neuer, äußerst unverschämter Schwindel!

Der Haarwuchs ist ein Gebiet, auf dem sich die Geheimmittelkrämer vorzugsweise gerne bewegen, denn es ist äußerst lukrativ. Die Zahl der geheimen Haarmittel ist daher Legion.

Um das Haupthaar, nicht wo es fehlt, herzurufen, sondern ihm seine ursprüngliche Naturfarbe wieder zu verleihen, kurz um es zu „verjüngen", haben die Herren Franz & Comp. in Wien eine Komposition in den Handel gebracht, die auf ihre chemischen Kenntnisse ein farbiges Licht wirft. Diese Komposition ist eine Flüssigkeit mit gelbem Bodensatz und besteht aus 106 gr Wasser, 40 gr Glycerin, 3 gr krystallisiertem Soda, 13 gr Schwefelzink und 15 gr Schwefelcadmium. Das letztere, bemerkt Hager, der die Analyse ausgeführt hat, hat die liebenswerte Eigenschaft, von Haut und Haar nicht resorbiert zu werden, es wird sich also bei dem Gebrauchenden in den Haaren anhäufen, und wenn unsern Lesern daher irgendwo ein schön zitronengelbes Haupt entgegenleuchten sollte, so können sie ohne Analyse und auf das bloße Ansehen des Zitronenhauptes hin getrost attestieren, daß diese Locken Schwefel-Cadmium enthalten und mit Haar-Verjüngungs-Milch gesalbt sind.

Vom Haarbalsam Dr. Wakersons — oder Wakerbarts, was ganz dasselbe ist, wird boshafterweise behauptet, er erzeuge auf kahlen Stellen unglaublich schnell neues Haar. Ob das wahr ist, kann jeder probieren, indem er sich den Balsam selbst macht. Derselbe besteht nämlich aus gewöhnlicher Haarpomade, mit welcher 0,05 gr Karmin, 1 ¼ gr Aepfeläther, 0,3 gr Coloquinthen-Extrakt, 15 Tropfen Cantharidentinktur und 10 Tropfen Perubalsam mit etwas Spiritus gemischt worden.

Der „Haarzucker“ hat eine ganz andere Art, den Haarwuchs zu befördern, als die bisherigen Mittel. Man soll ihn nämlich innerlich nehmen, gewissermaßen damit den Magen einreiben, wodurch dann auf geheimen Wegen die Kopfhaut in Bezug auf Haarwuchs gekräftigt werde. Nun, schädlich ist dieser Haarzucker dem Magen nicht, denn er ist nur gewöhnlicher Milchzucker, dessen Preis freilich 6mal höher ist, als erforderlich.

Der sogenannte „Haar-Restorer“ besteht nach Hager und Wittstein aus 380 gr Wasser, 5 gr Bleizucker, 20 gr unterschwefligsaurem Natron, 20 gr Glycerin und Pomeranzenblütenwasser. Er wird von dem Apotheker Brabender in Cleve fabriziert, und wie er wirkt, mag folgende Mitteilung des Dr. Bering in Bromberg illustrieren: „Vor einiger Zeit erkrankte ein mir befreundeter Herr an einem heftigen Kopfschmerz, Uebelkeit und allgemeinem Unbehagen; wußte derselbe anfänglich sich nicht die Ursache desselben zu erklären, so glaubte er schließlich, dasselbe der Verwendung des seit einiger Zeit (4 Wochen) in Gebrauch genommenen obigen Haarfärbemittels zuschreiben zu müssen und übergab er mir deshalb eine Flasche dieses Mittels zur Untersuchung. Der „Haar-Restorer“ stellt eine wasserhelle Flüssigkeit mit schwarzem Bodensatz dar; ist geruchlos und befindet sich in einer blauen Flasche, von breitgedrückter Form, verbunden mit weißem Leder. Auf der einen Seite ist eine Etikette angebracht, die die Abwesenheit gesundheitsschädlicher Stoffe versichert und das Mittel nicht als ein gewöhnliches Färbemittel bezeichnet, sondern als ein „direkt auf die Haarwurzel wirkendes“. „Alle Unreinlichkeiten der Kopfhaut werden durch dieses Mittel leicht entfernt und weder Haut noch Wäsche beschmutzt oder gefärbt.“ In der Gebrauchsanweisung heißt es, daß die Flüssigkeit umgeschüttelt und mit einem Schwämmchen aufgetragen werde 2c. Der Flasche liegt außerdem ein sehr langes Attest des bekannten „Direktor“ Dr. Theobald Werner-Breslau bei, in welchem letzterer sich etwas reserviert über die Gesundheitsschädlichkeit des Mittels ausspricht, außerdem sich darauf beruft, daß der „Stand“ des Fabrikanten (Apotheker) Bürge genug sei für die Gefahrlosigkeit des Mittels. Die angestellte Untersuchung ergab jedoch ein anderes Resultat: Der nicht unbedeutende schwarze Bodensatz, aus sehr schönen Kristallen bestehend, ergab, daß derselbe ausgeschiednes Schwefelblei ist, das nach dem Umschütteln der Flüssigkeit (wie vorgeschrieben) sich auf der Kopfhaut ablagert. Außerdem enthielt aber das von dem Niederschlag getrennte Filtrat noch 0,52% Bleioxyd. Es stellt somit der Haar-Restorer eine Auflösung jenes Doppelsalzes von unterschwefligsaurem Bleioxyd-Natron dar und möchte hierdurch die Gefährlichkeit des Mittels für die Gesundheit doch wohl hinreichend ausgesprochen sein; weshalb auch am hiesigen Orte einleitende Schritte gethan sind, um den weitern Verkauf dieses Mittels zu inhibieren.“

Wollten wir schließlich noch einen Blick auf die Bandwurmmittel werfen, so würden wir hier demselben Gebahren der Geheimkrämer begegnen, wie überall. Von den reisenden, nicht approbierten Heilkünstlern à la Mohrmann bis zu dem gräßlichen Tranke, den der Heilgehilfe Mook in Berlin den Bandwurm-

Leidenden für 6 Mark verkauft, kommt alles auf dasselbe heraus. Damit aber der Leser, dem in den Zeitungen eine Anzeige aufstößt, in welcher Richard Mohrmann seine demnächstige Ankunft ansagt, wisse, welche Waffen dieser Herr gegen den Bandwurm schwingt, möge folgendes bemerkt werden. Derselbe liefert zwei Arzneien, von denen die eine nach Schädlers Untersuchung mit 10 gr Farnwurzelextrakt, die andere aus einem Gemisch von 8 gr Himbeerextrakt und Rizinusöl besteht. Nach Mohrmanns Anweisung sollen 30 Tropfen des Extrakts nüchtern mit dem Himbeersafte und dem Rizinusöl eingenommen werden, darauf viertelstündlich wiederum 30 Tropfen, bis Wirkung erfolgt. Natürlich ist dieses Mittel längst bekannt und es nicht einzusehen, weshalb Jemand dafür dem Mohrmann 12 Mark zahlen soll, da es jeder Apotheker für 6—7 Mark liefert.

## Das Velociped-Boot.

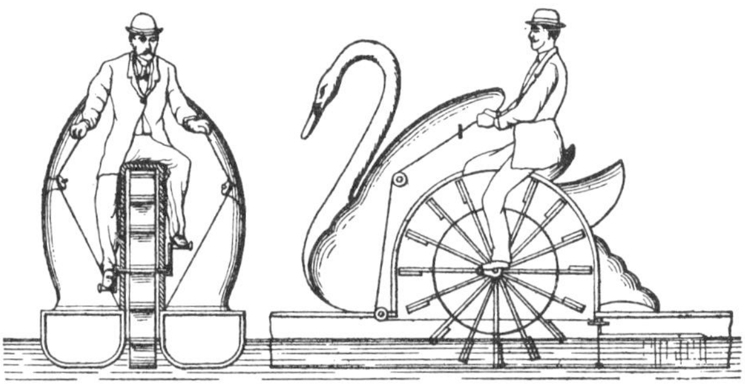

Während auf dem Lande das Velociped ein ziemlich gewöhnliches Vehikel geworden ist, hat der Wassersport, bei uns wenigstens, sich desselben noch kaum bemächtigt. Auf den Gewässern im öffentlichen Garten zu Boston begegnet man jedoch häufig Doppelboot-Velocipeds, wie sie unsere Figur 2 darstellt. Dieselben machen einen ganz hübschen Eindruck, besonders da der Bewegungs-Mechanismus recht geschickt unter der Form eines Schwanes versteckt ist. Die erste Figur zeigt diesen Mechanismus im Durchschnitt und seitlich. Die Boote sind sehr sicher und bequem, ihre Bewegung ist jedoch nicht besonders rasch, wie auch zu erwarten stand; jedenfalls bieten sie ein recht angenehmes Hilfsmittel zu Wasserpromenaden und verdienen auch bei uns eingeführt zu werden.

Das Velociped-Boot des öffentlichen Gartens zu Boston (Vereinigte Staaten).

# Verbesserungen in dem Bausystem des Hudson-Tunnels*).

Nachdem man nun endlich durch Versenkung eines riesigen Caissons die Verbindung zwischen den Luftkammern und dem Tunnel perfekt gemacht hat — leider allerdings zu spät — gehen die Arbeiten vom westlichen Ufer in Jersey City aus rüstig vorwärts, und auch auf dem östlichen New-Yorker Ufer soll in allernächster Zeit begonnen werden. Die einzelnen Einrichtungen, durch welche das pneumatische System verbessert und einigermaßen sicher gemacht worden ist, sind in den beigegebenen Illustrationen veranschaulicht.

Die erste Abbildung ist eine Ansicht vom Innern des Caissons und den Tunnelanfängen. Die Tunnel selbst sind gegenwärtig, so lange die Arbeiten bis zur Fertigstellung dauern, ihrer ganzen Länge nach in eine obere und untere Hälfte geteilt. Und zwar geschieht dies durch einen luftdichten Fußboden, der aus starken Balken und Planken gezimmert ist. Die untere Hälfte wird, soweit der Tunnel in Eisen und Stein vollendet ist, mit einem Teile des ausgegrabenen Materiales angefüllt; dies hat zwei Vorteile:

Erstens gewährt dies dem Zemente die nötige Zeit zum Festwerden unter günstigen Bedingungen, insofern der Gewichtsdruck des eingefüllten Materiales

Das Innere des Kastens am westlichen Ufer mit den Tunneleingängen.

*) Vergl. N. Universum Bd. I. S. 62, Bd. II. S. 261.

dem äußeren Bodendrucke in erheblichem Maße entgegenwirkt 2c.

Zweitens wird der Zugang zu der Arbeitsstelle durch die volle Breite des Tunnels (16 Fuß) geführt, ein bedeutender Gewinn an verfügbarem Raum für den Weg.

An dem nördlichen (linken) Tunnelanfange sieht man einen der Hunde an der Ausladestelle in diesem Raum; das vom „Ort" hergeführte abgegrabene Material, wird hier zur Hälfte hergeführt und der automatisch ausladende Hund wirft dasselbe in die „Puddle" genannte

Rückwand des Kastens nach dem Lande zu.

Vorrichtung direkt hinein. Darin wird es mit Wasser zu einer breiigen Konsistenz verrührt und dann durch den im Caisson herrschenden Luftdruck*) durch eine starke eiserne Röhre (blow-out-Pipe) aufwärts forciert und an der Oberfläche entleert. Es dient zur Ausfüllung des sumpfigen Uferflachlandes.

Zwischen den beiden Tunnelanfängen sieht man die Mündung des zum Einführen des Baumateriales benutzten Einfallrohres. Rechts oben ist der Ausgang durch die obere Vorkammer, welche durch eine Strickleiter zu erreichen ist; unter denselben in der südlichen Seitenwand des Caissons — auf der Abbildung nicht sichtbar — ist der Zugang zu dem unteren Teile des Caissons, dem „Puddle"-Raume.

*) Derselbe beträgt zwischen 19 und 21 Pfund, je nach dem Flutstande im Flusse.

Die Seiltrommel, welche die Hunde von „Ort" nach dem Caisson zieht, ist in der vorstehenden Illustration in einer Vorderansicht dargestellt; daneben der, die Telephone (System Edison) nach oben und nach der Arbeitsstelle einschließende Schrank; die die komprimierte Luft nach den verschiedenen Abteilungen führenden Röhren; endlich eines der elektrischen Lichter (System Brush) mit großem Reflektor, der das Licht die Bahnstrecke entlang wirft. Hinter alle diesen Vorrichtungen ist die Fortsetzung des Tunnels kommt. Dies ist aus der Zeichnung des Länge-Durchschnittes sowohl, wie aus der Abbildung des Arbeitsplatzes ersichtlich.

Das Ausgraben des Erdreiches geschieht natürlich für den vollen Querschnitt des Tunnels, worauf dann das Einlegen und Vernieten der Platten, sowie das Ausfüttern des Eisenröhrentunnels mit einem zwei Fuß starken Ziegelmauerwerke in der, im ersten Bande des „Neuen Universum" geschilderten Weise vorgenommen wird. Statt des

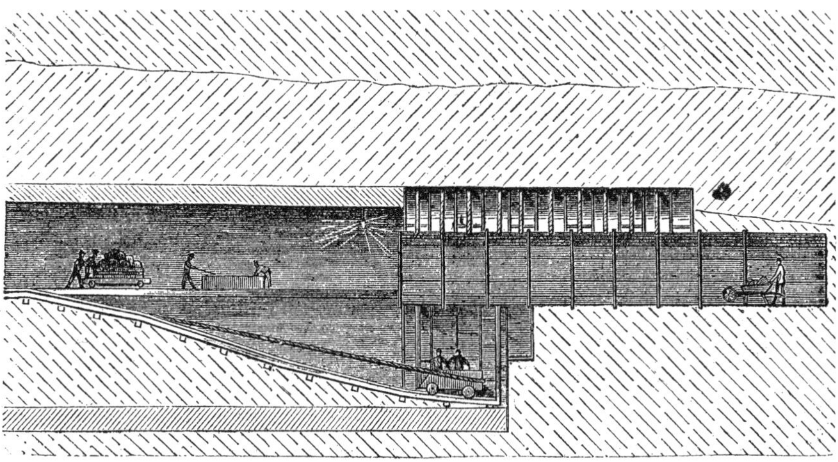

Längsdurchschnitt des Tunnels an der Arbeitsstelle.

landwärts sichtbar; dieselbe ist natürlich gegenwärtig durch eine starke, luftdichte Querwand verschlossen.

Geht man nun auf der, in der Mitte des Tunnel-Querschnittes gelegenen Fahrbahn, so kommt man, wenn man die etwa 500 Fuß betragende vollendete Strecke zurückgelegt hat, an die eigentliche Arbeitsstelle, wo die Ausgrabungen und die Aufführung des Eisen- und Mauerwerkes vor sich gehen. Dort geht es plötzlich bergab bis auf die Sohle des Tunnels, dessen cylindrische Form hier noch voll und unausgefüllt zur Geltung Mörtels wird das beste hydraulische Zement gebraucht; dasselbe wird, wie versichert wird, erst vorher einer eingehenden Prüfung und längeren Probe unterzogen.

Den eigentlichen Arbeiten voraus und zwar auf eine Entfernung von 15 bis 20 Fuß wird gegenwärtig ein kleinerer Explorationstunnel — Pilot-Tunnel — vorwärtsgetrieben. Derselbe hat einen Durchmesser von 6 ½ Fuß und ist nach demselben Modelle wie die Haupt-Tunnel, also ein eiserner Röhrentunnel, aus zehn, vier Fuß langen, zweizölligen Eisenplatten zusammengesetzt. Im Innern sind zur

Arbeiten am Tunnelende mit dem Pilot-Tunnel und seinen Streben und Stützen.

Verstärkung hölzerne Streben und Stützen angebracht (in unserer Abbildung nicht sichtbar, wohl aber im Längsschnitte). Dies geschieht einerseits zur Stärkung des Pilot-Tunnels selbst, namentlich aber auch um den Streben und Stützen entgegenzuwirken, welche vom Pilot-Tunnel aus nach den Eisenwandungen des Haupttunnels gehen, da wo noch kein Mauerwerk eingefügt ist. Ob diese Art der „Sicherung" auch wirklich so sicher ist, wie die Unternehmer versichern, bleibt abzuwarten. Es scheint den Herren noch immer nicht völlig zum Bewußtsein gekommen zu sein, wie wenig Schutz das „pneumatische System", in horizontaler Richtung angewandt, gewährt.

Das Material des Flußuntergrundes, in welchem der Bau gegenwärtig vorwärts rückt, ist ein sehr fester, bläulicher Thon; wie behauptet wird, ist derselbe nur sehr wenig von weicheren Stellen oder Spalten durchsetzt, wodurch die Gelegenheit zu unliebsamen oder gar gefährlichen Zwischenfällen allerdings bedeutend vermindert wäre. Eindringen von Wasser und Entweichen komprimierter Luft, welch drohende Symptome stets von einem unheimlich zischenden Laute begleitet sind, sollen daher, den Berichten zufolge, gegenwärtig sehr viel seltener sein, als früher. Trotzdem sind noch verschiedene gleich zu beschreibende Vorsichtsmaßregeln in Vorbereitung.

Die Arbeiten selbst gehen nun in der Weise vor sich, daß der Vormann der im Pilot-Tunnel arbeitenden Mannschaft die Widerstandsfähigkeit des Materiales durch das Eintreiben langer Eisenstäbe untersucht. Hierauf beginnt das Abgraben des Erdreiches auf eine volle Plattenlänge des Pilot-Tunnels (4 Fuß). Das abgegrabene Material wird nach der Eingangsöffnung (s. Abbildung) geschafft, und teils in die Hunde geworfen, teils am Platze ausgeschüttet. Daselbst wird dann ein voller, aus zehn Segmenten bestehender Ring abgetragen und an „Ort“ vorgesetzt und vernietet. Das Aufschütten der unteren Hälfte findet ebenso wie das Abtragen des Pilot-Tunnels nur da statt, wo der Haupttunnel in Eisen und Mauerwerk komplet ist. Die Ausgrabung des Haupttunnels rückt dem ersteren in sechs bis acht terassenförmigen Absätzen nach, in der früher beschriebenen Weise.

Wie schon angedeutet, ist man endlich soweit einsichtiger geworden, daß man besondere Sicherheitsvorrichtungen an den Arbeitsstellen einzuführen im Begriffe steht.

Dieselben sind folgende:

Dicht hinter dem Eingange in den Pilot-Tunnel wird eine die obere Hälfte des Tunnels einnehmende starke Querwand angebracht und acht bis zehn Fuß weiter landwärts, etwa da wo unser Bild beginnt, eine zweite, den ganzen Tunnelquerschnitt durchsetzende. In letzterer befinden sich zwei luftdicht verschließbare, mit starken Thüren versehene Eingangsöffnungen, davon eine innere offen stehen muß. Tritt nun an der Arbeitsstrecke ein gefahrdrohender Durchbruch ein, so eilen die Arbeiter die schiefe Ebene von der Sohle des Tunnels nach der bereits aufgeschütteten, in halber Höhe befindlichen Strecke hinauf. Das die obere Hälfte durchsetzende Diaphragma verhindert das Entweichen der Luft aus dem Tunnel so weit er vollendet ist, und die Arbeiter haben genügend Zeit, sich durch die beiden Eingänge in der vollen Querwand zu retten. Diese letzteren werden dann verschlossen und die Rettung der Arbeiter in dieser Weise schnell und sicher ermöglicht, wie man behauptet. Diese Querwände müssen natürlich in ähnlicher Weise der Arbeitsstrecke nachgerückt werden, wie der Pilot-Tunnel. Obgleich die beschriebenen Einrichtungen einen gewissen Grad von Schutz gewähren, so ist die etwas komplizierte Konstruktion der im Bau begriffenen Strecke keine Vertrauen erweckende. Ein weniger widerstandsfähiger Untergrund, der oben, unten oder an den Seiten existieren kann, ohne daß man sein Vorhandensein gewahr wird, kann ein so plötzliches Eindringen bedeutender Wassermassen ermöglichen, daß die letzteren, und das nachstürzende Erdreich den Arbeitern nicht genügend Zeit lassen, sich hinter das Diaphragma zu flüchten. Diese Wahrscheinlichkeit ist um so größer, als der höchste anwendbare Luftdruck im Innern des Tunnels durchaus ungenügend ist, um einen solchen gewaltsamen Durchbruch auch nur einigermaßen aufzuhalten.

An der tiefsten Stelle, etwa 1000 Fuß vom östlichen New Yorker-Ufer des Hudson, ist dieser Fluß über 60 Fuß tief; da der Scheitel des Tunnel-Gewölbes mindestens 30 Fuß unter der Sohle des Flußbettes zu liegen kommen soll, so wären wenigstens drei bis drei und ein halb Atmosphären Ueberdruck notwendig, um der überstehenden Wasser- und Bodensäule das Gleichgewicht zu halten. Die Anwendung eines so bedeutenden Luftdruckes steht der Arbeiter wegen außer Frage, und es ist zu befürchten, daß es noch eines anderen fürchterlichen Unglückes bedarf, ehe man das trügerische pneumatische System verläßt und zur Auskleidung des Erdreiches mit starken Holz- und Balkenverschlägen schreitet, die sich noch immer bewährt hat.

Im übrigen schreiten die Arbeiten rüstig vorwärts; es rücken die Tunnel im Durchschnitte jeden Tag 3½ bis 4

Fuß vor und kann man daher, falls kein Unglücksfall eintritt, der doch wohl den Tunnel wiederum zum „Ersaufen" bringen würde, der Vollendung dieses kühnen, tollkühn ausgeführten Bauwerkes im nächsten Jahre entgegensehen.

## Flammenschutzmittel.

Die Frage nach der Unverbrennlichmachung von Geweben, die durch den Brand des Ringtheaters in Wien eine Zeitlang in den Vordergrund des öffentlichen Interesses getreten war, ist schon sehr alt und bereits vor Jahrzehnten hat sie teilweise sehr befriedigende Lösungen gefunden. Dr. Paul Räber hat eine Zusammenstellung der gemachten und teilweise brauchbaren Vorschläge gegeben, denen wir Folgendes entnehmen.

Gay Lussac gelang es bereits, Gewebe vollkommen unentzündbar zu machen, indem er sie mit einer 7prozent. Lösung von schwefelsaurem Ammoniak tränkte. Im Jahre 1838 wurde in Paris die Anwendung unentzündlicher Stoffe für die Bühnen polizeilich vorgeschrieben. Doch bewährte sich dies Verfahren nicht, weil das schwefelsaure Ammoniak im Laufe der Zeit sein Ammoniak teilweise verlor, und die dabei frei werdende Schwefelsäure zerstörend auf das Gewebe einwirkte. Auch büßten die Stoffe bei längerem Gebrauche ihre Unentzündlichkeit ein. — Chevalier suchte dies zu umgehen, indem er eine Mischung von schwefelsaurem Ammoniak und Borax anwandte, aber auch dieses erwies sich als nachteilig für die Stoffe. Fuchs empfahl nach dem Brande des Münchener Theaters, leicht entzündliche Gegenstände mit einem Anstrich von Wasserglas zu versehen. Da aber der Anstrich in der Hitze abspringt, so gewährt er keinen dauernden Schutz. — Versmann und Oppenheim stellten zuerst Versuche in großem Maßstabe an und fanden vier Salze als geeignet zum Imprägnieren von Geweben, nämlich: 1. phosphorsaures Ammoniak, 2. phosphorsaures Ammoniak mit Salmiak, 3. schwefelsaures Ammoniak, 4. wolframsaures Natron. Für Stoffe, welche gestärkt werden sollten, erwies sich nur das letztere als brauchbar; es ist in der That in England schon seit 20 Jahren im Gebrauch. — Abel imprägnierte Gewebe mit kieselsaurem Bleioxyd, indem er sie mit Bleiessig tränkte, dann in eine Lösung von Wasserglas tauchte und auswusch.

Auch zur Sicherung von Holzwerk gegen Entzündung sind bereits Mittel gefunden. Meist hat man diesen Zweck durch einen geeigneten Anstrich zu erreichen gesucht. Nach dem Verfahren von Ricklès, das in Straßburg viele Anwendung gefunden hat, wird der zum Weißnen bestimmte Kalkbrei mit einem gleichen Gewicht Chlorcalciumlösung von 14° B. gemischt und dann in der gewöhnlichen Weise aufgetragen. — Ein anderer Anstrich, welcher in Ibbenbüren (Westphalen) gebraucht ist, besteht aus 2½ Teilen Salmiak, 1 Teil Zinksulfat, 2 Tl. Tischlerleim, 20 Tl. Zinkweiß und 30 Tl. Wasser. — Patera in Wien hat mit Erfolg eine Mischung von 2 Tl. Gips, 1 Tl. Ammonsulfat und 3 Tl. Wasser angewandt. — J. A. Martin empfiehlt 15 Tl. Salmiak, 5 Tl. Borsäure, 50 Tl. Leim, 1½ Tl. Gelatine und 100 Tl. Wasser mit soviel Kalkpulver zu mischen, daß die erforderliche Konsistenz entsteht.

Schüßel u. Thonret haben Holz durch Imprägnation feuerfest gemacht. Nach ihrer Methode vermischt man 16 Tl. Phosphorsäurelösung von 16° B. mit 2½ Tl. kohlensaurem Ammoniak und fügt dieser Mischung 6 Tl. Salmiak, die vorher in kaltem Wasser zu einer Lösung von 10° B. gelöst sind, und 1 Tl. arabisches Gummi hinzu. In diese Flüssigkeit wird das Holz in möglichst trockenem Zustande wenigstens 24 Stunden gelegt und dann trocknen gelassen, worauf man es mit Oelfarbe anstreichen kann. Die Imprägnation des Holzes gewährt ohne Zweifel einen dauernderen Schutz gegen Entflammung, als der Anstrich, sie wird daher voraussichtlich in der Zukunft eine große Bedeutung gewinnen. An Stelle der ziemlich kostspieligen Flüssigkeit von Sch. u. Th. dürften sich auch andere, sonst kaum verwertbare Stoffe anwenden lassen, wie die zum Teil noch unverwendbaren Staßfurter Salze, ferner das in vielen Fabriken in ungeheurer Menge abfallende Chlorcalcium u. A. Anstatt das Holz durch bloßes Eintauchen mit der Flüssigkeit zu tränken, wird man vorteilhafter die letztere mittelst Luftdruck einpressen. In ähnlicher Weise wird ja das Holz bereits in großem Maßstabe zum Schutz gegen Fäulnis imprägniert und die bestehenden Imprägnieranstalten für Eisenbahnschwellen sollten sich ein so zukunftsreiches Unternehmen, wie es anscheinend die Fabrikation imprägnierter Bauhölzer ist, nicht aus der Hand gehen lassen. Dieselben Mittel, die das Holz schwerverbrennlich machen, wirken ja auch dem Hausschwamm zuwider.

# Die Kriegsschiffe der Gegenwart.

Wohl in keinem Fache des menschlichen Thuns und Treibens ist der Fortschritt bewunderungswürdiger als im Seewesen. Wenn man bedenkt, daß in den letzten 30 Jahren eine zweimalige Umwandlung des gesamten Flottenmaterials — nämlich von der Segel- zur Dampfflotte und von der Holz- zur Eisenflotte — stattfand, so wird man diesen Ausspruch für keine leere Phrase halten. Und welch gewaltiger Unterschied zwischen einem Linienschiff zu Nelsons Zeit und einem modernen Schlachtschiff! Im modernen Schlachtschiff sehen wir ein Werk, das bis jetzt einzig in seiner Art vor unseren Augen steht, nicht nur einen Panzerkoloß, dessen Größe, dessen Dimensionen, dessen Angriffs- und Verteidigungsmaschinen das Gefühl des höchsten Staunens in uns hervorrufen, sondern noch viel mehr ein Meisterwerk, in welchem die neuesten Errungenschaften der Wissenschaft in einer Weise zur praktischen Anwendung gebracht worden sind, die uns fast aus dem Gebiete des Möglichen, der Realität, in dasjenige des Märchens, des wissenschaftlichen Ideals, versetzt. Die äußere Erscheinung des modernen Schlachtschiffes kann sich freilich nicht mit der prachtvollen Erscheinung eines Linienschiffes messen. Man kann sich im Gegenteil kaum etwas Häßlicheres, etwas Unbefriedigenderes denken, als diesen ungeheuren Rumpf, der so schwerfällig, so breit, so plump auf dem Wasser liegt. Das einzige, was uns bei diesem Anblick imponiert, ist das Unheimliche, Gespensterhafte, das von diesem Monstrum zu uns herüberblickt. Tritt man aber in das Innere dieses häßlichen Ungeheuers ein, wie schnell wird man zur staunendsten Bewunderung hingerissen! Eine Welt ist es, die zwischen diesen Panzermauern Platz gefunden hat, eine Welt, in welcher die Wissenschaft ihren Triumph feiert, in welcher der Mensch fast verschwindet und die verborgensten und mächtigsten Naturkräfte zu Vollführern des menschlichen Willens und Wissens gebändigt worden sind. In diesen ehernen Türmen, welche das Deck überragen, stehen Geschütze von ungeheurem Durchmesser; unter den Türmen liegen die Geschosse und die Ladungsvorrichtungen: ein Druck auf einen Messingknopf setzt alles im oberen und unteren Stockwerke in Bewegung; die Kanone senkt sich langsam, ihre hintere Oeffnung legt sich vor einen mit Schienen bedeckten eisernen Tisch, der aus der Tiefe heraufrückt, und auf welchem das Geschoß im selben Augenblick mittels eines auf den Schienen laufenden Wagens sich einfindet; von hinten rückt sofort eine schwere Metallplatte hervor, welche das Geschoß in die Kanone hineindrückt und die Oeffnung hermetisch schließt; die geladene Kanone legt sich schußbereit in ihre frühere Stellung; aus dem Kommandoturme läßt nun der Kommandant mittels eines besonderen Mechanismus die Geschütze richten; sein Finger legt sich auf eine telegraphische Leitung, der Schuß geht los. In zwei und einer halben Minute wird die Kanone geladen, gerichtet, abgefeuert. Sechs Mann für jeden Turm genügen, um diese Kolosse zu manövrieren. Der Dampf und die hydraulische Kraft, welche das Schiff nach allen Richtungen hin durchlaufen, setzen Kanone, Geschoß und Turm in Bewegung. Wie ein Ingenieur, wie ein Mechaniker, leitet der in seinem eisernen Bollwerke, in der Mitte des Schiffes, das Deck überragend, eingeschlossene Kommandant nicht nur die Aktion der Geschütze, sondern auch das Steuerruder. Er übersieht alles, ohne vom Feinde gesehen zu werden, ohne von den feindlichen Geschossen anders als durch die Zerstörung seines Turmes getroffen werden zu können. In diesem Turme steht er, umgeben von einer Anzahl von telegraphischen Apparaten und Sprachröhren. Ein Druck von seiner Hand und das Schiff wendet nach rechts oder links, stoppt oder stürzt sich voran, die Geschütze donnern nach allen Seiten, die Türme drehen sich — man glaubt in einem Märchenschlosse zu stehen, und nicht einen Seeoffizier, sondern einen geheimnisvoll arbeitenden Magier aus „Tausend und eine Nacht" vor sich zu sehen! Dies ist aber noch nicht alles! Im unteren Raume des Schiffes öffnet sich ein weiter, eisengepolsterter Raum; ein Torpedoboot liegt dort, mit Schraube, Torpedokanonen und Mannschaft, zur Ausfahrt bereit. Ein Metallknopf in dem Kommandoturm spielt leise und unter dem Wasserspiegel öffnet sich eine Klappe; das Meer füllt den Raum bis zu der geeigneten Höhe; das Torpedoboot schwimmt; die Klappe schließt sich; ein Thor öffnet sich in dem hintern Teile des Panzerkolosses, und zum Kampfe bereit stürzt das Torpedoboot heraus: das Thor schließt sich hinter ihm; die Dampfpumpen setzen sich in Bewegung und im Nu ist das hereingeströmte Wasser wieder herausgestoßen. Hat das Torpedoboot seinen Zweck erfüllt, so kehrt es auf dieselbe Weise in das Innere des Schiffes zurück, und hinter ihm schließen sich die ehernen Pforten; die innere Maschinerie spielt weiter, führt ihm neue Ladung, neue Munition zu, und nach wenigen Minuten ist es zu einem neuen Ausfall gerüstet. Wer solches vor einigen Jahrzehnten erzählt hätte, würde wohl als ein verrückter Träumer angesehen und behandelt worden sein: heute aber können wir mit Augen diese Wunder betrachten — und wir müssen uns bewundernd fragen, welche Wunder denn in den künftigen Jahrzehnten von der Traumwelt in die Wirklichkeit eintreten werden?

Jede größere Flotte ist heutzutage aus Schlachtschiffen, Küstenverteidigungsfahrzeugen und Kreuzern zusammengesetzt, wozu dann noch Avisos, Transportschiffe, Schulschiffe und allerlei Fahrzeuge für den Hafendienst kommen.

Unter Schlachtschiffen versteht man gegenwärtig Panzerschiffe von einer solchen Größe, um einen schweren Panzer und schwere Artillerie tragen und dabei die See halten und in offener See sich schlagen zu können. Sie zerfallen wieder in zwei Kategorien: in Hochseepanzerschiffe (in der deutschen Marine „Panzerfregatten" genannt) und in Panzerschiffe, deren Verwendung als Schlachtschiffe sich hauptsächlich auf die heimischen Gewässer beschränkt, die daher mehr oder weniger zur offensiven Küstenverteidigung bestimmt sind (in der deutschen Marine „Panzerkorvetten" genannt).

Die Hochseepanzerschiffe haben die Bestimmung, neben Anwendbarkeit als Schlachtschiffe in der Nähe der heimischen Gewässer, für den gleichen Zweck auch in entfernten Meeren benutzt werden zu können, daher sie so ausgerüstet sein müssen, daß sie längere Zeit ohne die Hilfsmittel, welche Vorräte und Werkstätten der Heimat bieten, aushalten können. Sie stehen deshalb den Linienschiffen der früheren Zeit einigermaßen nahe, sind nämlich erstens hochbordig, d. h. ein großer Teil des Schiffsrumpfes liegt über dem Wasser, den feindlichen Schüssen ausgesetzt, zweitens von erheblichem Tiefgange, hauptsächlich der Stabilität wegen, und drittens mit einer Takelage versehen, falls die Dampfmaschine versagt oder bei längeren Reisen Kohlen gespart werden müssen. Einige Hochseepanzerschiffe haben trotzdem keine Takelage.

Von den Hochseepanzerschiffen sind die Batterieschiffe die ältesten und bilden den Anschluß an die vor der Panzerepoche vorhandenen Schiffe. Die früher übliche Aufstellung der Geschütze — an beiden Seiten des Schiffes von vorne bis hinten — ist beibehalten und die Batterie ihrer ganzen Länge nach gepanzert („Gloire", französisch; „Northumberland", englisch; „Danmark", dänisch; „Terribile", italienisch; „Ferdinand Max", österreichisch; „Sewastopol", russisch; „Numancia", spanisch; „Mahmudijé", türkisch); oder die Armierung und mit ihr die Panzerung ist an den beiden Schiffsenden weggelassen oder beschränkt („Solferino", französisch; „Achilles", englisch; „Friedrich Karl", deutsch; „Sagunto", spanisch). Aus dem Umstande, daß jedes Schiff nur ein begrenztes Gewicht tragen kann, geht für die Batterieschiffe der Nachteil hervor, daß bei der großen Ausdehnung der gepanzerten Fläche der Panzer nicht stark sein kann oder aber die Schiffe müßten übermäßig groß werden. Wenn man den Typus der Batterieschiffe hätte beibehalten wollen, so hätte man mit den Panzern von 70 cm zu Schiffen von 5000 bis 6000 Tonnen Deplacement gelangen müssen. Batterieschiffe werden zur Zeit nicht mehr gebaut. Obgleich ungefähr 20 Batterieschiffe aus den Flotten bereits ausrangiert und durch zeitgemäßere Schiffstypen ersetzt wurden, so findet man doch noch ungefähr 40 Batterieschiffe in den Flottenlisten, von welchen beiläufig 1/4 auf England und 1/4 auf Frankreich entfallen. Die deutsche Flotte befindet sich den meisten anderen Flotten gegenüber insofern im Vorteil, als mit dem Bau von Hochsee-Panzerschiffen (Panzerfregatten) verhältnismäßig spät begonnen wurde, was die angenehme Folge hatte, daß zur Anschaffung einer größeren Anzahl von Batterieschiffen bei den riesigen Fortschritten des Panzerschiffbaues die Zeit zu kurz war. Von älteren Batterieschiffen besitzt die deutsche Flotte demnach glücklicherweise gar keines. Die vorhandenen drei älteren Panzerfregatten, „Friedrich Karl", „Kronprinz" und „König Wilhelm", repräsentieren bereits jenes Stadium des Panzerschiffbaues, welches den Uebergang von den reinen Batterieschiffen zu den reinen Kasemattschiffen (s. unten) bildet. Die wichtigsten Daten dieser 3 Schiffe sind:

| Name | Deplacement | Jahr des Stapellaufes | Länge | Breite | Tiefgang | | Panzer | | Bestückung | Indizierte Pferdekraft | Fahrgeschwindigkeit |
|---|---|---|---|---|---|---|---|---|---|---|---|
| | | | | | vorn | hinten | schwächster | stärkster | Zahl u. Kaliber der Geschütze. | | |
| | Tonn. | | Meter | Meter | M. | M. | Millimtr. | Millimtr. | | | Knoten |
| Friedrich Karl | 6007 | 1867 | 86.04 | 16.13 | 6.7 | 7.3 | 78 | 127 | XVI 21 cm. | 3500 | 13.6 |
| Kronprinz . . | 5568 | 1867 | 87.17 | 14.78 | 7.1 | 7.4 | 78 | 127 | XVI 21 cm. | 4800 | 14.3 |
| König Wilhelm | 9757 | 1868 | 105.23 | 17.83 | 7.4 | 8.1 | 105+31 | 305+31 | XVIII 24 cm., V 21 cm. | 8000 | 14.7 |

Wie hieraus zu ersehen, sind „Friedrich Karl" und „Kronprinz" sehr ähnliche, jedoch heutigentags sehr schwache Schiffe, der „König Wilhelm" dagegen ist, wenn auch nicht mehr wie vor 13 Jahren das

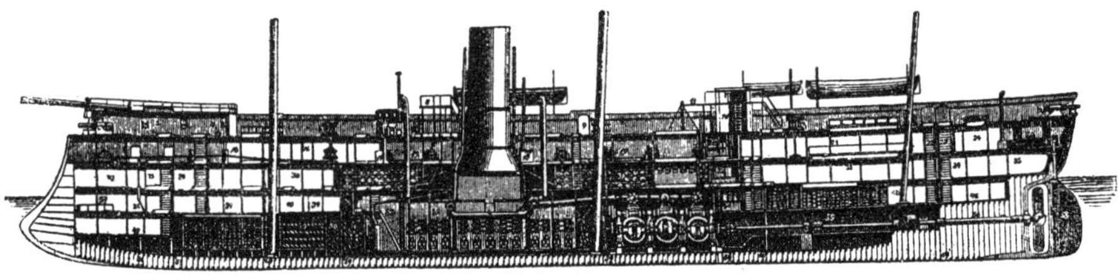

Deutsches Panzerschiff „Friedrich Karl". — Längendurchschnitt.

1. Oberdeck. 2. Buggeschütz. 3. Buggeschützraum. 4. Waterkloset. 5. Gangspill. 6. Mannschaftskombüse (Küche). 7. Winde für den Ascheneimer. 8. Vordere Commandobrücke. 9. Fallreep. 10. Commandoturm. 11. Hintere Commandobrücke. 12. Heckgeschütz. 13. Batteriedeck. 14. Ankerklüsen. 15. Badekammer. 16. Lazaret. 17. Frischwassertank. 18. Offizierskombüse (Küche). 19. Batterie. 20. Steuerrad. 21. Offiziersmesse. 22. Treppe der Offiziere. 23. Treppe des Commandanten. 24. Speisezimmer des Commandanten. 25. Saal des Commandanten. 26. Zwischendeck. 27. Lazaret. 28. Arrestzelle. 29. Montierungskammer. 30. Kammer für die Deckoffiziere. 31. Kleidersäcke. 32. Kammer für die nautischen Instrumente. 33. Wohnräume der Offiziere. 34—35. Proviantraum für Offiziere und den Commandanten. 36. Plattformdeck. 37. Allgemeines Magazin. 38. Hellegat für den Bootsmann. 39. Cabelstellung. 40. Segelraum. 41. Bottlerei. 42. Bootsraum, Gewehr- und Munitionskammer. 43. Pulverkammer. 44. Bootsraum. 45. Proviantraum. 46. Lahl (der unterste Teil des Schiffsraumes). 47. Hellegat für Zimmermann und Bootsmann. 48. Pulverkammer. 49. Granatkammer. 50. Kettenkasten. 51. Kohlenraum. 52. Kesselraum. 53. Kessel für den Destillierapparat. 54. Maschinenraum. 55. Wellentunnel. 56. Schraubenwelle. 57. Schraube. 58. Ruder. 59. Wasserdichte Schotten (zellenförmige Einteilung des inneren Schiffsraumes). 60. Pumpen.

stärkste Panzerschiff der Welt, noch immer ein mächtiges Panzerschiff. Die obenstehende Figur zeigt den Längendurchschnitt des „Friedrich Karl".

Aus den oben angeführten Gründen kam man allmählich auf die Kasemattschiffe. Hier sind die Geschütze, statt in der großen langen Batterie, in einem kleinen gepanzerten Raume in der Mitte des Schiffes, der Kasematte, aufgestellt. Die Geschützzahl mußte mit dem Raume notwendig abnehmen, und um nicht an Offensivkraft zu verlieren, wurde das Kaliber erhöht. Da, immer abgesehen vom Gürtelpanzer, nur eine kleine Fläche einen Panzer trägt, so kann dieser stark sein.

Um beim Verfolgen, beziehungsweise Verfolgtwerden, auch nach vorne und hinten aus gedeckten Ständen schießen zu können, hat man bei den Kasemattschiffen die verschiedensten Einrichtungen getroffen. Die Jagdgeschütze sind bei den älteren Kasemattschiffen auf dem Oberdeck entweder hinter Panzerschilden, die vom Panzergürtel über das Oberdeck hinausreichen, oder hinter solchen, die nur auf dem Oberdeck stehen und in keiner Verbindung mit dem Panzergürtel sind, oder auch ohne Panzerschutz aufgestellt. Die Heckgeschütze sind entweder hinter einem vom Panzergürtel bis zum Oberdeck reichenden Panzerschild im Batteriedeck („Herkules", englisch) oder auch auf dem Oberdeck ohne Panzerdeckung aufgestellt. Bei einigen Kasemattschiffen sind auch noch in den vorderen und hinteren gepanzerten Querwänden der Batterie, fast ganz dicht am Bord, Pforten eingeschnitten und die Schiffswände an diesen Stellen schräg nach innen geführt, um den dort aufzustellenden Geschützen in der Kasematte das Feuern so nahe wie möglich der Kielrichtung zu gestatten („Herkules", englisch). Bei anderen Kasemattschiffen wieder sind die Jagd- und Heckgeschütze in einem über die Seiten des Schiffes etwas hinausreichenden gepanzerten, über der Batterie gelegenen Ausbau („Sultan", englisch) oder in ähnlich gelegenen festen Türmen („Ozean", französisch) oder Halbtürmen plaziert, und wird die Verschanzung (Bordwand), um das Feuern dieser Geschütze in der Kielrichtung zu ermöglichen, etwas nach innen gestellt.

Es gibt zur Zeit im ganzen ungefähr 80 Kasemattschiffe. Die meisten (21) besitzt Frankreich; hierauf folgen England mit 14, dann die Türkei mit 10. Deutschlands Flotte zählt 3 Kasemattschiffe, nämlich die alte Panzerkorvette „Hansa“ — das einzige hölzerne Panzerschiff der deutschen Marine — und dann die mächtigen Panzerfregatten „Kaiser“ und „Deutschland“. Dieselben wurden nach den Plänen des berühmten englischen Schiffbau-Ingenieurs Reed bei Samuda in London gebaut und liefen im Jahre 1874 vom Stapel. Sie sind nach dem „Herkules“-Modell, dem eigentlichen Repräsentanten des Reed'schen Kasemattschiffes, konstruiert, im Verhältnis zur Breite sehr kurz gehalten und außerdem mit allen Apparaten versehen, welche zur Raschheit der Evolutionen beitragen. Ihre Länge beträgt 85.34 m, die Breite 18.40 m, der größte Tiefgang 7.5 m und ihr Deplacement 7676 Tonnen. Das Verhältnis der Breite zur Länge ist 1 : 4.63. Die Dicke des Panzers an der Wasserlinie beträgt 252 mm; nach vorne und rückwärts ist die Panzerstärke bis auf 127 mm verjüngt; die Kasematte ist mit 224 mm starken Platten gepanzert. In der Kasematte sind auf diesen Schiffen je acht Krupp'sche kurze 26 cm-Ringkanonen auf Rahmen-Lafetten aufgestellt, deren je vier in der Breitseite auf nur 80 m Entfernung schon ihr Feuer konzentrieren können. Vor- und rückwärts der Kasematte sind die Bordwände derart eingezogen, daß man in der Jagdrichtung sogar noch etwas über die Kielrichtung hinaus, ferner in der Retraiterichtung bis 15° von der Kielrichtung feuern kann. Um die Bordwände vor und hinter der Kasematte weniger einziehen zu müssen, ist dieselbe derart auf den Schiffskörper aufgebaut, daß sie von ihrer Mitte bis vorne aus demselben vorspringt. Zur Vervollständigung des Retraiteschusses ist auf dem Batteriedeck rückwärts eine Krupp'sche lange 21 cm-Ringkanone auf einer Kajütenlafette aufgestellt, welche rückwärts ein Feld von 30° auf jeder Seite der Kielrichtung bestreicht. Dieses Geschütz steht hinter einem halbkreisförmigen Panzerschild von gleicher Höhe wie die Kasematte. Die Horizontal-Trunkmaschinen sind von der berühmten Firma J. Penn & Sons in Greenwich gebaut und indizieren 8000 Pferdekraft. Bei der Probefahrt machte „Kaiser“ mit ganzer Kraft 14.56 Knoten, mit halber Kraft 12.78 Knoten, „Deutschland“ mit ganzer Kraft 14.47 Knoten, mit halber Kraft 13.24 Knoten. Beide Schiffe haben eine vollständige Fregatten-Takelage. Ein solches Schiff kostet ungefähr 8,230,000 Mark.

Die englische Marine hat bereits drei ältere Kasemattschiffe ausrangiert und seit dem Jahre 1876 kein Kasemattschiff mehr gebaut. Unter den 14 vorhandenen Kasemattschiffen ist die im Jahre 1875 vom Stapel gelaufene „Alexandra“ das schönste und stärkste Schiff. Sie hat 99.06 m Länge, 19.20 m Breite, 8 m Tiefgang und ein Deplacement von 9492 Tonnen. Die in einer doppelten Kasematte (in zwei Etagen) untergebrachte Bestückung besteht in der unteren Batterie aus acht 10-Zöllern (Kaliber 25 cm), wovon zwei in der Jagdrichtung gerade gegen vorne schießen und sogar ihr Feuer unter einem geringen Winkel vorne kreuzen können, wohingegen in der oberen Batterie vier Geschütze installiert sind, nämlich zwei 12-Zöller Nr. II. (Kaliber 30 cm), welche von querschiffs bis in die Kielrichtung gegen vorne, und zwei 10-Zöller, welche von querschiffs bis in die Kielrichtung gegen hinten feuern können. Der Gürtelpanzer der „Alexandra“ hat eine Maximalstärke von 305 mm, die Wände der Kasematte sind mit 203 mm starken Panzerplatten belegt. In der unteren Kasematte sind die zwei vorderen Geschütze, deren Stückpforten sich in der vorderen Querwand befinden, von den übrigen Geschützen der Kasematte durch eine Scheidewand getrennt, welche mit 120 mm starken Platten gepanzert ist. Die Zwillingsschrauben-Compoundmaschinen indizieren 8600 Pferdekraft und erteilten dem Schiffe bei der Probefahrt eine Geschwindigkeit von 15.3 Knoten. Die „Alexandra“ ist das schnellste Panzerschiff der englischen Flotte.

Die stärksten und neuesten Kasemattschiffe besitzt jedoch die französische Flotte. Es sind dies der „Redoutable“, dann die „Dévastation“ und der „Foudroyant“. Die „Dévastation“ lief am 20. August 1879 zu Lorient vom Stapel, ist 95 m lang, 20.45 m breit, hat 7.6 m Tiefgang und ein Deplacement von 9639 Tonnen. Die Abbildungen zeigen die Längenansicht, das Oberdeck und das Batteriedeck dieses Schiffes. Die Bestückung besteht zunächst aus vier 34 cm-Geschützen in einer Kasematte,

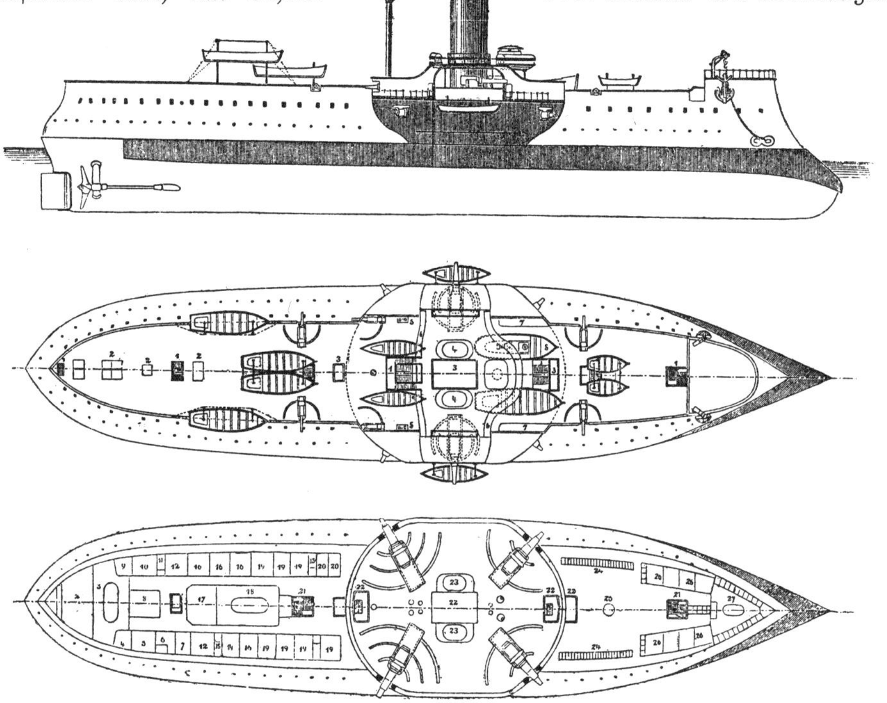

Französisches Panzerschiff I. Ranges „Dévastation“ — Seitenansicht, Oberdeck, Batteriedeck.

Oberdeckplan. 1. Treppenluken. 2. Scheilichter. 3. Ventilationsluken. 4. Kamine. 5. Betinge für Bugsiertaue. 6. Verschanzung. 7. Mannschaftsaborte. 8. Dampfbarkasse.

Batteriedeckplan. 1. Combüse (Küche). 2. Salon des Admirals. 3. Speisesaal des Admirals. 4. Arbeitszimmer des Admirals. 5. Schlafzimmer des Admirals. 6. Abort des Admirals. 7. Badezimmer. 8. Anrichtzimmer. 9. Arbeitszimmer des Commandanten. 10. Schlafzimmer des Commandanten. 11. Abort des Commandanten. 12. Cajüte des zweiten Commandanten. 13. Schlafzimmer des Stabs-Chefs. 14. Arbeitszimmer. 15. Aborte für den Stab. 16. Kammern für die Mitglieder des Flaggenstabs. 17. Messe für die Mitglieder des Flaggenstabs. 18. Offiziersmesse. 19. Offizierskammern. 20. Canzleien. 21. Treppenluken. 22. Ventilationsluken. 23. Kamine. 24. Kästen zum Aufbewahren des Gepäckes der Mannschaft. 25. Gangspill. 26. Unteroffizierskammern. 27. Unteroffiziersmesse.

welche durch 240 mm starke Panzerplatten geschützt ist. Diese Geschütze können wegen der vor und hinter der Kasematte eingezogenen Batteriebordwand in der Jagd- und Retraiterichtung feuern, in letzterer jedoch nur bis 15° von der Kielrichtung; hingegen können dieselben in der Breitseite ihr Feuer konzentrieren. Ferner sind zwei Stück 27 cm-Geschütze derart in Halbtürmen auf dem Oberdeck installiert, daß sie direkt in der Jagd- und Retraiterichtung feuern können. Der Panzerschutz derselben ist jedoch nur genügend stark gehalten, um die Zielvorrichtungen und die Bedienungsmannschaft gegen Kleingewehr- und Kartätschenfeuer zu sichern. Schließlich vervollständigen noch sechs leichte 14 cm-Geschütze, auf dem Oberdeck aufgestellt, die Bestückung. Die Kampfmittel dieses Schiffes sind demnach, besonders in Berücksichtigung des Kampfes in der Bugrichtung, gewaltig. Die Panzerung erreicht im Maximum 380 mm und ist aber unter Wasser, sowie gegen vorne und hinten, in der üblichen Weise verjüngt. Die Maschine indiziert bei künstlichem Zuge 8200 Pferdekraft und treibt Zwillingsschrauben, welche dem Schiffe eine Geschwindigkeit von 14 Knoten erteilen sollen. Der „Foudroyant", ein Schwesterschiff der „Dévastation", ist gegenwärtig noch im Bau befindlich. Der „Redoutable" ist von demselben Typus, jedoch etwas kleiner und hat einen vollständigen Panzergürtel in der Wasserlinie. Er lief 1876 vom Stapel, ist 97 m lang, 19.76 m breit, und hat bei 7.6 m Tiefgang ein Deplacement von 8854 Tonnen. Der Gürtelpanzer hat im Maximum 355 mm Dicke; die Kasematte ist wie bei der „Dévastation" gepanzert. Die gegenwärtige Bestückung des „Redoutable" ist folgende. Vier 27 cm-Geschütze stehen in der Kasematte; zwei 27 cm-Geschütze sind auf dem Oberdeck in Halbtürmen — wie bei der „Dévastation" — aufgestellt; zwei weitere 27 cm-Geschütze stehen auf dem Oberdeck, eines im Bug (vorne), eines hinten auf einer drehbaren Plattform; ferner sind noch sechs 14 cm-Kanonen über das Oberdeck verteilt. Die Compound-Maschinen indizieren 6000 Pferdekraft und treiben nur eine Schraube, welche dem Schiffe eine Geschwindigkeit von 14.66 Knoten erteilt.

Ganz verschieden von den bis jetzt beschriebenen Breitseitschiffen (Batterie- und Kasemattschiffen) sind die Turmschiffe. Bei diesem System besteht die Grundidee darin, daß die Geschütze in niedrigen, cylindrischen, gepanzerten, in der Mittellinie des Schiffes stehenden Türmen aufgestellt werden, deren Durchmesser nicht größer als zur Aufnahme eines oder zweier Geschütze erforderlich ist. Das Areal, welches zum Schutze der Geschütze gepanzert werden muß, ist mithin so klein, wie überhaupt möglich, und der Panzer (d. h. hier die Turmwände) kann sehr stark gemacht werden. Die Türme stehen entweder fest im Schiff (Fixturm), die Geschütze feuern über Bank und sind im Turme beweglich (Duperré, französisch) oder die Türme mit den Geschützen in denselben, welche dann im Turm nicht bewegt werden können und aus kleinen Scharten feuern, sind drehbar (Drehturm — Kapitän Coles' System*). Feste Türme sind weniger

*) Die nach Kapitän Coles' System gebauten Turmschiffe unterscheiden sich von den weiter unten zu erwähnenden Monitoren dadurch, daß sie ein hoch über Wasser liegendes Deck haben und daß die Geschütztürme nicht — wie bei den Monitoren — auf ihm stehen, sondern durch

verletzlich, aber das Geschütz ist nur in seiner unteren Hälfte geschützt; sie finden sich, nebst einer Kasematte, auf dem im Jahre 1876 als letztes Kasemattschiff der englischen Flotte vom Stapel gelaufenen „Temeraire“ und auf den französischen Kasemattschiffen der „Ozean“- und „Alma“-Klasse. Bei den Drehtürmen wird der Drehmechanismus durch einen feindlichen Schuß oder durch heftige Bewegungen bei Sturm u. s. w. leicht beschädigt, dagegen ist das Geschütz vorzüglich geschützt. Um die Konstruktionsteile zu schützen, welche mit der Beweglichkeit der Türme zu thun haben, reichen letztere mit ihrer Basis entweder bis zum Gürtelpanzer hinab („Affondatore“, ital.; „Royal Sovereign“, engl.) oder der Panzer ist in der Mitte des Schiffes (der Türme wegen) höher hinaufgeführt, so daß diese gleichsam in einer Kasematte stehen.

Das Normalschiff dieses Typus ist der englische „Monarch“, das erste Hochseeturmschiff, welches erbaut wurde. Dieses nach Reeds Plänen gebaute Schiff lief im Jahre 1868 vom Stapel. Die deutsche Flotte besitzt zwei nach dem Monarch-Modell gebaute Turmschiffe, nämlich die Panzerfregatten „Preußen“ und „Friedrich der Große“. Das dritte Schwesterschiff war die unglückliche Panzerfregatte „Großer Kurfürst“, welche von allen drei Schiffen zuerst, und zwar schon Ende des Jahres 1869, begonnen wurde. Aber ihre Erbauung hatte mit ungleich größeren Schwierigkeiten zu kämpfen als die der anderen Schiffe, so daß sie erst im Jahre 1875 ablaufen konnte. Ihr Bau hat demnach beinahe 6 Jahre, ihre Ausrüstung etwa 2 1/2 Jahre gedauert, denn erst im Frühjahr 1878 wurde sie zum erstenmal in Dienst gestellt. Diese Schiffe sind 93.63 m lang, 16.32 m breit und haben bei 7.5 m Tiefgang ein Deplacement von 6770 Tonnen, sind also um 1552 Tonnen kleiner als der „Monarch“.

Die nebenstehenden Figuren zeigen den Längendurchschnitt, den Querschnitt und den Deckplan dieser Schiffe. Die Bestückung besteht aus vier Kruppschen langen 26 cm-Ringkanonen auf Turmlafetten in den beiden Türmen, und um ein vollständiges Bestreichen des ganzen Horizontes zu gestatten, aus einer Kruppschen langen 17 cm-Ringkanone im Bug (vorne) und einem ebensolchen Geschütze im Heck (hinten) — ohne jeden Panzerschuh aufgestellt. Die Panzerung der Wasserlinie ist im Maximum 235 mm, nimmt aber sehr rasch gegen unten und die beiden Schiffsenden ab. Die Brustwehr ist an den Seitenwänden mit 208 mm und an den Querwänden mit 131 mm starken Platten gepanzert, endlich ist die Panzerung der Türme 210 mm, bei den Stückpforten aber 262 mm stark. Die Maschinen indizieren je 5400 Pferdekraft; Fahrgeschwindigkeit 14 Knoten. „Preußen“ lief 1873, „Friedrich der Große“ 1874 vom Stapel.

Von demselben Typus besitzt die englische Marine noch ein Schiff, den „Neptune“, welcher für Rechnung der brasilianischen Marine in England gebaut und im Jahre 1878 an die englische Regierung verkauft wurde. Der „Neptune“, welcher früher „Independencia“ hieß, ist ein vergrößerter und verstärkter „Monarch“.

dasselbe hindurch, bis fast auf das Zwischendeck reichen, was bewirkt, daß die Geschütze in den Türmen derart liegen, daß ihre Mündungen nur sehr wenig über Deck ragen. In wenig Worte gefaßt: Coles' Turmschiffe haben hohen Bord und niedrige Türme, Ericsons Monitore dagegen niedrigen Bord und hohe Türme.

Die neueren Turmschiffe haben nicht mehr einen vollen Gürtelpanzer in der Wasserlinie, sondern nur beiläufig ein Drittel der Schiffslänge gepanzert. Die Panzerwände sind bis zum Oberdeck hinaufgeführt und bilden eine geschlossene, rundherum gepanzerte Art Citadelle, in welcher die Türme — in jüngster Zeit diagonal zur Mittellinie des Schiffes gestellt — stehen. Der fehlende Seitenpanzer an den Schiffsenden ist bei diesen Schiffen durch ein unter der Wasserlinie befindliches gepanzertes Deck (Horizontalpanzer) ersetzt, so daß die gepanzerte Fläche nicht nur über, sondern auch unter der Wasserlinie auf ein Minimum reduziert ist. Diese Art Turmschiffe werden auch Citadellschiffe genannt.

Die Repräsentanten dieses Typus sind der englische „Inflexible“ und der italienische „Duilio“.

Der „Inflexible“, das größte und stärkste englische Panzerschiff, wurde nach den Plänen Barnabys am 24. Februar 1874 in Portsmouth begonnen und am 26. April 1876 ins Wasser gelassen.

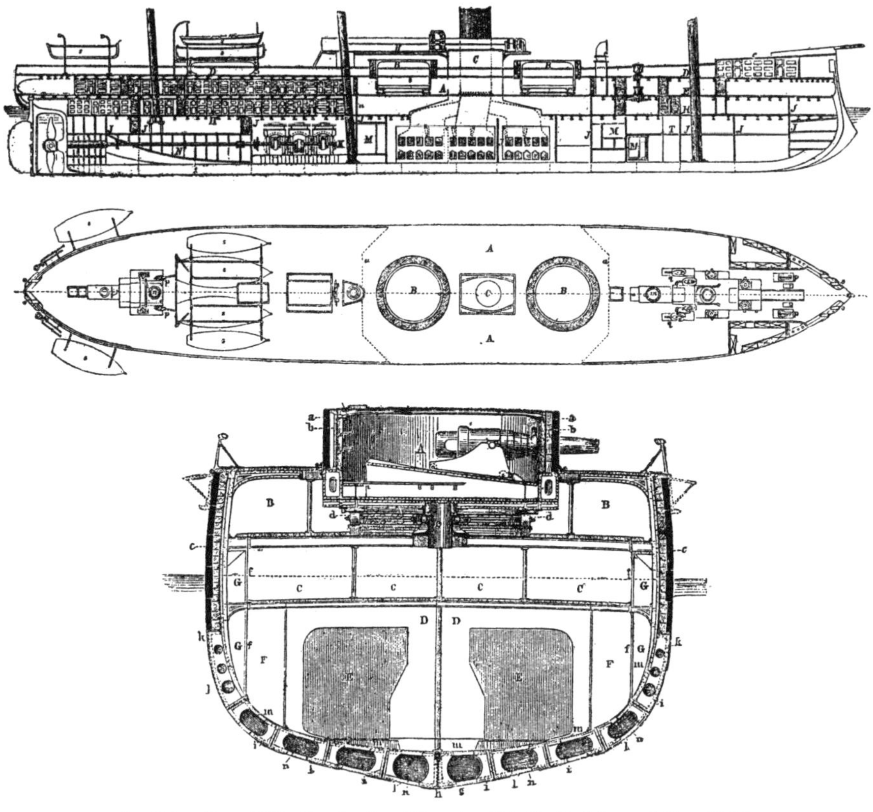

Deutsches Turmschiff „Preußen“. — Längendurchschnitt, Deckplan und Querschnitt.

Längendurchschnitt und Deckplan. A. Batteriedeck. B. Panzerdrehtürme. C. Schornstein. D. Oberdeck. E. Batteriedeck. H. Zwischendeck. I. Wasserdichte Querschotten. K. Maschine. L. Kessel. N. Schraubenwelle. a. Brustwehr. b. Sturmdeck. c. Back. m Gangspill. n. Steuerrad. o. Klüsen. s. Boote.

Querschnitt. A. Panzerdrehturm. B. Batteriedeck. C. Zwischendeck. D. Lahl (Maschinenraum). E. Dampfkessel. F. Kohlenräume. G. Wallgänge. a. Eisenpanzer des Turmes. b. Panzerhinterlage des Turmes. c. Schiffspanzer mit Hinterlage. d. Drehvorrichtung des Turmes. e. Pivot des Turmes. f. Wasserdichte Längsschotten. g. Vertikale Kielplatten. h. Horizontale Kielplatten. i. Längsspanten. k. Panzerträger. l. Aeußere Beplankung. m. Innere Beplankung. n. Doppelter (Zellen-) Boden.

Er ist 97.54 m lang, 22.87 m breit und hat bei 7.75 m Tiefgang ein Deplacement von 11.406 Tonnen. Die untenstehende Figur zeigt die Längenansicht und den Deckplan dieses Schiffes. Die Bestückung eines jeden Turmes besteht aus zwei 16-Zöllern (Kaliber 40 cm). Für die Panzerwände der Citadelle hat man eine Zweiteilung des Panzers gewählt. Die Zusammensetzung der Panzerwand ist folgendermaßen angeordnet: 1) eine Panzerplatte von 305 mm, 2) eine Teakholzunterlage von 275 mm, 3) eine Panzerplatte von 305 mm, 4) eine Teakholzunterlage von 152 mm, 5) zwei Turm, die Rauchfänge und der dahinter befindliche Aufbau bilden, reduziert sich die Geschützzahl auf zwei, welche aber auch das Minimum für alle Richtungen ausmachen. Der Depressionsschuß ist nirgends durch den Aufbau behindert, da letzterer oberhalb der Citadelle eingezogen ist, um den Geschützen die Bestreichung freizuhalten. Die Türme sind mit einer Brücke verbunden, in deren Mitte sich der gepanzerte Kommandoturm befindet. Der innere Durchmesser der Türme beträgt 8.53 m, der äußere 10.51 m; die Rohrachsen der Geschütze liegen 4.41 m über der Ladewasserlinie.

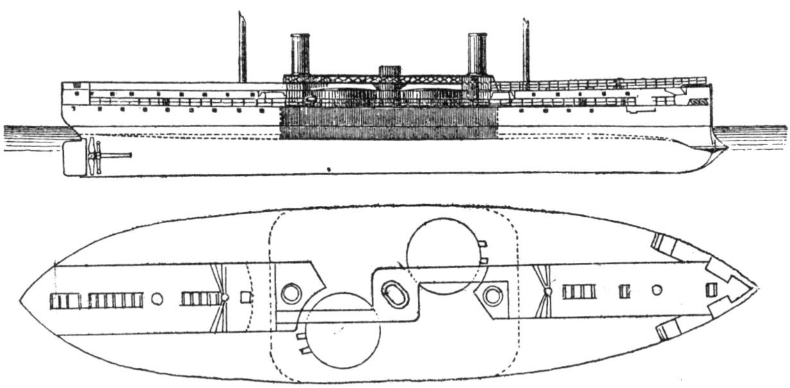

Englisches Citadellschiff „Inflexible“. — Seitenansicht, Deckplan.

Eisenbleche von je 25 mm Stärke. Die Türme sind ebenso wie die Citadelle mit zwei Plattenlagen gepanzert, deren eine 229 mm, die andere 178 mm stark ist. Diese Panzerplatten sind sogenannte Compoundplatten (Eisen und Stahl). Von den beiden Türmen steht der vordere auf der linken, der rückwärtige auf der rechten Seite des Schiffes. Mit den vier Turmgeschützen kann man alle Richtungen des Horizontes gleich wirksam bestreichen; nur in direkter Retraiterichtung, sowie in der Richtung der toten Winkel, welchen für jeden Turm der andere Die Maschinen indizieren 8000 Pferdekraft und treiben Zwillingsschrauben, welche dem Schiffe eine Geschwindigkeit von ca. 13 Knoten erteilen.

Vier ganz ähnliche, nur etwas kleinere und schwächere Schiffe sind der „Ajax“, der „Agamemnon“, der „Majestic“ und der „Kolossus“, die beiden ersteren von 8492, die beiden letzteren von 9150 Tonnen Deplacement. Alle vier haben Compoundpanzer von 457 mm Dicke im Maximum und eine Bestückung von je vier 12 1/2-Zöllern (Kaliber 32 cm). Aber während „Ajax“ und „Agamemnon" noch aus Eisen gebaut sind, werden die beiden anderen Schiffe aus Stahl gebaut.

Die italienischen Turmschiffe „Duilio" und „Dandolo" sind 103.50 m lang, 18.25 m breit und haben bei einem Tiefgang von 7.6 m ein Deplacement von 10,650 Tonnen. „Duilio" lief 1876, „Dandolo" 1878 vom Stapel. Jeder Turm enthält zwei 100-Tonnengeschütze (Kaliber 45 cm). Die Panzerstärke der Citadelle beträgt 55 cm an der Wasserlinie und nimmt bis 45 cm ab; der Turmpanzer ist 45 cm dick. Die Maschinen indizieren 7500 Pferdekraft und treiben Zwillingsschrauben, welche den Schiffen eine Geschwindigkeit von ungefähr 14 Knoten erteilen. Die deutsche und französische Marine besitzen keine derartigen Turmschiffe.

Die neuesten französischen und italienischen Hochseepanzerschiffe sind eine Kombination des Breitseil- und Fixturmsystems. Sie führen eine gewisse Anzahl leichter Geschütze ungeschützt in einer Batterie unter Deck und drei bis vier schwere Geschütze in ebensovielen Fixtürmen oder in einem Reduit auf dem Oberdeck. Weil die schwere Artillerie en barbette aufgestellt ist, d. h. über Bank feuert, so pflegt man diese Art Schiffe Barbetteschiffe zu nennen.

Die Repräsentanten dieses Typus sind der französische „Amiral Duperré" und die italienische „Italia". Der „Amiral Duperré" wurde nach dem Entwurfe von M. Sabaltier im Dezember 1876 auf Stapel gelegt und lief am 11. September 1879 von der Werft zu La Seyne (bei Toulon) ab. Er ist 97.50 m lang, 20.40 m breit und hat bei einem Tiefgang von 8.15 m ein Deplacement von 10,486 Tonnen. Die umstehende Figur zeigt die Längenansicht, dann den Plan des Oberdecks und Batteriedecks dieses Schiffes. Mit Ausnahme des Vorder- und Hinterstevens ist der Schiffsrumpf ganz aus Stahl. Der Schiffskörper hat einen doppelten Boden, ist durch eine Längswand abgeteilt und enthält nahezu 200 wasserdichte Abteilungen und Zellen. Der „Amiral Duperré" besitzt in der Wasserlinie einen von hinten bis vorne zur Ramme reichenden Gürtelpanzer. Ein Panzerdeck von 60 mm Stärke, mit dem Oberrande des Gürtels zusammenfallend, schließt den letzteren nach obenhin ab. Der Panzer ist mittschiffs 550 mm dick und 2.4 m hoch und nimmt gegen die Extremitäten zu auf 250 mm ab. Die Eigentümlichkeit der Panzerung besteht darin, daß außer dem Gürtelpanzer kein anderer Seitenpanzer vorhanden ist. Vierzehn 14 cm-Geschütze sind in einer ungepanzerten Batterie installiert. Am Oberdeck befinden sich vier Barbettetürme, von welchen einer an jeder Seite vor dem Kamin plaziert ist und über die Bordwand hinausragt; ein Turm ist in der Mitte des Hinterdecks und einer hinter dem Kreuzmast installiert. Alle diese Türme sind mit 300 mm dicken Platten gepanzert, und jeder derselben ist mit einem 34 cm-Geschütze bestückt. Diese vier Geschütze stehen auf Drehscheiben, welche durch Dampf und mittels hydraulischer Apparate bewegt werden. Sie schießen en barbette über die Panzerwand des Turmes und jedes derselben bestreicht wenigstens Zweidrittel des Horizontes. Alle vier Türme haben einen schwachen vertikalen Schild aus Eisen, der um einen Teil ihres Umfanges herumgeht und sich bei den zwei vorderen Türmen an der Innenseite, bei jenem am hinteren Oberdeck an der rückwärtigen Seite und bei jenem am Kreuzmaste an der Vorderseite befindet. Die zwei seitlichen Türme gestatten das Feuern in der Kielrichtung. Zwischen den rückwärtigen Türmen ist eine eiserne Brücke angebracht, auf welcher sich die Offiziere und die Leute für den Steuerdienst aufhalten. Querschiffs zwischen den beiden vorderen Türmen befindet sich die Kommandantenbrücke mit dem Kartentische und einem gepanzerten Reduit, von welchem der Kommandant alles übersehen kann und mittels besonderer Apparate seine Befehle in alle Schiffsteile sendet; wenn nötig, kann er selbst den Gang der Maschine regeln. Die beiden Brücken schützen zugleich das Innere der Türme von oben gegen Gewehr- oder Mitrailleusenfeuer. Die angehoffte Geschwindigkeit des Schiffes ist 13.5 bis 14 Knoten. Es ist kein Zweifel, daß der „Amiral Duperré“ eines der mächtigsten Panzerschiffe ist.

Von demselben Typus, aber noch größer und stärker, sind der „Amiral Baudin“ und der „Formidable“, die sich aber noch im Bau befinden. Sie sind 98 m lang, 21.34 m breit und haben bei 8 m Tiefgang ein Deplacement von 11.441 Tonnen. Sie haben statt vier nur drei Türme in der Kielrichtung. Die Bestückung soll aus drei 100-Tonnen-geschützen in den Türmen, zwölf 14 cm-Geschützen in der Batterie und acht Mitrailleusen auf dem Oberdeck bestehen. Der Gürtelpanzer soll in der Mitte

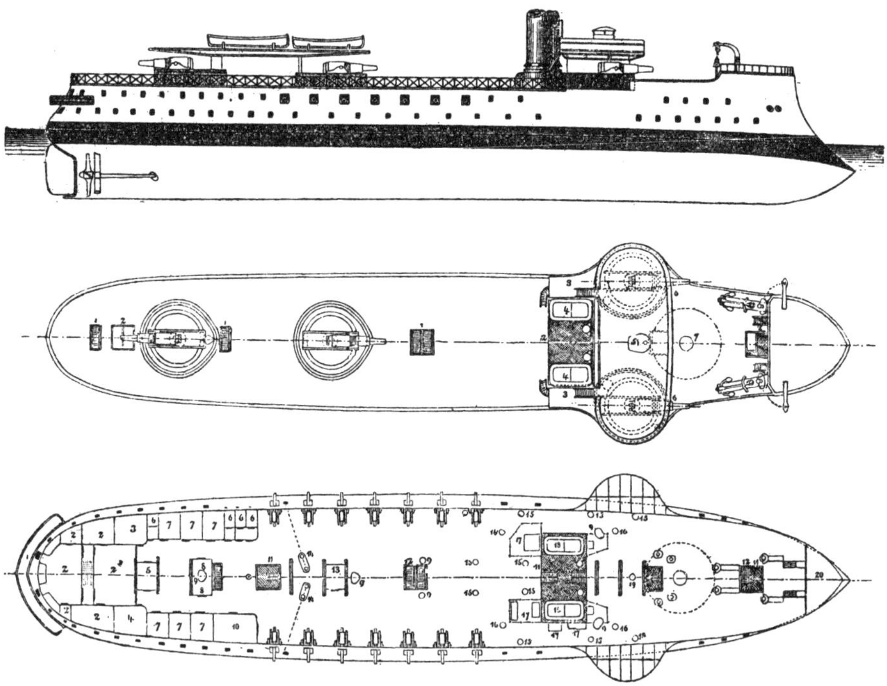

Französisches Panzerschiff I. Ranges „Amiral Duperré“. Seitenansicht, Oberdeck, Batteriedeck.

Oberdeck. 1. Treppenluken. 2. Scheilichter. 3. Mannschaftsaborte. 4. Kamine. 5. Telegraph. 6. Verschanzung der Commandantenbrücke. 7. Gangspill.

Batteriedeckplan. 1. Heckgalerie. 2. Admiralskajüte. 3. Cajüte des Stabs-Chefs. 4. Commandantenkajüte. 5. Anrichtzimmer. 6. Aborte für den Stab. 7. Offizierskammern. 8. Canzleien. 9. Luken für den Munitionstransport. 10. Offiziersmesse. 11. Ventilationsluken. 12. Treppenluken. 13. Steuerei. 14. Ankerbetinge. 15. Luken für den Kohlentransport. 16. Aschenluken. 17. Combüsen (Küchen). 18. Kamine. 19. Luke für das Steuerreep. 20. Vorratsraum.

Das italienische Panzerschiff „Italia“.

550 mm, vorne 400 mm, hinten 350 mm stark werden; der Turmpanzer soll auf 420 mm, der Deckpanzer auf 80 + 10 mm erhöht werden.

Der „Duguesclin“, „Vauban“, „Bayard“ und „Turenne“ repräsentieren die neue Klasse der französischen Panzerschiffe II. Ranges. Sie bilden einen verkleinerten Typus „Duperré“, sind 81 m lang, 17.45 m breit und haben bei einem

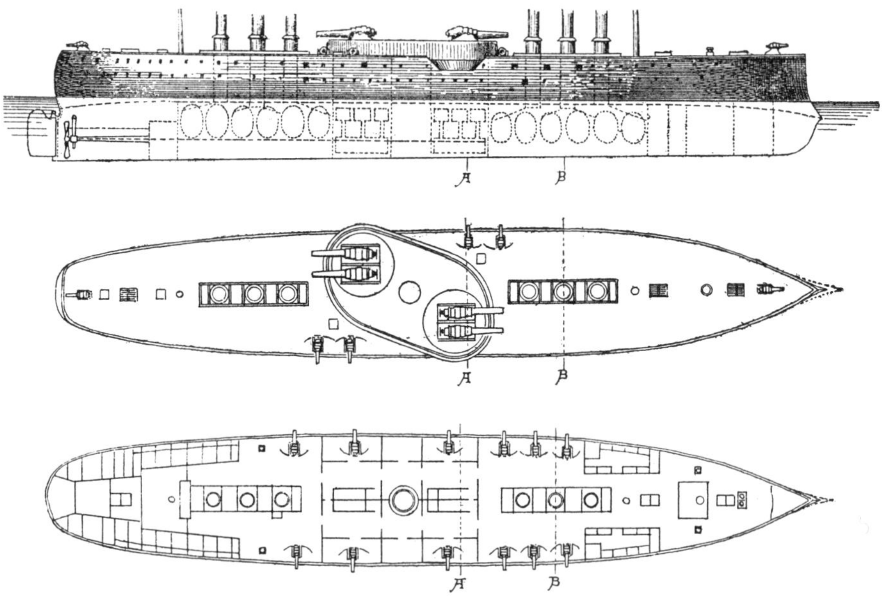


Italienisches Panzerschiff „Italia“. — Längenansicht, Oberdeck, Batteriedeck.

Tiefgang von 7.7 m ein Deplacement von 5869 Tonnen. Der aus Stahl mit Außenbeplattung von Eisen erbaute Körper dieser Panzerschiffe hat unter Wasser über der Eisenbeplattung noch eine Holzbeplankung in zwei Lagen, auf welcher eine Metallverhäutung angebracht ist. Der Gürtelpanzer ist 250 mm dick, verjüngt sich jedoch nach vorne und hinten auf 180, beziehungsweise 160 mm. Der Panzer, welcher die Seiten der Barbettetürme schützt, ist 205 mm, jener des gepanzerten Decks 50 mm dick. Vier Geschütze von 24 cm sind in vier Barbettetürmen installiert, von welchen sich zwei im Vorderteil des Schiffes, etwas überhängend, befinden. Diese Türme sind gegen Kleingewehr- und Mitrailleusenfeuer durch eine über ihnen befindliche, querschiffslaufende Brücke gut geschützt. Ein Geschütz befindet sich in einem ganz ungedeckten Turm mittschiffs zwischen dem Großmaste und Kamin, das vierte ist in einem Turme aufgestellt, dessen Seiten bis zur Höhe des Hüttendecks reichen, in welches der Turm wie in eine Zisterne versenkt erscheint. Vorne, unter der Back ist ein 19 cm-Geschütz untergebracht, welches direkt nach vorne feuern kann; sechs 14 cm-Geschütze stehen in der Batterie. Die Maschinen (Zwillingsschrauben) sollen 4100 Pferdekraft indizieren und den Schiffen 14 Knoten Geschwindigkeit geben. Die Schiffe haben Briggtakellage (zwei Masten mit Quersegel).

Die italienischen Panzerschiffe „Italia“ und „Lepanto“ sind die größten Kriegsschiffe der Welt. Sie sind 122 m lang, 22.28 m breit und haben bei einem Tiefgang von 9.5 m ein Deplacement von 14,390 Tonnen. Die nebenstehenden Figuren zeigen die Längenansicht, dann den Ober- und Batteriedeckplan dieser Monstreschiffe. Die Pläne derselben wurden im Jahre 1875 von dem Inspektor des Schiffsbaues, Kommendatore Brin, entworfen, welcher den vielumfassenden Gedanken des Admirals Saint Bon, des damaligen Marineministers, in Ausführung brachte, in Bezug auf offensive und defensive Eigenschaften sehr starke Schiffe zu haben, welche mit einer größeren Geschwindigkeit als die aller im Bau oder im Entwurfe befindlichen Kriegsschiffe versehen wären, selbständig, sowie jede ozeanische Fahrt zu unternehmen tauglich seien, eine große Masse von Truppen zu transportieren vermögen und soviel als möglich gegen unterseeische Angriffe sichergestellt seien. Wie man leicht begreifen kann, war dieses Programm, so schön es auch sein mochte, schwer zu verwirklichen, ohne sich weit von den Typen und den Dispositionen aller anderen Kriegsschiffe zu entfernen. Es handelte sich in der That darum, Schiffe zu konstruieren, welche nicht allein schneller wären als der „Inflexible“ und der „Duilio“, sondern auch wirksamer geschützt, stärker armiert, mit besseren Seeeigenschaften begabt und fähig, das Meer auf längere Zeit als jene zu halten, oder mit einem verhältnismäßig größeren Kohlenvorrat als jene versehen seien. Die „Italia“ lief am 29. September 1880 vom Stapel, während der „Lepanto“ sich noch im Bau befindet. Die Fertigstellung des ersteren Schiffes ist für 1884, des letzteren für 1886 in Aussicht genommen. Die Schiffe sind ganz aus Stahl gebaut. Die wichtigste und neueste Eigentümlichkeit, welche diese Schiffe darbieten, besteht in dem Aufgeben des Panzers in der Wasserlinie, wodurch man auf jeden Schutz in der Wasserlinie verzichtet hat; die Schwimmfähigkeit oder, wenn man sagen will, Unversenkbarkeit wurde durch ein unter Wasser gelegenes gepanzertes Deck und die Stabilität durch ein gut ausgedachtes und wohl angepaßtes Zellensystem gesichert. Das gepanzerte Deck, welches sich auf die ganze Länge des Schiffes hin erstreckt, hält sich auf eine lange Strecke hin beinahe parallel zur Wasserlinie; vorne aber geht es ziemlich schnell tiefer und bis zur Tiefe des Spornes hinab, indem es so die Stärke des Spornes selbst und der ganzen Konstruktion des Vorschiffes vermehrt. In der Querschiffsrichtung ist das genannte Deck genügend gekrümmt. Es besteht zunächst aus einer Beplattung von 15 mm Dicke, worauf dann die Panzerplatten befestigt werden, welche wahrscheinlich aus Stahl und Eisen (compound) von 7 cm Dicke bestehen werden. Man schätzt, daß eine solche Dicke der Panzerplatten dieses neuen Systems eisernen Platten von ungefähr 9 cm an Wirksamkeit gleich sind. Oberhalb des gepanzerten Decks beginnt die Zellenkonstruktion. Oberhalb des Zellendecks befindet sich das erste Batteriedeck, über demselben das zweite Batteriedeck. Beide sind hoch zwischen den Decks, geräumig, gut ventiliert und von solcher Beschaffenheit, daß sie hohen Ansprüchen in Bezug auf Bewohnbarkeit genügen und ihrer Geräumigkeit wegen für den Transport einer beträchtlichen Anzahl Truppen geeignet sind. Das obere, d. h. das zweite Batteriedeck, ist vorzüglich für die Aufstellung der sekundären Artillerie, das untere für die über Wasser zu lancierenden Fischtorpedos, beide für Wohnräume, verschiedene Vorratsräume, Lazarete, Bäder und was sonst für das Leben an Bord nötig ist, bestimmt. Das Oberdeck ist nur von dem zentralen Reduit unterbrochen und mit Stahlplatten von 12 mm Dicke beplattet. Der Schiffskörper unter Wasser wird mit Holz und dieses dann mit Zink bekleidet; die mittlere Dicke der genannten Bekleidung beträgt 8 cm und wird dieselbe nicht gedichtet werden, damit das Wasser frei zwischen den Nähten hindurchgehen und die gewünschte Verbindung zwischen dem Zink und der eisernen Beplattung herstellen kann. Der Zweck der Zinkbekleidung ist nicht allein der, das Eisen zu schützen, sondern auch der, die Bildung von Seegewächsen und Krustentieren, welche, wie bekannt ist, auf dem Eisen zum Schaden der Geschwindigkeit des Schiffes sehr leicht Halt gewinnen, zu verzögern. Auf den sieben Schotten, welche im Raum die Abteilungen der Maschinen und der Munitionskammern begrenzen und welche bis zum Oberdeck heraufgehen, sowie auf den Seitenwänden erhebt sich das gepanzerte Reduit, welches die Hauptarmierung einschließt. Dies Reduit durchschneidet, da die Plattformen der Geschütze exzentrisch angeordnet sind, das Deck in schräger Richtung und beinahe in der Figur einer Ellipse. Die Seiten sind ungefähr 66° zum Horizonte geneigt und mit Platten (wahrscheinlich compound) von 43 cm Dicke, außer den zwei je 15 mm dicken Blechen, welche die Bekleidung des Reduits selbst bilden, geschützt. Die vier 100-Tonnengeschütze werden derart aufgestellt werden, daß man ihnen eine Depression von 10° und eine Elevation von 15° geben kann. Mit solcher Depression wird die „Italia“, da sich die Mündungen der Geschütze ungefähr 10 m über dem Niveau des Meeres befinden, ein feindliches Schiff in der Wasserlinie treffen können, welches an ihr wenigstens 55 m querab vorbeigeht, während sie mit der Elevation von 12° auf 3000 m Distanz ein ca. 450 m über dem Meere gelegenes Fort wird treffen können. Die Geschütze der „Italia“ werden, obwohl sie von demselben Gewicht wie die des „Duilio“ sind, viel stärker sein. Ihr Kaliber wird 43 cm betragen, aber man hofft, daß die von ihnen geschleuderten Projektile die lebendige Kraft von 16,200 Metertonnen an Durchschlagskraft haben werden. Die Ladung wird bis auf 350 kg Pulver gebracht werden, d. h. 100 kg mehr als bei den Geschützen des „Duilio“. Außer der genannten Hauptarmierung wird die „Italia“ noch 18 Hinterladungsgeschütze von 4 Tonnen (15 cm Kaliber) tragen. Von diesen 18 Geschützen werden 12 im zweiten Batteriedeck, 4 auf dem Oberdeck an den Seiten des Reduits und 2, das eine vorne, das andere hinten, auf dem Oberdeck aufgestellt werden. Aber alle diese Geschütze werden keinen Panzerschutz und allein den Vorteil haben, sehr zerstreut zu sein. Der Bewegungsapparat der „Italia“ wird von vier getrennten Maschinen, jede zu drei vertikalen Zylindern, mit direkter Pleuelstange von oben wirkend und Oberflächenkondensation, gebildet. Bei ökonomischer, Wirkungsweise wird der Dampf direkt von den Kesseln nur in einen der Zylinder eingelassen und expandiert derselbe, nachdem er in demselben gewirkt hat, in den beiden anderen, während bei der

Wirkungsweise mit voller Kraft der Dampf direkt von den Kesseln in alle Zylinder gelassen wird, wo er auch mit Expansion wirkt und nachher in die Kondensatoren ausströmt. Jede Maschine wird bei dem Gang mit voller Kraft 4500 indizierte Pferdekraft (zusammen also 18,000) leisten müssen, man wird aber auch die Kraftentwicklung bis auf 400 indizierte Pferdestärken reduzieren können. Der gewöhnliche Kohlenvorrat von 1600 Tonnen wird die „Italia“ befähigen, das Meer mit reduzierter Geschwindigkeit drei Monate lang zu halten, und es ist passend, darauf hinzuweisen, daß, um von dieser Geschwindigkeit zu den höheren überzugehen, nur wenige Minuten erforderlich sind, und um von der Geschwindigkeit von 13 Knoten auf die Maximalgeschwindigkeit von 17 Knoten überzugehen, kaum wenige Sekunden. Außerdem wird die „Italia“ in ihren Vorratsräumen im Raum und Zwischendeck ungefähr 2180 Tonnen Kohlen neben dem, was sie in den Zellen des zellenartigen Deckgebälks tragen kann, was sich auf weitere 1500 Tonnen beläuft, stauen können. Sie könnte also alles in allem 3680 Tonnen Kohlen tragen, aber mit dieser außerordentlichen Zuladung würde sie eine Tiefertauchung von ungefähr 1 m haben.

Es ist ferner vielleicht überflüssig hinzuzufügen, daß auf der „Italia“ der Ersatz belebter Motoren durch mechanische im größten Maßstabe stattgefunden hat. Das Ruder wird mit Dampf mittels besonderer Servomoteur-Apparate manövriert. Das Ankermanöver, das Heißen der Asche, sowie alle Manöver zum Laden und Richten der großen Geschütze werden gleichfalls mit mechanischen Motoren unabhängig von denen mit Handbetrieb ausgeführt. Die „Italia“ wird außerdem andere Motoren speziell für die Feuerlöschrohre, seine zahlreichen Ventilatoren u. s. w. haben.

Die Schiffe für die offensive Küstenverteidigung fallen wohl mehr oder weniger mit jenen Schlachtschiffen zusammen, deren Verwendung sich hauptsächlich auf die heimischen Gewässer beschränkt. Man findet sie am reinsten in der französischen Marine vertreten, wo sie offiziell „Garde-côtes cuirassé“ heißen und in ihr Programm nicht nur die offensive Verteidigung der eigenen Küsten, sondern auch den Angriff feindlicher Küsten aufgenommen haben. Diese französischen „Garde-côtes cuirassé“ sind zumeist sogenannte Brustwehrmonitore, ein Schiffstypus, welchen Reed im Jahre 1867 in der englischen Marine eingeführt hat. Das Charakteristische der Brustwehrmonitore besteht darin, daß die Drehtürme nicht wie bei den ursprünglichen amerikanischen Monitoren unmittelbar aus dem Deck des Monitorkörpers hervorgehen, sondern auf dem Monitordeck eine kastenförmige gepanzerte Brustwehr steht, aus welcher die Türme herausstehen. Diese Einrichtung beseitigt, ohne die Vorteile des niederen Freibordes aufzugeben, doch die meisten mit demselben verbundenen Nachteile*). Da für den innerhalb der Brustwehr enthaltenen Teil des Deckes die ohne dieselbe nötige Panzerung entfällt und für das Deck der Brustwehr wegen seiner größeren Höhe nur ein sehr leichter Panzer-

*) Bereits am „Monarch“ (s. oben) ist der untere Teil der Türme von einer gepanzerten Kasematte eingeschlossen, welche jedoch ein Ganzes mit den fortgesetzten Seitenwänden bildet, durch welche die erste Eigenschaft des Monitors: der niedere Freibord entfällt.

schutz nötig, so ist die Gewichtsvermehrung keine bedeutende. Durch die Brustwehr wird in der Mitte des Fahrzeuges ein auch bei hoher See trockener Raum gewonnen, in welchem sich die Basis der Türme mit den Drehvorrichtungen, der untere Teil des Schlotes, die Ventilationen, die Verbindungen des Kommandanten mit dem Ruder und der Maschine, kurz alle für das Gefecht nötigen Vorrichtungen und Apparate gesichert befinden; weiters wird durch dieselbe die Erhöhung der Türme und deren Stückpforten ermöglicht und die Bequemlichkeit der Unterbringung der Besatzung bedeutend vermehrt; endlich wird bei größeren Neigungen das Aufrichtungsvermögen vergrößert, während eine genügende Fläche des Decks dem niederen Freibord erhalten bleibt, um bei bewegter See durch ihre den Schlingerkielen vergleichbare Wirkung die Ruhe der Plattform zu sichern.

Von französischen „Garde-côtes“ gehören hierher die 10 Schiffe der „Tempete“-, „Tonnerce“- und „Caiman“-Klasse; sie haben jedoch sämtlich nur einen Drehturm. Ihre Panzerstärke variiert von 390 mm bis 500 mm; die Bestückung besteht bei den älteren Schiffen aus je zwei 27 cm-, bei den neueren aus je zwei 42 cm-Geschützen; ihr Deplacement variiert von 4523 bis 7239 Tonnen.

In der englischen Marine war der „Cerberus“, welcher 1868 ablief, das erste Schiff dieses Typs. Es folgten dann in rascher Folge, die „Magdala“ (1869), die „Abyssinia“ (1870), der „Hotspur“ (1870), die 4 Schiffe der „Gorgon“-Klasse (1871), der „Glatton“ (1871) und der „Rupert“ (1872), welche alle mehr oder minder dem Typus der Brustwehrmonitore angehören.

Die englische Admiralität machte weitere Schritte nach dieser Richtung durch die Konstruktion der großen Schlachtschiffe der „Devastation“-Klasse, welche nach den gleichen Prinzipien entworfen waren und in den Jahren 1871—1872 vom Stapel liefen. Die obenstehende Figur zeigt die Längenansicht und Deckplan eines solchen Brustwehrschiffes. Eine verbesserte und vergrößerte „Devastation“ besitzt die englische Marine in dem „Dreadnought“, der 1875 ablief. Seitdem wurde kein Schiff dieses Typs mehr gebaut.

Von diesen englischen und französi-

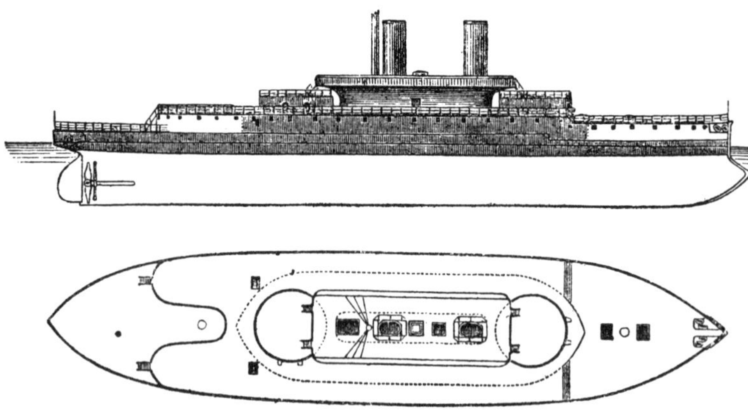

Englischer Brustwehr-Monitor „Devastation“. — Seitenansicht, Deckplan.

schen Brustwehrmonitoren ganz abweichende Schiffe sind die deutschen Panzerkorvetten „Sachsen“, „Bayern“, „Württemberg“ und „Baden“, welche in den Jahren 1877—1880 vom Stapel liefen. Ihre Bestimmung als Schlachtschiffe zur offensiven Küstenverteidigung der Ostsee bedingte, daß sie im stande sein müßten, gegebenen Falls außer in Kiel auch in die übrigen größeren Ostseehäfen einzulaufen, um je nach Lage der kriegerischen Verhältnisse, von dem einen

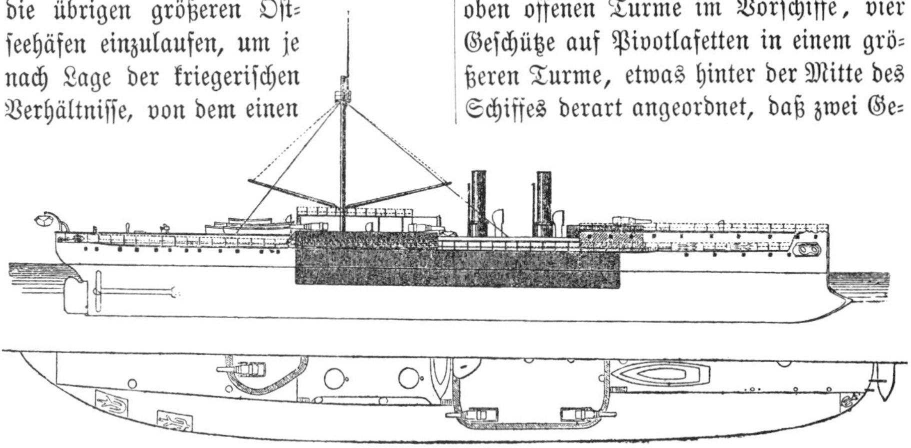

Deutsche Panzerkorvette „Sachsen“. — Seitenansicht, Deckplan.

oder anderen auslaufend, den Kampf mit dem Feinde aufzunehmen. Da aber die Tiefe der an der pommerschen und preußischen Küste gelegenen Häfen nur eine beschränkte ist, ergab sich als Konsequenz, daß der Tiefgang der Panzerkorvetten nur ein verhältnismäßig geringer sein und bei dem vollständig gefechtsmäßig ausgerüsteten Schiffe 6 m nicht überschreiten durfte. Auf eine Takelage konnte mit Rücksicht auf den Verwendungszweck der Schiffe verzichtet werden. Diese Panzerkorvetten sind 91 m lang, 18,3 m breit, und haben bei obengenanntem Tiefgang ein Deplacement von 7400 Tonnen. Die vorstehende Figur zeigt die Längenansicht und den Deckplan dieser originellen Schiffe. Die Bestückung besteht aus sechs Kruppschen langen 26 cm.-Mantelringkanonen. Alle sind en barbette hinter Panzerwänden aufgestellt, um ihnen die Bestreichung eines möglichst großen Teiles des Horizonts, sowie den Batteriekommandanten und Bedienungsmannschaften ungehinderten Ueberblick zu gestatten. Es stehen nicht sämtliche Geschütze in einem Raume, vielmehr zwei Geschütze auf Drehscheibenlafetten in einem eirunden, oben offenen Turme im Vorschiffe, vier Geschütze auf Pivotlafetten in einem größeren Turme, etwas hinter der Mitte des Schiffes derart angeordnet, daß zwei Geschütze neben den zwei vorderen Geschützen nach vorne, zwei Geschütze nach hinten, neben der Verwendung sämtlicher Geschütze als Breitseitgeschütze, feuern können. Sie liegen so hoch über Wasser, daß sie im stande sind, gefährliche Stechschüsse auf die Decke der Gegner abzugeben. Die Schiffe sind nicht in der ganzen Länge durch einen Panzergürtel in der Wasserlinie geschützt, sondern der Panzerschutz ist nur für die im mittleren Teile der Schiffe gelegenen Kessel-, Maschinen- und Munitionsräume in Form einer geschlossenen Citadelle vorhanden. Der Panzer besteht aus zwei Lagen 254 + 152 = 406 mm. Vor und hinter der gepanzerten Citadelle ist 1,4 m unter Wasser ein 75 mm stark gepanzertes gewölbtes Deck ohne jede Oeffnung angeordnet. Die Räume über diesem Panzerdeck sind vorne in 30 und hinten in 36 Zellen geteilt; der Schiffskörper unter Wasser besteht aus einem Gewebe von 120 Zellen. Die Fortbewegung der Schiffe erfolgt durch zwei vollständig von einander getrennte Maschinen von je 2800 indizierter Pferdekraft, von denen jede eine Schraube treibt, welche den Schiffen eine Geschwindigkeit von 14 Knoten erteilen.

Die Fahrzeuge für die defensive oder lokale Küstenverteidigung (Küstenverteidigungsfahrzeuge im eigentlichen Sinn) sind teils gepanzerte, teils ungepanzerte Fahrzeuge und gewinnen ihre Eigentümlichkeit aus folgenden Rücksichten.

Um dem Feinde ein möglichst kleines Zielobjekt zu bieten, ragen sie nur wenig aus dem Wasser hervor; um ferner an allen Küstenpunkten gegen Angriffe, z. B. Landungen, wirken oder auf flachem Wasser eine Aufstellung nehmen zu können, wohin ihnen der Angreifer nicht folgen kann, müssen sie einen geringen Tiefgang haben, und endlich, da sie nicht bestimmt sind, sich von Küstenplätzen, wo eine notwendige Reparatur oder Ergänzung der Vorräte vorgenommen werden kann, weit zu entfernen, haben sie keine Takelage. Nicht alle Seestaaten haben Küstenverteidigungsfahrzeuge; Italien z. B. besitzt — wie die meisten Mittelmeerstaaten — keine eigentliche Küstenverteidigungsflotte.

Die wichtigsten Arten der Küstenverteidigungsfahrzeuge sind folgende:

Schwimmende Batterien sind in der Mehrzahl Panzerfahrzeuge ohne Ansprüche auf Manövrierfähigkeit und nur bestimmt, mit ihren Geschützen zu kämpfen; sie besitzen eine schwache Dampfmaschine, um sich fortzubewegen, doch kann diese auch fehlen, in welch letzterem Fall das Fahrzeug von einem Dampfer auf den Kampfplatz geschleppt und dort verankert wird. Schwimmende Batterien kommen namentlich in der französischen Marine vor.

Monitore, von dem Schweden Ericsson erfunden und nach dem ersten Fahrzeuge dieser Art benannt, sind Panzerfahrzeuge, welche so tief im Wasser liegen, daß nur ein sehr kleiner Teil, bei Flußmonitoren oft nur wenige Centimeter des Rumpfes aus dem Wasser hervorragt, derselbe also dem Feinde fast gar kein Ziel bietet. Oben auf dem Deck stehen der oder die gepanzerten Türme, welche die Geschütze enthalten und um eine vertikale Spindel drehbar sind. Nicht selten kommt noch ein kleiner Panzerturm dazu, welcher zur Aufnahme des Kommandanten und des Steuerrades bestimmt ist. Die Zuführung von Luft für die Besatzung und die Maschinen erfolgt durch künstliche Vorrichtungen, da Luken auf dem niedrig gelegenen Deck in See nicht offengehalten werden können. Die Heimat dieser Fahrzeuge ist Amerika, wo sie bis heutigentags den einzig vorhandenen Typus von Panzerfahrzeugen bilden. In Europa sind sie in der russischen, schwedischen, norwegischen, dänischen und niederländischen Marine zu finden.

Panzerkanonenboote sind kleine Fahrzeuge mit nur einem Geschütze von großem Kaliber, dessen Bedienungsmannschaft und Lademechanismus durch einen feststehenden halbkreisförmigen Schild oder dergleichen geschützt ist. Es ist dies ein spezifisch deutscher Schiffstypus, der durch die Panzerkanonenboote der Wespe-Klasse repräsentiert wird. Sonst hat nur noch die schwedische Marine Panzerkanonenboote, welche jedoch einen elliptischen Fixturm haben.

Die 13 deutschen Panzerkanonenboote, welche speziell für die lokale Verteidigung der Nordseeküste bestimmt sind, sind 43,5 m lang, 10,65 m breit und haben bei einem Tiefgang von 3,1 m ein Deplacement von 1109 Tonnen. Die untenstehende Figur zeigt die Längenansicht und den Deckplan dieser Fahrzeuge. Sie sind ganz von Eisen konstruiert und liefen in den Jahren 1876 bis 1881 vom Stapel. Die Bestückung besteht aus einem hinter einer oben offenen kreisförmigen, 200 mm stark gepanzerten Brustwehr liegenden Krupp-schen 30,5 cm-Geschütze auf Pivotlafette, dessen Seelenachse 3,7 m über dem Wasser sich befindet. Da die Durchschlagskraft dieses Geschützes so groß ist, daß selbst sehr schwere Panzerungen auf größere Entfernungen von seinem Geschosse durchbohrt werden, so sind die Fahrzeuge im stande, den Kampf mit großen Panzerschiffen auf Entfernungen aufzunehmen, bei welchen die von den meisten derselben geführten Geschütze nicht im stande sind, dem Panzer der Fahrzeuge irgend welche erhebliche Beschädigung zuzufügen. Sie können daher die Annäherung derselben wirksam durch ihr Feuer verhindern und sind einem Nahangriffe überhaupt entzogen, wenn sie sich, wie ihr geringer Tiefgang es gestattet, auf flacherem Wasser in den Watten und Bänken bewegen, wohin zu folgen die größeren Panzerschiffe durch ihren Tiefgang verhindert sind. Sie brauchen sich indes auch nicht zu scheuen, in der Nähe der Küste, wo die Schwierigkeit des Fahrwassers die an Schnelligkeit ihnen überlegenen Panzerschiffe zwingt, sich langsamer zu bewegen, letztere anzugreifen, weil sie in ihrem schweren Geschütze eine furchtbare Offensivwaffe besitzen, deren Gebrauch selbst bei bedeutendem Seegange durch die hohe Lage über Wasser ermöglicht wird, während der Wechsel der Richtung durch die Art der Montierung des Geschützes, durch Anordnung von zwei Schrauben für die Bewegung des Fahrzeuges und einen Dampfsteuerapparat, dessen Handrad unmittelbar hinter dem Geschütze auf einem erhöhten Stande aufgestellt ist, gesichert bleibt. Da die Art der Verwendung und ihre Konstruktion die Fahrzeuge darauf anweist, im Kampfe dem Feinde den Bug zuzukehren, so ist die sonst übliche Schwächung des Panzers nach dem Buge

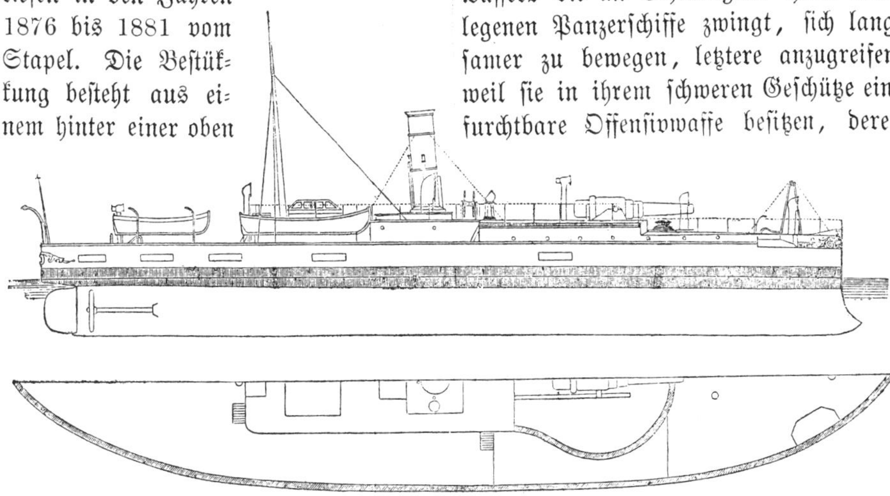

Deutsches Panzerkanonenboot „Wespe“. — Seitenansicht, Deckplan.

vermieden und ihm bis vornehin seine volle Stärke von 203 mm belassen, so daß er dadurch und durch die abgerundete Form des Buges sehr widerstandsfähig ist. Gegen Stechschüsse sind die Fahrzeuge durch einen 50 mm starken Deckpanzer geschützt. Sollte ihr Panzer hierbei von Geschossen durchschlagen werden, so sichert sie die Anordnung einer entsprechenden Zahl wasserdichter Abteilungen und das Vorhandensein eines doppelten Bodens vor dem Sinken. Feindlichen Fahrzeugen gegenüber befinden sich die Panzerkanonenboote bei dem Geschützkampfe sehr im Vorteile, da die Panzerung der ersteren von dem 30,5 cm-Geschosse mit Leichtigkeit auf Entfernungen durchschlagen werden kann, bei denen die von jener geführten Geschütze meist nur sehr geringe Aussicht haben, irgend welchen Schaden zu thun. Im etwa unvermeidlich werdenden Nahkampfe haben sie dem Feinde gegenüber, der im unbekannten Fahrwasser immer mit großer Vorsicht manövrieren muß, gute Chancen, sich desselben durch Rammen zu entledigen, zu welchem Zwecke sie mit Rammen versehen sind. Die Panzerkanonenboote haben unter vollem Dampf eine Geschwindigkeit von 9 Knoten. Sie haben zwei getrennte Maschinen, die zusammen 700 Pferdekraft indizieren. Der Kohlenvorrat ist mit Rücksicht auf die das Auffüllen erleichternde Verwendung der Fahrzeuge in unmittelbarer Nähe der Küste auf den Verbrauch für 40 Stunden bemessen, kann indes für Expeditionen in der Nähe der heimischen Küsten, da es hier auf das Innehalten des geringen Tiefganges bei dem Ausgehen aus dem Hafen nicht ankommt, bedeutend vermehrt werden. Zur Erhöhung der Seefähigkeit der Fahrzeuge und um sie geeigneter zu machen, gegen die See anzudampfen, sowie zur Schaffung eines luftigen gesunden Wohnraumes für die Mannschaft, ist vor dem 11 m vom Bug entfernten Geschützstande in dieser ganzen Länge auf dem gepanzerten Oberdeck ein leichter eiserner Aufbau angeordnet, während hinter dem Geschützstand ein Deckhaus sich befindet, welches die bis zu seinem Deck reichenden Schachten der Maschinen- und Kesselluke, die Küche und den Niedergang für die im Hinterschiffe liegenden Wohnräume der Offiziere und Deckoffiziere umschließt und so gegen überkommende See schützt. Durch diese Anordnung ist auch dem Maschinenpersonal ein sicherer und trockener Zugang nach den Maschinen in jedem Wetter und zugleich den Offizieren und Mannschaften der Wache auf dem Deck des Hauses trockener Aufenthalt geschaffen. Die Fahrzeuge besitzen behufs Entleerung von etwa eingedrungenem Wasser ein vollständiges Drainagesystem und außer den Maschinenpumpen noch die Pumpen für Handbetrieb, von denen die eine im Mannschaftsraume, die andere auf dem hinteren Deckhaus steht. Die Panzerkanonenboote haben keine Takelage, sondern nur einen Signalmast. Die Gesamtkosten eines solchen Panzerkanonenbootes, samt Maschine und Artillerie, betragen ungefähr 1,000,000 bis 1,200,000 Mark.

Kreisfahrzeuge oder Popoffken, speziell russischer Typus und nur in der russischen Marine vorkommend, sind nach dem Erbauer des ersten Fahrzeuges dieser Art, des russischen Vizeadmirals Popoff benannt, haben der Hauptsache nach die Form einer Linse von etwa 35 m Durchmesser, nur daß sie nach unten stärker gewölbt sind als nach oben. In der Mitte steht ein fester Turm mit zwei sehr schweren Geschützen (auf drehbarem Rahmen), welche über Bank feuern. Die Kreisfahrzeuge, welche ohne den bei anderen Panzerschiffen zum Rammen vorhandenen Sporn sind, haben Maschinen mit mehreren Schrauben, welche den Fahrzeugen ein leichtes Drehen, jedoch durchaus keine schnelle Fahrt ermöglichen*).

Außer den vorgenannten Panzerfahrzeugen haben einige Staaten für die lokale Küstenverteidigung ganz kleine ungepanzerte Kanonenboote von geringem Tiefgange, welche nur ein Geschütz von großem Kaliber führen, somit gleichsam nur „schwimmende Lafetten" bilden. Zuweilen liegt das Geschütz für gewöhnlich im Raum und wird nur zum Schießen durch einen Mechanismus auf die entsprechende Höhe über Deck gebracht. Das Prototyp dieser Kanonenbootklasse ist das Kanonenboot „Staunch", welches im Jahre 1868 von P. Rendel, von der Firma Armstrong & Co., konstruiert und von der englischen Admiralität angekauft wurde, weshalb alle nach diesem Prinzip gebauten, für die lokale Küstenverteidigung bestimmten ungepanzerten Kanonenboote, welche mit einem schweren Geschütze armiert sind, Kanonenboote der „Staunch"-Klasse oder Typ „Rendel" genannt werden. Die nebenstehende Figur gibt die Seitenansicht und den Deckplan eines solchen Kanonenbootes. Nicht alle Flotten haben jedoch dieses System angenommen. Außer in der englischen Marine, welche für die lokale Küstenverteidigung ausschließlich solche Kanonenboote hat, findet man sie noch in der niederländischen und russischen, dann in der argentinischen und chinesischen Marine, mit einigen Modifikationen auch in der dänischen, schwedischen und norwegischen Flotte. Die englischen Boote haben bei 2 m Tiefgang ein Deplacement von 254 Tonnen und laufen 8 bis 8,5 Knoten; sie sind aus Eisen — die neuesten aus Stahl — gebaut und mit einem 10-Zöller (Kaliber 25 cm) bestückt. In der niederländischen Marine haben die

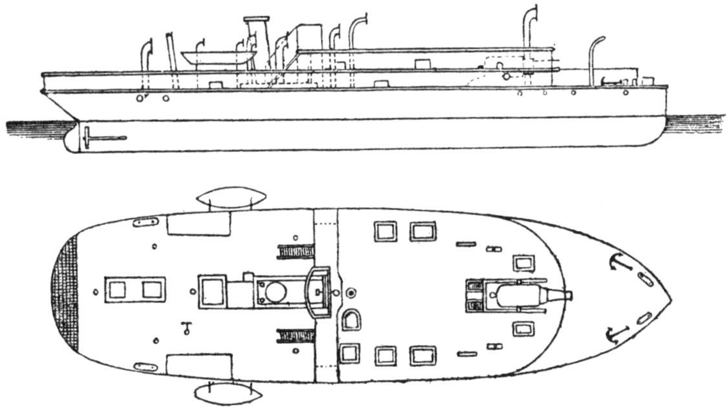

Kanonenboot, Klasse „Rendel". — Seitenansicht, Deckplan.

*) In der obigen Aufzählung und Klassifikation der Panzerschiffe und Panzerfahrzeuge sind nur die Hauptgruppen genannt; die etwa 300 vorhandenen Panzerschiffe und Panzerfahrzeuge aller Nationen weichen aber in ihrer Bauart so außerordentlich von einander ab, daß man gegenwärtig wohl ungefähr 80 verschiedene Typen unterscheiden kann.

älteren Boote bei 1,9 m Tiefgang ein Deplacement von 195 Tonnen und führen einen 23 cm; die neueren Boote haben 2 m Tiefgang, ein Deplacement von 245 Tonnen und sind mit einem Krupp-schen 28 cm-Geschütze bestückt.

Eine Marine hat jedoch noch anderen Forderungen zu genügen als der Krieg-führung im Geschwader auf hoher See und dem Küstenschutze; sie muß auch die nationale Handelsflotte schützen und muß den Feind hindern, seine Hilfsquellen von See aus zu vermehren. Diese Aufgabe fällt der Kreuzerflotte zu. Die Kreuzer verlassen auf längere Zeit die heimatlichen Häfen und begeben sich auf bestimmte Stationen in die Gewässer fremder Erdteile, zum Schutz der eigenen Angehörigen und des eigenen Handels im fernen Ausland, um schon im Frieden das Ansehen der nationalen Flagge zu kräftigen und um letztere jeden Augenblick verteidigen zu können. Im Kriege haben sie die Bestimmung, die Handelsbeziehungen des Feindes im Auslande zu unterbrechen und die ungestörte Fortsetzung des eigenen Handels gegen feindliche Unternehmungen zu sichern. Sie zerfallen in Schiffe (Fregatten und Korvetten) und in Fahrzeuge (größere und kleinere Kanonenboote), sind nicht gepanzert und zum ausgiebigen Gebrauch der Segel eingerichtet.

Fregatten nennt man Schiffe mit Vollschifftakelage (drei Masten mit Quersegeln an allen drei Masten), welche zwei Lagen Geschütze führen: eine untere Decke (Batterie) und eine auf dem Oberdeck. Die moderne Fregatte kommt nur in wenigen Exemplaren in der englischen und französischen Flotte vor. Erstere besitzt drei derartige Schiffe: die „Inkonstant", den „Shah" und den „Raleigh".

Der Impuls zur Schaffung der modernen Kreuzerflotten ging von Amerika zur Zeit des Sezessionskrieges aus. Seit dem Jahre 1863 dachte man daran, Schiffe speziell für die Kaperei zu konstruieren; sie sollten die konföderierten Kreuzer einholen können und vor allem im etwaigen Kriegsfall über die englische Handelsflotte herfallen. Da ihr Zweck die Vernichtung des feindlichen Seehandels war, hatten sie nur zu kämpfen, wenn die Gelegenheit dazu günstig war, vor jedem stärkeren Feinde jedoch zu fliehen; sie sollten sich nicht träumen lassen, in ihrem zerstörenden und vernichtenden Laufe innezuhalten, um der vergänglichen Ehre wegen, sich mit einem besser gerüsteten Feinde gemessen zu haben. Der erste Versuch zur Konstruktion eines Schiffes dieser Gattung, des „Idaho", mißglückte vollständig; man mußte später selbst die Maschine aus demselben entfernen und es in ein Segeltransportschiff umwandeln. Der zweite Versuch war verhältnismäßig glücklicher. Die sieben Schiffe der „Wampanoag"-Klasse waren für eine Geschwindigkeit von 17 Meilen bestimmt, doch konnten sie bei den Probefahrten kaum 15 Knoten überschreiten. Bei einer größten Länge von 104 m und einem Deplacement von 4000 Tonnen sollte der etwa 1000 Tonnen betragende Kohlenvorrat bei einer Geschwindigkeit von 10 Knoten auf ungefähr 5600 Meilen reichen. Der verhältnismäßig sehr geringe Tiefgang von im Maximum 5,6 m hatte zur Folge, daß die Schrauben schlecht arbeiteten. Der ungeachtet seiner sehr großen Länge aus Holz konstruierte Schiffskörper mußte durch ein System gekreuzter Eisenschienen kräftig verstärkt werden, und um das Hinterschiff zu tragen, wurden eiserne Zugstangen angewendet die an einem die Oberenden aller Spanten (Rippen) vereinigenden Bande befestigt waren. Dies waren die vorzüglichsten Schiffe, welche infolge des Sezessionskrieges entstanden und die Aera der modernen Kreuzer eröffneten.

Diesen Pionieren des Kreuzerkrieges folgten zunächst in England andere, in jeder Hinsicht besser geglückte Schiffe. Als man in England erfuhr, daß die Amerikaner vorerwähnte sieben Kreuzer von bedeutender Geschwindigkeit in Bau nahmen, zweifelte man nicht, daß sie das versprochene Resultat erreichen würden und betrachtete es als eine Pflicht, Schiffe zu konstruieren, die den Kampf mit diesen Gegnern aufnehmen könnten. Am 27. November 1866 wurde die „Inkonstant", das erste Schiff der neuen Klasse, in Bau genommen und am 14. November 1868 vom Stapel gelassen. Eine der wesentlichsten Eigentümlichkeiten der „Inkonstant" ist ihre Bauart. Da man einsah, daß Schiffe dieser Länge (101,9 m) bei ausschließlicher Verwendung von Holz zu Spanten und Planken nur sehr schwierig genügend verbunden werden könnten, so entschloß sich der Schiffbau-Ingenieur Reed, den Kreuzern einen eisernen Schiffskörper zu geben, denselben mit Holz zu beplanken und hierauf eine Kupferhaut anzubringen, die für Schiffe, welche zu weiten Fahrten fern von den Werften bestimmt sind, unumgänglich ist. Dieses Konstruktionssystem wurde von nun an bei allen großen Kreuzern, welche der „Inkonstant" folgten, angewendet. Die „Inkonstant" ist 101,9 m lang, 15,24 m breit und hat bei 7,67 m Tiefgang ein Deplacement von 5782 Tonnen. Die Bestückung besteht aus zehn 9-Zöllern (Kaliber 23 cm) in der Batterie unter Deck und aus sechs 7-Zöllern (Kaliber 18 cm) auf dem Oberdeck. Die mittlere Geschwindigkeit mit voller Kraft an der gemessenen Meile war 16,5 Knoten.

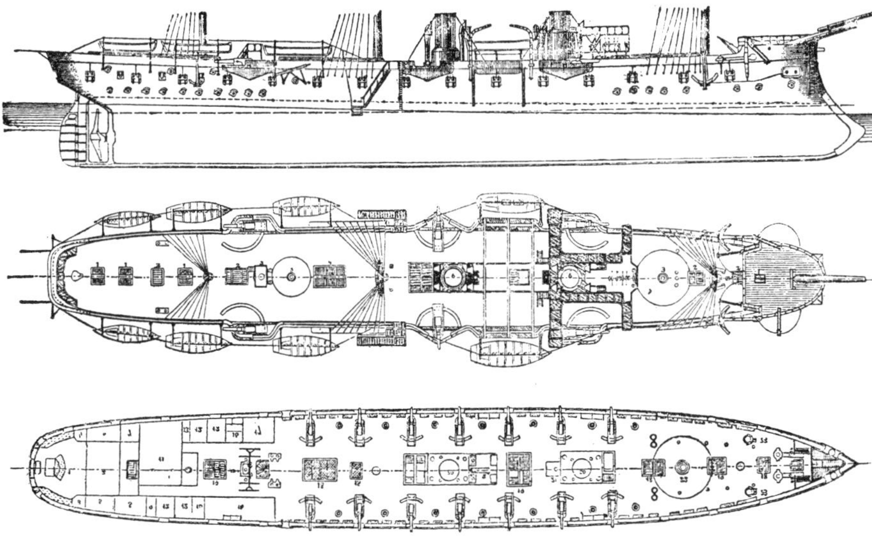

Französischer Kreuzer I. Klasse „Tourville". — Längenansicht, Oberdeck, Batteriedeck.

Oberdeckplan. 1. Scheilichter. 2. Treppenluken. 3. Plattform für den Compaß. 4. Maschinen-Scheilicht. 5. Gangspill. 6. Kamine. Batteriedeckplan. 1. Salon des Commandanten. 2. Speisesaal des Commandanten. 3. Badezimmer des Commandanten. 4. Abort des Comandanten. 5. Arbeitszimmer des Commandanten. 6. Schlafzimmer des Commandanten. 7. Canzlei. 8. Schlafzimmer des II. Commandanten. 9. Abort. 10. Vorraum der Offiziersmesse. 11. Offiziersmesse. 12. Offizierskammern. 13. Abort. 14. Lazaret. 15. Abort des Lazarettes. 16. Canzlei. 17. Steuerei. 18. Scheilichter. 19. Treppenluken. 20. Kamine. 21. Kombüsen (Küchen). 22. Gangspill. 23. Ankerbetinge.

Der „Shah“, welcher 1870 ablief, ist die größte Fregatte der englischen Flotte. Er ist 104,34 m lang, 15,85 m breit, und hat bei einem Tiefgang von 7,77 m ein Deplacement von 6040 Tonnen. Die Bestückung besteht aus zehn 8-Zöllern (Kaliber 20 cm), zwei 10-Zöllern (Kaliber 25 cm) und sechs 64pfündigen Geschützen (Kaliber 16 cm); die letzteren acht Geschütze sind auf dem Oberdeck aufgestellt. Der „Shah“ läuft um 1/2 Knoten langsamer als die „Inkonstant“. Kleiner ist die dritte Fregatte, der „Raleigh“, welcher ebenfalls 1870 ablief. Er hat 5200 Tonnen Deplacement und erreichte bei der Probefahrt eine mittlere Geschwindigkeit von nur 15,3 Knoten. Seine Bestückung besteht aus vierzehn 7-Zöllern, zwei 8-Zöllern und sechs 64pfündigen Geschützen; die letzteren acht Geschütze sind auf dem Oberdeck aufgestellt.

Die französische Marine besitzt die beiden großen Fregatten „Tourville“ und „Duquesne“, welche 1873 begonnen und 1876 ins Wasser gelassen wurden. Die vorstehende Zeichnung zeigt die Längenansicht, dann den Batterie- und Oberdeckplan dieser prachtvollen Fregatten. Sie sind ca. 100 m lang, 15 m breit und haben bei einem Tiefgang von 7,7 m ein Deplacement von 5600 Tonnen. Das Konstruktionssystem ist wie bei der „Inkonstant“. Drei Geschütze sind an jeder Seite des Oberdecks in über die Bordwand herausragenden Ausbauen aufgestellt und feuern en barbette über ein niederes Bollwerk, welches für den Jagdschuß überdies noch ausgeschnitten ist; ein siebentes Geschütz ist vorne unter der Back aufgestellt und kann in der Kiellinie feuern. Alle angeführten Geschütze haben 19 cm Kaliber, während noch vierzehn 14 cm-Geschütze in der Batterie aufgestellt sind; die ganze Artillerie zählt sonach 21 Kanonen. Diese Fregatten erreichten bei den Probefahrten eine Geschwindigkeit von 16,9 Knoten, d. i. um 0,4 Knoten mehr als die „Inkonstant“, die schnellste Fregatte der englischen Marine.

Gedeckte Korvetten nennt man Schiffe mit Vollschifftakelage, welche nur eine volle Lage Kanonen, und zwar unter Deck haben; auf dem Oberdeck führen sie keine volle Lage Kanonen, wie die Fregatten, sondern auf demselben stehen nur 2—4 Pivotgeschütze, welche beim Verfolgen als Jagd-, beim Verfolgtwerden als Rückzugsgeschütze gebraucht werden. Der Unterschied zwischen „Fregatte“ und „gedeckte Korvette“ ist daher kein bedeutender.

Die deutsche Marine besitzt zwei Klassen von gedeckten Korvetten, nämlich die zwei Korvetten der „Leipzig“-Klasse („Leipzig“ und „Prinz Adalbert“) und die sechs Korvetten der „Bismarck“-Klasse („Bismarck“, „Blücher“, „Moltke“, „Stosch“, „Gneisenau“ und „Stein“), sämtlich aus Eisen konstruiert. Die beiden ersteren sind 86 m lang, 14 m breit und haben bei 6,6 m Tiefgang ein Deplacement von 3925 Tonnen. Die Maschinen indizieren 4800 Pferdekraft und verleihen den Schiffen, welche mit zwölf 17 cm-Ringkanonen bestückt sind, eine Fahrgeschwindigkeit von über 15 Knoten. Von den zwölf Geschützen sind zehn kurze 17 cm auf Halbrahmenlafetten in der Batterie (unter Deck) und zwei lange 17 cm auf Rahmenlafetten für Pfortenwechsel auf dem Oberdeck installiert, welch letztere vermöge der eingezogenen Formen des Vorder- und Hinterteiles des Schiffes direkt voraus oder

Deutsche Glattdeckskorvette „Carola“.

rückwärts zu feuern vermögen. Durch die beiden vordersten und hintersten Geschütze im Batteriedeck kann das direkte Bug- und Heckfeuer verstärkt werden. Diese Geschütze stehen indes nicht permanent in den Bug- oder Heckpforten, werden vielmehr im Bedarfsfall von ihren gewöhnlichen Breitseitpforten nach dem Bug oder Heck gebracht, zu welchem Behufe diese vier Batteriegeschütze Halbrahmenlafetten für Pfortenwechsel haben. Diese Korvetten liefen 1875—76 vom Stapel. Die sechs Korvetten der „Bismarck"-Klasse bilden eine kleinere Klasse gedeckter Korvetten. Sie sind 74,5 m lang, 13,7 m breit und haben bei einem Tiefgang von 6 m ein Deplacement von 2856 Tonnen. Ihre Bestückung besteht aus sechzehn kurzen 15 cm-Geschützen, von welchen zwölf in der gedeckten Batterie und vier auf dem Oberdeck aufgestellt sind, welch letztere, wie bei den Schiffen der „Leipzig"-Klasse, direkt voraus oder rückwärts feuern können. Die Maschinen indizieren 2500 Pferdekraft und erteilen den Schiffen 13,5 bis 14 Knoten Fahrgeschwindigkeit. Diese Korvetten haben einen Zinkbeschlag unter Wasser, während die Korvetten der „Leipzig"-Klasse gekupfert sind. Gebaut wurden diese Schiffe in den Jahren 1877—79. Die englische Flotte besitzt die drei gedeckten Korvetten „Boadicaea", „Bacchante" und „Euryalus", welche ungefähr der deutschen „Leipzig"-Klasse entsprechen. Sie sind 84,16 m lang, 13,7 m breit und haben bei einem Tiefgang von 7 m ein Deplacement von 4100 Tonnen. Ihre Bestückung besteht aus vierzehn 7-Zöllern (Kaliber 18 cm) und zwei 64-Pfündern (Kaliber 16 cm). Fahrgeschwindigkeit: 15 bis 15,5 Knoten. Gebaut wurden sie 1875—1876. Sie sind aus Eisen konstruiert. Die französische Marine besitzt die zwei neuen gedeckten Korvetten „Iphigénie" und „Naïade" von ca. 3000 Tonnen Deplacement und 15 Knoten Geschwindigkeit. Sie sind mit vier 16 cm- und zehn 14 cm-Geschützen bestückt und von Holz gebaut. Aehnliche Schiffe werden die beiden projektierten Korvetten „Dubourdieu" und „Capitaine Lucas".

Die niederländische Marine besitzt die vier sehr schönen eisernen gedeckten Korvetten: „Atjeh", „Tromp", „Koningin Emma der Nederlanden" und „de Ruyter", die in den Jahren 1876—80 gebaut wurden. Sie sind 80 m lang, 12,5 m breit und haben bei einem Tiefgang von 6 m ein Deplacement von 3160—3300 Tonnen. Die Bestückung besteht aus sechs Krupp'schen 17 cm- und vier Krupp'schen 12 cm-Geschützen, welche alle in der gedeckten Batterie aufgestellt sind. Die vorne und hinten aufgestellten Geschütze sind für Pfortenwechsel eingerichtet; die vier leichten Kanonen stehen an den Breitseiten. Fahrgeschwindigkeit 14,5—15 Knoten.

**Glattdeckskorvetten** sind ungedeckte Korvetten, d. h. Schiffe, welche keine Geschütze unter Deck, sondern nur auf dem Oberdeck führen. Sie sind meist Vollschiffe (Quersegel an allen drei Masten), bisweilen auch als Barkschiffe (die zwei vorderen Masten mit, der rückwärtige Mast ohne Quersegeln) getakelt. Die Glattdeckskorvetten bilden das Gros der modernen Kreuzerflotten, daher wir uns nur auf die Aufzählung der allerneuesten Typen beschränken müssen.

Die deutsche Flotte besitzt acht eiserne Glattdeckskorvetten der „Carola"-Klasse, von denen jedoch erst zwei, „Carola" und „Olga" 1880 vom Stapel gelaufen sind.

Sie sind 69 m lang, 12,5 m breit und haben bei 5,6 m Tiefgang ein Deplacement von 2169 Tonnen. Die Bestückung wird aus acht kurzen 15 cm-Ringkanonen bestehen, wovon vier auf Rahmenlafetten für Pfortenwechsel installiert werden, um vermöge der eingezogenen Formen des Vor- und Hinterschiffes direkt voraus oder rückwärts feuern zu können. Die Maschinen werden 2100 Pferdekraft indizieren und sollen den Schiffen eine Geschwindigkeit von 14 Knoten erteilen.

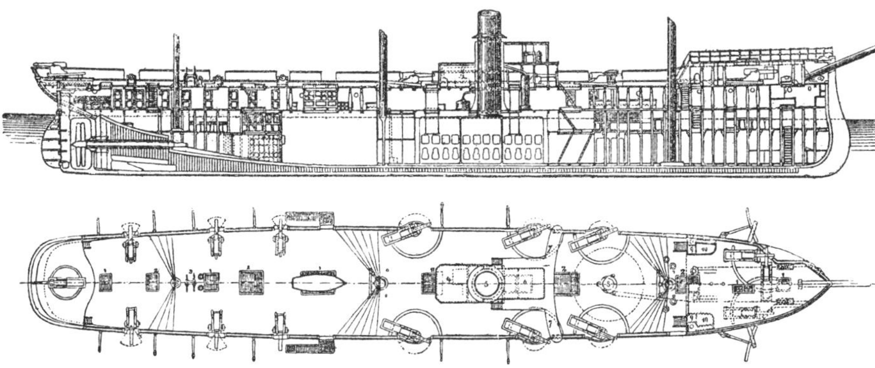

Französischer Kreuzer II. Klasse „Villars". — Seitenansicht, Oberdeck.
Oberdeckplan. 1. Scheilichter. 2. Treppenluken. 3. Steuerrad. 4. Kombüsen (Küchen). 5. Kamine. 7. Brücke. 8. Gangspill. 9. Aborte.

Fast zu gleicher Zeit mit der „Inkonstant" (siehe oben) gab man in England andere zum gleichen Zweck, aber mit geringeren Dimensionen entworfene Kreuzer in Bau, die „Aktive" und „Volage", Schiffe von solchen Dimensionen, welche vollkommen für den Spezialdienst, den man bei diesen Kreuzern verfolgte, hinreichten. Beide Schiffe sind nach Reeds Plänen gebaut und liefen 1869 vom Stapel. Sie sind 80.7 m lang, 12.8 m breit und haben bei 6.5 m Tiefgang ein Deplacement von ca. 3000 Tonnen. Das Konstruktionssystem ist dasselbe wie bei der „Inkonstant". Die Bestückung dieser Schiffe ist nicht gleich; „Aktive" ist mit sechs 7-Zöllern (Kaliber 18 cm) und vier 64-Pfündern (Kaliber 16 cm) armiert; „Volage" führt 18 64-Pfünder. Geschwindigkeit, „Aktive" 14.8, „Volage" 15.4 Knoten.

Der „Rover" ist eine im Jahre 1874 abgelaufene eiserne Rapidkorvette von 85.3 m Länge, 13.3 m Breite, 7 m Tiefgang und 3494 Tonnen Deplacement. Die Bestückung besteht aus zwei 7-Zöllern und siebzehn 64-Pfündern. Er läuft 14.7 Knoten. Die sechs Korvetten der „Opal"- oder Edelstein-Klasse („Opal", „Tourmaline", „Emerald", „Garnet", „Ruby", „Turquoise") sind nach dem Komposite-System (Spanten von Eisen mit hölzerner Beplankung) in den Jahren 1874 bis 1877 gebaut und haben bei 76.2 m Länge, 12.2 m Breite, 5.7 m Tiefgang ein Deplacement von 2162 Tonnen. Die Bestückung besteht aus je zwölf 64-Pfündern. Sie laufen 13.5 Knoten. Die neun Korvetten: der „Comus"- oder kurzweg „C"-Klasse („Comus", „Curacoa", „Carysfort", „Cleopatra", „Champion", „Conquest", „Constance", „Canada", „Cordelia") wurden in den Jahren 1878 bis 81 aus Stahl gebaut; nur die Deckplatten und Spantenwinkel sind aus Eisen. Ein Stahldeck von 37 mm Dicke ist über die Maschinen, Kessel und Munitionsdepots konstruiert, welches ca. 9 cm unter Wasser liegt. Die Bestückung dieser Korvetten besteht aus zwei 7-Zöllern und zwölf 64-Pfündern. Sie sind für eine Geschwindigkeit von 13.5 Knoten konstruiert. Es kann keinem Zweifel unterliegen, daß die englische Marine mit diesen Korvetten ausgezeichnete Kreuzer gewonnen hat.

Die größte französische Glattdeckskorvette ist der „Dugnay-Trouin“, welcher 1877 vom Stapel lief. Der Schiffskörper ist nach demselben System wie die „Inkonstant“ (s. oben) gebaut. Er ist 89.8 m lang, 13.2 m breit, hat 6.2 m Tiefgang und ein Deplacement von 3189 Tonnen. Die Bestückung besteht aus fünf 19 cm- und fünf 14 cm-Kanonen, von welchen ein 19 cm als Drehgeschütz vorne und ein 14 cm rückwärts als Jagd-, beziehungsweise Rückzugsgeschütz bestimmt ist. Die übrigen sind Breitseitgeschütze, von denen je zwei an jeder Seite in Ausbauten stehen und en barbette feuern. Der „Dugnay-Trouin“ läuft 16 Knoten.

Die acht Korvetten der „Villars“- und „Lapérouse“-Klasse sind nur wenig verschieden und können hier zusammen betrachtet werden. Ihre Namen sind: „Villars“, „Magon“, „Roland“, „Forfait“, „Lapérouse“, d'Estaing“, „Nielly“ und „Monge“. Vier liefen in den Jahren 1877—80 vom Stapel, vier sind noch im Bau. Sie sind 76—82 m lang, 11.4—11.6 m breit und haben bei einem Tiefgang von 5.2—5.7 m ein Deplacement von 2236—2268 Tonnen. Sie sind sämtlich aus Holz mit eisernen Deckbalken gebaut. Die vorstehende Abbildung zeigt die Längenansicht, dann den Längendurchschnitt und den Plan des Oberdecks dieser neuesten französischen Glattdeckskorvetten. Die Bestückung besteht aus fünfzehn 14 cm-Kanonen, von welchen zwei als Jagdgeschütze vorne unter der Back und eines rückwärts als Rückzugsgeschütz aufgestellt sind. Die angehoffte Geschwindigkeit ist 15 Knoten.

Etwas kleinere Schiffe sind die Korvetten „Eclaireur“ und „Rigault de Genouilly“; die erstere lief 1877 vom Stapel, letztere befindet sich noch im Bau. Sie sind 74 m lang, 10.8 m breit, tauchen 5.2 m und deplacieren 1627 Tonnen. Die Bestückung besteht aus acht 14 cm-Kanonen, von welchen sechs an den Breitseiten, u. z. mit einem außerordentlich großen Bestreichungswinkel aufgestellt sind; eines ist als Jagd- und eines als Heckgeschütz installiert. Die angehoffte Geschwindigkeit dieser Schiffe, welche aus Holz (mit eisernen Deckbalken) gebaut sind, ist 15 Knoten.

Eine erwähnenswerte Glattdeckskorvette ist die griechische „Miaulis“, welche in Frankreich aus Eisen gebaut wurde und 1879 ablief. Sie ist 75 m lang, 10.8 m breit, taucht 5.5 m und deplaciert 1800 Tonnen. Die Bestückung besteht zunächst aus drei Krupp'schen 17 cm-Kanonen, von welchen eine rückwärts aufgestellt ist und $^2/_3$ des Horizonts bestreicht; die beiden anderen sind in zwei an den Seiten des Schiffes erkerartig ausgebauten Halbtürmen aufgestellt und gestatten sowohl den Schuß in der Breitseite, als auch direkt nach vorne und rückwärts. Ein Krupp'scher 15 cm ist vorne im Bug aufgestellt und feuert aus einer unter dem Bugspriet eingeschnittenen Pforte direkt nach vorne. Außerdem sind noch vier Krupp'sche 8 cm und zwei Mitrailleusen vorhanden, welche auf der

Kommandobrücke installiert sind. Der „Miaulis" läuft 15.6 Knoten. Eine besondere Klasse kleiner Glattdeckskorvetten bilden die sogenannten „Sloops" der englischen, und die sogenannten „Klipper" der russischen Marine.

Die 14 englischen Sloops der „Cormorant"-Klasse sind nach dem Komposite-System (eiserne Spanten mit hölzerner Beplankung) gebaut, 51.8 m lang, 11 m breit, und haben bei 5 m Tiefgang ein Deplacement von 1124 Tonnen. Die Bestückung besteht aus zwei 7-Zöllern und vier 64-Pfündern. Sie laufen 11.5 Knoten und wurden in den Jahren 1876 bis 1880 gebaut.

Die russischen Klipper sind etwas größere Fahrzeuge und teils aus Eisen gebaut, teils Komposite-Fahrzeuge. Sie haben ein Deplacement von 1334 Tonnen und 4.4 m Tiefgang. Die Bestückung besteht aus je drei 15 cm-Geschützen auf Drehschlittenraperten und vier 4-Pfündern, je zwei an jedem Bord. Die Fahrgeschwindigkeit dieser Fahrzeuge ist 12 bis 13 Knoten. Die russischen Klipper, die einzig vorhandenen modernen Kreuzer der russischen Marine, erhalten, wenn in Ausrüstung, eine Armierung von Whitehead-, Schlepp- und Spierentorpedos, Schutzminen zum Umgeben des Schiffes und Streuminen für Kielwasser. Gebaut wurden die vorhandenen 9 Klipper in den Jahren 1875—80.

Kanonenboote für den Kreuzerdienst sind in den meisten Flotten in zwei Größenklassen vorhanden. Die größern Kanonenboote von etwa 700—800 Tonnen Deplacement wurden in der englischen Marine als „Gun-vessels", in der französischen Marine als „Avisos", die kleineren von etwa 500 Tonnen Deplacement in der englischen Marine als „Gun-boats", in der französischen Marine als „Canonnières" bezeichnet.

Von der größeren Klasse besitzt die deutsche Marine bis jetzt vier Fahrzeuge. Die zwei älteren („Albatroß" und „Nautilus") sind 1871 aus Holz gebaut, 51.2 m lang, 8.2 m breit und haben bei 3.3 m Tiefgang ein Deplacement von 716 Tonnen. Bestückt sind sie mit zwei kurzen 15 cm- und zwei 12 cm-Ringkanonen, die beiden ersteren auf Rahmenlafetten für Pfortenwechsel. Die Maschinen indizieren 600 Pferdekraft und verleihen den Fahrzeugen 10.5 Knoten Geschwindigkeit. Etwas größer sind die beiden neuen eisernen Kanonenboote „Habicht" und „Möwe", welche 1879 vom Stapel liefen. Sie sind 53 m lang, 9 m breit und haben bei 3.5 m Tiefgang ein Deplacement von 848 Tonnen. Die Bestückung besteht aus einer Krupp-schen 15 cm-Mantelkanone auf Rahmenlafette für Pfortenwechsel und aus vier 12 cm-Ringkanonen auf Halbrahmenlafetten. Die neuen englischen Gun-vessels haben ein Deplacement von 774 Tonnen und eine Fahrgeschwindigkeit von 11 Knoten. Bestückt sind sie mit einem 7-Zöller und zwei 64-Pfündern. Sie sind nach dem Kompositesystem konstruiert.

Die neuen französischen Avisos haben ein Deplacement von ca. 800 Tonnen und laufen 12 Knoten. Bestückt sind sie mit vier 14 cm-Kanonen, welche alle auf Pivot stehen. Die französischen Avisos sind aus Holz gebaut.

Zahlreich ist diese Kanonenbootklasse in der niederländischen Marine vertreten. Die älteren Kanonenboote der Arubaklasse sind nach dem Kompositesystem, die neueren Boote der Surinamklasse aus Eisen konstruiert; erstere haben ein Deplacement von 730—750 Tonnen und sind mit drei

Kanonen bestückt, letztere deplacieren 850 Tonnen und führen um ein Geschütz mehr. Alle diese Kanonenboote, deren Zahl die Ziffer 19 erreicht, laufen 9 bis 9.5 Knoten.

Die kleinere Kanonenbootklasse von ca. 500 Tonnen Deplacement ist in der deutschen Marine durch die eisernen Kanonenboote „Wolf", „Hyäne", „Iltis" und „Cyclop" vertreten. Sie sind 42.4 m lang, 7.66 m breit und haben bei einem Tiefgang von 3 m ein Deplacement von 489 Tonnen. „Cyclop" ist etwas kleiner (412 Tonnen). Die Bestückung besteht aus zwei 22.5 cm-Geschützen und zwei 8 cm-Stahlkanonen. Die Geschwindigkeit dieser Boote ist 9 Knoten. Es sind dies die kleinsten Kriegsschiffe, welche die deutsche Flagge in entfernte Gegenden tragen. Die englischen Kanonenboote der „Ariel" und „Mallard" sind 38.2 m lang und können bei einem Tiefgang von 2.7 m in fast alle Buchten der Küste einlaufen, während ihr Deplacement von 430—450 Tonnen gestattet, eine große Zahl derselben zu verhältnismäßig geringen Kosten herzustellen. Zur Zeit besitzt die englische Marine 29 solcher Boote. Mit der Maschine von 400—500 indizierter Pferdekraft wird an der abgesteckten Meile eine Geschwindigkeit von 10 Knoten erreicht. Durch die auf drei Masten — von denen nur der vordere Mast Quersegel führt — verteilte Segelfläche werden lange Traversaden unter Segel möglich. Die Bestückung besteht aus zwei 64-Pfündern (Kaliber 16 cm) und zwei 20-Pfündern (Kaliber 9.5 cm). Diese Kanonenboote sind nach dem Kompositesystem gebaut. Die „Canonnières" der französischen Marine sind 44.1 m lang, 7.3 m breit und haben bei 2.9 m Tiefgang ein Deplacement von 466 Tonnen. Sie sind nach dem Kompositesystem gebaut. Die zuerst für diese Kanonenboote bestimmte Bestückung welche in jüngster Zeit geändert worden sein soll, bestand aus einer 19 cm-Kanone auf Schlittenrapert, mittschiffs aufgestellt und zwei 12 cm-Geschützen, eines vorne und eines hinten. Die Boote laufen ca. 9.5 Knoten.

Die eigentlichen Kriegsschiffe und Kriegsfahrzeuge, deren wichtigsten Gattungen wir im Vorstehenden zu skizzieren versuchten, haben eine Klasse von Fahrzeugen zu Gehilfen, welche man allgemein mit dem Namen „Aviso" (in England Despatch-vessel) zu bezeichnen pflegt. Man versteht darunter schnelllaufende Fahrzeuge für den Ausluger-, Repetiteur- und Depeschendienst bei einer Flotte.

Die deutsche Marine hat zwei derartige Fahrzeuge im Bau. Sie werden aus Stahl gebaut und sind für eine Fahrgeschwindigkeit von 17 Knoten konstruiert. Ihr Deplacement beträgt 1345 Tonnen.

Die italienische Marine besitzt in den zwei Avisos „Barbarigo" und „Colonna" zwei vorzügliche Schnellläufer. Sie sind 66 m lang, 7.3 m breit und haben bei einer Tauchung von 3.1 m ein Deplacement von 670 Tonnen. Sie sind aus Stahl gebaut und haben eine Geschwindigkeit von 16 Knoten. Ihr Stapellauf fand 1879 statt.

Die schnellsten Avisos besitzt jedoch die englische Marine in der „Iris" und dem „Mercury" — die schnellsten Fahrzeuge, welche es überhaupt gibt. Sie sind 91.4 m lang, 14 m breit und haben bei einem Tiefgang von 6.7 m ein Deplacement von 3735 Tonnen. Sie sind ganz aus Stahl gebaut und liefen 1877—78 vom Stapel. Bei den Probefahrten erreichten sie die kolossale Geschwindigkeit von 18.6 bis 18.8 Knoten. Die Maschinen indizieren 7500 bis 7700 Pferdekraft. Bei einer Geschwindigkeit von 10 Knoten reicht der Kohlenvorrat dieser Fahrzeuge auf 6200 Meilen.

Zum Schlusse geben wir eine bis 1881 reichende Uebersicht des gesamten schwimmenden Flottenmaterials aller Seemächte. Es besitzen zur Zeit die verschiedenen Flotten folgendes Material:

Argentinische Republik: 1 Panzerschiff, 2 Monitore, 2 Kanonenboote, 4 Kanonenboote Typ Rendel, 4 Schraubendampfer, 7 Raddampfer.

Brasilien: 13 Panzerfahrzeuge, 6 Flußmonitore, 6 Korvetten, 6 Kanonenboote, 3 größere, 7 kleinere Raddampfer, 7 Räderkanonenboote, 8 Transportdampfer, 19 Dampfschaluppen, 3 Segelschiffe.

Chile: 2 Hochseepanzerschiffe, 1 Panzerfahrzeug, 4 Korvetten, 6 Raddampfer, 5 gekaufte Schraubendampfer der Handelsmarine.

China: 1 Panzerschiff (im Bau), 1 Monitor, 2 Fregatten, 10 Korvetten, 27 Kanonenboote (worunter 10 Typ Rendel), 2 Raddampfer, 10 Zolldampfer, 3 Transportschiffe.

Dänemark: 2 Hochseepanzerschiffe, 6 Panzerbatterien, 2 Fregatten, 3 Korvetten, 5 Schoner, 12 Kanonenboote für die Küstenverteidigung, 2 Raddampfer, 1 Artillerieschiff, 1 Kasernschiff, 3 Kutter, 8 Ruderjollen, 20 Transportfahrzeuge, 1 Dampftransportjolle, 4 Hulks, 5 Torpedoboote.

Deutschland: 7 Panzerfregatten, 6 Panzerkorvetten (wovon 1 im Bau), 1 Panzerfahrzeug, 13 Panzerkanonenboote (wovon 2 im Bau), 11 gedeckte Korvetten, 13 Glattdeckskorvetten (wovon 6 im Bau), 21 Kanonenboote (wovon 8 im Bau), 7 Avisos (wovon 2 im Bau), 2 Torpedoboote, 8 Minenboote, 2 Transportdampfer, 9 Hafendampfer, 10 Schulschiffe, 8 Feuerschiffe und Lotsenfahrzeuge.

England: 42 Panzerschiffe (wovon 5 im Bau), 18 Panzerfahrzeuge für die Küstenverteidigung (wovon 2 im Bau), 14 Linienschiffe, 18 Fregatten und gedeckte Korvetten, 43 Glattdeckskorvetten, 29 Sloops, 48 Gun-vessels, 84 Gun-boats (wovon 28 Kanonenboote Typ Rendel und 12 Flußkanonenboote), 1 Torpedoschiff, 1 Torpedovorratschiff, 4 Radavisos, 5 Yachten, 13 Truppentransportschiffe, 3 Vorratschiffe, 3 Aufnahmschiffe, 18 Raddampfer, 35 Hafendampfer, 177 Segelschiffe und Hulks aller Größen und Gattungen, welche teilweise als Schul-, Depot-, Hafenwach- und Kasernschiffe dienen, und teilweise als Kohlenhulks, Spitalschiffe u. s. w. verwendet werden.

Frankreich: 29 Panzerschiffe ersten Ranges (wovon 7 im Bau), 15 Panzerschiffe zweiten Ranges (wovon 3 im Bau), 7 Panzerwidder I. Klasse (wovon 5 im Bau), 8 Panzerwidder II. Klasse, 1 Monitor, 11 Panzerbatterien, 12 Kreuzer I. Klasse (wovon 2 im Bau), 22 Kreuzer II. Klasse (wovon 4 im Bau), 20 Kreuzer III. Klasse (wovon 1 im Bau), 19 Avisos (wovon 1 im Bau), 14 Kanonenboote I. Klasse (wovon 2 im Bau), 7 Kanonenboote II. Klasse, 4 Linienschiffe, 55 Transportschiffe, 5 Raddampfer, 24 Flottillenavisos, 23 Schraubenschaluppen, 1 Werkstättenschiff, 27 Segelschiffe, 52 Servitutsdampfer.

Griechenland: 2 Panzerschiffe, 3 Korvetten, 6 Kanonenboote, 3 Raddampfer (Blockadebrecher), 1 Schraubendampfer, 2 Hulks, 20 Torpedoboote, 5 Segelschiffe.

Italien: 16 Panzerschiffe (wovon

1 im Bau), 2 Fregatten, 6 Korvetten (wovon 2 im Bau), 5 Avisos, 3 Torpedoschiffe, 1 Torpedodepotschiff, 4 Kanonenboote (wovon 2 Typ Rendel), 10 Raddampfer, 6 Transportschiffe, 17 Lokaldampfer.

Japan: 5 Panzerschiffe und Panzerfahrzeuge, 5 Korvetten (wovon 2 im Bau), 4 Klipper (wovon 1 im Bau), 5 Kanonenboote, 2 Yachten (wovon 1 im Bau), 3 Dampfer.

Niederlande: 2 Hochseepanzerschiffe, 4 Panzerwidder, 8 Rammmonitore, 5 Monitore, 1 Panzerkanonenboot, 5 Panzerstromfähren, 1 Fregatte, 7 Kreuzer I. Klasse, 2 Kreuzer II. Klasse, 3 Kreuzer III. Klasse, 18 Kreuzer IV. Klasse, 13 Raddampfer, 1 Aufnahmschiff, 30 Kanonenboote Typ Rendel, 12 Torpedoboote, 11 Wachtschiffe, 7 Schulschiffe.

Norwegen: 4 Monitore, 2 Fregatten, 2 Korvetten, 2 Kanonenboote I. Klasse, 5 Kanonenboote II. Klasse, 14 Kanonenboote III. Klasse, 4 Kanonenboote außer Klassifikation, 2 Segelschiffe.

Oesterreich: 11 Panzerschiffe, 2 Donaumonitore, 2 Fregatten, 4 gedeckte Korvetten, 5 Glattdeckskorvetten, 11 Kanonenboote (wovon 1 im Bau), 9 Raddampfer, 1 Transportschiff, 1 Werkstättenschiff, 5 Tender, 9 Schul- und Kasernschiffe, 1 Seeminendepotschiff, 9 Hulks.

Peru: 2 Panzerfahrzeuge, 2 Korvetten, 13 Dampfer, 1 Schulschiff.

Portugal: 1 Panzerschiff, 7 Korvetten, 8 Kanonenboote, 4 Dampfer, 3 Transportschiffe.

Rußland: In der Ostsee: 15 Panzerschiffe und Panzerfahrzeuge, 13 Monitore, 1 Fregatte, 6 Glattdeckskorvetten, 15 Klipper, 7 gekaufte Handelsdampfer, 7 Raddampfer, 17 Kanonenboote (wovon 7 Typ Rendel), 6 Yachten, 2 Transportschiffe, 8 Schoner, 17 Flußdampfer, 2 Segelschiffe. Im schwarzen Meer: 2 Panzerbatterien (Popoffken), 2 Panzerkanonenboote, 4 Glattdeckskorvetten, 1 Yacht, 24 Dampfer (wovon 4 von der Handelsgesellschaft gekauft), 16 Schoner, 15 Torpedoboote. In Sibirien: 1 Klipper, 3 Schoner, 6 Dampfer, 7 Transportschiffe. Im Kaspi-See: 3 Kanonenboote, 4 Raddampfer, 3 Schoner. Im Aral-See: 5 Raddampfer, 2 Schoner.

Schweden: 4 Monitore, 10 Panzerkanonenboote, 1 Linienschiff, 1 Fregatte, 4 Korvetten, 9 große, 10 kleine Kanonenboote, 9 Torpedoboote, 1 Transportdampfer, 1 Yacht, 12 Segelschiffe.

Spanien: 6 Panzerschiffe, 1 Panzerbatterie, 1 Flußmonitor, 7 Fregatten, 3 Korvetten, 11 Avisos ꝛc., 17 Raddampfer, 5 Transportdampfer, 12 größere, 30 kleinere Kanonenboote, 27 Flußkanonenboote, 2 Aufnahmschiffe, 5 Schulschiffe, 5 Schleppdampfer.

Türkei: 7 größere, 8 kleinere Panzerschiffe, 1 Monitor, 2 Panzerkanonenboote, 1 Linienschiff, 5 Fregatten, 5 Korvetten, 13 Transportdampfer, 11 Avisodampfer, 6 Sloops, 9 Schoner, 5 Dampfer, 1 Yacht, 15 Servitutsschiffe, 6 Donaufahrzeuge, 37 Segelschiffe.

Vereinigte Staaten von Nordamerika: 8 zweitürmige Monitore (alle im Umbau), 15 eintürmige Monitore, 2 Torpedoschiffe, 5 Kreuzer I. Klasse (worunter 4 Kasern- und Schulschiffe), 16 Kreuzer II. Kl., 25 Kreuzer III. Kl., 2 Kreuzer IV. Klasse, 7 Raddampfer.

# Projektionsapparate.

Wie waren wir doch in der Zeit der Kindheit bescheiden in unseren Freuden und Genüssen. Am glücklichsten waren wir, wenn der Vater im Winter die Laterna magica hervorholte und die oft gesehenen und doch merkwürdigen Bilder an die Wand zauberte. Schon der kleine Kasten aus Holz, mit rötlichem Papier beklebt und mit Oel befleckt, erregte unser Entzücken, wenn aber dann das Instrument aus Weißblech hervorgeholt, der Messingspiegel und die Linsen geputzt und die Lampe frisch mit Oel gefüllt wurde, so steigerte sich von Schritt zu Schritt die gespannte Erwartung, die ihren Höhepunkt erreicht hatte, wenn dann endlich die reizendsten bunten Bilder an der Wand erschienen. Sie waren mit Lackfarben auf Glasstreifen gemalt, roh wie der ganze Apparat, gemeine Nürnberger Waare, aber glücklich waren wir doch.

Nicht der einzelne Mensch, auch jedes Volk hat seine Periode der Kindheit mit ihren kindlichen Genüssen; selbst die Laterna magica verfehlte nicht zu denselben beizutragen. Doch wird es da nötig sein, auf die Geschichte dieses optischen Instrumentes kurz einzugehen.

Der Erfinder der Laterna magica ist unbekannt, doch ist sie älter als man gewöhnlich glaubt. Schon der berühmte Athanasius Kircher beschrieb dieselbe in seinem Werke Ars magna lucis et umbrae in mundo, das 1646 zu Rom und in neuerer Auflage 1671 in Amsterdam erschien. Der Jesuitenpater Kircher gehörte zu den größten Gelehrten seiner Zeit, war ein vorzüglicher Physiker und Mathematiker, dabei ein ausgezeichneter Sprach- und Altertumskundiger. Am Collegium Romanum zu Rom hatte er ein reichhaltiges Kabinet von mathematischen und physikalischen Apparaten und Modellen, sowie von Naturalien, Antiquitäten und anderen Seltenheiten zusammengebracht, das noch nach mehr als hundert Jahren berühmt war und in einem Foliobande beschrieben wurde. Zu den Merkwürdigkeiten des Museum Kircherianum gehörte eine Laterna magica.

Eine Verbreitung außerhalb der physikalischen Kabinete fand aber dieser Apparat erst gegen Ende des vorigen Jahrhunderts. Die Richtung seiner Zeit geschickt benützend erfand Robertson die Geistererscheinungen mit Hilfe der Laterna magica. Mit unerhörter Geschicklichkeit gelang es ihm, seine Zeitgenossen noch mehr zu bethören und in einem Saale des Kapuzinerklosters zu Paris Geistererscheinungen vorzuführen, welche das Staunen und den Schrecken nicht nur der ganzen Stadt, sondern der ganzen Welt erregten.

Robertson selbst erzählt in seinen Memoiren die Weise, welche er benützte, um die Wirkung seiner Vorstellungen vom unheimlichen Gruseln zum höchsten Schrecken zu steigern. Vor allem war dafür gesorgt, daß das Getöse der Weltstadt mit keinem Tone in den Vorstellungsraum dringen konnte. Die Besucher mußten ein Reihe düsterer Räume des alten Klosters durchschreiten und standen dann vor einer altertümlichen Thüre, die mit Hieroglyphen bedeckt war. Der Eingang zu den Geheimnissen der Isis öffnete sich und man war in einem mit schwarzem Tuche ausgeschlagenen Saal, der nur durch eine Grablampe beleuchtet war. Alles ringsum totenstill.

Nun sprach Robertson einige einleitende Worte, welche den ersten Eindruck nur steigern konnten. Er sprach vom Schrecken, welchen die abgeschiedenen Geister hervorbringen können, von der Zauberei, welche sie zwingt, aus dem Jenseits wieder auf die Erde zurückzukehren, von der Vorliebe des Menschen zum Wunderbaren. Dann kündigte er an, er werde jetzt Geister citieren.

Sofort erlosch die eine Lampe und die ganze Gesellschaft war in tiefer Finsternis. Zwischen Donnergetöse und dem Läuten der Sterbeglocke, welche die Toten im Grabe erwecken sollten, erschallten die durchdringenden Töne einer Harmonika. Blitze durchzuckten den dunklen Raum und plötzlich leuchtete in unermeßlich weiter Ferne ein heller Punkt auf. Allmählich wurde er größer, eine Gestalt, ganz klein, war darin erkenntlich, aber sie näherte sich, sie wurde größer und wuchs ins Riesengroße. Immer näher rückte das Gespenst auf den Zuschauer los — ein Schrei des Entsetzens und die Erscheinung war mit rätselhafter Plötzlichkeit verschwunden. In andern Fällen stiegen die Phantasmagorien aus dem Boden auf, oder erschienen auf sonst eine unerwartete Weise. Die Geister der großen Männer drängten sich um Charons Nachen, um den Styx zu kreuzen, dann wieder flohen sie vor dem himmlischen Licht und schienen sich in der Unendlichkeit des Raumes zu verlieren.

Vorführung von Geistererscheinungen durch Robertson im Jahre 1797. Nach einem alten Kupferstich.

Es ist nicht ohne Interesse, einen Bericht über eine von Robertsons Vorstellungen von einem Zeitgenossen zu hören. Daselbst heißt es: Robespierre steigt aus seinem Grabe und will seinen früheren Ruhm wieder erlangen. Aber er wird von einem Blitz getroffen, der das Ungeheuer und sein Grab zu Staub zerschmettert. Doch da kommen teure Schatten, um den vorherigen Greuel wieder gut zu machen: Voltaire, Lavoisier, Jean Jacques Rousseau erschienen nach und nach. Diogenes, die Laterne in der Hand, sucht einen Menschen, und um ihn zu finden, geht er scheinbar durch die Reihen der Zuschauer und verursacht namentlich bei den Damen einen sanften Schauder. Und doch sind es nur optische Täuschungen, die aber jeder mit Händen zu greifen und zu fühlen glaubt.

Während sechs oder sieben auf einander folgenden Jahren konnte eine ernste Gesellschaft durch kindische Schwindeleien beherrscht werden. Vielfach wurden sie nachgeahmt; es war die Zeit der Geisterseherei, die selbst große Geister der damaligen Zeit berückte.

Wenn auch leider selbst noch in unserer Zeit der Geisterglauben und die Geistererscheinungen sich wiederholten und auch dadurch Betrug verschiedener Art unterstützt wurde, so hatte auch die Laterna magica ihr magisches Spiel mit dem Schluß des 18. Jahrhunderts ausgespielt. Sie sank mehr und mehr zum ergötzlichen Kinderspielzeug herab. Anders war es, als man lernte, die sehr mangelhafte Beleuchtung wesentlich zu verbessern. Das Drummondsche Licht,

Projektionslaternen mit 2 Objektiven.

ausgestrahlt von im Knallgasgebläse glühend gemachtem Kalk, endlich gar das elektrische Licht, gaben Gelegenheit, die Zauberlaterne zu verbessern und größere Bilder zu erzeugen, welche immer noch hinreichende Lichtstärke hatten. Nun wurde der verkommene und verkümmerte Apparat ein wichtiges Belehrungsmittel. Durch die Benutzung der Photographie konnten die mannigfachsten Bilder sehr scharf und schön, wenn auch nicht so billig wie die Nürnberger Lackbildchen, dargestellt werden. Aber die Kostspieligkeit des ganzen Apparates war die Ursache, daß er nur in den Händen von wenigen spekulativen Unternehmern war, welche, von Stadt zu Stadt reisend, ihre Nebelbilder vorzeigten.

Bei einer derartigen Produktion sind zwei Apparate neben oder über einander nötig. Da die Vergrößerung in der Regel eine sehr bedeutende ist, so wird das Drummondsche Kalklicht zur Beleuchtung der Bilder angewendet. Dadurch, daß die Blende vor der einen Laterne sich in dem Maße schließt, als sich die vor der anderen öffnet, verschwindet das eine Bild mehr und mehr, während gleichzeitig ein anderes an seine Stelle tritt. Auf diese Weise kann z. B. eine Winterlandschaft in eine Sommerlandschaft verwandelt und manche andere hübsche Ueberraschung hervorgebracht werden.

Ein wahrhaft nützliches Instrument wurde die alte einfache Zauberlaterne aber erst, als auch Petroleum für die Beleuchtung der Bilder verwendbar gemacht und die Lampen wesentlich verbessert waren. Denn nun konnten billig, wenigstens im Vergleich zu früher, auch sehr vollkommene Apparate in den Handel gebracht werden. Wer z. B. die des Optiker Mittelstraß in Magdeburg prüft, der wird finden, daß die Lampe vorzüglich, die Linsen achromatisch und die Projektionen tadellos sind. Bilder der verschiedensten Art, die sich zu Projektionen eignen, kommen jetzt zu niederem Preise im Handel vor und das Skioptikon, wie diese verbesserte Laterna magica genannt wird, ist ein vorzügliches Mittel, um einer größeren Anzahl von Beschauern irgend ein Bild an die Wand projiziert zu zeigen. Für den geographischen, physikalischen, astronomischen, zoologischen &c. Unterricht ist das Skioptikon ein so wichtiges Demonstrationsmittel geworden, daß an den Lehrsälen der neugebauten Anstalten besondere Zimmer angebaut werden, in welchen die Vorbereitungen für derartige bildliche Darstellungen jederzeit getroffen sind und nur die durchscheinende Wand freigelegt werden muß, um bestimmte Bilder darauf zu projizieren. Auch in vielen Schulen ist dieser Apparat als Lehrmaterial schon eingeführt, und wo er noch fehlt, kann er nur aufs wärmste empfohlen werden.

---

### Glenns verbesserte Vakuum-Bremse.

Bekanntlich beruht die auf allen bedeutenden amerikanischen Bahnen eingeführte „Westinghouse Air-Brake“ auf dem einfachen aber genial angewendeten Prinzipe eines Vakuums. Eine Verbesserung ist von Glenn (Firma Glenn, Cola und Jacquet in Ottuma, Jowa) in der Weise angebracht worden, daß die Bremse entweder durch Luftdruck oder durch Herstellung eines Vakuums arbeitet.

Der Luftcylinder wird mit komprimierter Luft gefüllt und der Kolben, sowie die Kolbenstange vorwärts (nach rechts) geschoben. In das gabelförmig gespaltene Ende der Kolbenstange ist der Querbalken befestigt, an welchem die nach den Bremsen führenden Stangen befestigt sind. Derselbe wird dadurch mit der Kolbenstange nach vorwärts (nach rechts) geschoben, während er auf der andern (vordern) Seite rückwärts (nach links) gezogen wird von einer starken Feder. Die Bremsen an

Vakuum-Bremse für Eisenbahnen.

beiden Enden des Waggons werden dadurch angezogen und kann ein ganzer Zug in dieser Weise von dem Lokomotivführer in wenigen Sekunden angehalten werden.

Diese vorzügliche Erfindung hat schon manchen Unglücksfall verhütet und manches Menschen Leib und Leben ist dadurch gerettet worden.

## Die Kakao-Kultur in Surinam.

Ueber die Kakao-Kultur in Surinam sind bisher wenig zuverlässige Mitteilungen bekannt geworden. Erst unlängst haben Baron Schimmelpennink, Präsident des Vereins für Landwirtschaft, Gewerbe und Handel in Surinam, und Bartelink, Direktor einer Kakao-Plantage in Surinam, in einer holländischen Zeitschrift eine zuverlässige Darstellung gegeben, aus der nach dem hannoverschen Wochenblatt für Handel und Gewerbe, folgendes ein das Wesentlichste umfassender Auszug ist.

Vor dem Jahre 1750 wurde in der niederländischen Kolonie Surinam nur Zuckerrohr gebaut; auch wurde etwas Masernholz (letterhout) ausgeführt. Im Jahre 1706 wurde zum ersten Male Kakao, und zwar nur eine sehr kleine Quantität exportiert; beträchtlichere Verschiffungen davon fanden erst seit dem Jahre 1733 statt. (Beiläufig bemerkt, wurde Kaffee von Surinam zuerst im Jahre 1720 ausgeführt.)

Die erste Kakaopflanze scheint nach Surinam kurz nach 1684 gekommen zu sein. Die Veranlassung dazu erzählt Hartsinck in seiner »Beschryving van Guiana of de wilde kust in Zuidamerika« Amsterdam 1770. Danach hatten die Staaten von Holland im Jahre 1684, auf Ersuchen des damaligen Gouverneurs von Surinam, beschlossen, die Verbrecher nach Surinam zu transportieren, statt sie in den holländischen Zuchthäusern einzuschließen; in der Kolonie sollten sie zu öffentlichen Arbeiten u. s. w. verwandt werden. Eine Anzahl dieser Sträflinge entfloh auf einigen Fahrzeugen nach dem Orinoko; der Herr de Chatillon, der Sohn des Gouverneurs von Surinam, verfolgte sie, brachte die Mehrzahl von ihnen zurück und gleichzeitig den ersten Kakaobaum nach Surinam.

Man baut in Surinam überwiegend den gelben Kakao; ausnahmsweise trifft man auch den roten oder Karakas-Kakao an.

Diese Benennungen sind von der Farbe der Früchte hergenommen, die, in Gestalt einer kantigen Gurke, dunkelgelb, bezw. bei dem Karakas-Kakao rot sind.

Zwischen beiden Kakaoarten besteht ein erheblicher Unterschied; der Karakas-Baum wächst rascher und kräftiger und ist ergiebiger als der Surinam; besteht auch den Wechsel der Jahreszeiten besser. Wenn ein Feld ausschließlich mit Karakas bepflanzt ist, so behält er seine Eigenart; zwischen die Surinam-Bäume gepflanzt, artet er aus und nimmt die Eigenschaften der letzteren an.

Kakao wird entweder aus Samen (Bohnen), die sofort an Ort und Stelle gelegt werden, oder mittelst Pflänzlingen gezogen, die man auf eigenen Beeten aus Bohnen gewonnen hat. Das erste Verfahren ist bequemer, doch werden die gelegten Bohnen oft von Insekten angefressen. Unsere Quelle enthält die eingehendsten Mitteilungen über die weitere Kultur, die Pflege der Bäume u. s. w.; wir wollen hier nur hervorheben, daß es sehr wesentlich ist, die Kakaobäume durch Schattenbäume gegen die Einwirkung zu großer Hitze zu schützen; man thut dies mit der sog. Koffie-mama (Erythrina indica); übrigens muß eine Kakaopflanzung luftig und licht erhalten werden, was durch die große Menge Zweige, die der Baum üppig hervortreibt, wesentlich erschwert wird; man läßt die Kakaobäume in den Plantagen nicht höher als 3—4 m werden, um das Ausschneiden der Zweige und die Ernte zu erleichtern; sie erreichen sonst wohl eine Höhe von 10 m.

Auf den Acker rechnet man 200 Kakaobäume; diese Bäume werden auf 5 m, die Schattenbäume auf 23—25 m Entfernung von einander gepflanzt.

Als der größte Feind des Kakaobaumes wird das Salzwasser bezeichnet; wiederholt ist die Beobachtung gemacht, daß die Bäume auf wohlbestandenen Kakaofeldern, die z. B. infolge von Deichbrüchen mit Meerwasser in Berührung gekommen waren, gekränkelt haben und abgestorben sind. Baumameisen, Erdameisen, Baumläuse, eine Art Bohrkäfer und anderes »ongedierte« schädigt die Bäume, man zieht dagegen u. a. mit Petroleum, mit Schwefelkohlenstoff, Wasser, und gegen die Baumläuse mit Arsenik oder mit Sublimat zu Felde.

Der Kakaobaum liefert seine ersten Früchte im vierten Jahre; seine größte Fruchtbarkeit erreicht er vom 12. bis 25. Jahre; übrigens können die Bäume durch gute und sorgfältige Behandlung bis in das 50. Jahr und darüber hinaus produktiv erhalten bleiben.

Die Kakaobäume treiben viele Schößlinge auch aus dem Stamme. Alte abgelebte Bäume werden wohl dicht über solchen Schößlingen und so nahe wie möglich an der Erde abgehauen; die Schößlinge entwickeln sich dann zu Zweigen, geben jedoch nicht soviel Ertrag, wie die ursprünglichen Bäume.

Der Kakaobaum trägt das ganze Jahr hindurch Blüten, mit Ausnahme jedoch der trockensten Jahreszeit; November und Dezember sind die Hauptblütenmonate; dann wieder Juni und Juli. Die Erntezeit beginnt im April bezw. im Oktober und dauert bis zum August bezw. Dezember. Man rechnet durchschnittlich 1½ kg. Bohnen Jahresertrag für den Baum in seinen guten Jahren. Ein erwachsener Arbeiter kann täglich 80 — 120 kg. Früchte einsammeln, was teils mit der Hand, teils mit einem Fruchthaken geschieht.

Die Früchte (Schoten) werden auf dem

Felde aufgebrochen; sie zeigen dann 7 oder 8 Reihen weißer Bohnen, die an einem durchlaufenden Stengel befestigt sind; der dünne filzartige Ueberzug der Bohnen kann entfernt werden; sie erscheinen nunmehr braun.

Zehn bis zwölf Früchte liefern etwa 1/2 kg trockene Kakaobohnen.

Die frischen Bohnen kommen zunächst in das »Cacao-Broeihuis«, wo sie 4 bis 5 Tage „schwitzen" müssen; sie werden verschiedene Male gewendet; dabei werden sie die ersten Tage ein paar Stunden, die letztern Tage den ganzen Tag hindurch den Sonnenstrahlen ausgesetzt. Vom Broeihuis kommen sie in hölzerne Schuppen (loods), um dort 8 oder 10 Tage im Luftzuge zu trocknen. In unmittelbarster Verbindung mit diesem Schuppen steht die Trocknerei (droogery), wo der Kakao den Sonnenstrahlen ausgesetzt wird. Bei drohendem Regen muß er sofort von der Trocknerei in den Schuppen geschafft werden; auf einigen Pflanzungen hat man Schienengeleise, um das sich oft wiederholende Hin- und Hertransportieren des Kakao zu erleichtern.

Gründlich verregneter Kakao verliert bedeutend an Gewicht, da zu viel vom Fruchtfleisch weggewaschen wird; er wird auch sehr leicht schimmelig.

In den Schuppen muß der Kakao täglich gewendet werden, um ihn vor Insektenfraß zu schützen.

Man kann schon hieraus entnehmen, daß die Kakaokultur sehr mühsam ist; sie erfordert einen eisernen Willen, stete Wachsamkeit und viel Erfahrung; namentlich darf es aber auch an Geld nicht fehlen, um jederzeit über die nötigen Arbeitskräfte verfügen zu können.

Andererseits ist die Kultur regelmäßig auch eine sehr lohnende; ein gutes Erntejahr und gute Konjunkturen decken etwaige Verluste sehr rasch.

So hat denn die Kakao-Kultur in Surinam jetzt eine sehr beträchtliche Höhe erreicht.

Von 1726 bis 1735 betrug die Ausfuhr jährlich unter 2000 kg: 1742 erreichte sie 100,000, 1745 333,326 kg; in 1866 die bis dahin höchste Ziffer mit 396,546 kg. In der neuesten Zeit hat sie 1,000,000 kg im Jahre betragen, mit Ausnahme jedoch von 1878, wo zu lange Zeit hindurch Dürre herrschte.

---

## Eine Schnellzug-Lokomotive von ungewöhnlicher Geschwindigkeit

ist von Herrn Fontaine für eine der Bahnlinien in Süd-Kanada erbaut worden. Dieselbe hat zur völligen Zufriedenheit funktioniert, bei einer Schnelligkeit, die ohne Bedenken bis zu 130 Kilometer pro Stunde gesteigert werden konnte. Eine Maschine derselben Konstruktion wird gegenwärtig für die Eriebahn gebaut. Die Abbildung führt die Maschine vor. Man erkennt, daß besondere Arrangements getroffen sind, um eine große Schnelligkeit zu ermöglichen, ohne doch den Triebrädern sehr große Dimensionen zu geben. Bei der gewöhnlichen Lokomotivkonstruktion ist dies erforderlich, um unter sonst gleichen Verhältnissen eine bedeutende Geschwindigkeit zu erzielen; dabei leidet jedoch die Sicherheit, d. h. die Neigung zu Entgleisungen nimmt zu. Vor allem auf den doch durchschnittlich weniger sorgfältig konstruierten Eisenbahnen Amerikas wäre ein Höherlegen der Axen, wie solches durch große Räder erforderlich wird, immerhin ziemlich bedenklich. Um nun bei geringen Radhöhen eine sehr große Geschwindigkeit zu erzielen, hätte man die Zahl der Umdrehungen pro Minute vergrößern müssen, also auch die Anzahl der Kolbenschübe. Hier war jedoch die zulässige Grenze bereits erreicht, denn eine gewöhnliche Schnellzuglokomotive mit Triebrädern von 2 m Durchmesser macht bei einer Geschwindigkeit von 100 Kilometer pro Stunde, 250 Radbrehungen mit 500 Kolbenschüben pro Minute, und es würde gefährlich sein, hierüber noch hinauszugehen. Unter diesen Umständen hat Herr Fontaine die Aufgabe in eigentümlicher Weise gelöst. Bei seiner in der Abbildung vorgeführten Maschine ruht das von dem Kolben direkt in Umdrehung versetzte Triebrad nicht auf den Schienen,

Schnellzug-Lokomotive.

sondern ist in der Höhe angebracht. Von diesem aus wird erst das auf den Schienen laufende Räderpaar in Umdrehung versetzt und zwar durch Vermittlung eines Friktionsrades von kleinem Durchmesser, das aber mit dem Schienen-Triebrad auf der gleichen Axe steht. Man erkennt dasselbe deutlich in der Zeichnung. Die übrige Konstruktion ist dagegen amerikanischen Lokomotiven ähnlich; besonders fällt für uns die gewaltige Vorrichtung zum Abkehren der Schienengeleise (der sog. Kuhfänger) auf. Unsere Eisenbahnen sind mehr oder weniger frei von zufälligen Hindernissen und werden sorgsam überwacht; in Amerika ist dies weit weniger der Fall und deshalb muß dort vorzugsweise die Lokomotive selbst dafür sorgen, sich freie Bahn zu schaffen.

# Hydraulische Fahrstühle.

Wohl in keiner Stadt der Welt gibt es so viele hohe Gebäude zu Geschäftszwecken, als wie in New York. Der Umstand, daß diese immerfort ins Riesenhafte wachsende Stadt auf einer nur wenige (engl.) Quadratmeilen umfassenden Insel gelegen ist, die im Süden von der Bai, im Westen vom Hudson (North River), im Osten von einem die Bai mit dem Long-Island-Sunde verbindenden Meeresarme (East River) und im Norden vom Harlomflusse und dem, den letzteren mit dem Hudson verbindenden, Spuyten Duyvil Creek umspült ist, hat dabei ebensoviel mitgewirkt, wie der weitere Umstand, daß der eigentliche Geschäftsteil sich auf die „untere“ Stadt beschränkt. Dieselbe umfaßt, was die Ostseite der Stadt anbelangt, den unterhalb Grand Street gelegenen Stadtteil, während auf der Westseite, an dem bedeutend breiteren Hudson gelegen, die Landungsplätze und Schiffswerfte und damit die großen Warenlager der Speditions-, Kommissions- und Importhäuser immer weiter heraufrücken.

Eigentlich wird jedoch derjenige Teil als Hauptgeschäftsstadt betrachtet, der etwa vom City Hall Park südlich gelegen ist; derselbe umfaßt eine für das auf demselben sich abspielende Geschäftsleben unverhältnismäßig kleinen Raum und das ist der Grund, warum die Tendenz weiter hinaufzuziehen, der schon fast alle großen Detailgeschäfte gehuldigt haben, auch die Engroshäuser ergriffen hat. Doch es vollzieht sich seit etwa einem Jahrzehnt eine andere Umwälzung, welche dem Bestreben, dem eigentlichen Geschäftszentrum treu zu bleiben in ganz anderer Weise Konzessionen macht und das Aussehen New Yorks schon so verändert hat, daß man getrost prophezeien kann, in einem Vierteljahrhundert werde das alte New York „down-town“ völlig verschwunden sein und einem neuen, imposanten Stadtteile Platz gemacht haben. Gebäude von 6, 7, 8 und 9 Stockwerken gehören schon jetzt nicht mehr zu den Seltenheiten, und wo man im down-town Distrikte alte Gebäude niederreißen sieht, um die Grundsteine für ein neues zu legen, da kann man mit Sicherheit darauf rechnen, daß dasselbe ein hohes, viele Stockwerke habendes Gebäude sein wird.

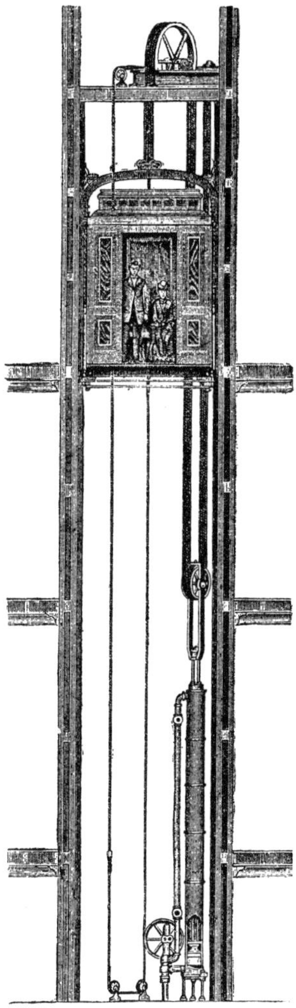

Konstruktion eines Otisschen Fahrstuhles.

Es wirkt dabei noch ein anderer Faktor mit, der diese Tendenz, riesige Paläste zu Geschäftszwecken aufzuführen, begünstigt; das ist der unglaublich hohe Preis des Grundeigentums. Derselbe ist die Ursache, daß man diese Tendenz auch auf die ‚up-town‘, die obere Stadt-Distrikte übertragen hat; hier ist dieselbe wiederum von einem anderen Faktor unterstützt worden, der sich auf die Veränderung in der Wohnungsweise wohlhabender Familien bezieht. Während früher ein Wohnhaus von zwei bis drei Stockwerken von je einer Familie in komfortablen Verhältnissen bewohnt wurde, ziehen es viele derselben jetzt vor, in einem größeren sogenannten ‚Apartment-house‘ — am besten mit Hôtel garni*) zu vergleichen — zu wohnen. Wir werden später einmal den Lesern des Neuen Universum die Einrichtung dieser, sowie anderer Wohnhäuser New Yorks schildern.

Wir wollen sie diesmal mit einer Einrichtung bekannt machen, die zwar in einzelnen größeren Städten Deutschlands auch zu finden ist, die aber in New York zu einem unentbehrlichen Erfordernis geworden ist: Der Fahrstuhl, in Amerika Elevator genannt.

Die bedeutendste Fabrik dieser Art ist die von Otis Brothers & Co. in Yorkers, einem Städtchen unweit New York am Hudson gelegen. Dieselbe bedeckt einen Flächenraum von

---

*) Man kann jedoch daselbst auch unmöblierte Wohnungen mieten.

etwa 40,000 Q.-Fuß und enthält zehn größere Säle, in denen die verschiedenen Arbeiten zur Herstellung von hydraulischen Fahrstühlen und durch Dampf

Fahrstuhl eines Privathauses.

bewegten Aufzügen für Waren vor sich gehen.

Das Prinzip, nach welchem die Otis-schen Fahrstühle eingerichtet sind, ist aus den beistehenden Illustrationen sehr leicht ersichtlich. Der Fahrstuhl ist an mehreren starken Drahtseilen aufgehängt, welche über ein großes starkes Laufrad im obersten Stockwerke des Gebäudes laufen; von da gehen dieselben nach unten und um eine kleinere, am oberen Ende der Kolbenstange befestigte Rolle. Von dieser gehen sie wiederum aufwärts und sind neben der großen Rolle im obersten Stock fest verankert. Außerdem ist der Fahrstuhl durch ein starkes Gewicht ausbalanciert. Unter dem Dache befindet sich ein Wasser-Reservoir, welches mit dem Cylinder, in welchem sich der Kolben bewegt, in Verbindung steht. Soll der Fahrstuhl aufwärts gehen, so wird durch Drehung des Ventilrades im Souterrain Wasser oberhalb des Kolbens, der sich in seiner höchsten Stellung befindet, wenn der Fahrstuhl unten ist, eingelassen. Dasselbe drückt den Kolben abwärts und dieselbe Wassermenge, welche aus dem Wasserbe-

Hotel-Fahrstuhl.

hälter durch die Zuführungsröhre oberhalb des Kolbens eintritt, fließt während dem durch ein am tiefsten Punkte des Cylinders angebrachtes Ventil ab, welches durch dasselbe Ventilrad geöffnet wird. Ist der Fahrstuhl oben angelangt, so werden beide Ventile durch Drehung des Ventilrades geschlossen und ein leiser Zug genügt, um den etwas schweren Fahrstuhl herabgehen zu lassen. Während dessen tritt das Wasser durch eine enge im Inneren des Cylinders befindliche Oeffnung von dem oberen in das untere Ende des Cylinders und reguliert in dieser Weise den Niedergang, so daß die beschleunigende Tendenz der Schwerkraft völlig neutralisiert wird.

Das Ventilrad wird durch den Zug derjenigen Person beherrscht, welche den Fahrstuhl führt, das Zugseil ist mit beiden Enden an einem hinter der großen Aufzugsrolle gelegenen Punkte verankert und ist oben über eine und unten über zwei kleine Rollen in der Weise geführt, daß es dicht in die Rinne des Ventilrades eingedrückt wird und dasselbe durch seine Reibung bewegt. Ein im ersten Stockwerke am Zugseile angebrachter Metallcylinder hindert den Fahrstuhl am Tiefergehen.

Durch gewisse, hier nicht näher zu detaillierende Vorrichtungen ist es möglich, die Geschwindigkeit des Fahrstuhles vom Willen des Führenden unabhängig zu regulieren. Die Maximalgeschwindigkeit des Otisschen Elevators ist daher dem Belieben derjenigen anheimgestellt, unter deren Kontrole das Gebäude steht, in dem sie sich befinden. In Geschäfts- und Privathäusern pflegen dieselben gewöhnlich etwas schneller zu laufen, als in Hotels, obgleich die meisten derselben so konstruiert sind, daß sie in der Minute 250 Fuß auf- oder abwärts durcheilen können.

Trotz aller dieser Vorzüge befinden sich an den Otisschen Fahrstühlen die gesetzlich vorgeschriebenen Sicherheitsvorrichtungen, die dieselben beim Bruche irgend eines Maschinenteiles oder Zerreißen eines Drahtseiles aufhalten. Es sind dies große eiserne Haken, die sofort in zwei längs des ganzen Schachtes laufende Zahnstangen eingreifen. Eine kürzlich vorgenommene Probe, welche von dem mit der Leichenschau beauftragten städtischen Beamten (Coroner) in einem

Haus des Erfinders Morse in New York.

‚Apartment-House‘ der oberen Stadt vorgenommen wurde, weil böswilligerweise die Sicherheit des in demselben befindlichen Fahrstuhls als ungenügend dargestellt worden war, ergab folgendes Resultat:

Es wurden Gewichte bis zu 800 Pfund in denselben gelegt und dann mit einer scharfen Art die Drahtseile durchhauen, während der Fahrstuhl im obersten Stockwerke sich befand. Derselbe stürzte — a n d e r t h a l b Z o l l hinab und saß dann durch Eingreifen der Haltvorrichtung so fest, daß es schwierig war, ihn wieder loszubekommen.

Der große Vorteil der hydraulisch wirkenden Fahrstühle ist aber namentlich der, daß dieselben stets unter voller Kontrole sind, insofern die Wirkung des Wassers den Kolben von oben und unten zugleich reguliert und bewegt. Bei den, in gewöhnlicher Weise durch ein auf einer Trommel aufgewickeltes Seil, das eine Dampfmaschine windet, bewegten Fahrstühlen, kann es vorkommen, daß der Fahrstuhl durch irgend ein zwischen denselben und den Schacht geschobenes Hindernis aufgehalten wird. Während das Drahtseil nun sich weiter abwickelt, kann durch das vermehrte Gewicht der Fahrstuhl sich wieder in Bewegung setzen und falls die Haltevorrichtung der übermäßigen Wucht nicht gewachsen ist, hinabstürzen.

Hauptpostamt in New York.

Im ersteren Falle wird der Otissche Fahrstuhl durch Ausgleichung des Wasserdruckes auf beiden Seiten des Kolbens ruhig stehen bleiben, bis das Hindernis beseitigt ist, und im anderen Falle kann derselbe nur mit der, durch den Regulator bedingten Geschwindigkeit nach oben steigen und daselbst festgehalten werden, bis das Ventilrad durch die Hand eines Anderen so gestellt wird, daß der Niedergang möglich ist, der dann in der üblichen Weise erfolgen muß.

Die elegante innere Einrichtung der Fahrstühle, die mit Gas beleuchtet und mit elektrischen Glockensignalen für jedes Stockwerk versehen sind, ist aus den Abbildungen ersichtlich. Die Zuleitung des Gases geschieht durch im Schachte herabhängende Gutta-Percha-Röhren und in solche sind auch die Leitungsdrähte eingeschlossen.

Durch einen leichten Zug aufwärts oder abwärts wird der oft mit zwanzig Personen gefüllte Fahrstuhl auf- oder abwärts in Bewegung gesetzt und durch den gleichgerichteten Zug an den in jedem Stockwerk in den Schacht führenden, festverschlossenen und nur von innen zu öffnenden Thüren angehalten.

Von den vielen New Yorker Gebäuden, welche mit Otisschen Fahrstühlen versehen sind, wollen wir unsern Lesern einige vorführen. Da ist zuerst das den Erben des Erfinders Morse gehörige Morse-Building an der Ecke der Nassau- und Beekmann-Street, welches außer den, die Maschinenräume enthaltenden unterirdischen Geschosse neun Stockwerke enthält; dasselbe hat zwei Fahrstühle. Dann das schöne, großartig stilisierte, nur etwas zu sehr an Rokoko erinnernde Hauptpostamtsgebäude, welches nach dem früheren New Yorker

Geschäftshaus der New Yorker Tribüne.

Postmeister dem jetzigen Generalpostmeister Thomas L. James den einzigen Fehler hat, daß es zu viel Regierungskanzleien, Gerichtssäle und dergl. enthält. In demselben sind vier Otissche Fahrstühle angebracht, darunter zwei ganz besonderer Konstruktion, die direkt auf den Cylindern aufliegen, welch letztere sich ineinander einschachteln. Doch haben sich dieselben bei weitem nicht so gut bewährt, wie die nach der üblichen erprobten Konstruktion. Die Abbildung gibt zugleich dem Leser einen, wenngleich schwachen Begriff von dem im New Yorker Broadway pulsierenden Verkehre. Ferner das in romanischem Stile gehaltene ‚Tribune Building', welches von einer der bedeutendsten, in Bezug auf journalistische und technische Ausstattung unübertroffnen Zeitungen, der New Yorker Tribüne, erbaut worden ist. Die Höhe desselben bis zur Turmspitze ist 260 Fuß und dasselbe hat zehn Stockwerke. Zwei Otissche Fahrstühle befördern die Redakteure, Setzer und Beamten der Zeitung, sowie eine große Anzahl von Advokaten, Versicherungsbeamten und sonstige Geschäftsleute, deren Bureaus sich in dem Gebäude befinden, schnell und bequem in die Höhe. Das Gebäude selbst hat nahezu eine Million gekostet und ist dazu nur Stein und Eisen verwendet worden. Die Fußböden sind aus Aachener Email-Ziegeln zusammengesetzt und die Treppen von Eisen. Der Blick aus den hochfenstrigen Redaktionszimmern im obersten Stocke ist ein überwältigend herrlicher: New York aus der Vogelperspektive!

Ueberhaupt ist der Vorzug, den die obersten Stockwerke dieser riesig hohen Gebäude besitzen, ein ganz unsagbarer, der Lärm, die Hitze und der Staub der in oft afrikanischer Sonnenhitze glühenden*) Stadt, alle sind nahezu unmerkbar und unfühlbar geworden, und eine kühle Brise weht daselbst fast den ganzen Tag

*) Welchen plötzlichen Einzug der Sommer oft hält, zeigen folgende Temperaturen:

| | | | |
|---|---|---|---|
| am 9. | Mai | 1881 | $14^2/_3{}^0$ R. |
| „ 10. | „ | „ | $17^2/_3$ „ |
| „ 11. | „ | „ | 25 „ |
| „ 12. | „ | „ | $26^1/_2$ „ |

(in der Sonne 42° R.)

Bedeckter Raum im Boreel-Building, in welchem die Fahrstühle auf- und abgehen.

und namentlich des Nachts, während die Temperatur in New York in den untersten Regionen, besonders auch des Nachts eine unerträglich heiße bleibt.

Ein anderer Geschäftspalast, nach seinem Eigentümer ‚Boreel-Building' genannt, acht Stockwerke hoch, mit einem innen überdeckten Hofe, hat über hundertundfünfzig einzelne Bureaus, in denen verschiedene Parteien ihre Geschäftstransaktionen vornehmen. Das Arrangement der vier in diesem Hofraume befindlichen Otisschen Fahrstühle zeigt unsere Abbildung. Dieselben sind von allen Seiten mit Drahtgittern umgeben, um Unglücksfälle zu verhüten. Das unter dem Dache befindliche Reservoir faßt 4000 Gallonen Wasser, welches die 4 Fahrstühle treibt und vermittelst einer Dampfpumpe immer wieder von neuem aus dem Souterrain heraufgepumpt wird. Der Verlust an Wasser durch Verdunstung ist ein äußerst geringer und der Prozentsatz der verwendeten Fallkraft des Wassers zwischen 80 und 90 Prozent; eine Ausnutzung, die diejenige der direkt durch Dampf getriebenen Fahrstühle um das Fünf- und Sechsfache übersteigt.

---

## Eine sehr interessante Kopierpresse

hat Karl Fränkel in Berlin, Französische Straße 33, erdacht. Sie ist nachstehend abgebildet und besteht aus einem festen Kasten, in dem sich ein flacher Gummibeutel und das Kopierbuch befinden. Mit dem Gummibeutel steht mittelst eines Rohrs eine kleine Pumpe, welche einfach aus einem Gummiball besteht, in Verbindung. Drückt man den Ball zusammen, so treibt man die in ihm enthaltene Luft durch das Ventil nach dem Gummibeutel, läßt man ihn los, so schließt sich dies Ventil und es öffnet sich ein anderes Ventil, um Luft wieder in den Ball treten zu lassen. Durch Zusammendrücken und Loslassen des Balls

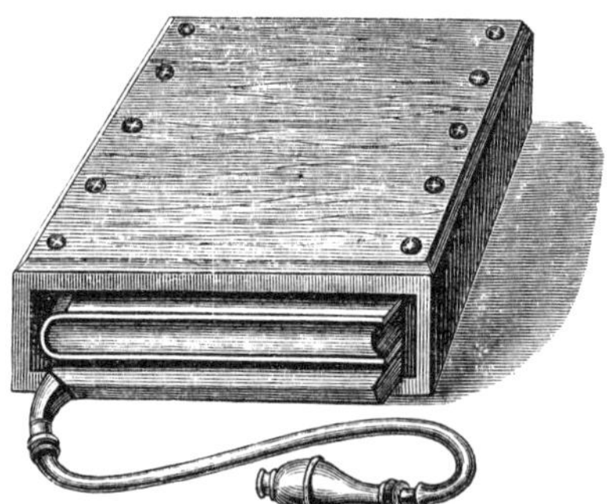

füllt man also allmählich den Gummibeutel, bläht ihn auf und bewirkt, daß durch den entstandenen Druck zwischen oberer und unterer Decke des Kastens die Kopie hergestellt wird.

---

# Zentralamerikanische Vulkane.

Nächst dem ostasiatischen Archipelagus ist das am meisten vulkanische Gebiet der Erde derjenige Teil des amerikanischen Kontinentes, der die beiden großen Teile desselben, Nord- und Südamerika, mit einander verbindet. Es sind die zwischen zehn (7° und 17° n. B.) Breitengraden gelegenen Republiken Guatemala, San Salvador, Honduras, Nicaragua und Costa Rica, welche speziell unter der allgemeinen Bezeichnung Zentralamerika zusammengefaßt werden. — Dieser Landstrich, der mit Ausnahme des Stückes, an welches sich die Halbinsel Yucatan ansetzt, von 35 bis 250 Meilen breit ist (120 im Durchschnitte), trägt selbst wieder einen Teil einer interessanten Gruppe, derjenigen von Guatemala, welche außerdem noch die Vulkane Quezaltenango, Tajomulco, Tacama, Acatenango, Pacaya, Amayo, Chingo, Colima, San Pedro und Atitlan umfaßt.

Unter denselben befinden sich verschiedene, die über 10,000 Fuß hoch sind, die höchsten jedoch sind die in unseren Illustrationen mehrfach dargestellten Fuego und Agua, der Feuer- und der Wasserspeier, beide nahezu 15,000 Fuß hoch, doch der letztere um ein paar hundert Fuß höher als der erstere (14,903 Fuß wird für den Agua angegeben). Beide ragen in die Region des ewigen Schnees

Volcano de Agua und Volcano de Fuego vom Bord eines von Panama nach San Franzisko fahrenden Dampfers aus gesehen.

über sechzig größere Vulkane, unter denen über vierzig historisch als thätig bekannt sind. Wohl das bedeutendste, jedenfalls das interessanteste Paar unter diesen paarweise und in Gruppen sich erhebenden Kratern ist dasjenige, welches von dem Volcano de Agua und dem Volcano de Fuego gebildet wird. Dieses Paar bildet hinauf und gewähren deshalb vom Bord eines auf dem stillen Meere fahrenden Schiffes einen unvergleichlich großartigen Anblick. Hoch über die Wolken emporragend — der Agua jahraus, jahrein mit von ewigem Schnee bedecktem Gipfel, der Fuego nur stellenweise vereist, fortwährend weiße Dampfwolken ausstoßend, die des Nachts durch die Gluten der im Krater wogenden Lava von untenherauf schauerlichschön beleuchtet erscheinen — sind diese beiden Bergriesen die herrlichsten Repräsentanten majestätischer vulkanischer Kegel. Wohl gibt es genug Berge ihrer Art, die ebenso hoch und höher sind, aber sie sind die einzigen, die dem Ozeane so nahe liegen, daß sie dem Beschauer in ihrer ganzen riesigen Höhe entgegentreten. Selbst die Riesen der Alpenwelt werden, mit ihnen verglichen, klein erscheinen müssen, da dieselben ja stets von einem Standpunkte aus betrachtet werden, der viele Tausend Fuß über dem Meeresspiegel liegt.

Aber einen besonderen Reiz erhält dieser überwältigende Anblick dadurch, daß man die ganze Zonenwelt der Erde vor sich ausgebreitet sieht. Die Küste, die sich in langen, spärlich bewachsenen Hügelketten dahinzieht, über denen die Mittagssonne ihre glühenden Dünste lagert, gehört der heißen Zone an; doch schon bis zwei-, dreitausend Fuß weiter hinauf entwickelt sich eine so prachtvolle südliche Vegetation, wie sie nur die mit dem herrlichsten Seeklima beglückten Tropengegenden bieten können; von da an bis zu acht-, zehntausend Fuß Höhe deuten die matteren Farben, durchstreut mit dunklen Waldstrecken die gemäßigte Zone an, und von hier an beginnt die trostlose, nur von erstarrten schwarzen Lavaströmen unterbrochene Region des ewigen Schnees, der auf der Nordseite tief hinabsteigt. Er dient den Indianern als nutzbringender Handelsartikel, den sie in die Städte und auf die Haciendas hinabtragen, wo er den Bewohnern als kühlendes Labsal dient, wenn sie ihn unter schattigen Orangenbäumen in der Form von Sorbet und Gelado schlürfen.

Während der Volcano de Agua einsam und in den reinsten Konturen emporsteigt, ist der Volcano de Fuego mit einem Genossen bis zu bedeutender Höhe vereint; dieser, der Acatenango, ist nahezu von gleicher Höhe, sein Gipfel aber unregelmäßiger geformt. Zwar zeigt die Spitze des Fuego nicht so regelmäßige, steilaufstrebende Linien wie die des Agua; doch erhöht vielleicht gerade der Gegensatz, den er mit seinem flacheren Kegel und den beiden Absätzen bildet, in denen er nach den beiden Genossen hinabsteigt, den überwältigenden Eindruck dieses einzigen Gemäldes. In dem schönen Thale, welches von diesen drei Feuerriesen eingeschlossen wird, liegen die Städte Ciudad Vieja und La Antigua (Guatemala); sie gewähren einen trostlosen Anblick, der um so ergreifender wirkt, je herrlicher die der subtropischen ähnelnde Vegetation unter dem tiefblauen Himmel grünt und blüht. Wurde doch die Bevölkerung vor hundert Jahren (1773) von der Regierung gezwungen, das Thal zu verlassen, gegen ihren Willen, denn sie waren eben im Begriffe, die durch ein verheerendes Erdbeben zum so und sovielten Male zerstörte Stadt wieder aufzubauen.

Obgleich seitdem wieder bewohnt, starren doch die halbzerfallenen Kirchen- und Klosterruinen den Reisenden unheimlich an; die halbverschütteten Paläste zeigen den architektonischen Schmuck ihrer Fassaden in halbzerfallener Geborstenheit, und die Sonne bescheint durch die fast völlig zerstörten Dächer die herrlichen Stuckaturarbeiten der Prachtsäle, in denen einst die Conquistadores oder doch die von ihnen abstammenden Hidalgos gravitätisch einherschritten. Die Reparaturen und neuen Anbaue, welche den neuen Ankömmlingen diese Ruinen bewohnbar

Volcano de Agua und Volcano Fuego von dem Thale aus gesehen, in welchem die beiden zerstörten Städte Ciudad Vieja und La Antigua Guatemala gelegen sind.

machen, bewirken durch den Kontrast ihres ärmlichen Aeußeren, daß das Mitleid und die Trauer um die vergangene Herrlichkeit im Herzen des Beschauers umsomehr rege werden.

Unglaublich ist es aber auch beinahe, wie groß die Macht der Gewohnheit und das Festhalten am Besitze sein kann, trotz der fürchterlichsten Erfahrungen, die man schon gemacht.

Die erste von einem der Cortezschen Conquistadores gegründete Stadt war dicht am Fuße des Agua gelegen, den die Indianer Almolonga, d. i. Berg von welchem Wasser fließt, nannten. Doch schon nach 17 Jahren sollten die Kolonisten erfahren, welch furchtbarer Nachbarschaft sie sich anvertraut hatten. Der Name des Berges, den sie von den Indianern wohl gehört, aber nicht beachtet hatten, wurde zur entsetzlichen Wahrheit. Der Monat September des Jahres 1541 begann mit unaufhörlichen Regengüssen; das Wasser goß in Strömen vom Himmel, und in der zweiten Woche gesellten sich dazu noch heftige Erdstöße, die einander unaufhörlich folgten und von einem entsetzenerregenden unterirdischen Getöse begleitet waren. Dieselben gipfelten in einem Erdbeben, welches die Stadt in kurzer Zeit völlig zerstört haben würde, wenn nicht zur selben Stunde — um zwei Uhr morgens am 11. September vom Gipfel des Agua ungeheure Wassermassen entleert worden wären, die den Berg herabdonnerten und die Stadt in wenigen Minuten fast vollständig dem Erdboden gleichmachten. Die Mehrzahl der Einwohner kam dabei um, weil das begleitende Erdbeben so heftig war, daß es das Gehen und Stehen unmöglich machte. Selbst diejenigen, die früh genug erwacht waren, um aus den Häusern zu flüchten, wurden zu Boden geschleudert und nur wenige blieben verschont. Don Petro de Alvarado, der am 25. Juli 1524 die blühende Stadt gegründet, verlor mit seiner Schöpfung zugleich seine Gattin Donna Beatrice de la Cueba, eine der schönsten und ausgezeichnetsten Frauen ihrer Zeit.

Der Gipfel des Berges stürzte in seinem oberen Viertel in sich zusammen, ein Beweis, daß man es hier mit einem wirklichen Wasser- oder vielleicht besser Schlammausbruche zu thun hat, und daß nicht, wie wohl noch häufig behauptet wird, der durch vulkanische Hitze plötzlich geschmolzene Schnee die Wassermassen geliefert hat. Es gibt zudem noch eine große Anzahl anderer Vulkane, die Wasser, heißes oder kaltes, und Schlamm ergießen, in Japan, auf den Philippinen, auf Sizilien und namentlich aus dem Krater des Tunguragua und anderer auf dem Hochlande von Quito gelegener Vulkane, wie Carguairazo, Ruminavi, Subaburu, Sotara und Puracé, strömen zeitweise Wassermassen. Einen anderen Beweis für die Richtigkeit obiger Ansicht liefert die Flora und Fauna dieser „Schlamm“-Massen. Abgesehen von den oft in ungeheurer Anzahl ausgeworfenen Fischen, hat der große Infusorienkenner Ehrenberg die in unzählbaren Massen in der „Moya“ des Tunguragua vorkommenden Algen und andere niederen Lebensformen auf eine Lebewelt gedeutet, die dem Sumpfe oder Moore angehört.

Die Kraterwand des Volcano de Fuego vom höchsten erreichbaren Punkte aus gesehen: rechts unten das Stille Meer und die Bai von La Concepcion.

Doch kehren wir von dieser Abschweifung wieder zu unserem Thema zurück! —

Unglaublich klingt es zwar, ist aber nichtsdestoweniger eine Thatsache, daß im nächsten Jahre (1542) in demselben Thale, nur etwas südwärts von Ciudad Vieja den Ruinen der unglücklichen Stadt, eine neue Ansiedelung entstand. Vierzig Jahre später (1581) wurde dieselbe abermals auf das entsetzlichste heimgesucht. Doch war es der Volcano de Fuego, der diesmal seine Stimme erhob. Dem Donnern und Beben folgte bald ein feuriger Ausbruch; die Asche und der Rauch, welche seinem Krater entstiegen, verfinsterten die Gegend so vollständig, daß man während zweier Wochen die Sonne nicht zu sehen bekam und Tag und Nacht Licht brennen mußte. Nur die Feuersäule des tobenden Riesen leuchtete dann und wann weithin über das Land in ihrem furchtbaren Spiele. Doch war die Zerstörung gering; erst fünf Jahre später (1586) wurden die Erdstöße, die mit Unterbrechungen fortgedauert hatten, wieder stärker, und der Fuego, der bei alledem ziemlich ruhig geworden war, fing wieder an, Feuer und Flammen zu speien. Fast ein volles Jahr hielt dies an, und die Bewohner der so schwer heimgesuchten Stadt hatten sich schon so an dieses fortwährende Beben und Schwanken gewöhnt, welches dem Neulinge, der zum ersten Male die feste Mutter Erde unter sich wanken fühlt, so entsetzlich und furchterregend ist — da fanden Ende dieses schrecklichen Jahres wieder mehrere verheerende Erdstöße statt, welche die Stadt größtenteils zerstörten. Zu gleicher Zeit stürzten die hohen Felsgrate der das

Thal einschließenden Gebirgsrücken zusammen, große Klüfte öffneten sich, und Spalten durchfurchten das Thal und verschlangen alles, was auf ihnen ging und stand.

Aber wiederum begann das Aufbauen der Stadt, die nun auch merkwürdigerweise diesmal mehreren Generationen, beinahe zwei volle Jahrhunderte lang, eine sichere Heimstätte gewährte. Ein Regierungserlaß steuerte endlich, nach der obenerwähnten letzten Katastrophe von 1773, dem wahrhaft frevelhaften Leichtsinne der verblendeten Einwohner, und erst neuerdings haben es wieder mehrere Hundert Familien gewagt, sich „zwischen Wasser und Feuer“ niederzulassen.

Die Besteigung der beiden unheimlich schönen Berge ist schwierig und gefährlich; nichtsdestoweniger wird sie öfters unternommen. Der Maler, welchem unsere Leser die beigegebenen naturgetreuen Ansichten verdanken, ließ sich die Mühe nicht verdrießen, und entschloß sich zu der schwierigsten Besteigung, der des Fuego. Die kolossale Höhe, welche in Folge der verdünnten Luft das Steigen so erschwert; das fortwährende Erzittern des Bergriesen, um so stärker, je näher man dem Gipfel kommt; die Ecken und Kanten des harten Gesteines; die oft senkrecht sich auftürmenden und schier unersteiglich scheinenden Felswände; die Dünste, welche dem schwarzgebrannten Gestein entquellen; der Aschenregen und die Lavaströme, die der Berg entsendet; der Wassermangel — kurz eine endlose Zahl von Schwierigkeiten machen die Ersteigung des Gipfels zu einer der anstrengendsten Aufgaben auch für den berggewandten, an Ähnliches schon gewöhnten Reisenden.

Und wie der vielgereiste Sohn Apollos durch Schluchten und Klüfte — darunter die Barranca houda oder tiefe Schlucht, die wir in besonderer Abbildung sehen — über scharfkantige Felsgrate und die steilsten Aufstiege hinan, nun endlich dem Gipfel nahe ist, da zeigte es sich, daß der Kraterrand an der einzigen von unten her zugänglichen Seite nicht erstiegen werden kann. Wild zerrissen, von Sprüngen und Höhlungen durchsetzt, steigt das Gestein senkrecht empor und hängt an den höchsten Stellen in finster drohender Weise über, als machten die schwärzlichen Steinkolosse Miene, den frechen Eindringling zu zertrümmern, wenn ihn die giftigen Dünste von dem Unternehmen des unmöglichen Anstieges nicht abhalten sollten.

Die Barranca houda (tiefe Schlucht) auf dem Wege nach dem Gipfel des Volkano de Fuego; der Gipfel selbst im Hintergrunde.

Unser Künstler begnügte sich mit der

Aussicht, die ihn denn auch voll und ganz entschädigte. Lang und unabsehbar dehnte sich die Seeküste zu seiner Rechten, mit der Bai von La Concepcion beginnend, die Reihe der früher erwähnten Feuerberge entlang bis fast an die Grenzen des Gebietes der Republik Guatemala, für welche der Soconusco den Markstein bildet; vor sich das sonnenbeglänzte Meer und hinter und unter sich das in schwarzem, totem Schweigen daliegende Gewirr von Schluchten und Klüften, Rissen und Spalten, die er so mühselig vermieden oder überwunden und die steilen Grate und scharfen Spitzen, die er erklommen.

Doch damit mußte sich der Maler zufrieden geben und wieder heruntersteigen. Das gewiß höchst interessante Bild vom Inneren dieses Kraters ist er uns denn auch schuldig geblieben. Dafür aber können wir unsern Lesern noch ein anderes Bild vorführen, das die charakteristische Verbindung einer Reihe von Kratern mit einer Kette von Seen, wie wir sie in Zentralamerika so häufig antreffen, in ausgezeichneter Weise vergegenwärtigt.

An anderer Stelle haben wir unseren Lesern den Nicaragua-See vorgeführt und von den, in und um denselben gruppierten zahlreichen Vulkanen gesprochen. Auch ist es ja allgemein bekannt, daß die Krater unthätiger Vulkane sehr häufig mit Wasser gefüllt sind, wodurch die sogenannten Kraterseen entstehen. Doch kann man die Existenz des Kratersees deswegen durchaus nicht für ein untrügliches Zeichen des Erloschenseins eines Vulkanes annehmen. Sind doch mehrere Fälle bekannt, wo die neuerwachte Thätigkeit eines Vulkanes mit dem Ausschleudern der den Kratersee bildenden Wassermassen begann. Viele derselben haben auch weißlichtrübes, schlammiges oder gefärbtes Wasser, das mit widrigen Gasen gesättigt ist; ja in manchen Kratern ist das Wasser in Folge der noch vorhandenen vulkanischen Hitze in beständiger Wallung, wie der „kochende See“ auf Dominica und der Kratersee San Jacinto in Nicaragua, welcher durch beständig aufsteigenden Schwefelwasserstoff- und schwefligsaures Gas in Bewegung erhalten wird.

Der merkwürdigste unter den zentralamerikanischen Seen vulkanischen Ursprungs ist der etwa acht Meilen von San Salvador, der Hauptstadt der gleichnamigen Republik, gelegene Hopango. Derselbe, fünfzehn Meilen lang und zehn breit, ist allem Anscheine nach eine Wasseransammlung in einem erloschenen Vulkane: ein wahrer Kratersee.

Als die Spanier im Anfang des sechzehnten Jahrhunderts von dieser Gegend Besitz ergriffen und die Stadt San Salvador gründeten, fanden sie, daß der nahe See Hopango an mehreren Stellen seines Ufers durchstochen worden war, um das Wasser aus demselben abzuleiten, so daß es niemals über eine gewisse Höhe steigen konnte. Die Eingeborenen erklärten ihnen, daß einer alten Tradition zufolge Erdbeben eintreten würde, wenn man das Wasser des Sees nicht abfließen lasse und derselbe in Folge dessen unausbleiblich anschwellen müsse. Jahrhunderte hindurch wurde dieser Rat befolgt und die Durchstiche in guter Ordnung gehalten. Doch scheint man es endlich überdrüssig geworden zu sein, vielleicht auch hatte man den Glauben an die alte Indianermythe verloren; kurz, es scheint in diesem Jahrhundert wenig oder gar nichts mehr zur Instandhaltung der Abzugskanäle geschehen zu sein.

Da geschah es denn Anfangs Januar

1880, als eine ungewöhnlich niederschlagsreiche Regenzeit den Seespiegel erhöht hatte und die Gewässer den ihnen sonst durch Menschenhand gewährten Abfluß nicht hatten finden können, daß eine Anzahl immer heftiger werdender Erdstöße die Bewohner von San Salvador auf ihre unverständige Nachlässigkeit aufmerksam machte. Bald wurden die Beobachter auf ein Wallen und Brodeln nahe der Mitte des Sees aufmerksam, aus welcher zuletzt mit dem Wasser Steine, Geröll und Asche emporgeschleudert wurden und sich zu einem Kegel auftürmten, der bald über den Seespiegel hervorragte. Von der dabei entwickelten großen Hitze gaben die unter Zischen aufsteigenden Dampf- und Rauchwolken ebensogut Zeugniß ab, wie die Unzahl gekochter Fische, die auf der Oberfläche des Sees herumtrieben. Auch war das Wasser des Sees bis an die Ufer erhitzt und blieb es so lange, als die Erscheinung dauerte. Dieselbe hörte denn auch wirklich mit dem Sinken des Seespiegels auf und kann man getrost behaupten, daß der kleine Eruptionskrater in dem großen Kratersee von Hopango einen Ausbruch nicht wieder haben wird; die Bewohner San Salvadors werden jetzt wohl nicht wieder so nachlässig in der Befolgung der Ratschläge sein, die ihnen die Autochthonen jenes merkwürdigen Landes erteilt. Auch sollen indianische Traditionen seitdem in Zentralamerika bedeutend mehr respektiert werden, als zuvor.

Auf eine Erklärung dieser merkwürdigen Erscheinungen wollen wir nicht näher eingehen, zumal da dieselben gegenwärtig von verschiedenen Gelehrten sehr verschieden behandelt werden. Es vollzieht sich in Bezug auf die Theorie der Erdbeben und Vulkane gegenwärtig eine Aenderung der Anschauungen, und sind Vorkommnisse, wie das im See von Hopango, in dieser Beziehung von großer Tragweite.

Der See von Atitlan mit Umgebung.

Die Vulkane von Tajamulco und Tacamo. Vulkan von Atitlan. Vulkan Colima. Vulkane Quezaltenango und Sapotitlan.

Wir erwähnen noch, daß man im benachbarten Staate Honduras einen erloschenen Vulkan untersucht hat und so glücklich war, am Fuße des Berges eindringen zu können. Man fand, daß derselbe innen völlig ausgehöhlt war und durch enge Spalten und Klüfte mit dem obengelegenen Krater in Verbindung stand.

Kehren wir zu unserer Abbildung zurück!

Unser Gewährsmann berichtet, daß der See von Atitlan einen wundervollen Anblick gewährt; mit seinen vielen tief in das Land einschneidenden Buchten,

Lagunen genannt, mit der üppigen tropischen Vegetation seiner Ufer bis zur halben Höhe der ihn fast umschließenden Feuerberge hinauf. Mit diesen Kolossen selbst, deren einige weit über die Wolken ragend, an der Nordseite den Scheitel vom ewigen Schnee gebleicht, bietet dieser See eine Szenerie von unvergleichlicher Erhabenheit, gepaart mit bezaubernder Lieblichkeit.

Der Vulkan, der den gleichen Namen trägt, Atitlan, ist über 11,000 Fuß hoch und von durchaus typischer vulkanischer Kegelform. Er erhebt sich etwas hinter und seitlich von dem Colima, der, wie er, seine Basis in den tiefblauen Gewässern des Sees netzt. Der Colima ist erloschen, während der Atitlan mit Unterbrechungen thätig und in diesem Jahrhunderte zweimal (1828 und 1833) Eruptionen hatte. Links im Hintergrunde zeichnen die südwestlich gelegenen Vulkane Tajamulco und Tacamo ihre Umrisse am Abendhimmel ab, von denen der erste seit 1821 als thätiger Vulkan bekannt ist.

Nach Norden zu endlich hebt sich der dreigipfelige Quezaltenango am Horizonte empor und die Konturen des nach dem Sapotitlan sich hinziehenden Gebirgsgrates verschwinden, wie der letztgenannte Vulkan selbst hinter dem mit Schlingpflanzen bezogenen Bäumen des Uferwaldes.

Auch diese beiden sind zuweilen in Thätigkeit und eine Nachtszenerie von dem Standpunkte aus, den der Künstler für seine treffliche Skizze gewählt, muß mit wenigstens einem halben Dutzend düster glühenden Gipfeln einen schaurig-schönen Anblick gewähren.

---

## Die Gewinnung und der Verbrauch von Kohle auf der ganzen Erde.

Professor v. Neumann in Wien hat unlängst in einer interessanten Arbeit die Produktion und Konsumtion von Kohle auf der ganzen Erde festzustellen unternommen. Die Kohlenproduktion zeigt eine großartige Entwickelung in verhältnismäßig kurzem Zeitraume; in Großbritannien stieg dieselbe seit dem Beginn des 18. Jahrhunderts von 2 1/2 Mill. Tonnen pro Jahr, 1860 bereits auf 83 1/2 Mill und 1878 auf mehr als 137 Mill. Frankreich produzierte 1837 nicht mehr als 211000 Tonnen, kam 1860 auf 8 und 1878 auf 17 Millionen, während die Vereinigten Staaten von 1 1/3 im Jahre 1840, im Jahre 1860 auf 3 und im Jahre 1877 sogar auf 54 1/3 Millionen Tonnen gestiegen sind. Die Kohlenproduktion derjenigen Länder, deren Summe etwa 97 Prozent der Weltproduktion beträgt, ist nachfolgend übersichtlich in Millionen Tonnen angegeben:

| | 1860 | 1866 | 1872 | 1873 | 1874 | 1875 | 1876 | 1877 |
|---|---|---|---|---|---|---|---|---|
| Großbritannien . . . . . | 85,4 | 103,1 | 125,5 | 128,0 | 127,1 | 133,9 | 135,4 | 136,1 |
| Verein. Staaten . . . . . | 15,2 | 22,1 | 45,7 | 51,3 | 48,6 | 48,3 | 49,8 | 55,2 |
| Deutschland . . . . . . . | 12,3 | 28,2 | 42,3 | 46,1 | 46,6 | 47,8 | 49,5 | 48,2 |
| Frankreich . . . . . . . . . | 8,3 | 12,3 | 15,9 | 17,5 | 17,0 | 16,9 | 17,0 | 16,8 |
| Belgien . . . . . . . . . | 9,6 | 12,8 | 15,6 | 15,8 | 14,7 | 15,0 | 14,3 | 13,9 |
| Oesterr.-Ungarn . . . . | 3,5 | 4,9 | 10,4 | 11,9 | 12,3 | 12,8 | 13,4 | 13,6 |
| | 134,3 | 183,4 | 255,4 | 271,6 | 266,3 | 274,7 | 279,4 | 283,8 |

Im Hinblick auf diese enormen Summen, welche die Gewinnung von Kohle darstellen, erscheint die Frage naheliegend, **wie lange der Gesammtvorrat noch ausreichen wird.** Die aus genauen geologischen Untersuchungen sich ergebende Antwort ist höchst befriedigend, indem selbst nach Erschöpfung der europäischen Vorräte noch für viele Jahrhunderte der Bedarf aus Nordamerika, Asien und Australien beschafft werden könnte. Die bis jetzt bekannten Kohlenlager nehmen die nachstehend in Quadrat-Kilometer angegebenen Landflächen ein:

| | |
|---|---|
| China . . . . . | 320,000 |
| Nordamerika . . . | 310,192 |
| Ostindien . . . . | 56,000 |
| Großbritannien . | 13,400 |
| Deutschland . . . | 5,700 |
| Frankreich . . . . | 2,880 |
| Belgien . . . . . | 1,440 |

Außer diesen sind im Osten Europas noch große, bis jetzt fast unberührte Reichtümer von mineralischen Brennstoffen vorhanden; wir nennen nur das äußerst umfangreiche Kohlenbassin des Donetz in Rußland. Unter den Ländern Asiens ist Japan eines der reichsten an Kohlen.

Der Verbrauch an Kohlen wird in Millionen Tonnen geschätzt auf:

| | 1865 | 1874 | 1877 |
|---|---|---|---|
| Großbritannien . . . . | 90,4 | 112,9 | 121,3 |
| Vereinigte Staaten . . | 18,8 | 45,2 | 49,7 |
| Deutschland . . . . . . | 26,6 | 46,3 | 47,6 |
| Frankreich . . . . . . . | 17,7 | 23,0 | 23,8 |
| Belgien . . . . . . . . . | 7,6 | 10,3 | 10,5 |
| Oesterreich-Ungarn . . | 5,0 | 11,7 | 12,3 |

Hieraus ergibt sich durch Division mit den entsprechenden Einwohnerzahlen auf den Kopf in Tonnen:

| | 1865 | 1874 | 1877 |
|---|---|---|---|
| Großbritannien . . . . | 3,092 | 3,558 | 3,626 |
| Vereinigte Staaten . . | 0,598 | 1,162 | 1,064 |
| Deutschland . . . . . . | 0,730 | 1,129 | 1,114 |
| Frankreich . . . . . . | 0,470 | 0,638 | 0,646 |
| Belgien . . . . . . . . | 1,577 | 2,040 | 1,963 |
| Oesterreich-Ungarn . . | 0,139 | 0,327 | 0,330 |

In England wurde durchschnittlich 1/3 durch die Eisenindustrie, mehr als 1/5 durch die übrige Großindustrie, etwa 1/6 für den Hausbrand und der Rest durch die Gas- und Wasserwerke, Bergwerke, Eisenbahnen und Dampfschiffe verbraucht. Ein Vergleich der Preise in Mark für eine Tonne Kohlen bester Qualität gibt die nachstehenden interessanten Ergebnisse:

| | 1871 | 1872 | 1877 | 1878 |
|---|---|---|---|---|
| England . . . . . . | 19,7 | 25,5 | 19,11 | 19 |
| Vereinigte Staaten | 17,0 | 14,1 | 10,0 | 13,2 |
| Deutschland . . . . | 7,04 | 8,64 | 5,7 | 5,26 |

Sämtliche Kohlenbergwerke der Welt beschäftigen zusammen etwa 1,100,000 Arbeiter, die sich ungefähr folgendermaßen verteilen: England 514,500, Deutschland 210,000, Frankreich 97,000, Belgien 101,000, Vereinigte Staaten 100,000, Oesterreich-Ungarn 63,000.

Nach einer andern Quelle ist namentlich Nordamerika das Land der Zukunft für die Kohlen- und Eisenindustrie. Der Abbau der Kohlenbassins am Missouri vermag allein 100,000,000 Tonnen jedes Jahr für eine Zeitdauer von etwa 1300 Jahren zu liefern und derselbe Staat besitzt einen aus Eisenerz bestehenden Berg, der ein Gewicht von 230,187,375 Tonnen enthält, während der sogenannte „Knoller“ deren 13,972,773 zu liefern vermag.

## Dampfjachten.

Die Vervollkommnung der kleinen Dampfboote ist in letzter Zeit der Vollkommenheit selbst nahe gebracht worden. Wir haben unsern Lesern schon ein Beispiel davon vorgeführt (1. Bd. S. 79), was in Bezug auf Herstellung möglichst kleiner Dampfboote geleistet worden ist, und eine Abbildung des „kleinsten Dampfbootes der Welt“ gebracht.

In Bezug auf denselben Gegenstand wollen wir diesmal unseren Lesern verschiedene gegenwärtig in Amerika gebaute Dampfboote vorführen, welches Land in

Dampf-Langboot. Dampfjacht (60 F. lang).

Dampfjacht (100 F. lang.)

dieser Beziehung gewiß am weitesten vorgeschritten ist. Diejenige Firma, welche darin das meiste geleistet hat, ist die der Herreshoff und Manufacturing Company.

Die Boote dieser Aktiengesellschaft, deren Werkstätten in Bristol, Staat

Torpedoboot.

Rhode Island, an der Narragansett-Bai gelegen sind, zeichnen sich durch Eleganz, Sicherheit und Schnelligkeit aus. Ihr wesentlicher Unterschied gegen andere ähnliche Dampfboote ist ein Röhrenkessel, dessen Konstruktion aus den Abbildungen ersichtlich ist. Je nach der Größe des Fahrzeuges ist derselbe entweder einfach oder doppelt.

Von den verschiedenen Arten Dampfbooten, welche die genannte Firma fertig stellt, zeigen unsere Abbildungen drei und zwar:

1. Dampf-Langboot von 33 Fuß Länge.
2. Dampf-Jacht von 60 Fuß Länge.
3. Dampf-Jacht von 100 Fuß Länge.

Ferner bauen die Fabrikanten auch das in der Neuzeit unvermeidlich gewordene Torpedo-Boot.

Von den Vergnügungsdampfern ist der beliebteste die 100 Fuß lange Dampf-Jacht, welche von drei Mann bequem gehandhabt werden kann: Maschinist, Heizer und Steuermann.

Das Steuermannshäuschen ist am Vorderteile des Schiffes angebracht, wie dies auf fast allen amerikanischen Dampfern der Fall ist. Diese Jacht hat eine Maximalgeschwindigkeit von 18 Meilen per Stunde und verbraucht 200 Pfd. Kohlen während dieser Zeit. Die innere Einrichtung derselben ist aus der Abbildung ersichtlich. Hinter dem Steuerhäuschen ist die Küche und der Maschinenraum. Die Kajüte enthält einen Salon, eine größere und zwei kleinere Kabinen mit allen Bequemlichkeiten (Badewanne 2c.) und auch noch eine Vorratskammer.

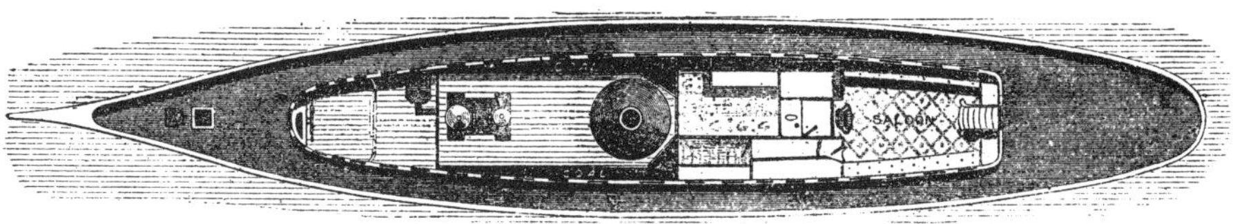


Grundriß der 100 Fuß langen Dampfjacht.

Von ähnlicher Einrichtung ist das kleinere Boot, die 60 F. lange Dampf-Jacht. Es ist nicht ratsam, dieselbe anderswo als auf Flüssen und Landseen zu gebrauchen. Sie hat eine Geschwindigkeit von 15 M. per Stunde in Maximo und verbraucht nur 90 Pfd. Kohlen in dieser Zeit.

Das Langboot ist weniger als Vergnügungsdampfer, als vielmehr zum Zwecke obrigkeitlicher Inspektionsausflüge (Inland) und hauptsächlich an Stelle von Segel- oder Ruderbooten auf größeren Dampfern in Anwendung. Seine Länge (33 F.) und sein verhältnismäßig geringes Gewicht gestatten, daß es mit Leichtigkeit vom großen Dampfer niedergelassen und auf denselben emporgezogen werden kann. Die amerikanische Flotte, sowie andere Regierungszweige werden nach und nach ihre nach älterem Muster gebauten Langboote durch Herreshoff'sche ersetzen; dieselben haben den Vorteil, daß sie keinen Wasservorrat führen, sondern das Wasser durch eine dicht über dem Kiel befindliche Röhre direkt einpumpen. Ihre Tragkraft ist eine im Verhältnis zu ihrer Größe sehr bedeutende und ihre Maximalgeschwindigkeit 11 Meilen per Stunde. Dabei ist der Kohlenverbrauch nur halb so groß, wie der bisher in der Flotte gebräuchliche, während die Schiffe des letzteren nur bis zu 8 ½ m in der Stunde fahren.

Die Einrichtung ist eine sehr einfache, wie aus dem Grundrisse ersichtlich ist. Der Steuermann steht im vorderen Teile, wo er mittels eines Doppelhebels das

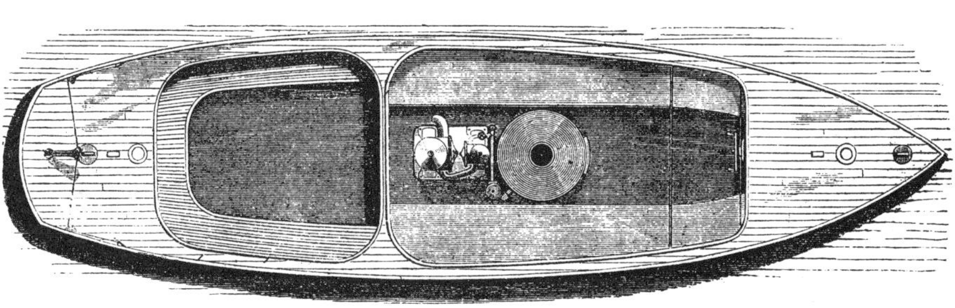

Grundriß des Dampflangbootes.

Steuer reguliert. Ueber das Hinterteil des Bootes läßt sich ein großes Sonnendach ausspannen, das zugleich zum Schutze gegen Regen und Spritzwellen dient.

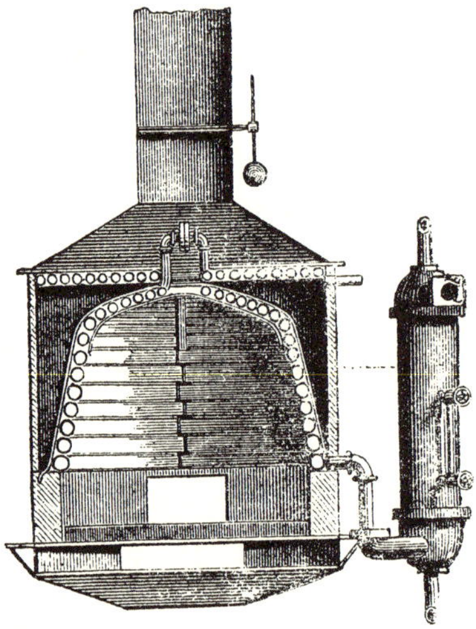

Einfacher Röhrenkessel.

Die große Erfahrung, welche die Firma im Schiffsbau bereits gemacht hat (die aus ihrer Werkstätte hervorgegangenen Jachten gehören zu den besten Seglern), setzt dieselbe instand, dem Schiffskörper die vorteilhafteste Form in vorzüglicher Ausführung zu geben.

Was nun die bereits erwähnte, besondere Kesselform anbelangt, so ist dieselbe eine völlig neue und von der Firma durch ein Patent geschützte. Der wesentlichste Teil ist die wurmförmige Röhrenleitung, welche in Kegelform über dem Feuerraume aufgebaut ist. Das Wasser tritt jedoch vorher in die den kegelförmigen Wurm viereckig umgebende Röhrenleitung ein. Im einfachen Kessel oben rechts und im doppelten unten rechts, nachdem es durch die wagrechten Röhren (welche alle verbunden sind und eigentlich nur aus einer einzigen Röhre, die vielfach nebeneinander gefaltet ist, bestehen) in den rechts befindlichen Eisencylinder getreten ist, wird daselbst das Wasser von dem bereits erzeugten Dampfe geschieden. Das Wasser fällt nämlich durch sein eigenes Gewicht zu Boden und der Dampf wird nun erst in den domartig arrangierten Wurm (coil) geführt; hier wird der Dampf nun zu der Temperatur erhitzt, die ihn (fast ohne jede Expansion) wirksam macht.

Das Torpedoboot ist 60 Fuß lang, 7 Fuß breit und 5 ½ Fuß tief. Es wiegt etwa 12,000 Pfund und kann bis zu 23 Meilen in der Stunde zurücklegen; dabei entwickelt es eine effektive Kraft von 150 Pferden.

Die in den Booten gebräuchlichen Maschinen sind ebenfalls von besonders

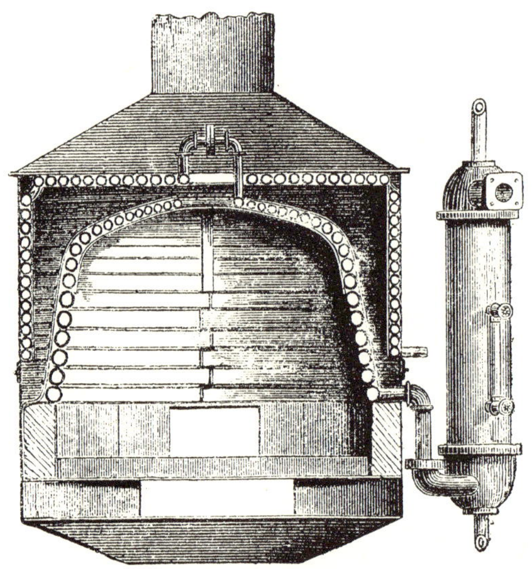

Doppelter Röhrenkessel.

vorzüglicher Bauart; leicht und auf einen verhältnismäßig kleinen Raum beschränkt, sind sie doch um etwa vierzig Prozent ökonomischer in Ausnutzung des Dampfes und Brennmaterial, als alle für gleiche Zwecke bis jetzt konstruierten. Der geringe Raum, den sie einnehmen, ist aus den Abbildungen ersichtlich; wie denn überhaupt die einfache und solide Konstruktion sofort ins Auge fällt.

Eine für die Vermessungen des von Seen, Buchten, Flüssen und Bächen wimmelnden oberen Mississipilandes bestimmte Jacht, die daselbst ausgezeichnete Dienste geleistet hat, ist die ‚Mary‘, von der unsere umstehende Illustration eine Vorstellung gibt. Es ist ein Hinterraddampfer (Stern-wheel steam yacht), vom Vereinigten Staaten-Ingenieur M. Meigs in den Regierungswerkstätten zu

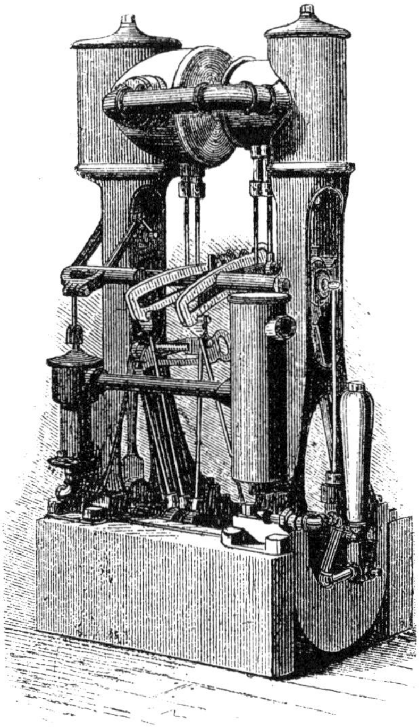

Doppelte Schiffsmaschine.

Rock Island, Staat Illinois, am Missisipi erbaut, nach Entwürfen des Obersten J. W. Farquhar.

Nach diesem Modelle sind fünf solcher Jachten gebaut worden, die sich durch geringen Tiefgang (16 Zoll), leichte und doch solide Konstruktion, sowie große Schnelligkeit auszeichnen. Sie haben sich in den oft sehr seichten Gewässern des

Einfache Schiffsmaschine.

oberen Mississipithales ausgezeichnet bewährt.

Die ‚Mary‘ ist 34 Fuß lang, 8 Fuß 2 Zoll breit und hat einen Röhrenkessel, der jedoch von dem Herreshoff'schen darin abweicht, daß er nicht die spiralförmige Anordnung in der beschriebenen Weise besitzt. Der Kessel ist 30 Zoll im Durchmesser und 60 Zoll hoch; die Dampfcylinder sind 4 ½ Zoll.

Das am hintern Ende der Jacht angebrachte Rad hat 6 Fuß im Durchmesser und die Arbeit der Maschine ist gleich 7.2 Pferdekraft.

Es scheint, als würden diese und ähnliche Dampfjachten nach und nach die verschiedenen größeren und größten Fahrzeuge dieser Art verdrängen. Die vorzüglichsten und größten Dampfjachten, die wohl je für Privatleute gebaut worden sind, führen wir unsern Lesern in unserer letzten Abbildung vor. Die mittlere ist die neuerdings für den Eigentümer des N. Y. Heralds, Mr. James Gordon Bennett in Newburg, Staat New York, von den Herren Ward, Stanton u. Co. erbaute Dampfjacht Polynia. Dieselbe ist 157 Fuß lang, auf Deck 152 Fuß, an der Wasserlinie 146; 18 Fuß breit und 10 Fuß tief. Die Schraube hat 9 Fuß Durchmesser. Daß dieselbe auf das luxuriöseste eingerichtet und ausgestattet ist, bedarf kaum der Erwähnung. Dieselbe gilt in jeder Beziehung als unübertrefflich für den Zweck, für den sie bestimmt ist. Wasserdichte Abteilungen sind vier vorhanden, wie in allen neueren Passagier- und Vergnügungsdampfern.

Aehnlich reich ausgestattet und sogar von noch etwas größeren Dimensionen sind die beiden sich völlig gleichenden Dampfjachten ‚Stranger' (Fremdling) und ‚Corsair' (Korsar), welche von John Cramp in Philadelphia für zwei reiche New Yorker Kaufleute gebaut worden sind. Dieselben sind 185 Fuß lang, 24 Fuß breit und 11 Fuß tief. Die Schraube hat 11 Fuß Durchmesser. Diese Jachten haben eine Maximalgeschwindigkeit von 14 Knoten in der Stunde und verbrauchen 10 Tonnen (20,000 Pfund) Kohlen in vierundzwanzig Stunden. Die in jeder befindliche 170-pferdige Maschine ist ein wahres Kunstwerk des Maschinenbaus; sie hat einen Hochdruckcylinder von 24 und einen solchen für Niederdruck von 44 Zoll Durchmesser.

Die Einrichtung ist ebenfalls eine prachtvolle: Mahagoni und andere kostbare Hölzer, Samt und Seide zu Vorhängen, Diwanen und anderen Möbeln; Rauch- und Badezimmer; ausgelegte und Holzbildhauerarbeit meist in japanesischem Lack oder Schwarz und Gold; ein prachtvolles Kaminsims mit offenem

Hinterraddampfer „Mary".

Drei große Dampfjachten.]

Stranger. Polynia. Corsair.

Feuerherde im Salon. Auch Küche, Keller und Vorratskammer sind Mustereinrichtungen. Telephone und elektrische Glocken sind vorhanden.

Die Mannschaft beläuft sich auf 14 Köpfe und die Jachten tragen je drei Rettungsboote, zwei eiserne und ein hölzernes; auch in vier wasserdichte Abteilungen sind die Jachten geteilt, von denen zwei vollständig und eine halb voll Wasser sein könnten, ohne daß die Jacht sinken würde.

In einem solchen kleinen Palaste muß das Reisen freilich ein sehr angenehmes sein; nur ist die böse Seekrankheit ein Gast, der weder Arm noch Reich verschont, und manche schöne Stunde mag den Gästen der Besitzer auf solchen Vergnügungsfahrten dadurch vergällt werden.

---

## Eine sehr einfache Methode zur Prüfung des Kaffees

hat F. M. Rimmington bekannt gemacht. Es ist, schreibt er, wohl nicht allgemein bekannt, daß Zichorie, Dandelien und wahrscheinlich auch einige andere Kaffeesurrogate durch eine schwache Chlorkalklösung rasch entfärbt werden, während diese auf Kaffee nicht wirkt. Wendet man diese Methode an, so wird eine Portion Kaffee kurze Zeit in Wasser mit einem kleinen Zusatz von Soda gekocht, um Extraktivstoffe so viel als möglich zu entfernen, dann die Flüssigkeit abgegossen und der Rückstand mit destilliertem Wasser gewaschen, hierauf wird eine schwache Chlorkalklösung zugefügt und unter gelegentlichem Umrühren 2—3 Std., bis Entfärbung stattgefunden hat, stehen gelassen. Der Kaffee bildet dann eine dunkle Schichte am Boden des Gefäßes, während Zichorie als eine leichte und fast weiße Schicht darüber schwimmt. Letztere ist nunmehr für eine mikroskopische Untersuchung am besten geeignet und bietet die Erkennung keine Schwierigkeiten. Rimmington hat indes auch ein, vorläufig noch unbekanntes Kaffeesurrogat angetroffen, das durch diese Behandlung nicht entfärbt wurde.

---

# Sonderbare Fuhrwerke.

Der Erfindungsgeist des Menschen kann auf allerlei Abwege geraten. Oft wird ein neuer Gedanke mit frohen Hoffnungen aufgenommen, dann aber zeigt er sich als unausführbar, oder es läßt sich mit einfacheren Mitteln dasselbe Ziel erreichen, und die hoffnungreiche Erfindung verkommt kläglich und fällt sehr bald der Vergessenheit anheim.

Kurz ehe die Eisenbahnen ein so wichtiges, völkerverbindendes Verkehrsmittel wurden, waren erfinderische Köpfe vielfach mit der Verbesserung des Landtransportwesens beschäftigt. So wurde 1829 ein Postreisewagen in Paris hergestellt, der in drei Klassen zusammen 62 Passagiere aufnehmen konnte. Im Innern befand sich außerdem eine Restauration, und ein Heizapparat. Dieser Wagen sollte von acht Pferden gezogen werden, und zwischen Paris und Lyon verkehren.

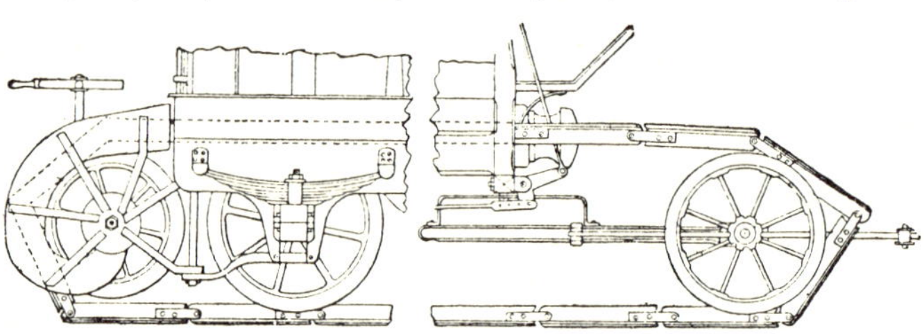

Vor- und Rückseite eines mit Schienen ohne Ende versehenen Wagens.

Natürlich konnte dies Ungetüm keine praktische Verwendung finden.

Um dieselbe Zeit konstruierte ein Engländer Snowdon ein Fuhrwerk, bei welchem sich die Pferde im Innern befanden. Es hatte zwei Stockwerke; das untere bestand aus einer Plattform mit der Maschine, die von zwei Pferden getrieben wurde. Durch Zahnräder wurde die Bewegung übertragen. Die Reisenden befanden sich in der zweiten Etage.

Noch früher, 1825, erfand Krauterer in Wien eine Fuhrmaschine, bei welcher sich die gegliederten Schienen auf die Räder aufwickelten und wieder von selbst ausstreckten; doch war die Einrichtung zu unvollkommen, um Anerkennung zu finden. In neuester Zeit wurde der Gedanke wieder aufgegriffen und die Konstruktion wesentlich vervollkommt.

Die Schienen ohne Ende sind aus Gliedern von 30 bis 40 cm Länge kettenartig zusammengesetzt und umgeben alle Räder des ganzen Zuges. Die rechte und linke Schiene sind nicht verbunden. Beim Vorwärtsbewegen des Wagens rollen sich die Glieder vorn ab, und hinten auf. Die vordersten Räder legen die Schienenglieder von selbst in der Richtung der Zugkraft. Da bei einer Kurve der Weg der Räder auf der einen Seite der Wagen größer ist als auf der anderen, so muß an den Hinterrädern eine Vorkehrung sein, daß diese Verschiedenheit aufgehoben wird, und sich die Schienen doch gleichmäßig aufrollen; während das eine vorwärts geht, schiebt sich das andere um ebensoviel zurück. Diese Einrichtung ist jetzt so vollkommen, daß selbst Kurven von 6—7 m befahren werden können. In dem Tuileriengarten fährt in der guten Jahreszeit ein solcher Zug von drei aneinander gehängten kleinen Wagen, von welchen jeder zehn Kinder aufnehmen kann, und das ganze merkwürdige Fuhrwerk, wird von nur zwei Ziegenböcken vorwärts bewegt, und dies geht so leicht, daß die Tiere von mittags 2 bis abends 9 Uhr zum Ziehen benutzt werden können. Und doch beträgt die ganze Last, Kinder und Wagen, etwa 1000 Kilo, welche mit einer Geschwindigkeit von 4—6 Kilom. in der Stunde fortbewegt wird.

Papier bespannt war und 160—170 Fuß hoch in der Luft schwebte. Der als Steuer dienende kleinere Drache schwebte über ihm und jeder war mit einem Seile an den Wagen befestigt. Zwei Herren aus Reading folgten dem sonderbaren Drachengespann in einem leichten Einspänner, doch mußte dessen Pferd fortwährend Galopp laufen, um beizubleiben. Auf

Schienen ohne Ende, angewendet bei einem von Ziegenböcken bewegten Train kleiner Wagen im Garten der Tuilerien zu Paris (nach der Natur).

Auch der Wind wurde schon mehrfach als bewegende Kraft beim Transport benutzt. Im August 1825 kam ein leichter vierrädriger Wagen mit 3 Reisenden, auf der Strecke von Bristol nach London, durch Reading; er wurde von zwei Papierdrachen gezogen, einem größeren von 20 Fuß Durchmesser, der mit Musselin und der weiteren Fahrt schloßen sich noch mehrere Wagen an, aber sie mußten schließlich alle zurückbleiben; das Drachenfuhrwerk legte bei gutem Winde in einer Stunde vier deutsche Meilen zurück.

Schon bei einer anderen Gelegenheit (N. Univ. I. S. 94.) war davon die Rede, daß Segelwagen in früherer Zeit in verschiedenen Ländern üblich waren. Jetzt sind sie vollkommen verschwunden

Eisjachten auf einem kleinen See in Canada.

und tauchen nur noch da oder dort als Spielerei auf.

Auf einem kleinern See Canadas hat man auch den gelungenen Versuch gemacht, ein Segelboot in der Art in einen Schlitten zu verwandeln, daß man es mit dem Kiel auf eine Schlittenkufe befestigte und durch einen Ausleger links und rechts ebenfalls mit kürzeren Kufen zum Stehen auf dem Eise brachte. Hier ist es wieder der Wind, der in dem Segel angreift und das Fahrzeug fortbewegt.

In unserer Zeit gehört das Velociped zu den sonderbarsten Fuhrwerken, namentlich das zweirädrige, in seiner von den Engländern so verbesserten Form. Um auf die Anfangsform dieses „Telegraphen zu Pferd" zu gelangen, müssen wir zurückgehen bis zum Ende des 17. Jahrhunderts. Denn schon im Jahre 1690 konstruierte der französische Gelehrte Ozanam, der auch Mitglied der Akademie der Wissenschaften war, eine mechanische Kutsche, deren Beschreibung er auch im Druck veröffentlichte und mit Abbildungen versah; sie sind hier beigefügt Auf untenstehendem Bilde sehen wir den Herrn im Wagen sitzen und mit den Zügeln die Vorderräder lenken. Hintenauf steht der Diener, durch welchen das Fuhrwerk in Bewegung gesetzt wird. Abwechselnd mit dem linken und dem rechten Fuß stellt er sich auf

Altes mechanisches Fuhrwerk.

zwei vorstehende Trittbretter und überträgt die Bewegung auf die Hinterräder durch Räder und Hebel, welche unter dem Kutschensitz und im Kasten zwischen den hinteren Rädern verborgen sind. Unser Bild zeigt diesen mechanischen Teil. E C und E D sind die Trittbretter, die abwechselnd auf- und abgehn. Die Enden derselben sind durch ein Seil verbunden, welches über die Rolle B geschlungen ist. Mit C und D sind die Hebel F verbunden, welche die Zahnräder H in Bewegung setzen, und da diese auf der Axe der Hinterräder befestigt sind, so müssen auch diese in Umdrehung versetzt werden.

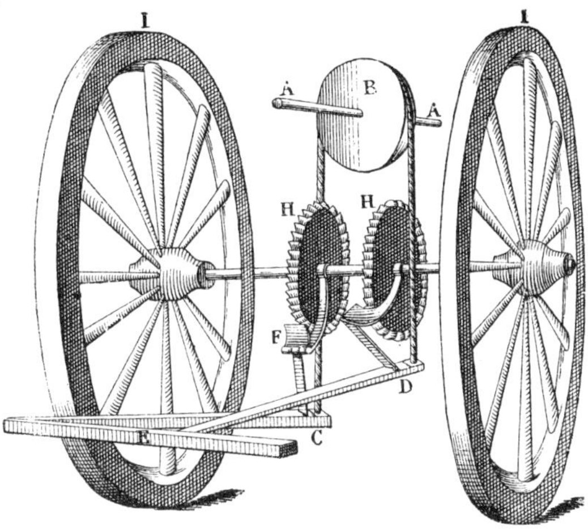

Der Mechanismus.

Es muß für den Herrn Ozanam diese Kutsche einen besonderen Reiz gehabt haben, denn er bediente sich derselben mehrere Jahre in Paris. Und doch läßt sich kaum eine unvollkommenere Konstruktion ausdenken.

Ein neues Velocipedboot.

Das Prinzip des Velociped hat man neuerlich auch auf Fahrzeuge auf dem Wasser angewendet. Bei demselben ruht der Sitz auf zwei zigarrenförmigen Blechcylindern, die unter einander verbunden sind; zwischen denselben ist ein kleines Schaufelrad vorn und ein Steuer hinten. Ersteres wird von dem Fahrenden durch abwechselndes Treten mit den Füßen, letzteres durch eine Seilverbindung mit den Händen in Bewegung gesetzt. Versuche, welche damit angestellt wurden, fielen sehr befriedigend aus; es bewährte sich nicht nur auf stehendem und fließendem Wasser, sondern auch selbst auf dem Meere.

---

## Amerikanischer Theeprüfer.

Der Beruf eines Theeprüfers wird, dem „Scientific American“ zufolge, in New York von vielleicht mehr als 100 Firmen betrieben. In ihren Geschäftsräumen befinden sich große Tische mit runden sich um eine Achse drehenden Blättern. Am Rande der Tischplatte stehen Theetassen im Kreise aufgestellt. Der Theeprüfer sitzt vor dem Tische und probiert eine Tasse nach der anderen, indem er die Tischplatte dreht. Auf dem Tische steht eine Wage; in einer Schale derselben befindet sich ein silbernes 5 Cent-Stück. Ein oder zwei große Kessel mit stets siedendem Wasser sind bequem zur Hand. Soll eine Theeprobe geprüft werden, so wird davon soviel abgewogen, wie das 5 Cent-Stück wiegt, das abgewogene Quantum wird in eine Theetasse gefüllt und siedendes Wasser darauf gegossen. Der Theeprüfer rührt die Blätter um, nimmt sie dann mit seinem Theelöffel heraus und prüft, eingehend riechend, das Aroma. In der Regel nimmt er auch einen Schluck des Aufgusses in den Mund, spuckt ihn jedoch nach kurzer Zeit wieder aus. Große messingene „Cuspadores“ nehmen den so probierten Thee und den Inhalt der geprüften Tassen auf. Soll eine große Menge Thee von einer gewissen Art gekauft werden, so werden oft zahlreiche Proben von verschiedenen Häusern geliefert; Käufer und Verkäufer versammeln sich um den „Revolver“-Tisch, auf dem sich die Tassen mit den Aufgüssen der verschiedenen Sorten befinden; die verschiedenen Proben werden nun durchgekostet und „Körper“ (body) Feinheit, „toastiness“ u. s. w. eingehend besprochen; die schlechtern Sorten werden ausgeschlossen, dann wird noch einmal probiert, bis man endlich den gewünschten Artikel herausfindet. Die bei diesen Operationen entwickelte „Kunst“ ist in der That bewunderungswürdig. Ein Theeprüfer erkennt nicht allein die Beschaffenheit einer Theesorte in Bezug auf Alter, Stärke, Aroma u. s. w., er weiß auch, in welchem der zahlreichen Theedistrikte Chinas sie gewachsen ist. Man notiert wohl die bezüglichen Thatsachen unter dem Boden der Tassen, wo die Bemerkungen nicht gesehen werden können; die Tassen werden beliebig durcheinandergestellt und der erfahrene Theeprüfer sortiert die Sorten einfach nach dem Geruch. Oft werden 4—500 Tassen Thee in einem Tage probiert, viele Theeprüfer bringen den größten Teil des Tages und manche Stunden ununterbrochen mit diesem Geschäfte zu; vielleicht ist es noch zu niedrig gegriffen, wenn man sagt, daß im Jahresdurchschnitt 200 Tassen täglich geprüft werden. Die schlechten Sorten Thee werden häufig nicht in den Mund genommen, sondern einfach mit dem Geruchsorgan abgethan. Von den bessern Sorten wird ein Teil verschluckt, ein Teil ausgespuckt. Der Thee kommt bei diesem Probieren auf 3 Wegen in das System des Körpers: durch Einatmen, durch die Absorption mittelst der Schleimhaut des Mundes und direkt durch das Verschlucken. Verschluckt werden beim Theeprobieren täglich wohl nicht mehr als 2—3 Tassen. Man ist nicht einig darüber, ob das Theeprobieren eine gesunde Beschäftigung sei; Dr. Dana hält es dafür, im Gegensatz zu anderen Schriftstellern über den Gegenstand, weil ihm sehr bejahrte, gesunde Männer bekannt sind, die ohne Unterbrechung und ohne Schaden für ihre Gesundheit 30—40 Jahre Thee probiert haben.

---

## Das Telephon als Quellenfinder.

Graf Hugo von Engenberg auf Schloß Tratzberg bei Hall in Tyrol hat das Telephon in eigentümlicher Weise verwendet. Er ließ an den Abhängen eines Hügels mehrere Mikrophone in den Boden ein und verband jedes mit einem besondern Telephon und einer Batterie. Der Zweck war, die geringsten Geräusche wahrzunehmen, die etwa durch unterirdische Wasser verursacht würden. Es zeigte sich, daß man am Tage wegen fortwährender Geräusche und Schwingungen des Bodens nichts wahrnehmen konnte, wohl aber nachts, und sollen wirklich auf diese Weise unterirdische Wasserläufe aufgespürt worden sein.

---

Ziehen der Lichter nach alter Methode.

## Die Kerzenfabrikation sonst und jetzt.

Hast du noch die Lichtputze erlebt? Das jüngere Menschengeschlecht kennt kaum das scherenartige Instrument, das auf keinem Tische fehlte und mit dem in den feinen Familien so viel Luxus getrieben wurde. Es ist aus den Haushaltungen verschwunden und hat sich ein bescheidenes Plätzchen in den Museen gewählt, die von alten vergangenen Zeiten erzählen.

An tausend Gegenständen des gewöhnlichen Lebens können wir die Fortschritte unsrer Zeit in der Industrie und dem Komfort des Lebens erkennen, aber die Beleuchtungsapparate spielen unter diesen nicht die geringste Rolle. So groß der Unterschied ist zwischen einem brennenden Kienspan, der vor noch nicht langer Zeit die Spinnstuben beleuchtete, und der Petroleumlampe, so groß ist auch der zwischen der alten Unschlitt- oder Talgkerze und der jetzt überall bekannten und eingeführten Stearinkerze, diesem reinlichen weißen Cylinder, der mit einem hellen, weißen, glänzenden Licht brennt, dabei weder riecht noch tropft, der selbst bei dem heißesten Wetter seine Härte behält, der angegriffen werden kann, ohne daß man sich die Finger besudelt und fettig macht, und der brennt, ohne daß der Docht zeitweise mit der Lichtputze gekürzt werden muß. Auf der andern Seite steht die alte Talgkerze mit ihrem gelben, wechselnden, oft trüben Licht, ihrem unangenehmen Geruch, ihrer Unreinlichkeit durchs Abtropfen und der fortwährenden Nötigung, von sorgsamer Hand mit der Lichtputze am langen, qualmenden und verkohlenden Dochte in Ordnung gehalten zu werden.

Mehr als das erste Viertel unsers Jahrhunderts steht noch auf dem Standpunkt der alten Talgkerzen. Die Wissenschaft hatte noch nicht die Aufgabe gelöst, aus dem Talg eine Substanz abzuscheiden, die ohne Geruch und mit hellem Licht vollständig verbrennt und alle vorzüglichen Eigenschaften in sich vereinigt, die wir jetzt an den Stearinkerzen kennen und hochschätzen. Man kannte die chemische Konstitution der Fette nicht und so blieben die Fortschritte in der Beleuchtung durch viele Jahrhunderte nur äußerst gering. Die Verbreitung von Helligkeit in dunkeln Räumen mit Hilfe des brennenden Kienspans und dann der Oellämpchen, die in mannigfaltigster, und oft in künstlerisch vollendeter Gestalt das Herz des Altertümersammlers erfreuen, sie waren trotzdem so unvollkommen als möglich und finden sich jetzt kaum noch bei Völkern, die weit von den Sitzen der Zivilisation und der Kultur entfernt sind.

Der „Digestor" (Apparat zur Ausscheidung des Glycerins).

Unsre Großmütter hingen eine Anzahl grober Dochte aus Baumwolle an einen Stock und tauchten dieselben dann in einen Kessel mit ausgelassenem Fett, von dem nur vorher die hautigen Teile, die Grieben, beseitigt waren. War das Fett vom Docht aufgesogen und erstarrt, so wurde abermals eingetaucht und so fort, bis die Kerzen die gewünschte Dicke hatten. Kühle Tage wurden zur Arbeit gewählt, und kam dann der Abend, so sah die sorgliche Hausfrau wohlgefällig auf ihr Fabrikat, dessen Mängel sie zwar teilweise erkannte, aber mit in den Kauf nahm. Die Küche war zwar arg besudelt, aber man konnte doch die schmutzige Arbeit nicht immer im Freien vornehmen.

Kühlraum.

Der Großmütter Vorfahren verfuhren in noch einfacherer Weise; sie sammelten Binsen, schälten sie auf der einen Seite und tauchten sie dann in das ausgelassene Fett, das vom Binsenmark aufgesaugt wurde.

Doch nicht Hausindustrie allein blieb die Darstellung der Kerzen, sie bildete sich auch zum Handwerk aus. Mußten ja viele kleine Leute, die nicht selbst die erforderlichen Einrichtungen hatten, oder denen in warmer Zeit der Vorrat ausgegangen war, mit dem nötigen Material versehen werden, um die Nächte zu erhellen, oder auch solche, die es verschmähten, dafür selbst Hand anzulegen. Der Handwerker versorgte den Krämer, und auch dieser wollte seinen Vorteil haben; also mußte sich der Handwerker einrichten, um möglichst billige Ware zu erzeugen. Er ersann Kessel, in denen der Talg bei möglichst niederer Temperatur schmelzend erhalten wurde, denn dadurch sparte er an Heizmaterial und an Zeit während des Erstarrens des Fetts. Kühle Tage im Frühjahr und Herbst wurden zur Arbeit gewählt, die Dochte wurden an einem drehbaren Gestell aufgehängt und mit geschmolzenem Talg übergossen; das Nichterstarrte floß in den Kessel zurück. Durch diese und andere Verbesserungen konnte bei günstigem Wetter ein Arbeiter im Tage drei- bis viertausend Kerzen fertig bringen und

Kalte Pressung.

auch ohne Thermometer konnte er merken, wenn die steigende Tageswärme die Fortsetzung der Arbeit verbot.

Es hat sich diese einfache Methode des Lichterziehens bis auf den heutigen Tag erhalten bei der Herstellung der Wachskerzen, die zuletzt durch polierte Marmor- oder Holzplatten gleichmäßig cylindrisch oder schwach konisch gemacht und geglättet werden. Das Gießen in Metallformen, eine Verbesserung bei der Darstellung der Talgkerzen, läßt sich für solche aus Wachs nicht anwenden, weil dieses beim Erstarren zu sehr seinen Raum vermindert.

Der Gebrauch von Wachskerzen war durch Jahrhunderte das Privileg der Großen und Reichen, sowie der Kirche. Infolge ihrer Kostspieligkeit konnten sie nie eine ausgedehntere Verwendung finden. Nicht nur das Rohmaterial war und ist noch heute nur in beschränkter Menge zu erhalten; es ist auch nicht ohne besondere Vorkehrungen die Trennung des Wachses von den hautigen Teilen der Waben durch Ausschmelzen und Pressen möglich. Dann muß das gelbe Wachs an der Sonne gebleicht werden, was Vorkehrungen zum Bändern und dann wieder viel Flächenraum und viel Zeit in Anspruch nimmt. Erst nach Vollendung des Bleichens folgt das Ziehen der Wachskerzen, wie wir es bei denen von Talg kennen gelernt haben.

Heiße Pressung.

Die Einführung und rasche Ausbreitung der Gasbeleuchtung haben der Kerzenfabrikation großen Eintrag gethan; mehr noch war dies der Fall durch Verbesserung der Lampen, namentlich nach Einführung des Petroleum. Niemals aber werden die bequemen Kerzen ganz verschwinden, weder in den Prunkgemächern der Paläste, noch in der Taglöhnerhütte. Aber freilich hat sich ein

Die Bleiche.

gewaltiger Umschwung vollzogen in dem Material, aus welchem die Kerzen dargestellt werden. Die Stearinkerze hat die Talg- und Wachskerze fast überall verdrängt, und auch die schöne Paraffinkerze kann nicht mit ihr die Konkurrenz aushalten. Ueberall sind Fabriken von Stearinkerzen, und einzelne derselben erzeugen riesige Mengen dieser gesuchten Handelsware, über hunderttausend Kerzen im Tage, die, wären sie in einem Stück gegossen, eine Länge von mehreren Meilen haben würden!

Schmelzen des Stearins.

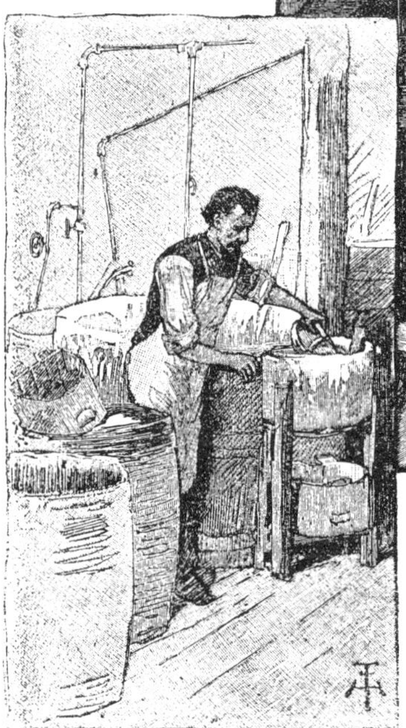

Die Herstellung der Stearinkerzen bietet so viel interessante Einzelheiten dar, daß es wohl die Mühe lohnt, derselben in etwas nachzugehen. Von dem Augenblick an, wo das Rohmaterial, der Talg, in die Fabrik eingefahren wird, bis zum Schluß, wo die schönen reinen, weißen Kerzen elegant verpackt dieselbe wieder verlassen, um in alle Welt hinauszugehen und Licht zu verbreiten, folgen sich in langer Reihe die mannigfachsten Arbeiten, teils chemische, teils mechanische, ohne welche die Massenproduktion einer guten, schönen und billigen Ware nicht möglich wäre. Erst fünfzig Jahre ist diese Industrie alt, und ich erinnere mich genau der Verwunderung in der Familie, als die erste Stearinkerze ins Haus gebracht wurde und ihr Licht verbreitete. Von kleinen Anfängen hat sich diese Industrie rasch vervollkommt, und es ist kaum denkbar, daß sie jemals durch eine andere, bequemere, billigere und schönere Lichtquelle ersetzt werden sollte. Am wenigsten wird sie durch das elektrische Licht, dem doch die Zukunft gehört, verdrängt werden.

Der berühmte französische Chemiker Michel Eugen Chevreul, der sich auch um die Farbenchemie und ihre praktische Anwendung in der Färberei die größten Verdienste erwarb, veröffentlichte 1823 in Paris ein Werk „über die Fette tierischen Ursprungs“. Die darin niedergelegten Beobachtungen und Thatsachen waren epochemachend in der Chemie; er zeigte, daß ein tierisches Fett, Talg z. B., eine neutrale Verbindung sei von Glycerin mit verschiedenen Fettsäuren; so besteht der Talg aus Glycerin mit Stearinsäure und Oleinsäure, die mit einander verbunden sind.

Die erste der beiden Säuren ist eine weiße krystallinische Masse, die sich zwar fettig, aber nicht schmierig anfühlt. Sie schmilzt bei einer Temperatur von wenig über 69 ° C. und verbrennt mit Hilfe eines Dochtes mit weißem, hellem Licht. Die Oleinsäure dagegen ist bei gewöhnlicher Temperatur flüssig; ihr Vorkommen im Talg macht diesen so leicht schmelzbar und auch bei gewöhnlicher Zimmerwärme schmierig. Da in der Talgkerze außerdem noch das Glycerin enthalten ist, so wird ihr Licht gelb und der Geruch des Dampfes unangenehm. Diese beiden Bestandteile müssen also entfernt werden, wenn man ein gutes Beleuchtungsmaterial haben will.

Chemische und mechanische Mittel wurden hierzu angewendet, auch mit Erfolg, doch war der Weg umständlich und kostspielig. Eine andere Schwierigkeit war, daß die Stearinsäure in den Kerzenformen krystallisierte, wodurch die Lichter ein wenig schönes Aussehen annahmen und ungleich wurden. Mehr noch störte der Docht, der immer noch geputzt werden mußte. Um den verkohlten Ueberschuß, der nicht mehr geschmolzenes Fett aufsaugte, zu entfernen, präparierte man ihn vorher mit weißem Arsenik, das sich aber dann bei dem Brennen der Kerze dampfförmig in der Zimmerluft verbreitete und diese vergiftete. So war der Weg der Chevreulschen Entdeckungen in der Praxis mit Dornen bewachsen und die darauf gesetzten Hoffnungen im Begriff, in das Gegenteil umzuschlagen.

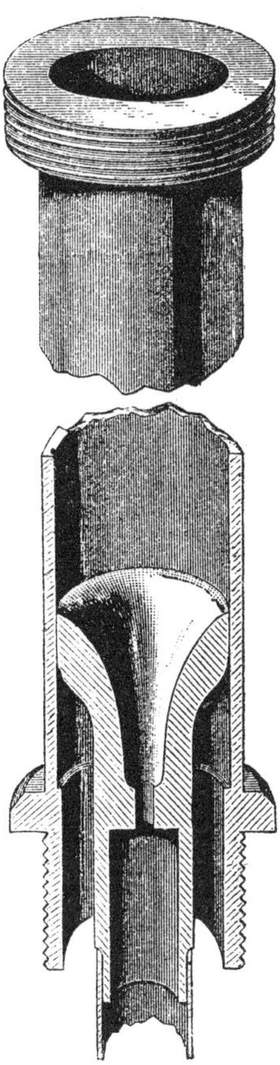

Eine Kerzenform.

Schon ein wesentlicher Fortschritt war es, als die Dochte statt mit arseniger Säure mit etwas Borsäure getränkt wurden, welche am obern Ende des verkohlten Dochtes zu einem glasigen Köpfchen zusammenschmolz und dann durch ihr eigenes Gewicht abfiel.

Weitere Erfahrungen lehrten, die Schwierigkeiten zu beseitigen ohne zu gefährlichen Mitteln seine Zuflucht zu nehmen. Man bemerkte, daß wenn die Stearinsäure bei möglichst niederer Temperatur in erwärmte Formen gegossen wird, sie nicht großkrystallinisch erstarrt; neue Maschinen wurden erfunden, um die Fabrikation zu vereinfachen und zu beschleunigen, die Dochte wurden geflochten und aufs genaueste das Verhältnis ihrer Dicke zu der aufzusaugenden und zu verbrennenden Fettmasse festgestellt, und so wurde das Fabrikat an sich nicht nur zusehends schöner und zweckmäßiger, sondern auch die Flamme heller und glänzender und der Docht blieb immer auf der normalen Länge auch ohne Lichtputze, die zum Gerümpel wanderte.

Füllen der Kerzenformen.

Wir können einen chemischen Teil der Fabrikation von dem mechanischen Teil unterscheiden. Ersterer hat den Zweck, das Fett zu zerlegen und das Glycerin zu entfernen. Dieses geschieht durch eine stärkere Base, die an die Stelle des Glycerin tritt, der Talg wird verseift. In der gewöhnlichen festen Waschseife ist das Glycerin durch Natron ersetzt und dieses mit den Fettsäuren verbunden, in den Schmierseifen haben wir Verbindungen von Fettsäuren mit Kali. Ebenso können sich diese auch mit Kalk verbinden, der an die Stelle des Glycerins tritt, doch entsteht dabei eine Seife, die in Wasser unlöslich ist, aber bei höherer Temperatur auch schmilzt. Kalk als Verseifungsmaterial ist am billigsten und wird deshalb gewählt.

Der Apparat, in welchem der chemische Vorgang der Verdrängung des Glycerins durch Kalk stattfindet, wird Digestor genannt. Er besteht aus einem kupfernen Cylinder, der von einem eisernen umschlossen ist; der Inhalt des innern Kessels wird durch eine Pumpe gezwungen, vom Boden aufwärts zu steigen. Hier wird das Fett eingefüllt, nachdem es in den Fässern durch Dampf geschmolzen worden. Gleichzeitig fließen Kalkmilch und Wasser zu. Zwischen beiden Cylindern findet sich heißer Dampf mit einer Spannung von 250 Pfund auf den Quadratzoll. Dadurch erlangt das Gemisch von Fett, Kalk und Wasser eine Temperatur von über 300° C. Das Wasser sinkt als am schwersten nach dem Boden, wird aber von der Pumpe immer wieder auf einen siebartig durchbohrten Boden gehoben und fließt nun in vielen dünnen Strahlen nieder auf das geschmolzene Fett. Während der acht- oder neunstündigen Dauer der Arbeit findet die Verseifung statt, das Glycerin ist nun abgeschieden und hat sich im überschüssigen Wasser aufgelöst; obenauf schwimmt die geschmolzene Kalkseife scharf geschieden. Beide können dann leicht getrennt werden. Während früher das glycerinhaltige Wasser abgelassen wurde und wegfloß, bestehen jetzt ausgedehnte Fabriken, welche das wertvolle Glycerin für sich gewinnen, reinigen und als gesuchte Ware auf den Markt bringen. Es findet zu den verschiedensten Zwecken Verwendung; seine Haupteigenschaften sind der süße Geschmack, dann, daß es nicht verdunstet, keine Feuchtigkeit anzieht und in der Kälte nicht erstarrt. Lederzeug jeder Art wird geschmeidig, bei Zusatz zu Schnupftabak, Gummilösung, Tinte u. dgl. trocknen diese nicht aus, in Gasuhren statt Wasser gefüllt, frieren diese im Winter nicht ein, die menschliche Haut wird davon zart und weich u. s. w. Ungeheure Mengen Glycerin werden zur Darstellung der furchtbarsten Sprengmittel, Dynamit u. a., verwendet, indem man das Glycerin mit einem Gemenge von Schwefelsäure und Salpetersäure behandelt und die so erhaltene ölige Substanz, das Nitroglycerin oder Sprengöl von Kieselguhr oder Kohlenklein oder sonst einer porösen Substanz aufsaugen läßt.

Abschaben der Ueberreste

Früher ließ man die beim Verseifungsprozeß entstehende Kalkseife kalt werden und erstarren, jetzt wird sie noch heiß in mit Bleiplatten ausgeschlagene Bottiche abgefüllt und kommt da mit Schwefelsäure zusammen, die sie wieder zersetzt. Es entsteht dabei unlöslicher schwefelsaurer Kalk, während die Fettsäuren im geschmolzenen Zustand abgeschieden werden. In der Ruhe bilden sich also nun drei scharf geschiedene Schichten in einem Bottich: zuoberst die freien Fettsäuren unter sich gemischt, darunter saures Wasser und auf dem Boden der weiße Schlamm von schwefelsaurem Kalk. Die Fettsäureschicht wird in andere Gefäße abgelassen und durch Waschen mit heißem Wasser von jedem Rest etwa noch anhängender Schwefelsäure befreit.

Erst jetzt haben wir das Material, aus welchem die Stearinkerzen dargestellt werden sollen, aber es ist noch mit der flüssigen Oleinsäure gemischt, diese muß vorher auch abgeschieden werden. Lassen wir das Gemenge von krystallisierbaren und nicht fest werdenden Fettsäuren rasch oder unter Umrühren erstarren, so ist eine Trennung mit mechanischen Mitteln nicht oder nur unter Aufwand großer Kosten ausführbar. Wenn aber das Gemisch langsam erstarrt, so bilden sich die Fettsäurenkristalle größer aus und schließen in ihren Zwischenräumen die flüssige Oleinsäure ein. Durch sehr starkes Pressen können dann beide Teile von einander geschieden werden.

Aufziehen der Lichter.

Es muß demnach das Abkühlen des Fettsäuregemisches mit großer Vorsicht ausgeführt werden. Man benutzt dazu flache Pfannen, die innen emailliert sind, damit die freie Fettsäure nicht auf das Metall der Pfanne einwirken kann. Viele solcher Pfannen sind in einem warmen Raum neben- und übereinander aufgestellt, wie auf einem Büchergestell, und ist weiter die Einrichtung so getroffen, daß die Pfannen auf ihrem Platze stehend der Reihe nach von oben her mit dem flüssigen Fett gefüllt werden und erst wegzunehmen sind, wenn es erstarrt ist. Dazu sind zwei bis drei Tage erforderlich.

Die erstarrte Masse ist braun und schmierig durch den beträchtlichen Gehalt an Oleinsäure. Wird diese abgepreßt, so bleiben die kristallisierten Fettsäuren mehr oder weniger weiß zurück, je nachdem das Pressen vollständig war. Zu dem Zweck werden die erstarrten Fettkuchen aus den Pfannen auf sehr starke grobe Wolltücher umgestürzt, jeder für sich eingeschlagen und zu Haufen aufgesetzt, die dann zwischen dem eisernen Platz einer hydraulischen Presse einem sehr starken Druck ausgesetzt werden. Ein dunkelbraunes Oel quillt dabei durch die Wolltücher, tropft herab auf die Eisenplatte und sammelt sich in einem besonderen Behälter an; es wird mit großem Vorteil zur Seifenfabrikation verwendet. Dabei nimmt der Preßhaufen sehr beträchtlich, etwa um ein Drittel seiner Höhe ab und die einzelnen Kuchen haben nun eine

Schneiden und Wegtragen der Lichter.

gelblichweiße Farbe; auch läßt sich das krystallinische Gefüge derselben schon deutlich wahrnehmen, obgleich es durch den starken Druck verändert worden ist. Die Masse fühlt sich noch fettig an, denn bei dieser ersten Pressung ist nur etwa der fünfte Teil der Oleinsäure weggeschafft worden. Noch in die Wolltücher eingeschlagen, aber durch starke Roßhaargewebe von einander getrennt, werden nun die Kuchen einer zweiten Pressung unterworfen, diesmal aber in einer horizontalen Presse mit hohlen Preßklötzen, die durch einströmenden Dampf heiß gehalten werden.

Hierdurch wird der allergrößte Teil der Oleinsäure entfernt und die aus dem Tuchumschlage ausgeschälten Fettkuchen sind fast schon so weiß wie Schnee, sehr hart, fühlen sich auch nicht mehr fettig, sondern ganz trocken an und können nun unmittelbar zum Gießen von Kerzen verwendet werden. Immerhin aber sind diese von untergeordneter Qualität; eine bessere, eine tadellose Kerze erhält man aber nur, wenn diese Kuchen zerbrochen und abermals umgeschmolzen werden und dann dieselben mechanischen Prozesse bis zur heißen Pressung, die sie schon einmal durchgemacht haben, nochmals durchmachen. Dadurch wird das Kerzenmaterial weißer, entwickelt ein helleres Licht und verbrennt langsamer.

Bis hierher haben wir die einzelnen wissenschaftlichen Abschnitte in der Fabrikation der Stearinkerzen verfolgt; sie werden bedingt, wie wir gesehen haben, von der Aufgabe, nicht das natürlich vorkommende Fett, sondern nur einen Teil des Talges zu dem angeführten Zweck zu verwenden. Doch kann dasselbe Ziel auch in anderer Weise in der Art erreicht werden, daß man das feste Fett mit verdünnter Schwefelsäure schmilzt und einige Zeit bei einer Temperatur von 200° erhält. Auch dabei scheidet sich das Glycerin von den Fettsäuren, löst sich im sauren Wasser ab und die für sich gewonnenen Fettsäuren werden dann wieder wie vorher durch kaltes und heißes Pressen mechanisch getrennt.

Auch alles weitere ist nur noch mechanische Arbeit, die freilich im Laufe der Zeit sich wesentlich verbessert, wenn auch kaum vereinfacht hat. Dabei hat sich mancher erfinderische Kopf angestrengt, um rasch und zweckmäßiger zum Ziel zu gelangen.

Verlassen wir jetzt die düsteren, schmutzigen Räume, wo wir uns in engen Gängen zwischen Fässern, Bottichen und

Polieren der Kerzen.

Röhren aller Art durchwinden mußten, die von Fett schmierig sind oder von öliger Masse tropfen, und treten in einen anderen Raum, wo Licht genug einströmt; er ist auf der einen Seite ganz offen und von oben wie ein Treibhaus mit Glasfenstern gedeckt. Auf langen Reihen von Tischen, die nur durch enge Gänge von einander getrennt sind, stehen bolzengerade Tausende und Tausende von fertiggegossenen Kerzen, die hier einem kurzen Bleichprozeß durch das Sonnenlicht unterworfen werden. — An dem einen Ende des ersten Raumes findet sich der weniger anmutige Ort, wo das zuletzt durch heißes Pressen gewonnene Stearin geschmolzen und so vorbereitet wird, um aus demselben die Kerzen zu gießen; manchmal wird es auch besonders gefärbt, immer aber ist, wie schon bemerkt, auf seine richtige niedere Temperatur besonders zu achten. So entstehen überall, wo etwas von der geschmolzenen Stearinmasse überfließt, die eigentümlichsten Stalaktiten von blendendweißer Farbe. Auch an der Kanne mit zwei Ausgüssen, die der Arbeiter nach den Formen trägt, hängen sie herab.

Die Form ist ein Hohlcylinder, in welchem der Teil beweglich ist, in welchem sich der oberste Kegel der Kerze formt. Der Docht ist aufgespult und zieht sich durch die ganze Kerzenform hindurch. Viele solcher Formen sind in Kästen neben einander eingesetzt, und unter denselben findet sich dieselbe Anzahl von Dochtspulen ebenso geordnet. Mit der erwähnten Kanne wird nun die erforderliche Stearinmasse auf einmal eingefüllt und erstarrt in und über den Formen; sehr beschleunigt wird dies noch dadurch, daß kalte Luft in den Kasten geblasen wird, die zwischen den Formcylindern zirkuliert. Dadurch verhütet man am vollkommensten, daß die Stearinmasse eine großkristallinische Struktur zeigt. Sehr leicht kann dann der Ueberschuß nach dem Erstarren abgehoben werden, um aufs neue Verwendung zu finden. Mit einer einfachen Kurbeldrehung, die sich auf die Formköpfe überträgt, werden dann diese in den Formcylindern gehoben und dadurch die Kerze zum Aufsteigen gebracht. Gleichzeitig wickelt sich ein neues Stück Docht von der Spule ab und durchzieht die Form für den folgenden Guß. Mit einer scharfen langen Klinge werden endlich die Dochte der gegossenen Kerzen am Kopfende durchschnitten und die fertige Ware weitergefahren.

Das Polieren der Kerzen mit der Hand.

Das Polieren der Kerzen ist entweder einfache Handarbeit, indem dieselben mit einem Tuche gerieben werden, oder es wird von einer Maschine besorgt. Ueber ein breites Band ohne Ende laufen die Kerzen unter einer Walze durch, die ihnen eine glänzende Oberfläche gibt. Vorher wurden durch eine Kreissäge die Enden ganz gleichmäßig abgeschnitten.

In manchen Fabriken wird jede Kerze noch besonders gestempelt, was ebenfalls mittels einer Maschine geschieht, durch welche die Kerzen, eine nach der anderen hindurchlaufen; der Stempel ist durch Dampf auf einen solchen Hitzegrad gebracht, daß er in Berührung mit der Kerze in die Oberfläche etwas einschmilzt. Wenn dann noch die Verpackung vorgenommen ist, so ist auch die Handelsware fertig.

Stempeln der Kerzen.

Die Gasflamme ist an einen bestimmten Platz gebannt und kann nicht hin- und hergetragen werden; die brennende Kerze ist eine kleine Gasanstalt für sich, in welcher durch trockene Destillation der geschmolzenen und vom Docht aufgesaugten Fettmasse das Leuchtgas sofort entwickelt und unmittelbar darauf auch verbrannt wird. Der glühende Docht ersetzt die Gasretorten, deren Feuerung und Speisung statt mit Steinkohlen durch die Stearinmasse bewirkt wird. Das in den Haarröhrchen des Dochtes dargestellte Gas wird sofort verbrannt, Kohlensäure und Wassergas gehen in die Luft über. Und diese kleine, nur eine Flamme speisende Gasanstalt ist schön und reinlich und kann beliebig hier oder dort aufgestellt werden. Gerade die Bequemlichkeit der Kerzenbeleuchtung, das rasche Entzünden und Auslöschen der Flamme und die leichte Transportfähigkeit sichern derselben auch für die Zukunft ihr Bestehen trotz Leuchtgas, Petroleum und elektrischem Lichte.

## Die Ketten- oder Seilschiffahrt.

Der Umstand, daß bei den Rad- oder Schraubendampfern selbst unter den günstigsten Verhältnissen nicht viel mehr als die Hälfte der in Anwendung gebrachten Kraft verwertet wird, da der von den Motoren entwickelte Druck auf einen flüssigen Körper ausgeübt wird, der nach allen Seiten ausweichen kann, führte zu der Idee, diesen flüssigen Körper durch einen festen zu ersetzen und dadurch jene verloren gehende Kraft wieder zu gewinnen. Die Lösung dieser Aufgabe, die indes nur bei Flüssen und Kanälen ausführbar ist, fand man in der auf dem Schiffe aufgestellten Windetrommel, die durch irgend eine Kraft, am besten natürlich Dampfkraft, in Bewegung gesetzt, ein Seil oder eine Kette aufwindet, die an irgend einem Punkte des zu befahrenden Gewässers befestigt ist, sonst aber auf dem Grunde ruht. Abgesehen von einem Versuche, der von dem bekannten Marschall von Sachsen, dem Sohne Augusts des Starken und der Gräfin Aurora von Königsmarck, angestellt worden sein soll, beginnt die Sache erst durch die 1818 von den französischen Ingenieuren Tourasse und Courteaut angestellten Proben greifbare Gestalt zu gewinnen. Sie konstruierten ein Boot von 23 Meter Länge, das mit einer Plattform versehen war, auf welcher ein sechspferdiger Göpel aufgestellt war, der die beiden Trommeln einer unter der Plattform angebrachten Friktionswinde in Bewegung setzte. Dieses Schiff arbeitete abwechselnd mit zwei Seilen von je 1000 Meter Länge, in der Weise, daß wenn das eine aufgewickelt war, das andre in Gebrauch genommen wurde. Begreiflicherweise entstand hierdurch aber einmal viel Kraftverlust und dann auch ein nutzloser Zeitaufwand. Die Sache wurde nicht viel gebessert durch den Versuch eines andern französischen Ingenieurs, Namens Vinchon, wobei derselbe eine Kette und eine Dampfmaschine in Anwendung brachte. Dadurch, daß die Kettenbahn immer auf kurze Strecken, der Fortbewegung des Schiffes entsprechend, erneuert und jedesmal an den Trommeln wieder befestigt werden mußte, ging ebenfalls viel Zeit und Kraft verloren, wobei überdies die Hebung der Kette vom Grunde bis zur Windetrommel noch eine besondere Anstrengung erforderte. In dieser Gestalt hatte also die Kettenschiffahrt wenig Aussicht auf Erfolg, bis endlich Rigny durch Anwendung der fortlaufenden Kette, wie er solche 1825 auf der Seine bei Rouen zuerst in Anwendung brachte, jene Uebelstände mit einem Male hob. Die fortlaufende Kette wird am Anfang wie am Ende der zu befahrenden Strecke festgeankert, läuft in mehreren Windungen um die durch Dampfkraft gedrehte Trommel und sinkt, wie sie am vordern Teil des Schiffes aufgehoben wird, am hintern wieder auf den Grund, wobei das Niedersinken immer soviel Kraft ersetzt, als das Aufheben der Kette in Anspruch nimmt. Regelmäßige Kettenschiffahrten wurden seit der Mitte der vierziger Jahre in Frankreich und seit 1866 auch in Deutschland eingerichtet.

In Belgien kehrte man dann wieder zur Anwendung des Seiles zurück, wodurch die der Kette anhaftenden Uebelstände: Neigung sich zu verwickeln und größere Kosten der Anschaffung, beseitigt wurden. Auch wandte man dort zuerst die Fowlersche Seilscheibe an, welche die Eigentümlichkeit besitzt, das Gleiten des Seiles zu verhindern, selbst wenn es die Trommel nur einmal umwindet. Daß hierdurch abermals Kraft gespart wird, leuchtet ein.

In dieser Gestalt bietet die Seilschiffahrt, auch Tauerei genannt, soviele Vorteile der seitherigen Schleppschiffahrt gegenüber, daß sie sich neben derselben auf zahlreichen Flüssen mit Erfolg behauptet hat, ja nach Ansicht vieler berufen ist, jene allmählich zu verdrängen. Dies liegt nicht außer dem Bereich der Möglichkeit, denn das Betriebsmaterial bei der Kettenschiffahrt kostet kaum den zehnten Teil wie bei der Schleppschiffahrt, während auch der Betrieb selbst, in Kohlenverbrauch, Löhnen und Reparaturen, ebenfalls nur etwa den zehnten Teil von jener ausmacht. Die Leistung aber ist dabei mindestens dieselbe.

---

## Eine unzerbrechliche Masse zur Herstellung von Büsten und Ornamenten

ist Herrn J. W. Platonoff patentiert worden. Diese Masse besteht aus Fischleim, Gelatine oder irgend einem anderen animalischen Leim, aus Bienen- oder vegetabilischem Wachs oder Harz und aus Glycerin. Das Mischungsverhältnis ist abhängig von dem gewünschten Härtegrade. Eine Masse, die die Härte des Horns besitzt, wird hergestellt aus 50 Tl. Leim, 35 Tl. Wachs oder Harz, 15 Tl. Glycerin und der erforderlichen Menge eines Metalloxydes bezw. einer Mineralfarbe; zur Bereitung einer weichen Masse hingegen sind ca. 50 Tl. Leim, 25 Tl. Wachs oder Harz und 25 Tl. Glycerin erforderlich. In dem Glycerin wird die Gelatine oder der Leim in einem Kessel mit Hilfe von Dampf gelöst, dann das Wachs oder Harz hinzugesetzt. Letzteres schmilzt und mischt sich mit dem übrigen Teile der Masse, schließlich wird die Mineralfarbe hinzugefügt. Die Masse wird in flüssigem Zustande in Gips-, Holz- oder Metallformen gegossen. Zur Erhöhung des Härtegrades sind ca. 30—35% Zinkweiß oder eine andere Mineralfarbe, je nach der gewünschten Färbung des zu fabrizierenden Artikels zuzusetzen.

---

# Die Einfahrt in den Hafen von New York.

Einer der schönsten Häfen ist bekanntlich der von New York, welcher zugleich auch einer der geräumigsten ist; die Einfahrt zu demselben geht zwischen den beiden Inseln Staten-Island und Long-Island hindurch, und wird diese verhältnismäßig sehr schmale Straße, die Narrows genannt, von zwei Forts, Fort Hamilton und Fort Richmond, beherrscht. Die neuen Befestigungswerke sind, dem modernen Kriegswesen entsprechend, Erdwerke, während die alten steinernen Wächter Fort Lafayette auf einer Insel und ein andres Fort auf einer, an Staten-Islands Küste gelegenen Sandbank errichtet worden waren. Beide dienen jetzt als Proviantdepots und zu Dienstwohnungen, wie die zahlreichen Schornsteine des Fort Lafayette und die angebauten Schuppen vermuten lassen.

Der Augenblick, welchen unsere Illustration darstellt, ist der Sonnenuntergang, und zwar der genaue Zeitpunkt, an dem dieselbe am westlichen Himmel hinter den Höhen Staten-Islands versinkt. Davon überzeugt uns die „Sunset Gun", welche dicht neben uns über den Wall des Fort Hamilton abgefeuert wird; in wenigen Sekunden erreicht uns auch der Schall des von den Höhen des Fort Richmond auf Staten-Island gegebenen Signalschusses. Diese Sitte stammt noch von der Zeit her, als die Holländer noch Herren von New York waren; nur daß die „Sunset Gun" damals von der an der Südspitze Manhattan Islands gelegenen Batterie aus gelöst wurde, die gegenwärtig zu einer großen Rotunde, Castle Garden genannt, umgebaut ist, an deren Dock die Einwanderer gelandet und von der Einwanderungsbehörde in Empfang genommen werden. Freilich wird die „Sunset Gun" nur in den dem Hafen nahegelegenen Straßen des Geschäftsteiles der Stadt New York gehört; in dem Tumulte und betäubenden Geräusche der Weltstadt verschwindet ihr dumpfer Mahnruf meist gänzlich. Nur bei sehr günstigen atmosphärischen Bedingungen vernimmt man den Schuß daselbst; in den oberen, meist von Wohnhäusern eingenommenen Stadtteilen, sowie in Jersey, City, Hoboken, Brooklyn, Williamsburgh und wie die um die Metropole auf Meilen hin sich erstreckenden Vorstädte — denn weiter sind sie nichts — alle noch heißen, ist er aber um so deutlicher hörbar. Ja, bis an den Strand hinaus, auf das reizende Coney-Island, von dem das Dampfboot eben zurückkehrt, welches dicht an Fort Lafayette vorüberfährt, wird der Doppelschall getragen.

Doch im ganzen ist die Szene wenig belebt. An manchen Tagen, namentlich Sonnabends, kann man 12, 16, 18 Dampfer in kurzen Zwischenräumen oder gar in Gruppen durch die Narrows passieren sehen, der Dutzende von kleinen Schiffen aller Art nicht zu gedenken. Und die gleiche Anzahl kommt an, wenn auch nicht in so stattlichen Flotten, wie sie die an gewisse Stunden und Tage gebundene Abfahrt zusammenbringt.

Schön aber ist und bleibt der Anblick dieser herrlichen Hafeneinfahrt, und der Eindruck auf den Ankömmling, welcher Tage, Wochen, vielleicht Monate nur Wasser und Himmel erblickt hat, ist stets ein großartiger, überwältigender.

Die Einfahrt in den Hafen von New York.

# Wasser-Filtrationen.

Die Reinigung des Nutzwassers ist für alle Zwecke seiner Verwendung von der allergrößesten Bedeutung.

Ein reines, gesundes und wohlschmeckendes Wasser gehört zu den wesentlichsten Bedingungen des menschlichen Wohlbefindens.

Schon von den alten Römern können wir lernen, welch hoher Wert von alters her auf die Beschaffung guten Wassers gelegt wurde. Die wahrhaft großartigen Wasserleitungen, die imposanten Aquäduktbauten, welche den Zweck hatten, den Städten des alten römischen Reiches das frische Quellwasser der Gebirge oft meilenweit zuzuführen, fordern noch heute unsere größte Bewunderung heraus.

Zu industriellen Zwecken ist in sehr vielen Fällen die Filtrierung des Nutzwassers vor der Verwendung desselben gleichfalls ein wesentlicher Faktor in den Bedingungen für einen rationellen Betrieb. Das Bedürfnis nach praktischen, leicht durchführbaren, dabei auch nicht zu kostspieligen Filtrationsmethoden hat sich in Städten und bei industriellen Anlagen von jeher geltend gemacht, und hat man zur Erlangung möglichst reinen Wassers je nach der Verwendung desselben die allerverschiedensten Verfahren und Apparate in Anwendung gebracht.

Stets bezweckt das Filtrieren von Wasser oder einer andern Flüssigkeit zunächst die Entfernung mechanisch beigemengter, ungelöster fester Substanzen. Um diese Trennung zu erreichen, läßt man das Wasser in geeigneter Weise irgend einen porösen Körper, das sogenannte Filtrum, passieren, der durch seine Poren die festen Beimengungen nicht mit durchläßt, sondern dieselben auffängt.

Zu Filtrationszwecken eignen sich unter vielen andern Körpern besonders: Kies, gewaschener Flußsand, Kohle, gemahlener Coaks, Torf, Filtersandstein, Bimstein, Glaspulver, Asbest, Werg, Hanf, Filz, Flanell, Leinwand, Papier.

Mit der mechanischen Reinigung des Wassers kann sodann auch die Entfernung gelöster schädlicher Stoffe, wenn man dasselbe z. B. für Nahrungszwecke diätisch brauchbar machen will, gleichzeitig mit vorgenommen werden. Dabei ist es natürlich notwendig, daß der betreffenden Filtrationsmaterie chemische Reagentien zugesetzt werden müssen, welche die zu entfernenden Substanzen durch chemische Verbindung in unlösliche Stoffe verwandeln, die sich gleichfalls mit den vorhandenen mechanisch beigemengten Unreinigkeiten in dem Filtrum sammeln können. Man kann hiernach zwei Arten der Filtration unterscheiden, nämlich:

1. Filter, welche **nur** mechanisch beigemengte, also ungelöste Substanzen, und
2. Filter, welche **außerdem** auch noch gelöste Stoffe abscheiden.

Zur Filtration sehr bedeutender Wassermengen, wie sie zur Versorgung großer Städte, Besitzungen und umfangreicher Fabrikanlagen 2c. nötig sind, wo das erforderliche frische Quellwasser, wie es meistens ja leider der Fall ist, nicht in der nötigen Quantität vorhanden ist, bedienen sich die betreffenden Wasserversorgungsanstalten der Sandfiltration.

Es kommen hierzu sogenannte Filterbeete, d. h. durch Zementmauerwerk von außen her vollständig wasserdicht angelegte Bassins, welche schichtenweise vom Boden auf mit gröberen Steinen, dann grobem und feinem Kies gefüllt, und schließlich oben mit scharfem Flußsand von gröberem bis zum feineren Korn bedeckt sind. Das durch diese im Ganzen gewöhnlich etwa 2 Meter hohen Schichten fließende Wasser sammelt sich auf der Sohle des Bassins fast vollkommen abgeklärt an, und gelangt von da ab, nachdem es im Schachte aufgesammelt ist, durch entsprechende Hebevorrichtungen und Leitungen zur Verteilung an die Konsumtionsplätze.

Ein besseres Verfahren zur Klärung des Wassers bietet jedoch die sogenannte Gravitations-Filtriermethode.

Es besteht dieselbe der Hauptsache nach in der terrassenförmigen Anordnung mehrerer gleichfalls durch wasserdichtes Mauerwerk hergestellter Filterbassins, die der Reihenfolge nach, und zwar umgekehrt wie bei der gewöhnlichen Sandfiltration, von oben herab mit dem gröbern bis zum feinern Filtriermateriale angefüllt sind. Diese Filterbassins werden durch gleichfalls von außen wasserdichte Räume, welche man in der Breite der Bassins anordnet, von einander getrennt. Das zu reinigende Wasser wird von einem Reservoir, in welchem es durch längeres Stehen sich vorläufig abklärt, nach der Reihe durch die Filterbassins hindurchgeführt, so daß dasselbe jedesmal unten an der Sole in die nicht mit Filtermaterial gefüllten Räume eintritt, um über die obere Mauer hinweg auf das nächste Bassin zu fließen.

Diese Methode hat gegen die zuerst erwähnte den großen Vorzug, daß das Wasser von dem gröberen Filtermaterial zu dem feineren übergehen muß, also in dem ersteren seine meisten Unreinigkeiten absetzt. Es bleibt hierbei der feine Filtriersand monatelang in brauchbarem Zustande, während im umgekehrten Falle das Wasser den größten Teil der Unreinigkeiten in dem feineren Material zurückläßt, und fast schon rein ohne erheblichen Nutzen das grobe Material passiert. Selbstredend kann dabei die Reinigung nicht eine so energische sein, und muß auch der feine Sand, als der Hauptträger der Unreinigkeiten, in kürzern Zwischenzeiten erneuert, resp. entfernt und durch Abschlämmen wieder gereinigt werden. Die Anlagen der beschriebenen und ähnlicher Wasserreinigungsverfahren, die sich an manchen Orten der billigen Ausführung wegen wohl empfehlen, können jedoch unter Umständen sehr verteuert werden, durch Mangel an Filtrationsmaterial, durch Beschaffung der großen Quantitäten des zur Auswechselung nötigen Sandes; ferner pflegt in der Nähe größerer Städte der Grund und Boden sehr teuer zu sein, so daß die Acquisition des zu solchen Anlagen notwendigen, allerdings verhältnismäßig sehr ausgedehnten Areals in manchen Fällen die Ausführung von Sandfiltrationen unmöglich macht. Die Gravitations-Filtriermethode läßt sich unter sonst günstigen Umständen, der terrassenförmigen Anbringung der Bassins wegen, eigentlich nur in Gegenden, die eine hügelige Bodenbildung haben, zur Ausführung bringen. Allerdings kann man mit den genannten Filtrationsverfahren die mechanische Reinigung von ganz bedeutenden Wassermengen ermöglichen, jedoch ist das wesentlichste Erfordernis, die Entfernung schädlicher im Wasser aufgelöster Substanzen, mit diesen Methoden nicht wohl zu erreichen.

Man ist daher stets bemüht gewesen und ist noch heute mit Hilfe ausgedehnter Versuche um Herstellung von Filtrationsverfahren beschäftigt, die jeder Art der Verwendung des zu reinigenden Wassers in allen Beziehungen gleich gut entsprechen sollen.

Es kommt darauf an, ausgenommen in den Fällen, wo es sich nur um eine beschränkte oder auch eine periodische Verwendung geringerer Quantitäten Wassers handelt, Systeme einzuführen und Apparate zu konstruieren, welche unter allen Verhältnissen den weitgehendsten Ansprüchen sowohl hinsichtlich der zu liefernden geklärten Wassermassen als auch der Entfernung schädlicher, gelöster organischer Stoffe, die ja, wie hinlänglich bekannt, häufig die Ursache zu epidemischen und anderen Krankheiten sind, vollständig zu genügen vermögen. Dabei dürfen die Anlagen weder in bezug auf ihre Ausdehnung, noch ihre betriebsfähige Unterhaltung sich als zu kostspielig herausstellen.

Zur Lösung dieser Aufgabe sind die verschiedensten Verfahren in Anwendung gebracht. Ein allen Anforderungen entsprechendes Filtriersystem, welches sich auf eine Reihe ausgedehnter Versuche gründet, ist das von Dr. Gerson in Hamburg, Deutsches Reichspatent Nr. 1976.

Dieses patentierte Filtrierverfahren zerfällt, wie Dr. Gerson in einer veröffentlichten Broschüre es beschreibt, der Hauptsache nach in zwei Teile: die Vorfiltration und die Nachfiltration.

Durch erstere wird das Wasser von mechanischen und organischen Beimengungen so weit gereinigt, daß es in technischen Gewerben sowie zu häuslichen Zwecken, für welche klares Wasser in bedeutenden Quantitäten erforderlich ist, verwendet werden kann. Die Nachfiltration bezweckt eine noch energischere Abklärung unter gleichzeitiger, fast vollständiger Entfernung aller schädlichen gelösten Substanzen, so daß das Wasser für Nahrungszwecke durchaus brauchbar wird. Der Erfinder unterscheidet drei Gattungen der Filtrationsanlagen, nämlich:

- Zentrale, welche das gesamte Nutzwasser für Städte 2c. filtrieren;
- peripherische, bei welchen das Wasser unmittelbar dem Vorfilter, sei es direkt oder nachdem es das Nachfilter passiert hat, entnommen wird,

und als in der Mitte zwischen beiden stehend:

- exzentrische, vermittelst welcher nur eine Anzahl Wohnungen oder öffentlicher Gebäude innerhalb einer Stadt versorgt werden.

In welchem Falle für Städte u. s. w. zentrale Anlagen eingerichtet oder die Filtration exzentrisch oder peripherisch betrieben werden soll, ist natürlich ganz von lokalen Verhältnissen abhängig.

Das exzentrische System erscheint noch deshalb als höchst praktisch, weil dasselbe sich derart einrichten läßt, daß nur das zum häuslichen Gebrauch, wie zu technischen Zwecken notwendige Wasser gereinigt wird, während für die wesentlich größern Quantitäten, welche zum Feuerlöschen, zur Straßenbesprengung, zum Spülen der Abzugskanäle und Kloaken notwendig sind, eine Filtration überflüssig erscheint. Es ist dies in allen den Fällen sehr zu beachten, wo zentrale Filteranlagen zu große Kosten verursachen würden.

Für die genannten drei Gattungen der Filtrationsanlagen, ferner je nachdem die Filter unter hohem oder niedrigem Druck des zu reinigenden Wassers arbeiten sollen, sind natürlich die Filterapparate selbst, sowie deren Anordnung entsprechend verschieden.

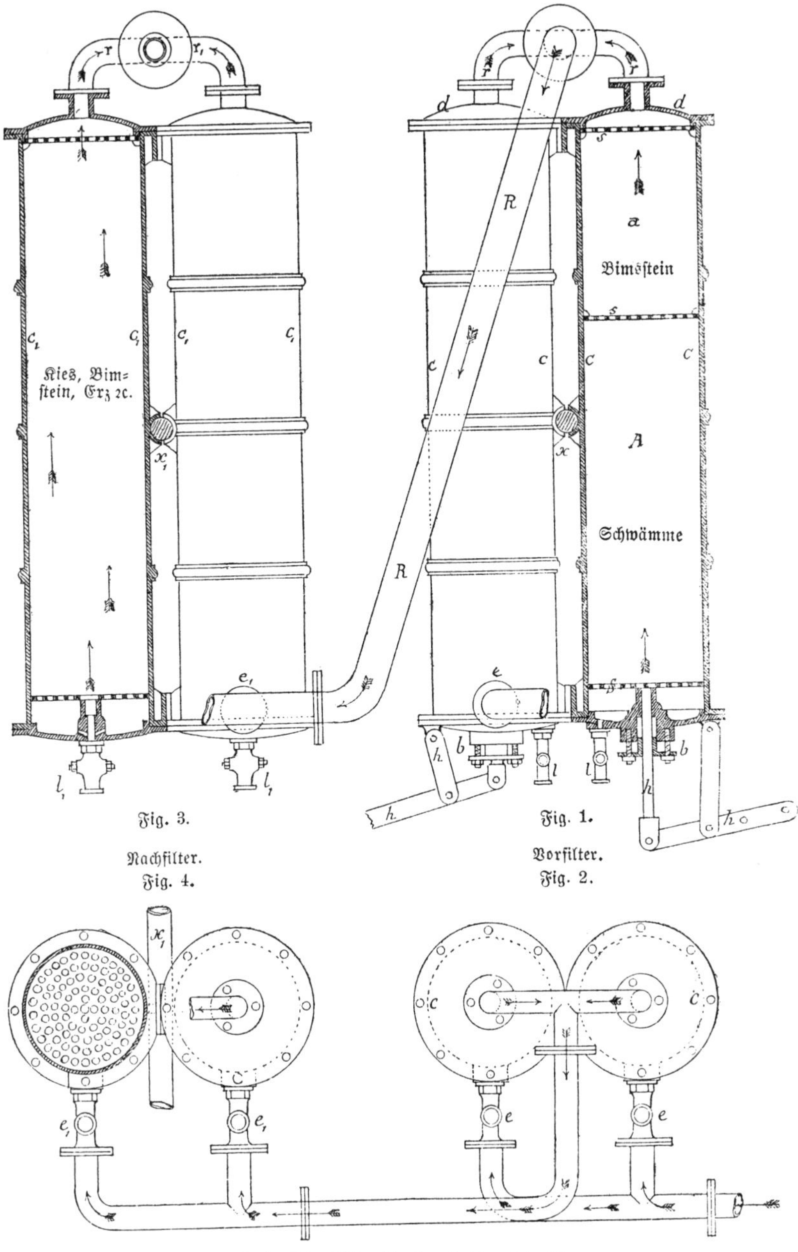


Gersonscher Filter für Haushaltungszwecke.

Zur Erläuterung des Prinzips und der Einrichtung Gersonscher Filter soll in Folgendem die Beschreibung eines Vor- und Nachfilters, wie sie für Haushaltungszwecke dienen, gegeben werden.

Die Vorfilter besteht der Hauptsache nach, wie die Fig. 1 und 2 zeigen, aus zwei miteinander fest verbundenen gußeisernen Cylindern c und c, die je durch zwei emaillierte gußeiserne an denselben befestigte Siebe s s, sowie durch ein drittes am Boden befindliches Sieb S in zwei Abteilungen a und A geteilt sind. Letzteres kann durch eine Hebelvorrichtung h, welche mittels Stopfbüchse b in den unteren Boden wasserdicht eingeführt ist, vertikal auf- und niederbewegt werden. In diesen Abteilungen sind die Filterstoffe schichtenweise in verschiedener Feinheit derartig eingepackt, daß die feineren in der Mitte und die gröberen Stücke oberhalb und unterhalb gelagert sind, so daß das Wasser, mag dessen Eintritt von oben oder unten erfolgen, zuerst die gröberen Schichten passieren muß, bevor es mit den feineren in Berührung kommt. Die obere Abteilung a ist mit unlöslichen Eisensalzen imprägniertem Bimsstein, die untere A mit ebenso getränkten Schwämmen angefüllt. Das zu reinigende Wasser tritt durch die Einströmungshähne e und e in jeden Cylinder getrennt und wird unter Druck durch Schwämme und Bimsstein nach oben gepreßt.

Die Verschlußdeckel d d der Cylinder sind durch ein gemeinschaftliches Rohr r verbunden, durch welches das filtrierte Wasser entweder zum direkten Verbrauch weitergeleitet oder erst durch ein anderes Rohr R zu den gleichfalls aus zwei Cylindern c c bestehenden Nachfilter geführt wird.

Die Verbindung von zwei Filtercylindern ist diesem System eigentümlich und dient zum Zwecke der Reinigung derselben, indem man einfach das schon filtrierte Wasser des einen Cylinders in den andern zurückströmen läßt. Es sind nämlich am Boden jedes Cylinders Wasserablaßhähne l l angebracht. Man braucht nur den Einströmungshahn e des auszuschlämmenden Cylinders zu schließen, so daß das in dem anderen Cylinder schon filtrierte Wasser von oben nach unten in den ersteren eintreten kann. Der Wasserablaßhahn wird geöffnet und das erwähnte bewegliche Sieb S durch den Hebel h verschiedenemale von unten nach oben gedrückt, wodurch die Schwämme, welche stets die meisten Unreinigkeiten enthalten, tüchtig ausgequetscht werden, und zwar wiederholt man dies so lange, bis das Wasser klar abläuft.

Je nach der Beschaffenheit und dem Quantum des zu reinigenden Wassers muß diese einfache Manipulation seltener oder öfter vorgenommen werden. Hiervon hängt es natürlich auch wesentlich ab, wie oft die Schwämme gänzlich erneuert werden müssen. Damit dies leicht geschehen kann, ohne die in der oberen Abteilung a befindlichen Bimssteinschichten, deren Ersatz sehr viel seltener erforderlich ist, jedesmal zu berühren, läßt sich das Filterpaar nach Lösung der Rohrleitungen um eine gemeinschaftliche Axe so drehen, daß der Boden mit dem Hebelmechanismus h und dem beweglichen Siebe S nach oben kommt, wodurch man nach Beseitigung derselben leicht zu den Schwämmen in der Abteilung A gelangen kann. Diese Schwämme können dann durch wiederholtes energisches Waschen und Wringen von allen anhaftenden Unreinigkeiten wieder gänzlich befreit und vollkommen brauchbar gemacht werden.

Das vorfiltrierte Wasser geht nun, wie schon bemerkt, durch das Verbindungsrohr R zu den Nachfiltern $c_1$ $c_1$, Fig. 3 und 4 über. Die Cylinder sind im großen und ganzen wie die Vorfilter konstruiert; es fehlt das mittlere Sieb ganz und das untere liegt fest, wodurch natürlich die Hebelvorrichtung auch überflüssig wird, an Stelle der Stopfbüchsen sitzen die Wasserablaß- oder Spülhähne $l_1$ $l_1$. Der Eintritt des vorfiltrierten Wassers geschieht, wie aus Fig. 4 deutlich zu ersehen, von unten durch die Hähne $e_1$ $e_1$ getrennt in jeden Cylinder, der Austritt aus den Filtern oben durch niertem Bimsstein gleichfalls in verschiedener Feinheit. Anstatt Kies und Sand kann man auch gestoßenes Glas in geeigneter Feinheit verwenden. Eingepackt sind die Stoffe auch wieder so, daß die feineren von den gröberen eingeschlossen werden.

Durch die Fig. 5 und 6 ist eine voll-

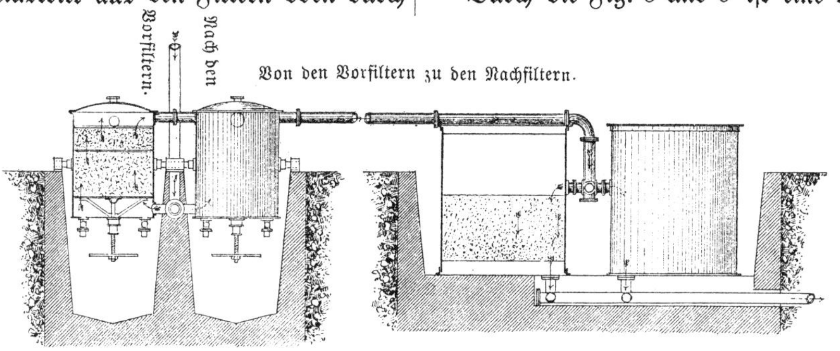


Fig. 5.

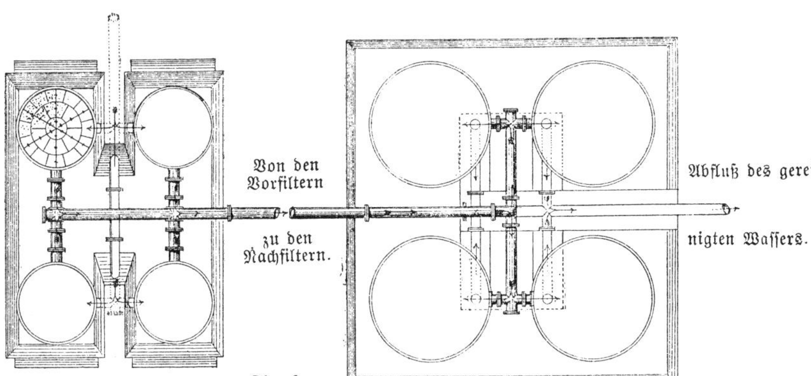


Fig. 6.

Vollständige Filteranlage.

ein gemeinschaftliches Austrittsrohr $r_1$. Das Ausschlämmen dieser Cylinder geschieht ebenso wie bei den Vorfiltern. Der Zuführungshahn $e_1$ des zu reinigenden Cylinders wird geschlossen, der Spülhahn $l_1$ geöffnet, so daß das filtrierte Wasser aus dem anderen Cylinder durch die Filterstoffe hindurchtritt und dieselben spült. Die Füllung der Nachfilter besteht aus Kies und Sand in verschiedenem Korn und mit Eisensalzen imprägständige Filteranlage, 4 Vor- und 4 Nachfilter skizziert, wie sie sich für Reinigung des Wassers unter schwachem Druck eignet. Es ist aus denselben die Arbeitungsweise, der Gang des Wassers durch die Filter deutlich ersichtlich.

Für spezielle industrielle Zwecke, wo es sich, im Gegensatze zur Versorgung ganzer Städte 2c. meistens um Verwendung eines beschränkteren Quantums Wasser handelt, ist die Reinigung desselben wohl von hervorragendster Bedeutung zur Speisung der Dampfkessel.

Die Natur bietet an den wenigsten Orten ein für diesen wichtigen Zweck direkt geeignetes Wasser, und es ist daher von der höchsten Wichtigkeit, ein für diese Verwendung taugliches Wasser durch Filtration herzustellen.

Die Reinigungsverfahren, sowie die dabei anzuwendenden Mittel müssen sich natürlich ganz nach der Beschaffenheit, nach der chemischen Konstitution des betreffenden Wassers richten.

Da diese an fast allen Orten eine verschiedene ist, so ist es natürlich, daß es seine großen Schwierigkeiten hat, ja eigentlich unmöglich ist, ein Verfahren aufzufinden, welches ein allgemein befriedigendes Resultat liefert.

In den allermeisten Fällen handelt es sich jedoch darum, sogenanntes hartes Wasser, also Wasser, welches mehr oder weniger Kalk und Gips enthält, für die Kesselspeisung brauchbar zu machen, da solches, in die Dampfkessel gebracht, stets nachteilig ist, durch die Kesselsteinbildungen ja sogar höchst gefährlich werden kann.

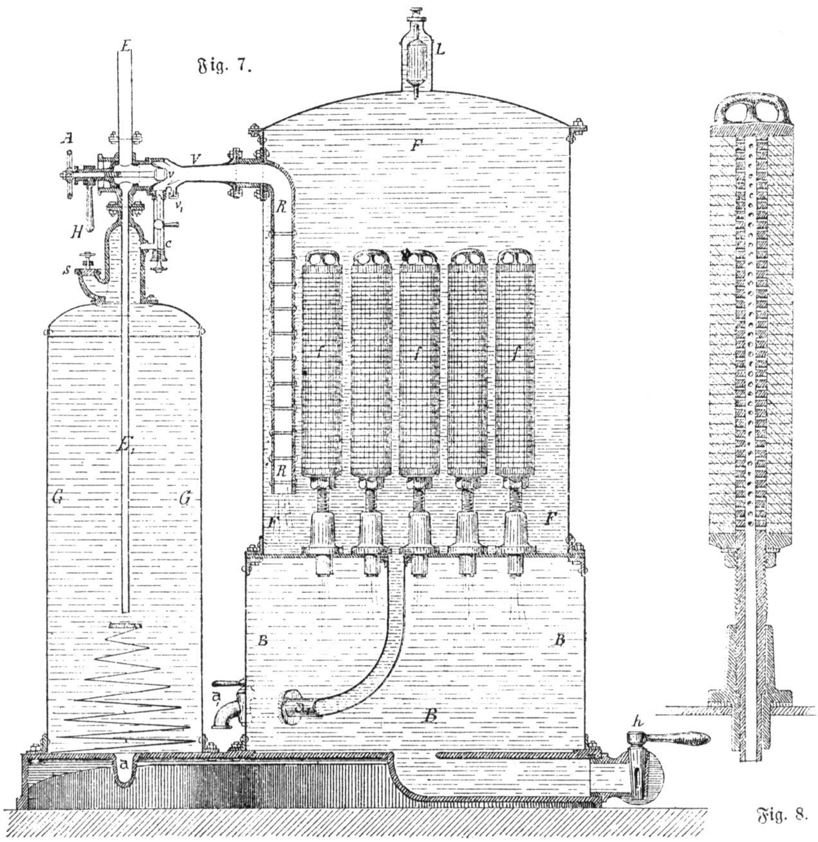


Fig. 7.

Fig. 8.

Filtrationsapparat.

Ein Apparat, welcher sich zur Reinigung von kalkigem Wasser bis jetzt sehr gut bewährt hat, ist von A. Le Tellier in Paris konstruiert. Seine Wirkungsweise ist eine doppelte. Zunächst werden mittels entsprechendem Zusatz chemischer Reagentien die kohlensauren Kalksalze durch Aetzkalklösung, die schwefelsauren durch Soda abgeschieden, und dann noch eine Filtration des von diesen Substanzen befreiten Wassers vorgenommen.

Der Filtrationsapparat, siehe Fig. 7, besteht aus einem kleineren und einem größeren, auf einer gemeinschaftlichen Fußplatte montierten cylindrischen Eisenblechgefäße. Im ersteren geschieht die Auflösung der chemischen Reagentien und im letzteren findet die Filtration statt. Durch das Eintrittsrohr E gelangt das zu reinigende Wasser zunächst durch ein Gehäuse, in welchem sich ein durch den Handgriff H drehbarer Einlaßhahn befindet, vermittelst der Röhre $E_1$ in das kleine cylindrische Gefäß G und strömt, zum Zwecke einer feinen Verteilung, damit es mit den chemischen Reagentien in bessere Berührung kommen und diese leichter auflösen kann, auf eine Metallscheibe, welche durch eine Spiralfeder einige Centimeter unterhalb der Röhre $E_1$ gehalten wird.

Ist nun das kleine Gefäß G gefüllt, so tritt das Wasser durch ein, mittelst Handrad A verstellbares Ventil v in ein konisch auslaufendes Rohrstück, saugt durch das Kommunikationsrohr C ein bestimmtes Quantum von den gelösten Reagentien in sich auf und tritt durch das Verbindungsrohr V, welches sich in der Röhre R fortsetzt, unten in den Filtrierapparat F ein. Durch das kleine Ventil $v_1$ wird gleichzeitig ein wenig atmosphärische Luft, welche zu der stattfindenden Zersetzung der schädlichen Substanzen nötig ist, mit angesogen.

Die Filtration geschieht durch die Filterrohre f, deren Konstruktion aus Fig. 8, und deren Anordnung aus Fig. 7 und 9 hervorgeht.

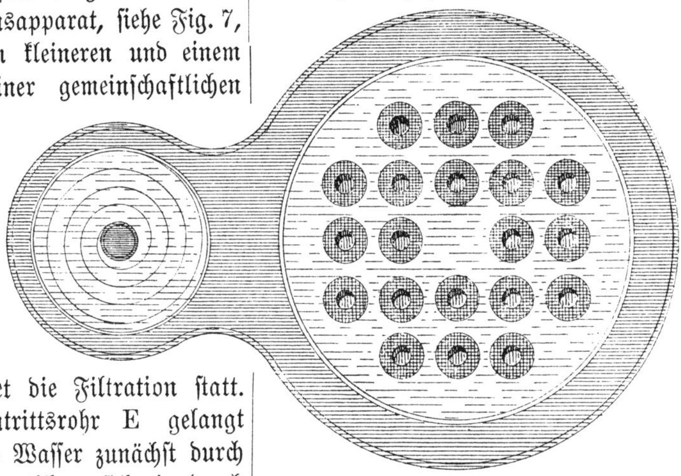

Fig. 9. Querschnitt durch den Filtrationsapparat.

Durch diese Rohre gelangt das nun gereinigte Wasser in den untern Teil B des Gefäßes, und kann je nach Bedürfnis durch den Hahn h abgelassen werden. Ist der ganze Apparat gefüllt, so arbeitet er kontinuierlich, jedoch muß das Wasser mit entsprechendem Druck in denselben eintreten. Das kleine Gefäß G hat oben noch einen, mit Deckel fest verschraubbaren Rohrstutzen s, durch welchen die chemischen Reagentien eingelassen werden; am Boden bei a ist ein Abzugsrohr zur Reinigung desselben angebracht. Auf dem Deckel des großen Gefäßes befindet sich ein Luftventil L, welches sich von unten nach oben, nachdem dasselbe gefüllt und die Luft daraus entwichen ist, durch den Druck des Wassers schließt; durch den Hahn $a_1$ kann auch dieses Gefäß gereinigt werden. Selbstverständlich müssen auch die Filterrohre gut reingehalten und die Reagentien nach Bedarf erneuert werden.

Ein anderer, zur mechanischen Reinigung des Wassers besonders geeigneter, Apparat ist das Kesselspeisewasser-Filter von N. Struck in St. Petersburg. Dasselbe ist, wie aus Fig. 10, Querschnitt und Längenschnitt hervorgeht, ein eiserner, druckfester Blechbehälter, welcher durch einen inneren Boden in zwei Abteilungen A und E geteilt wird. Das Wasser tritt unter Druck durch das Ventil a ein, passiert zunächst die lose Füllungsmasse F, welche aus Knochenkohle, Bimstein oder was sonst vorhanden und am wasserdicht eingesetzt, in die untere Abteilung E des Apparates, von wo es durch das Ventil d zur Benutzung weitergeleitet werden kann. Die Filtermateriale brauchen nur je nach der Beschaffenheit und Menge des zu reinigenden Wassers alle 4 bis 12 Monate durch tüchtiges Auswaschen und kräftiges Ausbürsten gereinigt zu werden. Dieser Apparat zeichnet sich noch hinsichtlich seiner verhältnismäßig geringen Anschaffungs- und Unterhaltungskosten aus.

Filtrationsapparate, welche zur Reinigung des Speisewassers für Dampfkessel konstruiert werden, verdienen schon aus dem Grunde große Beachtung, da es

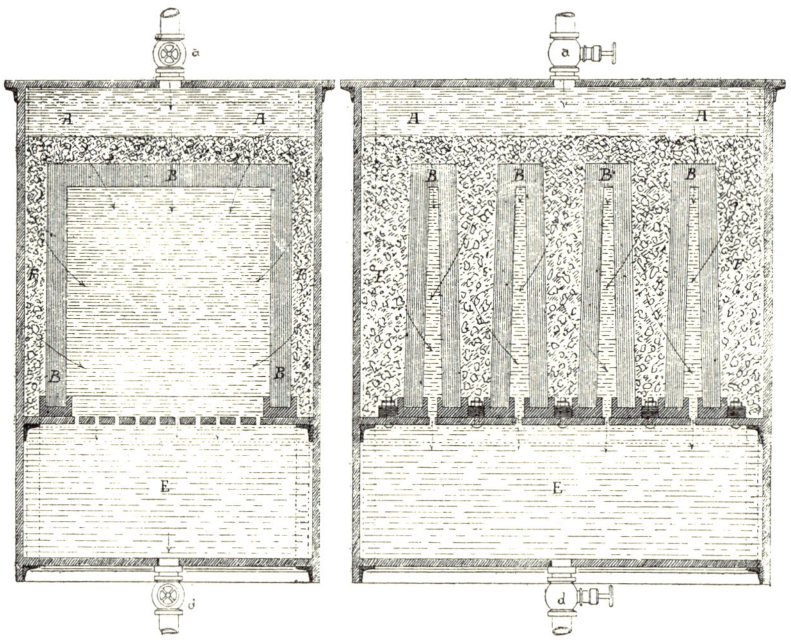


Fig. 10. Kesselspeisewasser-Filter von N. Struck in St. Petersburg.

billigsten zu haben ist, bestehen kann, gelangt dann durch die Filtersteine B, die, aus einer vom Konstrukteur hergestellten sehr porösen künstlichen Steinmasse gefertigt, auf dem inneren Boden in gußeisernen Schuhen vermittelst Gummi unter allen Umständen doch jedenfalls viel ratsamer ist, die Speisung der Kessel gleich mit tauglichem Wasser vorzunehmen, als sich durch Anwendung nicht gereinigten Wassers erst der für die Dampfentwickler höchst ruinösen und gefahrdrohenden Inkrustationsbildungen auszusetzen, oder diese durch Zusätze aller Art, deren Wirkungen in den geschlossenen Kesseln sich der genauen Beobachtung entziehen, infolgedessen auch wenig sicher und oft höchst mangelhaft ausfallen, verhindern zu wollen.

Nicht minder wichtig, wie für industrielle Zwecke, ist die Reinigung des Wassers, um es für Nahrungszwecke und zum Genuß tauglich zu machen. An Orten, welche über eine gutfunktionierende, zentrale Wasserversorgungs-Anstalt nicht verfügen, sollte es bei keinem Brunnen an einer zweckmäßigen Filtrations-Einrichtung fehlen, da gerade diese selbst bei einer sorgfältigen Anlage Verunreinigungen der mannigfachsten Art ausgesetzt sind. Es ist erstaunlich, mit welcher nicht zu verantwortenden Nachlässigkeit man in kleineren Ortschaften, Dörfern u. s. w. Brunnen angelegt findet; von wasserdichter Ausmauerung, einer genügenden Brunneneinfassung ist häufig gar keine Rede. Die Tagewässer und allerlei Unreinigkeiten können sich mit dem zum Genusse bestimmten Wasser mischen, was natürlich schließlich die verderblichsten Wirkungen im Gefolge haben muß.

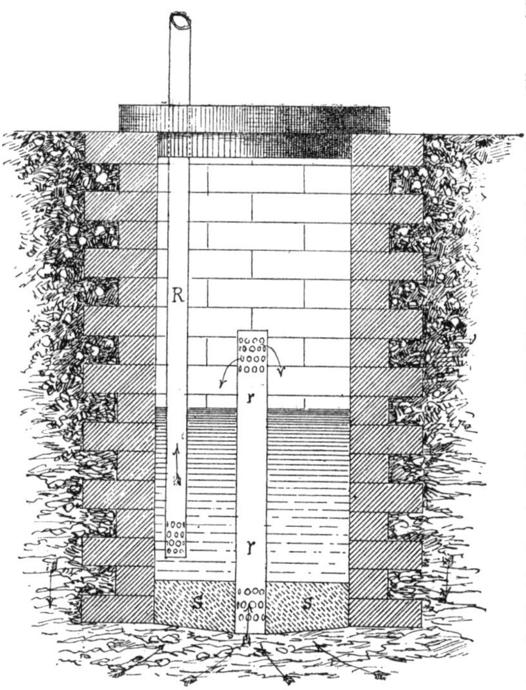

Fig. 11. Einfaches Filtersystem zur Verbesserung des Brunnenwassers.

Da selbst bei sonst guten Brunnen und einer sorgfältigen Ueberwachung eine Verunreinigung des Trinkwassers leicht eintreten kann, erscheint die Anbringung zweckmäßig eingerichteter Filterapparate an jedem Brunnen als sehr geboten, zumal sich solche meist leicht und ohne große Kosten überall anbringen lassen.

Ein höchst einfaches Verfahren zur Verbesserung des Brunnenwassers zeigt die nebenstehende kleine Skizze Fig. 11. Die Sohle eines durch wasserdichtes Mauerwerk hergestellten Brunnens wird durch eine gleichfalls wasserdichte Cementschicht s gebildet und durch diese Schicht ein mit Filtrierstoffen angefülltes Rohr r, welches oben und unten mit kleinen Oeffnungen versehen ist, hindurchgeführt. Das Quellwasser gelangt also nur durch dieses Filterrohr gereinigt in den Brunnen, aus welchem es durch ein Saugrohr R hinaufgepumpt werden kann. Die Größe des Filterrohres ist natürlich nach dem vorhandenen, beziehungsweise nach dem zum Gebrauch erforderlichen Wasserquantum zu bemessen, was für jeden einzelnen Fall leicht ausprobiert werden kann. Um die Filtrierstoffe zu erneuern, nimmt man einfach das Rohr heraus, setzt es mit frischer Füllung in die Zementschicht wieder ein und streicht es mit hydraulischem Mörtel in derselben dicht.

Eine andere, sehr zweckmäßige Filtereinrichtung für Brunnen hat sich der Amerikaner John B. Lindsay unlängst patentieren lassen. Aus beistehender Zeichnung, Fig. 12, geht die Anordnung derselben hervor. Mit dem Saugrohre s der Brunnenpumpe ist ein durch ein Gelenk g beweglich gemachtes Verlängerungsrohr s, an welchem das Filter f angeschroben wird, in Verbindung gebracht. Das Filter f selbst ist, wie aus der teilweise im Durchschnitt gegebenen Detailzeichnung ersichtlich, ein cylindrisches Blechgefäß, welches durch eine Scheidewand in zwei Abteilungen geteilt wird. Die Abteilung a ist weiter nichts als ein abgeschlossener Luftraum, welcher bewirkt, daß sich das Filter bei jedem Stande des Wassers im Brunnen auf der Oberfläche schwimmend erhält. Der durchlöcherte Teil desselben enthält die Filtrierstoffe, die man je nach der Art des betreffenden Wassers verschieden nehmen kann. In diesen Teil hinein ragt ein mit Schraubengewinde versehenes durchlöchertes Rohr, mittels welchem das Filter an das Saugrohr der Pumpe geschroben wird, und ist jenes Rohr zur Vermeidung des Durchsaugens von Sand oder sonstigem feinen Filtriermateriale mit sehr feiner Drahtgaze umgeben.

Das Wasser wird stets erst unmittelbar beim Verbrauch gereinigt, kann also durch längeres Stehen keine Unreinigkeiten wieder aufnehmen. Ein solches Filter verlangt daher keinen wasserdicht gemauerten Brunnen, sondern kann überall zur Anwendung gebracht werden. Es zeichnet sich vor vielen anderen Systemen dieser Art noch besonders durch seine Einfachheit und Billigkeit aus. Ist der Brunnen nicht im Gebrauch und somit das Filter in Ruhe, so findet durch das herauströpfelnde Wasser eine selbstthätige Reinigung desselben statt.

Da die Wasserfrage, die Beschaffung von brauchbarem Nutzwasser für die Industrie und Technik sowohl, wie für die Hygiene, von der allergrößesten Bedeutung ist, überhaupt sich diese Frage immer wieder in den Vordergrund drängt, so verdienen alle Systeme und Apparate, welche zum Zwecke der Reinigung des Nutzwassers eingeführt und konstruiert werden, stets unsere vollste Aufmerksamkeit.

Fig. 12. Lindsays Filtereinrichtung für Brunnen.

Ausschiffen der Einwandrer zum Transport nach Castle Garden.

## Moderne Völkerwanderung.

In unsern Zeiten des Dampfes und der Telegraphen, der Schnellpresse und des Fernsprechers ist mit allem andern auch das Verkehrswesen zu einer ungeahnten Höhe ausgebildet worden. Doch nicht allein ist das Reisen derjenigen, die in Geschäften oder zum Vergnügen reisen, von dieser Umwälzung erfaßt worden, so daß heute eine Reise von London nach Rom ebenso schnell und mit weniger Scherereien gemacht werden kann, als früher eine Reise von Berlin nach Hamburg; sondern vor allem auch die Wanderungen großer Massen, die ihre Heimat verlassen und sich einen andern Wohnsitz suchen, einerlei aus welchem Grunde, sind durch das moderne Verkehrswesen völlig umgewandelt. Zwar weiß man gegenwärtig, daß die sogenannte Zeit der Völkerwanderung, von welcher uns im Geschichtsunterrichte so viel erzählt worden ist, nur mit einer gewissen Beschränkung so genannt zu werden verdient, da Wanderungen ganzer Volksstämme und Rassen stattgefunden haben, so lange es überhaupt in größeren Vereinigungen lebende Menschenstämme gegeben hat. Denn was waren die Züge eines Cyrus und Cambyses, eines Darius und Xerxes anderes, von dem Eroberungszuge der Hyksos ins Nilland oder ähnlichen im frühesten Dämmerlichte geschichtlicher Zeiten sich verlierenden Völkerwanderungen gar nicht zu reden; und die Einfälle der Skythen in Persien und Griechenland, der Gallier und Germanen in das römische Reich sind in keiner Hinsicht von denen der Goten, Vandalen, Longobarden

u. s. w. verschieden, so wenig wie die späteren der Hunnen oder Türken in den Osten und der Araber und Mauren in den Westen des jeweiligen zivilisierten Europa. Freilich eine größere Anzahl einzelner Stämme stritt sich in buntem Wechsel um die besten Reste der Erbschaft, welche das römische Reich aus dem Altertume dem Mittelalter übermachte; doch war die Gesammtzahl der wirklichen Wanderer nur bei wenigen Stämmen eine bedeutende, und sie wurden im allgemeinen nur dadurch gefürchtet und damit zu Siegern, weil sie in kompakten Haufen, wohl bewehrt und kampfesmutig anrückten und deshalb die verweichlichten Angesessenen mit leichter Mühe bezwangen.

Es ist eine eigentümliche Thatsache, daß von allen Völkerwanderungen, die von Ost nach West stattfanden — und das war die Mehrzahl —, nur wenige resultatlos verliefen, während die in der umgekehrten Richtung ausgeführten, wenig zahlreichen Züge selten erfolgreich waren. Auch spätere Jahrhunderte sahen diese Richtung, durch Kolumbus eingeschlagen, mit Erfolg gekrönt, und seit den Zeiten des Cortez, Pizarro und der Conquistadores, ist dieser nach Westen sich ergießende Strom der Völkerwanderung, kaum je merklich unterbrochen, in wachsender Stärke geflossen.

Von allen der mächtigste ist aber der Strom, der alljährlich von den Gestaden Europas nach der großen nordamerikanischen Republik seinen Weg genommen und, wenn nicht alle Anzeichen trügen, noch auf recht lange Zeit hinaus nehmen wird. Und von den Hunderttausenden, welche während der zweiten Hälfte unseres Jahrhunderts die Vereinigten Staaten zu ihrer zweiten Heimat erwählt haben, lieferte unser deutsches Vaterland mehr als ein Drittel, ja neuerdings beinahe die Hälfte. Es wanderten in die Union im Laufe des beendeten Jahrzehntes ein:

| | aus allen Ländern: | aus Deutschland: |
|---|---|---|
| 1880 | 327,321 | 104,264 |
| 1879 | 135,070 | 33,574 |
| 1878 | 75,347 | 23,051 |
| 1877 | 54,536 | 17,753 |
| 1876 | 68,264 | 21,035 |
| 1875 | 84,560 | 25,559 |
| 1874 | 140,041 | 40,302 |
| 1873 | 270,516 | 101,900 |
| 1872 | 292,406 | 128,030 |
| 1871 | 227,359 | 83,609 |
| | 1,675,420 | 579,077 |

Im ersten Viertel des laufenden Jahres ist die Zahl der Einwanderer sogar größer als je vorher, indem zwischen 110,000 und 120,000 Menschen in den Häfen der Union ankamen.

Da nun die Bevölkerung Deutschlands, trotz dieser und anderer Verluste, in derselben Zeit von 40,000,000 auf 45,000,000 gestiegen ist und diejenige der nordamerikanischen Republik von 40,000,000 auf 50,000,000, so beweist dies, daß die Vermehrung der Einwohnerzahl zum bei weitem größten Teile durch das Ueberwiegen der Geburten über die Todesfälle bedingt ist, wie dies ja auch aus der Statistik zur Genüge bekannt war.

Wir haben an anderer Stelle unsern Lesern eine vorzügliche Abbildung der Einfahrt in den New Yorker Hafen gebracht und auch bei Gelegenheit unserer Beschreibung der Obeliskenreise denselben einige Blicke in das Leben und Treiben des Hafens dieser unvergleichlichen Weltstadt ermöglicht; unsere gegenwärtigen Illustrationen befähigen sie, von der Art und Weise Einsicht zu nehmen, in welcher für die wöchentlich zu Tausenden ankommenden Einwanderer gesorgt wird.

Das Gros der Einwanderung wird natürlicherweise durch Dampfer und zwar im Zwischendeck befördert. Schon der Umstand, daß die Zwischendeckspassagiere, soweit sie Einwanderer sind, große Vergünstigungen in Betreff der für die amerikanischen Eisenbahnbillets (und teilweise auch für die europäischen) zu zahlenden Preise genießen, veranlaßt die meisten derselben, diesen Platz zu belegen. Der sehr viel höhere Preis der Kajütenkojen ist natürlich ebenfalls für viele unerschwinglich. Die Kajütenpassagiere haben allerdings dafür die Vergünstigung, beim Landen auszusteigen, wann sie wollen, und sich ohne weitere Formalitäten nach dem Ziele ihrer Sehnsucht zu begeben. Die Einwanderer im Zwischendeck jedoch werden, noch ehe das Ozeandampfschiff, das sie hinübergebracht hat, an seiner Werfte angelegt hat, von einem der Einwanderungsbehörde gehörigen Dampfer, (bei größerer Anzahl schleppt derselbe noch ein geräumiges Flachboot mit) wie dies unsre erste Abbildung zeigt, abgeholt und nach dem Castle Garden an der Südspitze New Yorks gebracht, mitsamt all ihrem Gepäck und übrigen Hab und Gut. Wir wollen daran erinnern, daß dieser merkwürdige Bau auf der alten Battery als Basis aufgeführt ist. Durch einen hohen Holzaufbau, der mit einem kleineren laternenartigen versehen ist, hat man eine geräumige Rotunda geschaffen, in der die verschiednen Bureaus und Abteilungen zum Teil Platz gefunden haben, deren Errichtung die Einwanderungsbehörde für nötig erachtet hat. Der größte Teil des Rundbaus ist jedoch für die Einwanderer selbst reserviert und mit Bänken versehen. Ebenso die das ganze Gebäude umziehende Galerie. Noch zahlreiche andere Nebengebäude vervollständigen den sonderbaren Bau (s. Bild), der eines der augenfälligsten Wahrzeichen des New Yorker Hafens ist. Erst neuerdings ist durch die Errichtung von 10—12 Stockwerke hohen Geschäftshäusern im untern Theile der Stadt, sowie durch den Bau riesiger Kornböden dicht an der Wasserlinie an beiden Ufern des Hudson die frühere Prominenz des Castle Gardens bedeutend herabgedrückt worden. Immerhin aber sind die Blicke der Einwanderer schon auf das erste Dach gerichtet, das sie nach Betreten des Festlandes zu häupten haben werden, seit sie in die herrliche innere Bai eingefahren. Kaum gönnen sie sich Zeit, die reizende Hafenszene in sich aufzunehmen, und doch atmet alles Luft und Sonnenschein. Das großartige Leben des Welthafens pulsiert in dem kleinen Schleppdampfer, der eben mit unglaublicher Gewandtheit dicht vor dem Bug eines riesigen Ozeandampfers vor-

Castle Garden vom Battery Parke aus.

überschießt, ebenso wie in dem letztern selbst, der zwar langsamer, aber doch mit gewaltiger Kraft dahersegelt und es zu verschmähen scheint, den kleinen Frechling zu zermalmen wie eine Eierschale. Die ungeheuern Fährboote schießen in einem, für den Europäer ungewohnt raschen Tempo von einem Ufer zum andern; dazwischen durch kommen große Remorqueurs, ganze Flottillen von Kanalbooten schleppend, den Hudson herab. Stattliche an das Ohr der ungeduldigen Neulinge und mildert den Lärm der unaufhörlich in den tiefsten und höchsten Tönen und den schrillsten Variationen tönenden Schiffspfeifen. Der gleichmäßige Takt der Maschine verlangsamt sich, endlich verstummt das Plätschern der Räder und nach kurzem Manövrieren legt der Dampfer an das Dock von Castle Garden an. Endlich! Land unter den Füßen! Gutes, festes, solides Land, anstatt der grausigen

Am Pulte des die Personalien aufnehmenden Beamten.

Vergnügungsjachten der New Yorker Handelsherren segeln um die Wette mit Briggs und Schonern aller Art. Einige Kriegsdampfer liegen nahe Governors Island vor Anker, und zwischen diesen und den schwimmenden Palästen hindurch, welche den Long Island Sound und den Hudson befahren, winden sich zahllose Ruder- und Segelboote von jeden nur denkbaren Größen und Formen. Doch wie alles, so hat auch diese erwartungsvolle Fahrt ein Ende. Das Getöse der Weltstadt schlägt deutlicher und immer deutlicher Meilentiefe des verrätherischen Ozeans! Doch diese Gedanken auszudenken, hat derjenige keine Zeit, dem sie etwa kommen sollten. In fliegender Hast, in geregelter Unordnung schiebt und drängt sich alles in die Rotunda und die daselbst stationierten Polizisten dirigieren den Menschenstrom nach dem Beamten, der sie in das Register einzutragen hat. Im Gänsemarsch müssen sie hier, durch die Wand und eine Barriere eingeengt, Revue passieren; Name, Alter, Beschäftigung, Heimats- und Bestimmungsort ꝛc. werden angegeben und weiter geht's zum Pulte eines zweiten Beamten, der die Einwanderer, welche Auskunft wünschen, genauer nach ihren Verhältnissen, Verwandten, ihrem Reiseziel u. dgl. ausfragt und ihnen in der bereitwilligsten und höflichsten Weise unter Assistenz einiger polyglotten Dolmetscher die verlangte Information erteilt.

Dann verfügen sich diejenigen, die in New York zu bleiben oder doch Aufenthalt zu nehmen wünschen, nach nahegelegenen Herbergen, in denen sie meist schon Landsleute antreffen, die nur zu bereit sind, ihnen die Resultate ihrer zweiwöchentlichen Beobachtung der umliegenden Häuser und Straßen als wertvolle Erfahrungen und denkreife Urteile über Amerika gratis zum besten zu geben.

Vor dem spezielle Auskünfte erteilenden Beamten.

Die Einwanderer aber, welche mit einem der nächsten Emigrantenzüge nach dem Innern des Landes zu reisen beabsichtigen — und das ist die überwiegende Mehrzahl — lösen ihre Billets an dem im Castle Garden befindlichen Schalter, wenn sie solche nicht schon in Europa gekauft haben.

Ehe sie sich's dann für die Nacht in der Rotunda bequem machen, trollen sie wohl ein wenig in den Batterypark hinaus, bewundern die Pfeilerbahn, die von Greenwich St. kommend mitten durch denselben nach der, an der South Ferry gelegenen Endstation geht. Weiterhin genießen sie den herrlichen Blick von dem neuen, breiten, steinernen Quai aus an Governors Island, der Militärstation, welche General Hancock, der durchgefallne Präsidentschaftskandidat, kommandiert, mit seinen Kasernen und dem Fort Kolumbus vorüber, über die Bai bis nach Staten Island hinüber.

Doch nach und nach dunkelt es und die Gaslichter des Parkes werden angezündet. Die Fremdlinge kehren nach Castle Garden zurück und machen sich in der Rotunda, in der ihnen zu kampieren gestattet ist, ihr Nachtlager zurecht.

Sitzend, liegend oder kauernd, schlafen sie nach eingenommenem frugalen Imbisse, so gut es eben geht; die Kinder, die in dem großen Raume mit der glücklichen Sorglosigkeit der Jugend sich tüchtig im Spiele ausgetobt, schmiegen sich an die Großen an und bekommen die besten Plätzchen. Bald herrscht tiefe Stille in dem halbdunkeln Raume und der große Gleichmacher Schlaf hüllt alle, wie sein ernsterer Bruder, in glückliche Vergessenheit. Nur im Lande des Traumes, nach denen er viele entführt, umgaukeln sie die überwältigend reichen Eindrücke der letzten Stunden, der ersten auf fremder Erde, und freundliche Bilder aus der alten mischen sich mit denen der zukünftigen Heimat, wie sie sich die Phantasie schon lange in den schönsten Farben ausgemalt.

Doch laut ertönt nur zu bald die große Gong und ruft die glücklichen Träumer in die rauhe Wirklichkeit zurück. Die Einwandererzüge fahren meist ziem-

Einzug in eine „Greenwich-Street"-Herberge.

Am Eisenbahnbilletschalter in Castle Garden.

lich früh ab und die meisten derer, die im Castle Garden nächtigten, müssen deßhalb früh auf den Beinen sein. Aber noch eine traurige Szene spielt sich ab. Ein Mitglied einer Familie ist über Nacht schwer erkrankt und kann deshalb unmöglich mitreisen. Mit schwerem Herzen müssen deshalb die andern Abschied nehmen, da sie unmöglich den kostspieligen Aufenthalt in New York bestreiten können. Doch der Superintendent und der Arzt sind schon bei der Hand und geben den Geängsteten die beruhigende Versicherung, daß der ihnen so teure Genosse im Emigrantenhospitale auf Wards Island gut aufgehoben sein, und daß er, nach seiner Genesung, den Seinen sicher und wohlbehalten nachgeschickt werden wird. Und diese tröstliche Zusage, die stets aufs treulichste erfüllt wird, macht die schwere Trennung um vieles leichter.

Doch nun gehts nach dem am Fuße der dreißigsten Straße gelegenen Stationsgebäude der Hudson-River und New York Central-Eisenbahn, und ein reges Leben entwickelt sich wieder hier. Wohl beschauen die Fremdlinge die, von den meisten

Blick vom Quai des Batterie-Parkes auf die New Yorker Bai.

europäischen so sehr verschiednen Eisenbahnwagen mit verwunderten Blicken und mustern die langen Reihen von Sitzen im Innern derselben mit unverhohlenem Erstaunen. Denn sie sind meist gepolstert, ein Luxus, der ihnen in ihrer Heimat wohl fremd geblieben. Nach und nach ist all' das lebende und leblose Frachtgut untergebracht. Die sonderbaren

Abfahrt eines Eisenbahnzuges mit Einwanderern von New York nach dem Westen.

Zusammenstellungen der verschiedensten Kostüme, des schwäbischen und oberösterreichischen Bauern, des italienischen Lazzaroni, des polnischen Juden und des irischen Landbündlers, die bunten Röcke, Hauben, Tücher und Bänder ihrer Mädchen und Frauen, die in zwanzig verschiedenen Farben und in noch mehr verschiednen Schnitten prangen: alles ist endlich im Innern der geräumigen Waggons verschwunden und nur das Summen der in babylonischer Sprachverwirrung durcheinandergeführten Unterhaltung dringt noch aus den Fenstern. Jetzt endlich zieht der Kondukteur die Leine, die auf der Lokomotive befindliche Glocke ertönt, die Signalpfeife fällt ein und unter Glockengeläute und Dampfgepfiff setzt sich der lange Zug in Bewegung. Taschentücher wehen, Köpfe nicken zum Waggonfenster heraus und die Zurückbleibenden rufen diesem Stück moderner Völkerwanderung fröhlich nach:

„Glückauf euch allen im fernen Westen!“

---

## Merkwürdige Wirkung eines Blitzschlages.

Wirkung eines Blitzschlages auf einen Kamin nahe bei Douai am 20. Dezember 1881. Nach einer Photographie.

Am 20. Dezember 1881 zog im Gefolge eines Sturmes über der Gegend bei Douai ein Gewitter herauf. Gegen 10½ Uhr abends sah man plötzlich einen ungewöhnlich glänzenden Blitz, dem ein furchtbarer Donnerschlag folgte. Wie sich ergab, hatte der Blitz den 50 m hohen Kamin der Zuckerraffinierie von Frévet zu Lin-le-Noble getroffen und war an der Spitze desselben hinabgefahren. Der ganze obere Teil des Kamins wurde vollständig fortgerissen und die Wände des Kamins selbst von oben bis zum Sockel aufgerissen.

Unsere Abbildung, die nach einer Photographie angefertigt ist, zeigt das Aussehen des Kamins am Tage nach dem Blitzschlage. Man mag aus diesen Zerstörungen die furchtbare Gewalt des Meteors ermessen. Beiläufig bemerkt, wurden in den anstoßenden Gebäulichkeiten ebenfalls verschiedene Zerstörungen verursacht, jedoch ging kein Menschenleben verloren.

# Gesteinsbohrungen mit verdichteter Luft.

Größere oder kleinere Löcher in Steine zu bohren, war schon in den frühesten Zeiten Bedürfniß. In einer Periode der Entwicklung des menschlichen Geistes, wo die Metalle noch nicht für den täglichen Gebrauch in Waffen und Werkzeuge verwandelt werden konnten, hatten unsre Voreltern wie die noch jetzt lebenden Naturvölker Beile, Hämmer u. dgl. aus Stein. Sie wurden anfangs roh zugehauen, später aus Flußgerölle durch Zuschleifen gewonnen. Die Fassung bestand aus gespaltenen Stäben, zwischen welche der Stein eingeklemmt und durch Festbinden gehalten wurde, oder aus Knochen, Stücken von Hirschgeweih u. dgl. Besonders die Pfahlbauforschungen der neusten Zeit haben große Massen dieser prähistorischen Steinwerkzeuge ans Licht gebracht, und diese finden sich heute in zahlreichen Altertumsmuseen. Aber der Mensch erkannte auf einer weiter fortgeschrittenen Stufe, daß die Befestigung des Steins am Holzstiel fester und sichrer stattfinden würde, wenn man den Stein durchbohre. Im Anfang mag es eine mühselige und zeitraubende Arbeit gewesen sein, mit dem Steinmeißel ein solches rundes Loch in einem andern Steine herzustellen; gar mancher zerbrach dabei und wurde weggeworfen. Aber auch damals schon lebten Erfinder, und so ersannen schon in vorgeschichtlicher Zeit die Menschen Werkzeuge, mit welchen aus einem Steine ein cylindrisches Stück herausgesägt werden konnte und so ein Loch entstand, durch welches dann die Handhabe, der Stock, gesteckt wurde. In manchen Pfahlbauten, namentlich der Schweiz, haben sich solche ganz oder teilweise durchbohrte Steinwerkzeuge gefunden, entweder nur zur Hälfte, oder die beiden Hälften von links und rechts treffen nicht scharf zusammen, und es entsteht in der Mitte des Bohrlochs ein Absatz, der nachgemeißelt werden muß; auch die ausgebohrten Steincylinder, ja selbst die Bohrwerkzeuge fanden sich, die ältesten, welche bekannt sind.

So sehr es auch unser Staunen erregen muß, in so frühen Zeiten Instrumenten zu begegnen, die sinnreich erdacht sind und ihren Zweck vollständig erfüllen, so sind diese doch nicht entfernt zu vergleichen mit den Bohrapparaten, mit welchen jetzt Löcher in großer Anzahl zugleich und mit größter Geschwindigkeit auch in das festeste Gestein gebohrt werden können.

Mit der zunehmenden Ausdehnung des Bergbaues und des Straßenbaues, namentlich aber der Eisenbahnen, konnte man sich nicht mehr mit den sonst allgemein und jetzt noch vielfach üblichen Mitteln der einfachen, aber zeitraubenden und kostspieligen Handarbeit begnügen.

Jeder hat schon in einem Steinbruche gesehen, wie mühsam der Arbeiter ein Bohrloch in den Stein meißelt. Zwischen jedem Schlage mit dem Hammer wird der Meißel mit der Hand gedreht, nach einer Anzahl von Schlägen der Meißel ausgezogen und das Bohrmehl langsam herausgelöffelt. Es ist begreiflich, daß sich unter diesen Umständen der Bergmann mit möglichst engen Stellen begnügte, um die Zeit zu sparen, sie weiter und bequemer zu machen.

Als aber die Eisenbahnen auch in gebirgige Gegenden eindrangen und immer großartigere Tunnelbauten zur Ausführung kommen mußten, war die Ersparniß an Zeit und Geld von der größten Wichtigkeit geworden. Hätte man den Tunnel durch den Mont Cenis oder gar den durch den St. Gotthard mit Handbohrung ausführen wollen, so hätten viele Menschenalter für die Arbeit nicht ausgereicht; ja selbst Tunnel von einem oder wenigen Kilometern Länge wären kaum ausführbar gewesen.

Es wurden die Bohrmaschinen erfunden, und daß diese durch komprimierte Luft in Bewegung gesetzt wurden, hatte einen

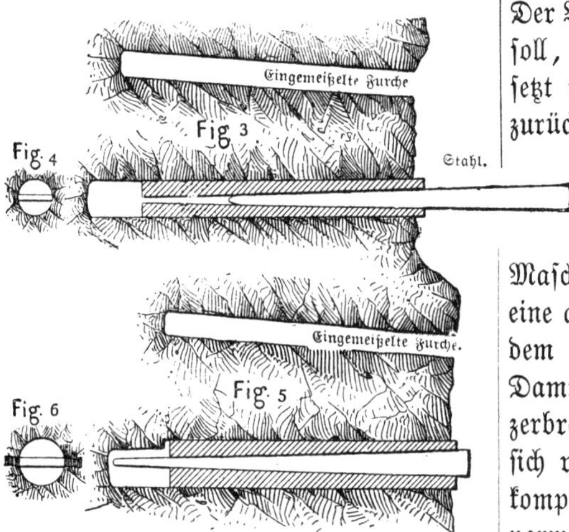


Fig. 3–6. Vorgang beim Bohren der Löcher.

doppelten Vorteil; einmal war diese Methode billig und doch wirksam, und dann wurde zugleich der Tunnel mit ventiliert und die Spreng- und Athmungsgase durch eingeblasne reine Luft ersetzt.

Freilich kommt bei Betracht der Fortschritte in den Gesteinsbohrungen noch ein anderer Punkt zur Geltung, das ist die Verwendung von verbesserten Sprengmitteln, Nitroglycerin, Dynamit, Sprenggelatine ꝛc. Doch müssen diese für jetzt außer Betracht bleiben, wo nur die Bohrung selbst ins Auge gefaßt wird.

Betrachten wir eine solche Bohrmaschine genauer, so finden wir in den einzelnen Teilen große Aehnlichkeit mit denen einer Dampfmaschine. Fig. 1 und 2 zeigen dieselbe im Längs- und Querschnitt. In dem Cylinder A bewegt sich der Kolben P hin und her, aus der Luftkammer B tritt durch das Schieberventil T zuerst links, dann rechts vom Kolben die komprimierte Luft ein und durch E fließt die verbrauchte Luft wieder ab. Aber für die besondern Zwecke sind doch besondere und von der Dampfmaschine abweichende Einrichtungen erforderlich. Der Bohrer, der in das Gestein einschlagen soll, wird auf den Kolben direkt aufgesetzt und geht mit diesem vorwärts und zurück; er muß rasch und mit Gewalt gegen das Gestein stoßen, damit er die gewünschte Wirkung erzielt. Dadurch aber werden auch alle Teile der Maschine heftig erschüttert und es ist daher eine andere Verbindung des Schiebers mit dem Kolben erforderlich, als bei der Dampfmaschine, wenn jener nicht sehr bald zerbrechen soll. Auch muß der Schieber sich von selbst derart bewegen, daß die komprimierte Luft den Bohrer nicht nur vorwärts stößt, sondern auch wieder zurück zieht, und dann muß der Bohrer um seine Längsaxe sich drehen, damit er sich korkzieherartig vorwärts bewege. Dadurch wird sein Stoß viel wirksamer auf das Gestein sein. Endlich ist nötig, daß der ganze Apparat sich in dem Maße vorwärts schiebe, als die Bohrer in das Gestein eindringen, um immer neue, noch nicht berührte Teile desselben anzustoßen.

Alle diese Bedingungen werden von dem obenerwähnten Apparate erfüllt. Die verdichtete Luft fließt fortwährend nach der Luftkammer B und kann sich langsam durch den Kanal T′ nach einem weiter links liegenden Behälter verbreiten, der von der Kammer durch eine Scheidewand getrennt ist, in welcher die Verbindungsstange des Schiebers T gleitet. Sobald kein Gleichgewicht im Druck stattfindet, wird der Schieber durch den Druck auf die rechte Seite der Stange nach links gestoßen und es öffnet sich das rechte Verbindungsrohr, wie dies in Fig. 1 zu sehen ist. Die verdichtete Luft strömt nun in die rechte Seite des Cylinders und schnellt den Kolben vorwärts nach links, während die Luft, welche auf der linken Seite des Kolbens war, nach außen hin durch E abfließt.

Unterdessen hat sich die verdichtete Luft in der linken Abteilung der Luftkammer ausgebreitet, der dadurch hervorgebrachte Druck ist stärker auf die in D vergrößerte Basis zur Linken und stößt den Schieber nach rechts. Dadurch öffnet sich der linke Kanal, die komprimierte Luft tritt vor den Kolben und treibt ihn mit dem Meißel zurück.

Es muß noch aufmerksam gemacht werden auf den Wulst F am äußern Ende des Kolbens. Derselbe drückt auf eine Feder, die in einen Winkelhebel L übergeht. Dieser überträgt den Druck auf das Ventil S, es öffnet sich und nun kann die Luft in D ausströmen. Hat aber der Kolben eine andere Stellung, so bleibt S geschlossen. Auf diese Weise regelt sich die Stellung des Schieberventils von selbst.

Die einfache Vorkehrung, um dem Bohrer eine Axendrehung zu geben, ist aus dem Durchschnitt Fig. 2 ersichtlich. Die zwei Daumenhebel C C′ sind auf einer Horizontalaxe O befestigt, die parallel über dem Kolben liegt und mit demselben durch einen langen gezahnten Trieb verbunden ist. Sie werden abwechselnd gehoben durch zwei vertikale Kolben, die ebenfalls durch gepreßte Luft in ihren Cylindern bewegt werden. Hat die komprimierte Luft Zutritt zu dem Cylinder links, so wird durch den kleinen Kolben links der Hebel C gehoben, C′ dagegen senkt sich auf den gegenüberliegenden Kolben herab; hebt sich dann dieser, so wird die Bewegung die entgegengesetzte sein und sich übertragen auf die Axe O und dann auf den Kolben mit dem Meißel. Die Zufuhr von komprimierter Luft nach den beiden kleinen Vertikalkolben wird aber durch die hin- und hergehende Bewegung des horizontalen Hauptkolbens selbst bewirkt, indem dieser ein Schieberventil in Bewegung setzt.

Die Schraube M, welche durch eine Kurbel mit der Hand gedreht wird, schiebt den Meißel gleichzeitig mit der ganzen Maschine in dem Grad vorwärts, als derselbe in das Gestein eindringt. Auch hiefür hatte man früher selbstthätige Maschinenteile, die natürlich je nach der Härte des anzubohrenden Gesteins sich richten mußten, doch hat man gefunden, daß es zweckmäßiger sei, diese Arbeit der Hand eines geübten Arbeiters zu überlassen.

Hat das Bohrloch eine Tiefe von etwa 70 cm, so wird dasselbe mit Pulver oder sonst einem andern Sprengmittel geladen und durch Verbrennen desselben die Gesteinssprengung vorgenommen. In Steinkohlengruben aber, in welchen schlagende Wetter auftreten, ist die Verwendung von Sprengpulver mit den größten Gefahren für den Bergmann verbunden, weil durch die Pulverflamme sehr leicht das explosive Gemisch von Grubengas und atmosphärischer Luft entzündet werden kann. Auch hier hat man die etwas veränderte Bohrmaschine mit komprimierter Luft verwendet und namentlich in einigen belgischen Grubenbezirken, wie Marihaye, Flémale und Seraing, große Erfolge erzielt. Seitdem haben sich daselbst die Unglücksfälle durch schlagende Wetter wesentlich vermindert.

Fig. 1. Fig. 2.

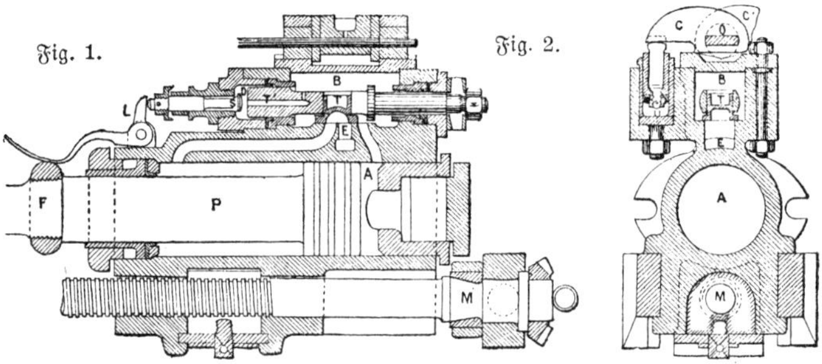


Fig. 1 u. 2. Längs- und Querschnitt durch eine Bohrmaschine mit komprimierter Luft. (System Dubois & François.)

Sehen wir, in welcher Weise die Maschine außen zum Bohren der Löcher verwendet werden kann. Fig. 3—6 zeigen, wie einfach dies ist. Vor Ort wird eine tiefe Furche in das Gestein gemeißelt und kann da auch durch den Bohrer vorgearbeitet werden. In das Bohrloch darunter kommt ein eisernes Rohr mit konischer Bohrung, das der Länge nach geschlitzt ist und aus zwei Teilen besteht. Hierauf wird der Meißel durch einen Stahlkonus ersetzt, der etwas dicker ist, als die konische Höhlung des Rohrs. Wird dieser dann mit Gewalt nach und nach in das Rohr gestoßen, so werden die beiden Hälften desselben auseinandergetrieben und es muß ein Bruch stattfinden.

Da der Bohrer nicht nur in horizonaler, sondern auch in schiefer und selbst in senkrechter Richtung gestellt, arbeiten kann, so ist dies auch mit dem Stahlkonus der Fall und seine Anwendung in jedem Teil der Grube leicht, um so leichter, da die Maschine an sich wenig Platz wegnimmt und nicht höher ist, als die Hunde, d. h. die Karren, auf welchen der Schutt weggefahren wird.

In Fig. 7 haben wir den Durchschnitt eines Stollens in der Kohlengrube, der ausgebrochen werden soll. Hierbei werden die natürlichen Spalten im Gestein als wesentliche Erleichterung mit benutzt, und mit vier Bohrlöchern läßt sich das Gestein unter dem Flötz rasch in der angeführten Art entfernen. Je nach Bedürfniß wird die Anzahl der Bohrlöcher vermehrt; sie richtet sich wesent-

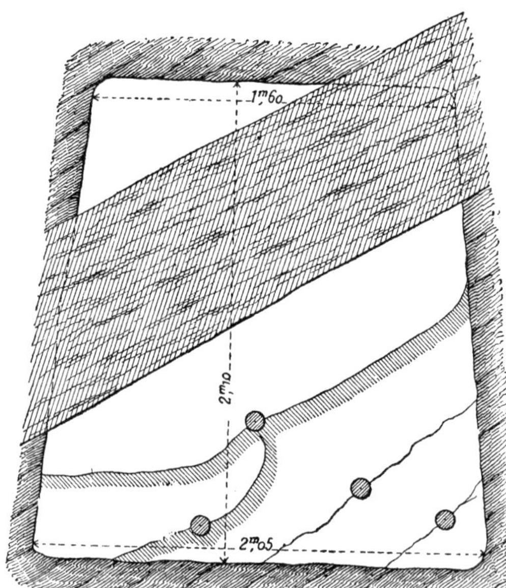


Fig. 7. Durchschnitt eines Stollens in einer Kohlengrube.

lich nach der Härte des Gesteins. In einem sehr festen Sandstein erfordert die Bohrung eines Lochs von 70 cm Tiefe und 10 cm Durchmesser und das Lossprengen des Gesteins nur 15 Minuten, das Auswechseln des Meißels durch den Stahlkonus mit eingerechnet.

Die Verwendung dieser Maschinen im Grubenbetrieb ist noch neu und es sind deshalb noch weitere Erfahrungen zu sammeln. Aber die seither erlangten Erfolge sind vielversprechend für die Zukunft.

## Der Champagner und seine Bereitung.

Es ist nur eine poetische Licenz, wenn Goethe den Brander in Auerbachs Keller gegen Mephisto den Wunsch äußern läßt:

„Ich will Champagnerwein,
Und recht moussierend soll er sein.“

Auch Shakespeare hat noch keine Ahnung von diesem „König unter den Weinen“ gehabt, denn sein „Sect“ ist lediglich ein süßer Wein, der von getrockneten Trauben bereitet wurde — vino secco — ähnlich dem elsässer Strohwein, dessen Trauben eine Zeitlang auf Stroh gelagert werden, bevor man sie der Kelter übergibt. Aber freilich, der Teufel, dem Vieles möglich ist, kann auch schon anno 1525, als er mit dem ihm zu eigen verschriebenen Doktor Faust Leipzig besuchte, ebensogut Champagner aus der Tischplatte hervorgezaubert haben, als andern Wein. Wird er in Sage und Lied ja überhaupt als der Erfinder des Champagners genannt; „Teufelswein“ heißt dieser daher auch im Anfange vielfach, obwohl sich annehmen läßt, daß es hauptsächlich nur seine Neider und Widersacher waren, welche diesem Gerüchte Nahrung und Verbreitung gaben. In Wahrheit wird es wohl so gewesen sein, wie es in dem Liede heißt:

„Fünfmalhunderttausend Teufel
Sind in Flaschen festgebannt,
Jede dieser Teufelsflaschen
Ward Champagnerwein genannt.
Wenn die Stöpsel lustig knallen,
Oeffnet sich der Freude Schoß
Lieder rings umher erschallen,
Ja, dann ist der Teufel los!“

Keinesfalls hat aber der abergläubische Spuk, der seinem Ursprung anhaftete, lange vorgehalten, er hat dem sprudelnden Geiste der Lebenslust, der ihm innewohnt, bald weichen müssen. Er wurde nicht nur der Lieblingstrank aller Genies von beiderlei Geschlecht; er wußte schließlich auch die bedenklichern Köpfe zu besiegen — leider aber bemächtigte sich des edlen Trankes sehr bald ein wirklicher Teufel, nämlich der Teufel der Mantscherei und Fälschung.

Dennoch aber soll aus der Mantscherei der Champagner entstanden sein. Die Sage berichtet darüber Folgendes. Zu Anfang des achtzehnten Jahrhunderts lebte in dem Benediktinerkloster zum heiligen Petrus bei St. Remy an der Marne der Kellermeister Pater Hieronymus. Derselbe wartete seines Amtes mit großem Eifer und mit stetem Nachdenken, wie er die ihm anvertrauten Weine veredeln und dabei auch den Stand der

Klosterkasse verbessern könne. Er that dies hauptsächlich dadurch, daß er geringe Sorten und schlechte Jahrgänge durch bessere Sorten verschnitt. Dies Geschäft betrieb er aber ganz insgeheim, und mußte es, wie jeder, der seinem Jahrhundert vorausgeeilt ist, sofern er sich eben nicht dem Haß und der Verfolgung der minder Fortgeschrittenen aussetzen will. Er hatte zu diesem Behufe im Keller ein kleines Gelaß als Zelle für sich eingerichtet; dort standen neben dem üblichen Kruzifix und Totenschädel auch ein halbes Dutzend schwerer Folianten, die aber, anstatt die übliche theologische und sonstige Weisheit zu enthalten, hohl waren. In diesen Behältern verwahrte Pater Hieronymus einen großen Teil der Flaschen, in denen er seine Mischungsversuche anstellte und sie erprobte, bevor er zum Werke des Verschneidens selbst schritt.

Es nahete des Abtes Namenstag und für diesen sollte etwas ganz Besondres geleistet werden. Der Pater Kellermeister war daher seit mehreren Tagen ungemein geschäftig, er probte hier und probte da, ließ dieser Flasche noch eine neue Ingredienz, einer andern jene zufließen, als plötzlich ein Gepolter den Pater aus seiner Andacht aufschreckte, das, gefolgt von einem lauten Knall, einem Miauen und Gezische, einen weniger herzhaften Mann zu schleuniger Flucht würde bewogen haben. Unser Pater Hieronymus übersah aber mit einem beherzten Blicke die Situation und erkannte Folgendes. Der Kater des Klosters hatte sich heute auf seiner Suche nach Mäusen das geheime Kabinet des Kellermeisters ausersehen und war ihm unverwehrt dahin gefolgt. Ebenso eifrig auf die Ausübung seines Berufes bedacht, wie der Pater, war er endlich in jenen Winkel gelangt, wo dieser ebenfalls verschiedene Probeflaschen, und zwar auf dem Kopfe stehend, verwahrte; in diesen hatte er nämlich Versuche mit Most angestellt, dachte aber das gewonnene Resultat erst in den nächsten Tagen einer Prüfung zu unterwerfen. Dort trieb nun jedenfalls ein Mäuslein sein Spiel, dem der Kater nun zu Leibe rückte und dabei eine der Flaschen umwarf. Diese fiel aus der Erhöhung herab, entlud knallend den Propfen und sprühte den Inhalt zischend und schäumend umher. Einen Becher ergreifen und die Flasche vom Boden aufheben, war das Werk eines Augenblicks. Jetzt aber wartete eine neue Ueberraschung des guten Paters, eine Ueberraschung, so groß als die eben vorübergegangene. Denn wer könnte das Entzücken des alten Zechers beschreiben, als der süße prickelnde Trank über seine Zunge glitt und ihn in eine Stimmung versetzte, die er vorher kaum in dieser Weise gekannt.

Sagen wir es kurz: Der Champagner war erfunden, und er eröffnete seine Thätigkeit mit der Verherrlichung des Namenstages des Abtes im Kloster zum heiligen Petrus. Bei dieser Gelegenheit gab der Bruder Kellermeister auch die Geschichte mit dem Kater zum Besten, was nicht wenig zur allgemeinen Heiterkeit beitrug. Aber diese Geschichte gab auch Veranlassung zu schlimmen Deutungen, und Pater Hieronymus kam in den Ruf, ein Bündnis mit dem Gottseibeiuns zu haben, der ja bei allen seinen Zauberkünsten sich eines alten Weibes oder einer Katze bediene. Aber, wie gesagt, dieser üble Leumund haftete dem Trank nicht lange an, obwohl der Kater unter gewissen Umständen immer in enger Beziehung zum Champagner geblieben ist. Doch das haben die Trinker mit sich selber auszumachen.

Wir wollen jetzt einen Blick auf den Champagner selbst und seine Bereitung werfen. Es gibt nichtmoussierenden und moussierenden. Der nichtmoussierende wird auf dieselbe Art gewonnen, wie jeder andre Wein, der moussierende dagegen auf dem Wege der unterbrochenen Gährung. Unter den nichtmoussierenden gibt es viele Weine erster Klasse, so besonders die trocknen und geistig feinen Gewächse von Sillery, Ludes, Verzy, Verzenay und Mailly, denen sich die markigen und milden Sorten von Avize, Cramant, Le Menil und St. Martin d'Ablois würdig anreihen. Diesen Orten entstammen auch die besten Sorten des moussierenden Champagners. Ein prickelnder Geschmack, das Ergebnis des kalkhaltigen Bodens, der sie hervorbringt, ist aber allen diesen Weinen gemeinsam.

Champagnerkork vor dem Gebrauch.

Auf keinen Wein wird ein so hoher Grad von Sorgfalt beim Bau wie bei der Bereitung verwendet, als auf den Champagner, und es bedurfte eines hohen Grades von Intelligenz, Beobachtungsgabe, sowie Ausdauer dazu, um die Fabrikation auf die Höhe zu bringen, welche sie heute einnimmt. Bei der Lese wird jede Traube untersucht, alle irgend untauglichen, unreifen, beschädigten Beeren scheidet man streng aus. Die Kelterung geschieht nur durch eiserne *Kniehebel der Spindelpressen*. Die drei ersten, rasch hintereinander genommenen Abläufe geben die beste Qualität, die folgenden Abläufe, bei denen schon Hülsen und Stengel mit ausgequetscht werden, verarbeitet man zu besondern Zwecken, zum Teil auch zu Kognak. Nachdem der Most 15 bis 20 Stunden gestanden, wird er in Fässer übergefüllt und in lüftigen, aber überdachten Räumen über der Erde der ersten Gährung überlassen. Ist er klar geworden, so wird die Operation des Vermischens der Moste (coupage) vorgenommen. Derselben wird eine große Wichtigkeit beigelegt, denn die Erfahrung hat gelehrt, daß eine gute Mischung sowohl die Qualität, wie die Haltbarkeit des Weines wesentlich erhöht.

Gebrauchter Champagnerkork.

Kurz nachher wird die Flüssigkeit der Schönung durch beigemengte Hausenblase oder Eiweiß unterworfen und nach etwa 14 Tagen auf frische Fässer abgefüllt. Hierbei darf auch nicht eine einzige Flocke Hefe mit übergehen. Nichtsdestoweniger ist in der Flüssigkeit noch immer Hefe fein verteilt, die zu entfernen die Aufgabe einer spätern Operation ist. Nun lagert der junge Wein bis zum März in den bereits oben erwähnten luftigen Räumen, und wird dann auf Flaschen gezogen (tirage), eine Operation, die wieder die größte Aufmerksamkeit erfordert. Es handelt sich hierbei hauptsächlich um zweierlei: zunächst, daß der Flasche keine zu heftige Gährung zugemutet werde, und dann, daß der Wein seinen erforderlichen Zuckergehalt habe. Zeigt er letzteren nicht, so wird das Nötige in Form von aufgelöstem Kandis zugesetzt. Die Gährung mildern manche Fabrikanten dadurch, daß sie ein gewisses Quantum alten Wein zusetzen, was gleichzeitig den Zeitpunkt des Versendens beschleunigt und den Bruch an Flaschen wesentlich vermindert. Daß auf die gute Beschaffenheit der Flaschen die größte Aufmerksamkeit verwendet werden muß und verwendet wird, ist selbstverständlich. Der Grad der Gährung läßt sich auch durch Anwendung von höherer oder niedrigerer Temperatur regulieren; die Keller liegen infolge dessen tiefer oder höher (übereinander) und sind mit Eishäusern versehen. Trotz aller angewandten Vorsicht zerspringt aber immer ein Teil der Flaschen, besonders während der heißen Jahreszeit. In den großen Kellern, wo die Flaschen zu vielen Tausenden lagern (nie mehr als zwei aufeinander), hört es sich dann oft an wie lebhaftes Gewehrfeuer und die Arbeiter, die dort zu schaffen haben, müssen sich durch Drahtmasken und große Lederschürzen gegen die umherfliegenden Glassplitter wappnen. Der ausfließende Wein sammelt sich durch Rinnen in besondern Vertiefungen; er wird entweder den Arbeitern verkauft oder anderweitig verarbeitet. Daß in den Kellern, die nebenbei bemerkt, auf das Luxuriöseste eingerichtet sind (die Rinnen sind z. B. meist aus Marmor), die allerpeinlichste Reinlichkeit herrschen muß, damit die Luft ja nicht durch Gährungselemente verdorben werde, ist für Jeden selbstverständlich, der nur eine Ahnung davon hat, wie sehr ein mangelhaft rein gehaltener Keller den Getränken Nachteil bringt.

Fertigmachen der Champagnerflaschen.

Beim Abfüllen der Flaschen werden

in jedem Keller so viele Ateliers eingerichtet, als erforderlich sind, um die Arbeit innerhalb eines Monats zu Ende zu führen. Jedes Atelier besteht aus fünf Mann, die täglich 1200—1500 Flaschen

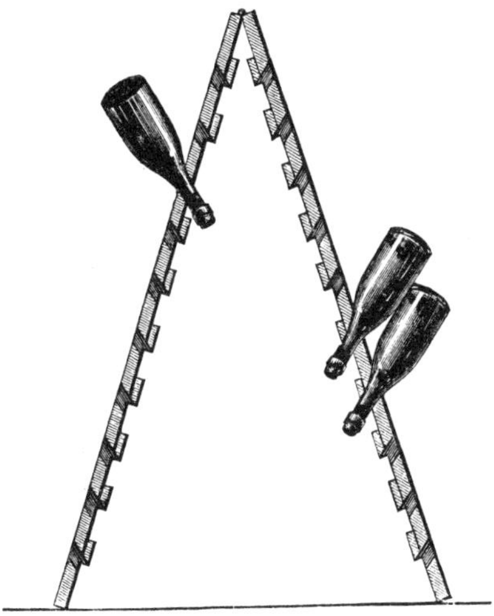

Gestell für Champagnerflaschen.

fertig machen. Ein Arbeiter füllt ab, der zweite korkt die Flasche auf der Maschine, der dritte windet Bindfaden um diesen, der vierte Eisendraht, der fünfte schichtet die Flaschen auf. Dies ist jedoch ebenfalls nur eine Vorarbeit, auf die im Herbst die endgültige Behandlung folgt.

Der nun zunächst zu erfüllende Zweck besteht in der Entfernung der Hefenteile, zu welchem Ende jede in gutem Zustande befundene Flasche vorher tüchtig durchgeschüttelt wird, damit eine gleichmäßige Verteilung des Bodensatzes erfolgt. Dann kommen die Flaschen auf Bretterstellagen mit eingeschnittenen Löchern schräg auf den Kopf zu stehen. Der Winkel dieser Stellung wird mehreremal verändert, damit aller Bodensatz sich an dem Kork ansammle. Hat sich der Wein vollkommen geklärt, so werden die Flaschen in die Ateliers gebracht, die diesmal mit je sechs Mann besetzt sind. Der Erste, der Entkorker (degorgeur), steht, wohlgeschützt durch Lederzeug, vor einem Fasse, in welchem ein thürartiger Einschnitt angebracht ist und worin ein Licht brennt. In dieses Faß läßt er den losgelösten Kork hineinspringen, wobei der Hefensatz rein mit weggespült wird. Rasch wirft er die Flasche dem Zweiten zu, welcher ihr ein gewisses Quantum Likör, eine Mischung von gelöstem Kandis und edlem Wein, mit etwas Spiritus zuzufügen hat. Die Zusammensetzung des Likörs ist je nach den Ländern, für welche der Wein bestimmt ist, verschieden. Ostasien, England und Frankreich fordern den geringsten Sprit-

Degorgieren des Schaumweins.

zusatz, Rußland und Skandinavien den meisten, Deutschland steht in der Mitte. Der dritte Arbeiter hat die regelrechte Nachfüllung des beim Oeffnen der Flasche verloren gegangenen Teiles durch klaren moussierenden Wein zu besorgen. Der Vierte versieht sie mit einem neuen untadelhaften Kork, in welchem die jedesmalige Firma eingebrannt ist; der Fünfte und Sechste befestigen den Kork durch Bindfaden und Eisendraht. Diese geteilte Arbeit muß sehr flink von statten gehen, denn es wird von einem solchen Atelier eine tägliche Leistung von 1400 bis 1600 Flaschen gefordert. Nachdem alsdann die Flaschen mit klarem Wasser abgewaschen, getrocknet und nochmals auf untadelhafte Klarheit des Weines untersucht worden sind, wird Staniol um Hals und Kork gelegt. Hin und wieder bedient man sich auch statt dessen der Pecheinhüllung. Diese Dekorierung kann aber nur durch den Gedanken versöhnen, daß sie die Verflüchtigung der Kohlensäure behindern. Solches ist auch bis zu einem gewissen Grade der Fall. Jede Champagnerverkorkung muß aber so beschaffen sein, daß sie jenen Zweck auch ohne Beihilfe erfülle. Nur ist es notwendig, daß die Flasche stets liegend und, wenn angebrochen, auf dem Kopfe stehend aufbewahrt werde. Guter Champagner muß nämlich auch angebrochen seine edlen Eigenschaften, von Mousseux natürlich abgesehen, da sich dasselbe ziemlich bald verflüchtigt, noch längere Zeit beibehalten. Schlechter Champagner nimmt sehr bald einen abgestandenen Geschmack an.

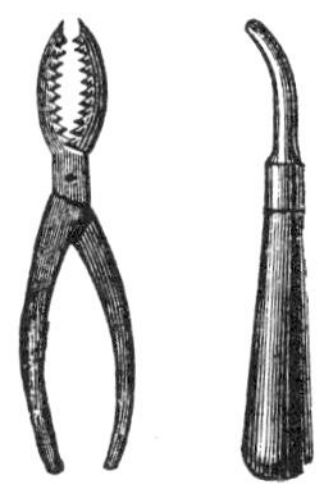

Werkzeuge zum Entkorken der Champagnerflaschen.

Bezüglich des Mousseux unterscheidet man drei Abstufungen: den Grand-Mousseux, den Mousseux und den Crémant. Das Verhältnis ihrer Stärke ist etwa wie 5 zu 4 ½ zu 4. Der Champagner ist entschieden das gesundeste alkoholhaltige Getränk, eine Eigenschaft, die er in

Champagnerprobe im Keller.

erster Linie seinem Kohlensäuregehalt verdankt. Aber auch seine edlen Eigenschaften als Wein, das Ergebnis seiner exquisiten Behandlung, fallen hier mit ins Gewicht. In heißen Klimaten ist er für Europäer eines der unentbehrlichsten Mittel zur Akklimatisation.

Man kann den Champagner in ziemlich starken Quantitäten trinken, ohne Schaden zu nehmen. Ein Rausch von gutem Champagner verflüchtigt sich bald wieder, ohne unangenehme Nachwehen zu hinterlassen. Schädlich ist er nur dann, wenn ein übermäßiger Genuß andrer geistiger Getränke vorhergegangen ist; dann ist er aber auch von der verderblichsten Wirkung. Das hübsche Gedicht von Geibel: „Der Geist von Würzburg“, stellt dies in ergötzlicher Weise dar. Das Gedicht schließt:

„Der Geist zu Würzburg in der Kammer
Heißt insgemein Herr Katzenjammer.
Und die Moral von der Geschicht?
Auf Weißen trink keinen Roten nicht,
Und setzt ihr gar Champagner drauf:
Der Geist von Würzburg wart' euch auf!“

## Die Herstellung von Papierschachteln

für Zündhölzchen u. dgl. geschieht nach einem C. u. J. Pruner im deutschen Reich patentierten Verfahren mittels einer Maschine. Das hierzu verwendete Papier gelangt in Rollen auf die Maschine. Beim Abwickeln geht es zunächst durch einen Druckapparat, wo es mit dasselbe aufgetragen wird. Auf der genannten Formscheibe befinden sich am Umfange viereckige Modellstücke, die sich in radialen Schlitzen in der Scheibe verschieben lassen. Das Papier gelangt mit dem mit VI bezeichneten Teil unter ein solches Modell, dieses

Fig. 1. Fig. 2. Fig. 3.

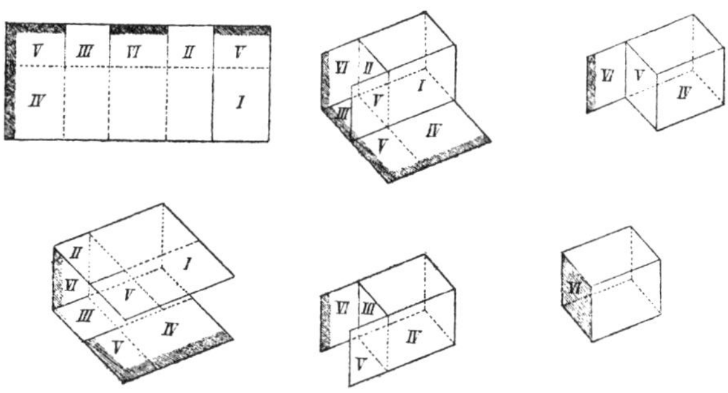

Fig. 4. Fig. 5. Fig. 6.

Faltung des Papiers zur Herstellung der Schachtel.

dem gewünschten Aufdruck versehen wird, dann wird es zu einer Scheibe geführt, wo es zur Schachtel geformt wird. Ein mehrfaches Messer schneidet von dem Papierbande ein Stück zur Bildung einer Schachtel ab und versieht dies mit solchen Einschnitten, daß sich die Teile V, III, VI, II, V (Fig. 1) zur Bildung des Bodens umlegen lassen. Die vollen Linien geben diese Einschnitte, die punktierten Linien die Falze an. Die dunkeln Stellen deuten den Klebstoff an, der von einer Walze, während sich das Papier vorwärtsbewegt, auf wird in den radialen Schlitz gezogen und faltet das Papier in die Gestalt Fig 2. Die Scheibe dreht sich weiter und dabei werden Teile I u. II umgelegt (Fig. 3), dann Teil IV auf I und Teil III auf II geklebt und schließlich VI auf V (Fig. 5). Die nun fertige Schachtel erhält auf dem Teil VI etwas Klebstoff, auf welchen sodann Sand für die Reibfläche aufgestreut wird. Durch Vorschieben des Modellstückes und Abstreifen der Schachtel von demselben, verläßt die fertige Schachtel (Fig 6) den Apparat.

Verankertes Flachboot zum Ausladen des Sprengschutts. Sprengung eines Riffes nahe dem Wasserspiegel. Flood Rock. Great Mill Rock.

# Sprengungsarbeiten im New Yorker Hafen.

Die Tausende und aber Tausende von Passagieren, die jährlich von New York nach den nahegelegenen Vorstädten Harlem, Yorkville u. Morrisania oder nach den am Long-Island-Sunde gelegenen Häfen Newport, Stonington, Hartford und Bristol fahren, können vom Deck des Dampfers aus eine kleine Insel beobachten, von der vor einigen Jahren noch nichts zu sehen war. Dieselbe befindet sich in der „Hell-Gate“ genannten Passage, welche als enger Kanal den East-River mit dem Long Island-Sunde verbindet.

Bekanntlich wurde im Juli 1876, nach jahrelanger unterseeischer Arbeit in derselben gefährlichen Durchfahrt ein anderes Riff weggesprengt, welches als breiter Rücken in das Fahrwasser hinausragte und durch seine Untiefen, sowie durch die von den Gezeiten verursachten Strömungen zu einem gefährlichen Schiffahrtshindernis wurde. Die Arbeiten wurden ganz ähnlich, wie die sogleich zu schildernden ausgeführt, und zwar wurden unter dem Meeresboden über 600,000 Kubikfuß Felsen ausgesprengt und zu Tage gefördert; die Wände und Pfeiler wurden dann mit unzähligen Bohrlöchern versehen, dieselben mit 50,000 Pfund Dynamit, Nitroglyzerin, Giant-Powder 2c. gefüllt, durch elektrische Drähte verbunden und mit einem Male entzündet. Der Erfolg war ein sehr befriedigender. Noch ehe irgend einer der Trümmer von der Stelle geschafft worden, war das Fahrwasser von durchschnittlich 12 bis 16 auf 24 bis 28 Fuß vertieft.

Die neu entstandene Insel nun, die auf unserer obigen Abbildung in der Mitte liegt, ist auf dem Flood Rock genannten Riffe erbaut, welches von allen noch in der Passage von Hell Gate befindlichen Felsklippen die gefährlichste ist. Auf der obersten, zur Zeit der Flut nur wenige Fuß unter dem Wasserspiegel liegenden Fläche des Flood Rock ist eine Anzahl von Bauten aufgeführt, die wir den freundlichen Leser einladen mit uns in Augenschein zu nehmen. Die Arbeiten werden im Auftrage des Ver. Staaten-Kongresses unter der Aufsicht des General Newton, eines Ingenieuroffiziers der Bundesarmee, ausgeführt; derselbe leitete auch die vorhererwähnten Arbeiten am Hallet Point Reef. (Sein kleines Töchterchen drückte damals die Feder des elektrischen Apparates, welcher die Explosion der Zündmassen verursachte.) Der nächst untergebene Offizier, Kapitän Mercur, ist es, dessen freundlicher Einladung Folge leistend, wir an einem schönen Sommermorgen den eleganten kleinen Zollkutter besteigen, der uns den East River hinaufzutragen bestimmt ist.

Die Dampfpfeife ertönt—, der kleine Dampfer stößt vom Regierungsdock ab und windet sich zwischen den zahllosen Fahrzeugen aller Art hindurch, welche die Passage zwischen dem Südende der Insel Manhattan (New York) und Governors Island durchkreuzen. Die herrliche Bai, mit den waldigen Ufern Staten Islands und Long Islands, hinter uns lassend, fahren wir an Governors Island vorüber, wo eben unter den Wällen des Fort Columbus die aus allen Ländern der Erde, speziell Deutschland und Irland, sich rekrutierenden Ver. Staaten-Truppen, welche die hiesige Besatzung bilden (es sind nur einige hundert Mann), ihre Exerzitien anstellen. Die Stadt der Kirchen, Brooklyn, zur dem wird, wie unsere Leser wissen, nicht lange mehr so sein. Und jetzt tauchen auch in nächster Nähe rechts und links die turmartigen Kolosse auf, welche bestimmt sind, dereinst den ungeheuren Verkehr zu vermitteln, der jetzt noch mittels der zahllosen Riesendampffähren herüber- und hinüberpulsiert, welche uns so unausgesetzt den Weg zu versperren scheinen. Doch unser kecker kleiner Dampfer weiß sich immer durchzudrücken, und wo sich eine 20 Fuß breite Oeffnung zeigt, da schlüpft er, unter fortwährendem Herüber- und Hinüberpfeifen der einzelnen Dampfer hinein; ja er erspäht eine Lichtung, die erst noch kommen muß und fährt manchmal direkt auf einen Koloß los, als wolle er sich mutwillig daran zerschellen. Doch so gut hat er die eigene Geschwindigkeit und die des großen Fährebootes abgeschätzt, daß nichts Derartiges

Petroleum-Magazin.

Garderobe.

Rechten, die Metropole des Westens zur Linken, durchschneidet unser Boot mit animierender Geschwindigkeit den East River, diesen großen Meeresarm, der bisher die Schwesterstädte trennte. Doch passiert. Zwar fahren wir dicht hinter dem Steuer des großen Schiffes vorbei und hoch auf und nieder wirbelt uns der von den riesigen Rädern dieser schwimmenden Brücken verursachte

Wellenschlag, so daß wir jetzt oben auf dem Gipfel einer Welle und ganz auf der einen Seite liegend hinunterschauen in ein zischendes und schäumendes Wellenthal, und dann fast rumpelnd und sprungweise in dasselbe hinabschießen, wobei sich unser waghalsiger kleiner Bursche soweit auf die andere Seite legt, daß das wirbelnde und brodelnde Gewässer über den Steuerbord hereinschlägt und uns seinen weißen Gischt ins Gesicht sprüht.

„Wahrhaftig, wer in New York Rosse lenken kann, ohne zusammengefahren zu werden, kann es in der ganzen Welt!“ so sagte uns einst ein deutscher Schriftsteller, der sich zum Besuche in der neuen Welt befand. Wer aber im New Yorker Hafen ein Schiff ohne Fährnis durch das Gewimmel auf dem Wasser steuern kann, der wird schwerlich auch einen andern Platz auf der Welt finden, wo ihn diese Kunst im Stiche ließe, die Themse und den Mersey nicht ausgenommen! So dachten wir, als wir an jenem Augustmorgen die letzte Biegung des East Rivers hinter uns hatten, welche unterhalb Blackwells Island gelegen ist. Denn da breitet sich dieser grandiose Meeresarm zu doppelter und dreifacher Breite aus. Rechts sehen wir Hunters Point mit seinen riesigen Petroleumraffinerien, welche durch eine unter dem Flußbette hinlaufende Röhrenleitung mit New York verbunden sind. Links zeigt sich der obere ziemlich hoch auf felsigem Ufer gelegene Teil New Yorks mit seinen endlosen Häuserreihen, Straßen, Türmen und Fabrikschornsteinen.

Mitten vor uns aber erhebt sich das Charity-Hospital, auf der Südspitze von Blackwells Island gelegen. Seine Fenster, erst glitzernde Pünktchen, die uns die Morgensonne widerstrahlen, werden nach und nach größer, und wir lenken jetzt in den zwischen der Insel und New-York strömenden Arm ein, der zwar schmal, aber tief und reißend, eines der schönsten aber auch gefährlichsten Gewässer zum Schwimmen ist. Und richtig dort tummeln sich auch schon die waghalsigen Gäste der hier am New Yorker Ufer befindlichen Badeanstalten und rufen, uns als häufigen Badegenossen erkennend, ein scherzhaftes: „Stop and take us along!“ unserem mit der Flut scharf dahinschießenden Boote nach. Auf der anderen Seite hat sich unterdes die Szenerie verändert, auf „der Insel“, wie Blackwells Island in der New Yorker Gerichts- und Verbrechersprache kurz heißt, tauchen die düsteren, mit Zinnen versehenen festungsartigen Mauern des Staatsgefängnisses, ferner die Armen-, Arbeits- und Besserungshäuser auf, und im freundlichen Kontraste erblicken wir dahinter das frische Grün, der am jenseitigen Ufer des östlichen Armes gelegenen Gärten und Parks, mit den stattlichen Villen und netten Landhäusern. Doch schon nahen wir uns unserem Ziele. Unser Dampfer fliegt an der immer freundlicher ausschauenden Insel, deren nördliches Ende Hospitäler und andere von hübschen grünenden Gärten umgebene Wohlthätigkeitanstalten trägt, vorüber; wir lassen den auf der äußersten Spitze liegenden Leuchtturm hinter uns und steuern über den hier sich wieder zum Miniatursee ausbreitenden Meeresarm am Great Mill Rock vorbei. Die Dampfpfeife gibt ihre schrillen Signale, und wir halten vor Flood Rock, das mit seinen Gebäuden, Schornsteinen, Krahnen und Gerüsten wie eine Fabrik oder wie ein Bergwerk aussieht. Das letztere ist es ja eigentlich auch, und so werfen wir denn noch einen Abschiedsblick auf die sonnige Landschaft, den herrlichen Himmel, die grünen Ufer, das blaue Wasser, und springen aufs Dock, an welches der Kutter endlich angelegt. Wir treten mit dem Kapitän in ein niedriges Bureau ein, dessen Fenster in den innern, von den Gebäuden gebildeten, hofartigen Raum gehen. Ueber denselben schreitet der „Obersteiger", wie er in Deutschland heißen würde, gefolgt von einem alten, wetterharten Burschen, von dem man nicht sagen kann, ob er Soldat oder Matrose oder Bergmann gewesen ist; beide treten durch eine Seitenthüre ein und wir werden vom Kapitän Mercur ihrer Obhut übergeben. Sie sind es nämlich, die uns führen werden auf unserer Reise in die Unterwelt.

Während der „Obersteiger", Mr. Bernard Boyle, dem Kapitän einen kurzen Bericht abstattet, sehen wir uns einen großen Grundriß an, welcher das Relief des Flood Rock und des ihn umgebenden Felsgrundes auf 1200 Fuß im Umkreise genau angibt.

Jetzt ist unser Führer bereit und seiner höflichen Aufforderung Folge leistend, gehen wir mit ihm quer über den mittleren Raum und treten in das am weitesten nach Osten gelegene Gebäude, in welchem sich die Garderobe befindet. Ehe wir in dieselbe uns verfügen, öffnet Mr. Boyle die Thüre des nebenan gelegenen Magazins, in dem sich der Petroleumvorrat in langen Reihen von Fässern aufgestapelt befindet. „Die Sprengstoffe," so erklärt uns unser gesprächsamer Führer, „sind in dem kleinen weißangestrichenen, abseits gelegenen Häuschen aufgespeichert. Dort habe, außer meinem Vorgesetzten, nur ich Zutritt, da alle Arbeiter die Explosionstoffe, deren sie benötigen, aus meiner Hand empfangen."

Im Garderobezimmer angelangt, fahren wir in die großen Gummistiefel, stülpen den einem Südwester gleichenden Gummihut auf und schlüpfen in den langen Gummimantel. Unsere bessere Hälfte, der Künstler nämlich, dem unsere Leser die getreue Wiedergabe des großen Werkes in seinen einzelnen Teilen verdanken, hatte unserer Verwandlung mit

Pumpwerk.

einem so ausgesprochenen Widerwillen zugesehen, daß wir uns nicht wundern, wie wir ihn den über den Arm gehangenen langen Ulster anziehen sehen, aus dessen tiefer Tasche er ein paar tüchtige Filzgaloschen hervorzieht.

Unter Scherzen und Gelächter über diese künstlerische Konsequenz geht es an dem Pumpenraume vorbei nach dem Schachte, in welchen wir auf dem Fahrstuhle herabgleiten.

Um denselben herum ist eine breite Galerie ausgearbeitet, von welcher zehn geräumige Stollen ausgehen; dieselben sind gegenwärtig etwa 650 Fuß lang und laufen in einer Richtung, welche mit der Fortsetzung des East River zu unseren Häupten parallel ist. Außerdem werden in Abständen von je 12½ Fuß Querstollen getrieben, von welchen bis jetzt 13 größere in Abständen von je 50 Fuß fertig sind.

Im Schachte.

Mit einem letzten Scheideblicke auf das 60 Fuß über uns durch die Schachtöffnung scheinende Morgensonnenlicht wenden wir uns nun dem größten der in finsterer Nacht daliegenden Stollen zu. Unsere Führer voran, wir hinterdrein, so platschen wir durch die großen Wassertümpel und stolpern über die Felsbruchstücke, welche den Boden des Hauptstollens bedecken; das Wasser des East Rivers tropft unaufhörlich durch die zwölf Fuß dicke Decke über uns, so daß man in einem schweren, klatschenden Regengusse sich zu befinden glaubt. Das unaufhörliche Aufschlagen der Tropfen mischt sich mit dem harten, metallischen Klange der Bohrmaschinen, die im Dunkel der Ferne pusten und arbeiten, und erzeugt ein melancholisch gleichförmiges Geräusch, das sehr gut zu unserer Umgebung stimmt.

Bald nähern wir uns einem Fleck, wo das Rauschen ungewöhnlich stark ist und unsere Führer machen Halt. Mr. Boyle beleuchtet mit seinem Windlichte die Felswand und zeigt uns einen Spalt, aus welchem das Wasser durch die an dieser Stelle 26 Fuß hohe überstehende Wassersäule mit bedeutender Gewalt durchgepreßt wird; es strömt aus demselben mit ziemlicher Gewalt hervor. Der „Obersteiger", sowie sein Begleiter, untersuchen denselben auf das Sorgfältigste, denn ein nur einigermaßen verstärktes Einströmen ohne genügenden (aus den Gezeiten sich ergebenden) Grund, würde ein baldiges Einbrechen verursachen, das für die Bergleute Tod und Verderben bringen könnte, sollte sich die Spalte erweitern und der East River seine Wassermassen dadurch ergießen.

Im Weitermarschieren sehen wir in

der Ferne verschiedene Grubenlichter, die beim Näherstolpern und -pantschen immer deutlicher werden, und zuletzt können wir die Köpfe, auf deren Hüten sie stecken,

Unsere Führer.

und die Bergleute selbst unterscheiden, welche eben dabei sind, uns zu häupten verschiedene Bohrlöcher zu drillen. Nach dem was Mr. Boyle uns soeben gezeigt hat, kommt uns diese Arbeit wie das frevelhafte Wecken des Löwen vor, und wir können nicht umhin dem „Obersteiger" unser Bedenken emphatisch kundzugeben.

Doch der lächelt kopfschüttelnd und zeigt auf eine, in ziemlicher Entfernung unbewegliche, in bückender Stellung verharrende Gestalt, und fragt uns, ob wir die Karten und Situationspläne in des Kapitäns Bureau bemerkt hätten. Wir bejahen dies und nun geht uns ein Licht auf; es ist einer der Ingenieure, mit seinem Theodoliten, welcher den Arbeitern ganz genau die Höhe und Richtung bezeichnet, in denen dieselben vorzugehen haben.

Bedeutend beruhigt dringen wir immer weiter in das Labyrinth von Gängen ein, deren Gesamtlänge sich auf beinahe drei englische Meilen beläuft, so daß, wie Mr. Boyle uns lachend versichert, selbst Arbeiter sich manchmal darin nicht zurechtfinden und verlaufen. Indem unsere Führer einen Augenblick im Gespräche mit einigen der Arbeiter zurückbleiben, biegen wir in den als nächstes Ziel bezeichneten Seitenstollen ein. Um eine Felsecke biegend, stießen wir plötzlich gegen etwas Warmes, Weiches, Haariges, und prallten natürlich erschrocken davon zurück. Als wir unsere Windlichter dem sonderbaren Objekte näherten, sahen wir, daß wir mit dem Hinterteil eines Maultieres karamboliert hatten, das in einer Nische eingestellt war. Mit herzlichem Gelächter

Maultier, „Hund" und „Hunde"-Junge.

traten jetzt unsere Führer heran und erklärten uns, daß wir uns glücklich schätzen könnten, von dem Tiere nicht in der Finsternis mit Fußtritten regaliert worden zu sein. „Denn," fügte Mr.

Boyle hinzu, „trotzdem die drei, die uns hier unten die „Hunde“ ziehen, seit 1½ Jahren die Sonne nicht gesehen haben, ist doch ihre Bösartigkeit um nichts vermindert.“ Wir hatten später Gelegenheit, uns von der Wahrheit dieser Bemerkung zu überzeugen. Ein, von solchem störrischen Tiere getriebener „Hund“ versperrte uns in einem der, höchstens fünf Fuß breiten Querstollen mehrere Minuten lang den Weg, während der „Hundejunge“ fluchend auf das kontinuierlich bockende Maultier einhieb.

Ein zischender Laut, den wir schon öfter neben und über uns wahrgenommen, rührt von dem Schlauche her, welcher den Dampf aus dem Kesselhause nach den Bohrmaschinen leitet. Mit den zehn Maschinen, die im Betriebe sind, werden in 24 Stunden etwa 250 einen Zoll breite, 4 Fuß tiefe Löcher gebohrt, so daß im Monat im Ganzen etwa 500 laufende Fuß der 4—5 Fuß breiten und 7 Fuß hohen Stollen vorwärtsgetrieben werden.

Das durch das Sprengen zertrümmerte Material wird mit der Pickaxt gelockert und zum Verladen in die Karren fertig gemacht. Dieselben laufen auf Schienen und werden dann, wenn sie die Maultiere vom Orte nach dem Schachte gebracht haben, im Fahrstuhl hochgezogen bis auf das Laufgerüst, von da werden sie auf letzterem nach einem hölzernen Schlot gerollt, durch welchen sie in die angelegten Flachboote hinabgeschüttet werden. Die Flachboote werden dann nach der Stelle, an welcher die Steinmassen in den Fluß versenkt werden, geschafft. Die Art und Weise, wie man diese bis jetzt auf mehr als 800,000 Kubikfuß sich belaufenden Felsmassen los wird, ist nämlich einzig in ihrer Art. An der Stelle, nördlich von Flood Rock, wo die diesem Artikel vorangestellte Abbildung das verankerte Flachboot zeigt, befindet sich ein kolossales Loch im Meeresgrunde, welches 126 Fuß tief war, als man begann das Sprengmaterial dort hineinzuwerfen. Trotzdem nun die obenangegebene Steinmasse in dieses sehr gelegen gelegene Loch versenkt worden ist, füllt sich dasselbe doch nicht aus. Der Boden desselben ist, so vermutet man, nachgiebig, denn noch immer findet das 120 Fuß lange Senkblei keinen Grund!

Dampfbohrmaschine in Arbeit, 30 Fuß unter dem Meeresspiegel.

Hier ist eine Frage, eine Nuß, welche die Geologen knacken sollten.

Da wir unserem Führer und seinem Begleiter — der jedoch stumm gewesen, stumm war und stumm blieb — unsere Verwunderung ausgesprochen, daß die Luft trotz des Sprengens und der vielen Lampen so rein sei, zeigte er uns nach unserer Auffahrt den großen Ventilator und Ventilationsschacht. Aus letzterem stieg denn nun auch dicke, rauchige Luft aus, obgleich seit dem Abend vorher nicht gesprengt worden war. „Die Petroleumlampen und Windlichter machen zwanzigmal so viel Rauch wie das Sprengen,“ erläutert unser Cicerone und erzählt uns dann noch auf einige Fragen, daß nur wenige der Arbeiter Bergleute von Profession sind, daß aber fast alle, die am Hallat Point Reef gearbeitet haben, auch hier beschäftigt sind. Es wird Tag und Nacht gearbeitet, und zwar in drei verschiedene Abteilungen zu je 8 Stunden. Das Sprengen wird nur des Abends vorgenommen; es werden die einzelnen Ladungen sofort nach ihrer Einführung in die Bohrlöcher entzündet, was eins nach dem andern vorgenommen werden muß. Die Erschütterung ist selbst dann oft noch so heftig, daß die Lichter der Bergleute davon verlöschen. Auch zittern die benachbarten Häuser oft merklich und ihre Fenster klirren.

„Als wir begannen,“ so schloß Mr. Boyle seinen interessanten Bericht, „bauten wir zuerst diesen Kofferdamm rings um die Krone des Riffes. Dann wurde das Wasser aus der Mitte gepumpt und das Abteufen des Schachtes vorgenommen. Das ganze Sprenggestein wurde nun rings um den Schacht aufgeschüttet und Flood Rock dadurch zur Insel gemacht.“

„Bis zum Sommer 1883 wird das große Werk vollendet sein; die Explosion des Ganzen beabsichtigt General Newton ebenso vorzunehmen, wie dies im Jahre 1876 der Fall war. Nachdem alles zur endgültigen Vernichtung bereitet ist, wird die ganze Exkavation „ersäuft“ und dann

Aufzug, Laufgerüst und Verladung des Sprengschuttes.

entzündet. Wie die Erfahrung mit Hallat Point lehrte, ist dies das beste Mittel, um eine übermäßige Erschütterung der Umgebung zu verhüten."

Am Ort.

Wir konnten nach unserer, bei Beobachtung der Hallat Point Reef-Sprengung gewonnenen Ueberzeugung, diese Thatsache nur bestätigen und nahmen uns im Stillen vor, die nächste Gelegenheit zur gleichen Beobachtung nicht unbenutzt vorübergehen zu lassen.

Wir boten hierauf unseren beiden Führern, dem gesprächigen, der uns geistig erleuchtet und dem stummen, der uns körperlich geleuchtet hatte, verschiedene Zigarren an. Ein „Trinkgeld", das wußten wir, wäre nicht acceptiert worden, wohl aber ein oder mehrere „Drinks", wenn Gelegenheit dazu gewesen wäre. Dankend verabschiedeten wir uns von ihnen, sagten dem vielbeschäftigten Kapitän Mercur ebenfalls Dank und segelten dem Gestade New Yorks wieder zu.

---

## Der Nationalreichtum der Kulturvölker

läßt sich naturgemäß nur ganz im Rohen schätzen, aber dennoch ist jeder Versuch dieser Art von großem Interesse. Einen solchen hat unlängst J. M. Coan veröffentlicht und wir entnehmen dem betreffenden Berichte Folgendes.

Es besitzen an Kapital:

| | | |
|---|---|---|
| das Kgrch. Großbritannien und Irland | 44,400 | Mill. Doll. |
| Frankreich | 36,700 | „ „ |
| die Vereinigt. Staaten | 32,000 | „ „ |
| Deutschland | 22,000 | „ „ |
| Rußland | 15,000 | „ „ |
| die Niederlande | 11,150 | „ „ |

Das jährliche Einkommen pro Kopf der Bevölkerung wird geschätzt für

| | | | |
|---|---|---|---|
| Großbritannien und Irland | auf | 165 | Dollars |
| Vereinigte Staaten | „ | 165 | „ |
| Niederlande | „ | 130 | „ |
| Frankreich | „ | 125 | „ |
| Britische Kolonien | „ | 90 | „ |
| Deutschland | auf | 85 | Dollars |
| Skandinavien | „ | 85 | „ |

Der jährliche Kapitalzuwachs wird geschätzt für

| | | | |
|---|---|---|---|
| Deutschland | auf | 200 | Mill. Dollars |
| Großbritannien | „ | 325 | „ „ |
| Frankreich | „ | 375 | „ „ |
| Vereinigte Staaten | „ | 825 | „ „ |

Nach einer angesehenen englischen Autorität könnten die Vereinigten Staaten mit dem Zuwachs ihres Nationalreichtums seit dem Jahre 1850 das ganze Deutsche Reich mit Landbesitz, Städten, Banken, Schiffen, Fabriken 2c. kaufen — vorausgesetzt, daß es zu haben wäre. Jedes Jahrzehnt bringt den Vereinigten Staaten mehr Zuwachs an Nationalreichtum ein, als der Gesamtkapitalwert Italiens oder Spaniens überhaupt beträgt. Bei jedem Sonnenuntergang ist der Nationalreichtum der mächtigen nordamerikanischen Republik um 2,300,000 Dollars vergrößert.

Zum Bedrucken fertiges Papier.

# Die Tapetenfabrikation.

In den letzten Jahrzehnten hat sich der Verbrauch der Tapeten ganz außerordentlich gesteigert. Auch in die Wohnungen der sogenannten „kleinen Leute" sind die Tapeten eingedrungen und haben vielfach die getünchten Wände verdrängt und überdeckt. Damit Hand in Hand ging ein steigendes Billigerwerden, namentlich der einfacheren Tapeten, freilich nicht aber ein Schöner- und Besserwerden! Das Papier, meist aus Holzstoff, giebt vielfach zu Klagen Veranlassung, und was die Zeichnungen der Muster anlangt oder die Zusammenstellung von Farben, so wird nicht selten dem guten Geschmack ins Gesicht geschlagen, von künstlerischer Ausführung ganz zu schweigen.

Allerdings wird hier vorwiegend an die billigen Tapeten gedacht, doch auch da könnte bei aller Mannigfaltigkeit der Muster und Farben etwas mehr auf Schönheit gesehen werden. Der Reiche sieht oft vorwiegend auf kostbare Tapeten, aber auch diese sind nicht alle schön.

Doch das nur nebenher. Wir wollen uns vielmehr damit bekannt machen, wie die Tapeten fabriziert werden, wie das Papier mit den verschiedenen Mustern in verschiedenen Farben bedruckt wird.

Die Papiermühlen liefern das Papier in mächtigen Rollen in die Tapetenfabrik. Je nach der Bestimmung hat dasselbe sehr verschiedene Stärke, verschiedenes Gewicht, verschiedene Farbe; für die sog. Ledertapeten ist z. B. ein viel stärkeres Papier erforderlich als für gewöhnliche Tapeten. Gerade bei den billigsten Sorten wird auf das nicht grundierte, d. h. nicht mit einer bestimmten Farbe gleichmäßig bestrichene Papier die Zeichnung mit einer oder zwei Farben aufgedruckt; schon im Holländer*) wird dem Papierzeug eine neutrale Farbe zugesetzt oder auch nicht, und dann hat das Papier an sich eine bestimmte Grundfarbe, die aber am Licht sich verändert und rasch dunkelt, weil, wie schon bemerkt, vorwiegend das billige Holzzeug zur Papierfabrikation verwendet wird. In verhältnißmäßig kurzer Zeit ist eine solche Tapete vergilbt und unansehnlich.

Dies wird vermieden durch das Grundieren. Die frühere Handarbeit ist jetzt ersetzt durch eine Maschine, die mit mehreren neben einander angeordneten Bürsten eine deckende Erdfarbe gleichmäßig über das Papier ausbreitet. Manchmal dient auch ziemlich fein gepulverter Glimmer, der Abfall aus Fabriken, in welchen größere Glimmerwaaren dargestellt werden, zum Grundieren des Papiers; durch Zusatz verschiedener nicht deckender Farben werden so recht schöne Wirkungen erzielt. Selbstverständlich ist bei allen Farben ein passender Klebstoff erforderlich, so daß sie sich nach dem Trocknen nicht abblättern oder stäuben.

Die Zwölf-Farben-Druck-Maschine.

Das grundierte Papier wandert, um die Farbe zu trocknen, mit Hilfe einer Kette ohne Ende über heiße Dampfröhren und legt so auf kurzer Strecke doch einen Weg von etwa 100 m. zurück. Nun wird es aufgewickelt und ist zum Bedrucken bereit.

Das Wesentliche hierbei ist, daß eine bestimmte Zeichnung erhaben in einer Holz- oder Metallplatte ausgeführt ist. Durch die Hand oder eine Maschine werden die Erhabenheiten der Form mit

*) Man sehe hierbei N. Universum Bd. I. S. 42.

einer Farbe überstrichen, die sich auf dem Papier abdrückt und haftet, wenn es darüber gelegt wird. Soll eine zweite Figur mit anderer Farbe dazwischen gedruckt werden, so muß natürlich die Form entsprechend gestaltet, und das Drüberpassieren des Papiers so geregelt sein, daß die zweite Figur genau zwischen die erste sich abdruckt. Mit der wachsenden Anzahl der verschiedenen Farben wächst natürlich auch die Schwierigkeit, die einzelnen Teile der Zeichnung an den richtigen Platz zu drucken, und nicht über und in die schon vorher gedruckten Zeichnungen und Farben hinein zu geraten.

Seitdem man hierfür ebenfalls Maschinen verwendet, ist zwar die Methode des Druckens an sich nicht wesentlich verändert worden, aber die Maschinenarbeit ist genauer und sorgfältiger in der Ausführung als die Handarbeit, und es war möglich, eine viel größere Anzahl von Farben in derselben Zeichnung zu verwenden. Tapetendruckmaschinen, welche bis zu acht Farben auftragen können, sind in vielen größeren Fabriken in Gebrauch; unsere Abbildung zeigt eine solche Maschine für zwölf Farben, die nach demselben Prinzip gebaut ist, und mit großer Genauigkeit arbeitet. Auch hier rollt sich das Papier ab, geht über die große Walze, mit deren Bewegung diejenige von mehreren kleinen Walzen korrespondiert, die unter derselben angebracht sind. Jede derselben ist mit einem besonderen Teil der Zeichnung versehen, und neben jeder ist ein Trog, in welchem eine bestimmte Farbe enthalten ist. Diese wird durch Walzenbürsten auf die Cylinder aufgetragen. Bewegt sich nun der Streifen endlosen Papiers darüber, so wird von dem ersten z. B. der dunkelrote Grund einer Rose, von den folgenden die verschiedenen anderen Rosenblätter in verschiedenen Schattierungen von rot, im weiteren Verlauf die Blätter und andere Teile des Bilds in verschiedenem Grün aufgetragen, und dies wiederholt sich immer wieder an der richtigen Stelle in derselben Weise, so daß die erste Zeichnung immer wiederkehrt. Tritt dann das bedruckte Papier aus der Druckmaschine

Aufrollen des bedruckten Papiers.

aus, so wird es von horizontalen Stäben aufgefangen, die in Kerben einer Kette ohne Ende eingelegt sind, und bildet zierliche Gehänge, die langsam über heiße Cylinder weggezogen werden, wo die Farbe rasch trocknet.

Sollen einzelne Teile der Zeichnung in Gold ausgeführt werden, wie dies neuerlich immer mehr bei besseren Tapeten Mode wird, so wird dieser Teil nicht in Farbe, sondern in Firniß vorgedruckt; das Papier wandert dann durch eine Hilfsmaschine, in welcher Gold, Bronze, oder sonst ein Metall, oder eine metallglänzende Verbindung staubförmig aufgestreut wird. Während die vorhergedruckten Farben schon so trocken sind, daß dieser Staub nicht anhaften kann, klebt er auf dem feuchten Firnißgrund fest, und bringt dann die bekannte hübsche Wirkung hervor. Auch durch Handdruck können solche Goldtapeten in derselben Art erzeugt werden, und wird dann auch mit der Hand der reichlich aufgestreute Staub an den Stellen, wo er nicht haftet, wieder weggebürstet. Auch hier wird der lange, bedruckte Streifen getrocknet und dann in Rollen von bestimmter Länge, wie sie Handelswaare sind, aufgerollt.

Ehe ein Muster mit der Druckmaschine in größeren Massen ausgeführt wird, überzeugt man sich immer vorher durch Handdruck, wie es sich ausnehmen wird, und wie die verschiedenen Farben zu einander passen. Auch wenn besondere Muster auf Bestellung ausgeführt werden, geschieht dies durch Handarbeit, sowie wenn die nötige Menge zu viel Kosten mit dem Richten der Druckmaschine erfordern würde; ähnlich in manchen anderen Fällen.

Sollen die Tapeten im Relief vortretende Zeichnungen, Leisten, Wellenlinien, Netzwerk aller Art und dergleichen erhalten, so ist ein besonders starkes Papier nötig. Die Erhabenheiten werden dann in der Art eingepreßt, daß das Papier zwischen zwei eng gestellten Walzen durchläuft, von welchen die eine von Stahl die Reliefverzierungen eingraviert enthält, während die andere aus starkem Manilapapier besteht.

Auch die Darstellung der sogen. Samttapeten ist Handarbeit. Das Muster wird mit Firniß vorgedruckt und dann in einem Trog durch Trommeln auf dem elastischen Boden gleichmäßig

Herstellung der Samttapeten.

überstäubt mit Scherwolle, wie sie beim Scheren von Wolltüchern abfällt, oder zu dem Zweck der Tapetenfabrikation besonders in bestimmten Farben dargestellt wird. Für manche Dekorationszwecke werden auch Tuchtapeten in der Art dargestellt, daß das Papier gleichmäßig mit Firniß bestrichen wird, und dann durch den Trog mit Scherwolle oder Shoddy passiert, die darüber gesiebt und hierauf durch eine Maschine mit langen Fingern derart geklopft wird, daß sie sich gleichmäßig verteilt.

So bietet der Besuch einer Tapetenfabrik in ihren verschiedenen Teilen manche interessante Punkte. Hier sitzen die Künstler, welche neue Muster erfinden, und die guten Gedanken hierfür teilweise früheren Zeiten entlehnen, oder das Kaleidoskop oder andere Hilfsmittel der Neuzeit benutzen, oder auch geradezu aus den zahllosen Schönheiten schöpfen, welche die Natur darbietet. Der Künstler muß aber nicht nur auf Schönheit, sondern auch auf Mannigfaltigkeit seiner Muster sehen, um den verschiedenen Anforderungen an Formen und Farben zu genügen. Daß bei diesem Streben auch gar manche Geschmacklosigkeiten mit unterlaufen, wurde schon erwähnt. Aber in unserer Zeit läßt sich bei keinem Muster, auch dem künstlerisch vollendetsten, im voraus bestimmter Erfolg prophezeien. Der Schönheitssinn muß im Volke besser entwickelt werden, und diejenigen Fabriken, welche nicht dem allgemeinen, herrschenden Geschmack huldigen, sondern nur schönes hervorbringen, selbst wenn es einfach ist, erwerben sich ein wahres Verdienst um die Bildung des Volksgeschmacks.

Aber auch die Farben lassen vielfach

Aufhaspeln der Samttapeten.

noch lebhafte Wünsche laut werden. Trotz der Bemühungen der Regierungen, und trotz der gegebenen Gesetze, werden noch häufig Farben verwendet, die giftig sind. Früher waren, und auch jetzt noch sind die grünen Farben als arsenikhaltig besonders verrufen. Seitdem aber durch die sehr ausgedehnte Fabrikation der verschiedenen Anilinpräparate, verschieden gefärbte Abfälle in der Tapetenfabrikation Verwendung finden, können auch rote, braune, violette und anders gefärbte Tapeten beträchtliche Mengen von Arsenik enthalten, das aus der Anilinfabrikation stammt. Wie neuerlich die Regierungen den Weinfälschern auf dem Nacken sitzen, und unnachsichtlich schwere Strafen verhängen, so sollten sie auch aufs genaueste den Verbrauch der Farben in den Tapetenfabriken kontrollieren, und ebenso unnachsichtlich schon die Anwesenheit, noch vielmehr den Verbrauch von arsenikhaltigen und andern giftigen Farben in Fabriken bestrafen. Bis jetzt aber ist leider die Kontrolle nur der Privatthätigkeit überlassen, und oft wird erst eine giftige Tapete entdeckt, wenn sie ihr geheimes, schleichendes Gift durch Jahre der Zimmerluft mitgeteilt, und die Bewohner schwer an ihrer Gesundheit geschädigt hat.

---

## Die Versorgung der Städte mit Wasser.

So wenig wie die Pflanzen und Tiere kann der Mensch das Wasser entbehren. Während der berühmten vierzigtägigen Hungerkur des Dr. Tanner im Sommer 1880 zu New York hat derselbe wahrscheinlich keinerlei Nahrung zu sich genommen, aber wenn er nicht zwischendurch Wasser getrunken hätte, so wäre er sicherlich zu Grunde gegangen. Wir anderen Menschen mit empfindlicherem Magen begnügen uns nicht mit einigen Unzen Wasser, wir wollen und bedürfen mehr, und auch der, welcher das Wasser im Wein, Bier, Kaffee und anderen Getränken und Speisen zu sich nimmt, wird geradeso, wie der eigentliche Wassertrinker, reines Wasser in seinen Getränken und Speisen erwarten.

Aber es ist gerade in der Stadt eine schwierige Aufgabe, jedem Menschen reines Wasser als Getränk darzubieten. Das in unseren Brunnen sich sammelnde Wasser stammt aus der Atmosphäre, es hat den Boden durchsickert, und auf seinem Wege eine unerschöpfliche Masse von Stoffen gefunden, welche das Erdreich verunreinigen, diese haben sich aufgelöst und sind unsichtbar, oft aber auch sehr sichtbar in dem Trinkwasser enthalten. Es ist aber außer allen Zweifel gesetzt, daß das Wasser, welches solche Bodenverunreinigungen aufgenommen hat, für die Gesundheit nachteilig sein und gefährliche Epidemien hervorrufen kann.

Findet man also in einer Stadt, deren Boden seit vielen Jahrhunderten durchjaucht und durchseucht ist, nicht das nötige reine und gesunde Trinkwasser, so muß es von anderweit beschafft werden. Aber wie und woher?

Sehen wir zuerst, welche Anforderungen an ein tadelloses Wasser gestellt werden müssen. Es wird verlangt, daß es klar, hell und geruchlos sei, nur sehr wenige Mineral- und gar keine organischen Bestandteile enthalte; auch dürfen keine größeren Mengen von schwefel- und salpetersauren Salzen darin enthalten sein, die Temperatur desselben, sowie die chemische Zusammensetzung seiner Bestandteile, soll das Jahr hindurch nur in sehr engen Grenzen schwanken, auch sollen verunreinigende Zuflüsse abgeschnitten sein.

Diesen Anforderungen entspricht in keiner Stadt, ja nicht einmal in Dörfern, das gewöhnliche Brunnen- und Pumpenwasser, sondern nur ein weiches Quellwasser.

Aber zahlreiche Industriezweige (Bierbrauereien, Färbereien, Gerbereien 2c.) können ebenso wie der Mensch nur mit reinem Wasser bestehen. Wenn sie nun auch oft mit Flußwasser sich helfen können, so ist dieses doch als Trinkwasser im Sommer zu warm und dann ergießen sich in die Flüsse so viele Verunreinigungen von allen Seiten, namentlich aber aus großen Städten, daß schon dadurch Flußwasser auch gut filtriert als Trinkwasser unappetitlich wird. Soll dagegen Wasser etwa zu Springbrunnen in Gärten oder zum Bespritzen und Reinigen der Straßen verwendet werden, so taugt dazu jedes, das geruchlos ist und keine erheblichen Mengen faulender Substanzen enthält.

Aus dem Gesagten geht hervor, daß es eigentlich vom theoretischen Standpunkt aus angezeigt erscheint, eine Stadt durch zwei Leitungen, einmal mit Trinkwasser und durch die andere mit Nutz- und Gewerbewasser zu versehen. Aber nur in sehr großen Städten und wo überhaupt die Kostenfrage nicht in Betracht kommt, wäre dieses ausführbar. In den allermeisten Fällen ist eine Stadt auf Quellwasser oder auf filtriertes Flußwasser angewiesen, das dann als Genuß- und Industriewasser in einer gemeinschaftlichen Leitung in die Stadt geführt wird.

Die natürlich vorkommenden Quellen sind keineswegs selten, weder in der Ebene noch weniger in vielen Gebirgsgegenden. An manchen Orten sucht man aber vergebens nach denselben und an anderen sind sie nicht ergiebig genug, um den Bedarf einer Stadt an Wasser zu decken.

Gräbt man in der Nähe eines Baches oder Flusses ein Loch in die Erde, so wird man in dem ganz durchfeuchteten Boden in geringer Tiefe auf Wasser stoßen. Dies kann Quellwasser sein, aber wahrscheinlicher ist es Grundwasser, das vom nächsten Wasserlauf aus durch den Boden filtrierte, dabei mehr oder weniger gereinigt wurde, aber immer in einem moorigen Boden Bestandteile aufnahm, welche es zu Trinkwasser ungeeignet machen, weil es den angeführten Anforderungen nicht entspricht.

Etwas anders stellt sich die Sache, wenn wir fern von einem Flusse oder sonstigem größeren Wasserlaufe, sowie außerhalb des durchschmutzten und verjauchten Bodens der Städte bis zu sehr beträchtlicher Tiefe graben. Auch da werden wir auf Wasser stoßen, denn auch diese Schichten sind damit durchtränkt, es fließt ja fortwährend von den höheren Stellen nach den tieferen, und auf seinem weiten Wege durch reingehaltene, nicht verjauchte, moderfreie Schichten wird es meist soweit gereinigt sein, daß es als Trinkwasser einer Stadt zugeführt werden kann und allen Anforderungen entspricht. Eine große Stadt erfordert natürlich zur Deckung ihres Wasserbedürfnisses eine größere Anzahl von Brunnen, wie eine kleine, aber die Grundwasser führenden Brunnen, die so oft der Gesundheit zahlreicher Umwohner gefahrbringend sind, können dann außer Benutzung gesetzt werden.

Wieviel Wasser ist notwendig, um das Bedürfniß einer Stadt vollständig zu decken? Der Verbrauch ist viel größer, als man sich gewöhnlich vorstellt. Langjährige Beobachtungen in zahlreichen Städten stellten die folgenden Zahlen fest:

Man rechnet als Bedarf einer gewöhnlichen Haushaltung an Wasser pro Kopf und Tag etwa 45 Liter, bei größeren Ansprüchen, z. B. bei Bädern im Haus steigt der Verbrauch auf 50 Liter täglich pro Kopf, kommen aber noch besondere technische Bedürfnisse dazu und wird für Luxuszwecke, Springbrunnen u. dergl. Wasser verwendet, so müssen bis zu 150 Liter täglich auf den Kopf gerechnet werden. Etwas geringer stellt sich der Verbrauch, wenn durch Wassermesser die verbrauchte Wassermasse bestimmt wird und diese auch bezahlt werden muß. Dadurch wird der Verschwendung mehr vorgebeugt und der Verbrauch sinkt im letzten Fall auf höchstens 90 bis 120 Liter täglich. Es läßt sich nach diesen Angaben leicht berechnen, wie groß der Verbrauch irgend einer Stadt ist. Auf 20,000 Einwohner werden z. B. täglich 3400 Kubikmeter Wasser zu rechnen sein.

Wenn jemand die hier gegebenen Verbrauchzahlen für Wasser für übertrieben groß halten sollte, so möge er bedenken, daß Rom in der Zeit seiner höchsten Blüte durch neun bedeckte Aquädukte in einer Gesamtlänge von mehr als sechzig geogr. Meilen täglich 1500 Millionen Liter Wasser zugeführt bekam. Rechnet man die Zahl der Bevölkerung zu Neros Zeit auf mehr als eine Million, so kamen auf jeden Bewohner über 30mal mehr Liter Wasser, als wir vorher als Minimum für den Kopf rechneten. Jetzt sind in Rom noch drei dieser Wasserleitungen in Gebrauch; sie wurden wieder hergestellt und verbessert, die Einwohnerzahl hat sich aber gegen früher so sehr wesentlich vermindert, so daß auch jetzt noch ungefähr dieselbe Wassermenge auf den Kopf kommt, wie im alten Rom. Allerdings gibt es keine andere Stadt, die in Bezug auf Wasserversorgung so günstig gestellt war und noch ist wie Rom.

Wenn dagegen Teplitz bei seiner neuen Wasserleitung auf den Kopf täglich nur zwei Liter Trinkwasser rechnet, dabei aber noch eine besondere Leitung für Nutzwasser anlegt, so müssen beide sehr scharf auseinandergehalten werden, um auszukommen. Nehmen wir das Wort Trinkwasser wörtlich, so werden freilich nur wenige Menschen wirklich im Tage zwei Liter Wasser trinken, aber in Kaffee und Thee, in der Suppe und anderen Speisen und Getränken will man doch auch reines Wasser haben, nicht minder zum Waschen und zu hundert anderen Gebrauchszwecken!

Unter allen Umständen ist eine längere Beobachtung notwendig, um festzustellen, ob ein Quellgebiet diejenige Menge von Wasser liefern kann, die zur Versorgung einer Stadt von bestimmter Einwohnerzahl erforderlich ist; auch muß selbst in den trockensten Jahreszeiten diese Wassermenge zur Verfügung stehen. Ohne das wird die Anlage von vorn herein verfehlt sein oder höchstens genügen, um eine Anzahl öffentlicher Brunnen mit gutem Genußwasser zu speisen, nicht aber jede Haushaltung und jedes Stockwerk eines Hauses mit Wasser zu versehen.

Wenn aber auch das Wasser überhaupt in genügender Menge beschafft werden kann, so ist den Anforderungen noch lange nicht vollkommen entsprochen. Es soll auch von selbst in die Küche, die Werkstatt, womöglich in jedes Zimmer fließen, sowohl in die Räume zu ebener Erde wie in der Mansarde. Gerade durch die leichte und bequeme Benutzung des Wassers wird es von besonderem Vorteil, nicht bei Feuersgefahr allein. Es ist also eine Wasserleitung nötig, in welcher ein hinreichender Druck das Wasser auch zu den höchsten bewohnten Teilen einer Stadt treibt.

Von einem hochgelegenen Quellgebiete aus ist dies nicht besonders schwer, denn von ihm aus ist nur ein Röhrensystem nötig, in welchem das Wasser von selbst durch seine Schwere sich fortbewegen wird. Liegt aber das Quellgebiet oder das Brunnensystem tiefer, als die mit seinem Wasser zu versorgende Stadt, so muß es durch Dampfkraft nach einem hochgelegenen Behälter gepreßt und von da aus in die Stadt verteilt werden. Liegt diese ganz in der Ebene, so muß ein mächtiger Wasserturm erbaut werden, auf dem der Behälter angebracht ist. Findet sich dagegen eine hochgelegene Stelle, welche alle Teile der Stadt überragt, und wird hier das Reservoir angebracht, so kann von da aus jeder Teil der Stadt und jedes Haus in allen seinen Stockwerken mit Wasser versehen werden.

Nachdem wir in großen Zügen die allgemeinen Gesichtspunkte kennen gelernt haben, welche bei der Versorgung einer Stadt mit Wasser in Betracht kommen, scheint es nicht unzweckmäßig, zu sehen, wie sich die Praxis zu den verschiedenen Punkten stellt. Zu diesem Zweck müssen wir uns nach verschiedenen Städten begeben und uns dort die Anstalten zur Versorgung mit Wasser ansehen. Wir wenden uns zuerst nach **Verviers**, weil dort ein Punkt wesentlich in Betracht kommt, der noch nicht besprochen wurde.

Der große Damm der Gileppe.

Verviers liegt wenige Stunden von Aachen auf belgischem Gebiete nahe der preußisch-belgischen Grenze und ist ausgezeichnet durch seine sehr bedeutende Tuchindustrie, die eine größere Anzahl von anderen Industriezweigen (Färbereien, Kammgarnspinnereien, Wollkratzfabrikation, Seifensiedereien, Maschinenfabrikation 2c.) im Gefolge hat. Die Stadt mit ihren 50,000 Einwohnern bedarf also einer sehr beträchtlichen Menge vorwiegend von Nutzwasser. Früher wurde dasselbe zum größten Teil von einem kleinen Fluß geliefert, der auch Weser (Vesdre) heißt und die Stadt durchströmt. Doch entstand durch Wassermangel namentlich in den trockenen Sommermonaten nicht selten lebhafte Klage. Der Ingenieur Bidet entwarf daher 1857 den Plan, die Gileppe, einen kleinen Waldbach, abzudämmen und dadurch das nötige Wasser zu schaffen. Die Gileppe entspringt auf der hohen Venn und ergießt sich in die Vesdre. Aber erst 1872 wurde der Plan von dem Ingenieur Moulan in Verviers aufgenommen und weiter entwickelt, dann auch praktisch ausgeführt und 1878 beendet.

Ein enges, hochgelegenes Waldthal, durch welches sich das klare Wasser der Gileppe hinwand, wurde durch eine gewaltige Mauer von 47 m Höhe, einer Sohlenlänge von 82 m und einer Kronlänge von 235 m vollständig abgeschlossen. Um den Druck der sich dahinter anstauenden ungeheuern Wassermasse auszuhalten, ist die Mauer nicht gerade, sondern sie bildet einen Bogen, mit der offnen Seite thalabwärts; die Dicke der Mauer beträgt an der Sohle 86 m und an der Krone 15 m, so daß hier eine breite Fahrstraße Platz genug hat. Der Rauminhalt der gesamten Mauer beträgt 248,470 cbm. Hinter derselben ist ein See von über 80 Hektaren angestaut, das eine Wassermasse von über 12 Mill. Kubikmeter enthält.

Auf der Krone dieser Absperrungsmauer erhebt sich ein Sockel aus Granit-Quadern 6,40 m hoch, 14,20 m breit und 5 m dick. Derselbe trägt das Standbild eines sitzenden Löwen in vortrefflicher Ausführung in ebenso riesigen Dimensionen wie der Unterbau. Er ist aus 243 Sandsteinquadern herausgemeiselt und mißt am Sockel von der Spitze der Zehe bis zur Biegung des Schwanzes 13,50 m; Höhe von der Zehe bis zur Spitze der Kopfhaare 9,30 m; Höhe des vorderen aufrecht stehenden Fußes von der Zehe bis zur Schulter 4,35 m. Dicke einer Tatze 1,60 m, Schweifdicke 0,97 m. Größe des Kopfes 2,80 m. Länge des Auges 1,20 m. Maulbreite 1,65 m. Kubischer Inhalt des gesamten Löwen 400 cbm und sein Gewicht ungefähr 800,000 Kilo.

Wenn infolge starker Regengüsse der See sehr bedeutend anschwellen sollte, so kann der Ueberschuß zu beiden Seiten der Mauer abfließen und im alten, gewöhnlich fast trockenen Bette der Gileppe seinen weiteren Weg suchen.

Es ist in der That ein imposanter Anblick, wenn man aus dem Walde heraustretend die riesige, mit dem belgischen Löwen gekrönte Mauer vor sich sieht. Und der grüne Waldsee dahinter, wie still und friedlich liegt er vor uns, wie ladet er nach erhitzendem Gang zu einem erfrischenden Bade: Doch da finden wir außer einem Plakat in französischer Sprache auch auf der Tafel angeschrieben: „Es ist sträflich verboten, sich im Behälter zu baden oder Unreinlichkeiten in denselben zu schmeißen.“ Wir erkennen nebenbei an dieser offiziellen Aufschrift, daß wir offenbar die deutsche Sprachgrenze überschritten haben!

Durch einen Kanal in der Mauer fließt das Wasser aus. Selbst wenn es längere Zeit nicht geregnet hat, ist es grünlich und etwas trüb, es wird aber unter starkem Druck filtriert und dann durch eine 9000 m lange Röhrenleitung nach Verviers geführt.

Unvergleichlich großartiger noch sind

die ähnlichen Anstalten zur Versorgung von Liverpool mit Wasser. Eine Stadt mit 550,000 Einwohnern, sehr ausgedehnter Industrie und außerordentlich starkem Handel bedarf ungeheurer Mengen guten reinen Wassers, und von Jahr zu Jahr wird der Verbrauch beträchtlicher. Eine größere Anzahl riesiger Reservoire sammelt Quellwasser verschiedener Flüsse, in welchen viele aufgeschwemmte Verunreinigungen sich absetzen; dann folgt noch eine sorgfältige Filtration.

Durch ähnliche Einrichtungen werden auch Manchester und andere englische, schottische und amerikanische Städte mit Wasser versorgt, denn das weiche Wasser der Quellen und Bäche ist zum Gebrauch vorzüglich, wenn es sich geklärt hat und filtriert ist.

In Algier werden diese Flußabdämmungen, Barrages der Franzosen, vorwiegend zum Zweck der regelmäßigen Bewässerung ackerbautreibender Bezirke angewendet, welche dadurch von dem periodischen Ueberfluß und dem darauf folgenden Mangel an Wasser unabhängig gemacht werden können.

An vielen anderen Stellen aber ist diese Methode der Wasseransammlung nicht durchzuführen, weil Schwierigkeiten, und zwar gewöhnlich die zu beträchtlichen Kosten, hindernd entgegentreten. Dann sucht man das quellenreiche Gebiet mit einem Stollen zu durchfahren, in demselben eine möglichst große Masse von Wasser anzusammeln und dieses endlich wegzuleiten. Auf solche Weise wird z. B. Aachen mit Wasser versorgt. Badeorte sind bei Anlage von Brunnen ganz besonders vorsichtig, denn wie leicht kann eine vorhandene Mineralquelle dabei geschädigt werden! Aachen und Burtscheid sind in der letzten Zeit zusammengewachsen und bilden eine Stadt von fast 100,000 Einwohnern; diese, sowie die heißen Schwefelquellen und die ausgedehnte Industrie haben die kleinen Bäche, welche den in verschiedene Teile zerlegten Thalkessel durchfließen, in Kloaken verwandelt und die meisten Brunnen vollständig verdorben. Um gutes Wasser zu erhalten, wurde 5 km von der Stadt beginnend ein Stollen von fast 2500 m Länge in den südlich gelegenen Kalkzug getrieben, und ist dessen Fortsetzung vorgesehen. Aber trotz der bis jetzt aufgewendeten sehr beträchtlichen Summen ist doch immer noch die Wasserversorgung der Stadt ungenügend.

Noch viel höher steigern sich die Kosten, wenn das Quellgebiet in größerer Entfernung liegt und eine sehr lange Wasserleitung erforderlich ist. So hat Frankfurt a. M. im Vogelsberg und Spessart ausgedehnte Quellgebiete angekauft und das Wasser nach der Stadt geleitet, aber schon jetzt nach wenigen Jahren erweist sich der Verbrauch stärker als der Vorrat, und schon wieder ist die Wasserfrage zur „brennenden" geworden. Das kleine Gießen mit seinen 17,000 Einwohnern, das großenteils im weiten und moorigen Lahnthal liegt und ringsum von bewaldeten Basalthöhen umgeben ist, sucht seit Jahren vergebens nach Quellen, die genügend ergiebig sind, um das Wasserbedürfnis der kleinen Stadt zu decken.

Auch Darmstadt ist auf der Ost- und Südseite von bewaldeten Höhen umgeben, aber das vorhandene Quellwasser genügt den Bedürfnissen durchaus nicht. Es war daher nötig, das in der Tiefe der anstoßenden Rheinebene befindliche Wasser aufzusuchen und zu benutzen. 1 ½ Stunden von der Stadt in einem weiten sandigen Waldgebiete wurden fünf Brunnen angelegt. Das Bohren geschah nach der in England und Amerika schon länger üblichen Methode durch Einsenken von 40 cm. weiten gußeisernen Röhren mittels einer künstlichen Belastung durch Eisenluppen, deren Gesamtgewicht mit der Länge der bereits eingesenkten Rohre bis auf 200 Zentner wächst. Das Herausschaffen des Sandes geschah mit einer sog. Sandpumpe. Die Einrichtung derselben ist sehr einfach. Sie besteht aus einem mehrere Zentner schweren, hohlen gußeisernen Cylinder, an dessen unterer konischer Oeffnung ein Klappenventil angebracht ist. Dieser Cylinder wird an einem über eine feste Rolle führenden Seile in das Rohr eingesenkt, dann abwechselnd in die Höhe gezogen und wieder fallen gelassen, so daß jedesmal bei dem Aufstoßen Sand in den Cylinder eindringt, ohne wieder zurücktreten zu können. Sobald der Cylinder auf diese Weise vollständig gefüllt ist, wird er mit Hilfe eines Haspels aus dem Rohr herausgehoben, ausgeleert und dann wieder eingesenkt, um abermals Sand herauszuschaffen. Durch dieses Sandpumpen und das auf den Röhren lastende bedeutende Gewicht wird ein absatzweises Sinken derselben bewirkt. Ist eine Röhre soweit versenkt, daß die angehängte Last auf dem Boden aufsteht, so wird eine neue Röhre aufgesetzt, mit der vorausgegangenen verschraubt und die Belastung wieder angehängt. In die gußeisernen Futterrohre ist je ein aus Kupfer bestehender Sauger eingehängt, der aber durch ein Drahtnetz vor dem Eindringen von aufwirbelndem Sande geschützt ist. Zwei Dampfmaschinen heben das Wasser und treiben es mit einem Druck von 10 Atmosphären nach dem Hochbehälter, der noch über dem höchsten Teil der Stadt liegt. Die fünf Brunnen haben eine Tiefe von 52 bis nahe 100 Meter und liegen 90 bis 125 Meter von einander entfernt.

Wie selbst unter scheinbar ungünstigsten Umständen Trink- und Gebrauchswasser beschafft werden kann, zeigt recht deutlich Wilhelmshaven an dem Jahdebusen, einer Nordseebucht, welche bekanntlich 1218, 1509 und 1511 durch Sturm- und Eisfluten gebildet wurde. 1855 begann Preußen seine Hafenarbeiten daselbst und seit dieser Zeit ist Wilhelmshaven als deutscher Reichskriegshafen von immer größerer Bedeutung geworden. Doch litt die neue Stadt anfangs und lange Zeit außerordentlich unter dem Mangel an gutem Trinkwasser, das ja auch zur Verproviantierung der Schiffe in beträchtlicher Menge nötig ist. Das zum Hausgebrauch erforderliche Wasser mußte in Zisternen gesammelt werden, denn die oberen Erdschichten enthalten kein Süßwasser, Brunnen können also nicht angelegt werden. Gräben und Gruben liefern nur salziges oder brackisches Wasser. Um dem Mangel abzuhelfen, wurde in dem Marschboden nach Trinkwasser gebohrt und wunderbarerweise mit Erfolg. Das erste Bohrloch (1862 bis 1865) ist 201 m, das zweite (1865 bis 1869) 270 m tief; beide liefern gutes Trinkwasser und bei Sparsamkeit in genügender Menge. Doch wird voraussichtlich bald ein drittes Bohrloch nötig sein.

Durch die natürlichen Bodenverhältnisse wird auch in einem großen Teile von Holland ein empfindlicher Mangel an gutem Trink- und Haushaltungswasser bedingt. An vielen Stellen sind die Bewohner seit Jahrhunderten angewiesen, das Regenwasser in Tonnen oder gemauerten Zisternen zu sammeln. Doch gelang es in neuerer Zeit, mehrere Städte, namentlich Amsterdam, Harlem, Haag, Rotterdam und Leyden mit eigenen Wasserleitungen zu versehen. Aber während in Rotterdam filtriertes Maaswasser in die Stadt geleitet wird, gewinnen die anderen Städte in sehr merkwürdigerweise ihr Wasser durch Anzapfen der Dünen.

Die fast an der ganzen Nordküste sich hinziehenden Sanddünen haben sich an vielen Stellen durch den Fleiß und die Bemühungen der Anwohner mit einer Vegetationsdecke bekleidet, die vorwiegend aus Sandhafer besteht, doch finden sich auch Haidekraut, Ginsterbüsche, Nadel- und Laubhölzer. Durch ihre Wurzeln wird der leichtbewegliche Flugsand festgehalten und hört auf, ein Spiel der Winde zu sein.

Der 4—5 km breite Düneſtreif bei Harlem erhebt sich stellenweise bis zu 30 m Höhe und ist ziemlich reich bewachsen. Die atmosphärischen Niederschläge sickern in den sandigen Boden, und so lassen sich die Dünen einem Schwamme vergleichen, der mit Wasser getränkt ist.

Die Harlemer Dünen sind nun von einem Kanalnetz durchzogen, dessen Gesamtlänge 13 km beträgt. Die Sohle desselben liegt etwas über dem höchsten Meeresstande, aber tief genug, um die Kanäle mit dem aus den Dünen quellenden Wasser zu füllen. Die Böschungen der Kanaleinschnitte sind bepflanzt, damit der lockere Sand nicht nachrutschen kann. Natürlich wuchern hier die Wasserpflanzen mit großer Ueppigkeit, und während des ganzen Sommers und auch teilweise im Winter ist ein Reinigen und Freihalten derselben notwendig. Ebenso natürlich ist, daß dieses Wasser, ehe es durch eine besondere Leitung nach Harlem und weiter nach Amsterdam geführt wird, einer sorgfältigen Filtration unterworfen werden muß.

Die Dünenwasserleitung von Leyden ist ähnlich; der wichtigste Unterschied ist, daß ein gerader Kanal, nicht ein maschenförmiges Netz von Kanälen das Dünenwasser sammelt.

Schlimmer ist **Venedig** wegen seiner Lage im Meere daran; es ist vorwiegend auf Regenwasser angewiesen, das sorgfältig gesammelt und filtriert wird. Die untenstehende Figur zeigt eine solche Filtrierzisterne im Durchschnitt. — Das mit einer Thonschicht a ausgeschlagene Filterbecken ist mit Sand gefüllt und oben in gleicher Höhe wie der übrige Boden gepflastert. Das Regenwasser fließt aus den Dachrinnen und von dem Pflaster in den ringförmigen unten offenen Kanal, durchdringt die Sandschicht b und sammelt sich in dem Brunnenschacht c, dessen unterer Teil aus losen Steinen ausgeführt ist. Hier kann es ausgepumpt oder ausgeschöpft werden. Bei der nachlässigen Behandlung der Filter und dem seltenen Wechsel des Sandes ist

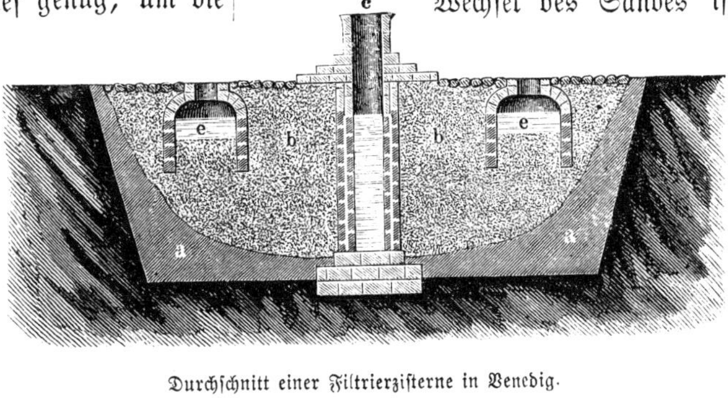


Durchschnitt einer Filtrierzisterne in Venedig.

dieser fast immer durchjaucht und das Trinkwasser sehr schlecht. Eine Wasserleitung ist freilich projektiert, aber noch lange nicht ausgeführt.

Sehr häufig sind die Fälle, wo eine Stadt nur durch einen vorbeifließenden Strom oder einen anderen größeren Wasserlauf mit einer hinreichenden Menge von Trink- und Nutzwasser versehen werden kann. Die allgemeine Abneigung gegen dasselbe ist aber begreiflich, wenn man sieht und riecht, wie das Flußwasser verunreinigt ist. Daß der Strom während eines Teils des Jahres als Badeplatz für Menschen und Pferde dient, kommt dabei noch am wenigsten in Betracht; daß er aber auch die Ablagerungsstätte ungeheurer Mengen von Unrat ist, die sich aus Fabriken und Haushaltungen in denselben ergießen, kann jedem, der einmal diese Einströmungen beobachtet hat, für alle Zeit den Appetit am bestfiltrierten Flußwasser verderben! Nimmt der Fluß auch die Auswurfstoffe einer kanalisierten Stadt auf, so wird sein Wasser auf stundenweite Strecken trüb, und auf dem Boden lagert sich eine mächtige schwarze Schlammschicht ab, die Schwefelwasserstoff, Sumpfgas und andere Luftarten massenhaft entwickelt. Solches Wasser wäre auch nach der sorfältigsten Filtration ekelhaft.

Aber reines Flußwasser hat anderseits wieder einen großen Vorzug vor vielem Brunnenwasser: es ist ein weiches Wasser.

Alles Wasser, das nicht unmittelbar als Regen- oder Schneewasser aufgefangen wird, kömmt mit dem Boden in Berührung, durchströmt denselben, bis es nach längerem oder kürzerem Laufe sich in einer Quelle ergießt oder in einem Brunnen ansammelt. Findet es nun auf seinem Wege durch die Erdschichten solche Bestandteile, die in Wasser löslich sind, so wird es diese mit sich führen. Es gibt Quellen, welche nahezu chemisch-reines Wasser enthalten, während wieder andere so viele Mineralbestandteile aufgelöst haben, daß das Wasser zum gewöhnlichen Gebrauch unmöglich ist; es riecht und schmeckt danach, hat dann aber oft besondere heilkräftige Eigenschaften angenommen. Hierher gehören die Quellen von Karlsbad, Wiesbaden, Pyrmont und wie die heilkräftigen Wasser alle heißen mögen, die zum Teil schon seit frühen Zeiten hochgeschätzt sind als Trink- und Badequellen.

Vom Trinkwasser verlangen wir aber, daß es geruch- und geschmacklos und klar sei. Es enthält zwar in der Regel allerlei Mineralbestandteile, besonders Kalksalze aufgelöst, aber in so geringer Menge, daß es keinen besonderen Geschmack davon annimmt. Ohne diese Bestandteile würde es fade schmecken wie Regenwasser. Auch Kohlensäure ist im gewöhnlichen Trinkwasser enthalten, aber nicht soviel, daß es davon perlt und danach deutlich schmeckt, wie die eigentlichen Säuerlinge (z. B. Selters).

Zur Zubereitung unserer Speisen, sowie bei zahlreichen Industriezweigen ist auch ein weiches Wasser mit wenig aufgelösten Mineralbestandteilen notwendig, Hülsenfrüchte z. B., in stark kalkhaltigem Wasser gekocht, bleiben hart; es wird daher solches Wasser selbst hart genannt. Jede Waschfrau weiß, daß es auch zum Waschen unbrauchbar ist; sie schätzt deshalb das Regenwasser so hoch und in zweiter Linie das Bach- und Flußwasser, weil diese weich sind, d. h. nur geringe Mengen von Kalksalzen gelöst enthalten. Einer Erklärung der Thatsache bedarf freilich die Waschfrau nicht, aber sie ist doch leicht zu finden. Die Kalksalze zersetzen sich mit der Seife zu einer unlöslichen Verbindung, so zwar, daß wenn selbst nur 0,07 gr. Kalk in einem Liter Wasser enthalten ist, schon ein Pfund Seife durch 500 Liter Waschwasser verdorben und unbrauchbar wird. Aber manches Flußwasser, z. B. das der Themse ist härter, als eben angeführt, d. h. es enthält eine größere Menge von Kalksalzen, als 0,07 auf ein Liter. Im Brunnenwasser aber kann der Gehalt an aufgelösten Mineralbestandteilen selbst 0,5 gr. im Liter weit übersteigen. Es wird für den Genuß das Wasser dadurch nicht unangenehm, ist aber für die Gesundheit nicht immer zuträglich und viele Aerzte wollen es für den Gebrauch im Krankenzimmer ganz ausschließen.

Unter allen Umständen wird man, bleibt die Wahl frei, lieber Quell- als Flußwasser, lieber weiches als hartes Wasser verwenden.

Danzig wurde früher durch die vom deutschen Orden angelegte Leitung aus dem Radaunefluß mit Wasser versehen, das ohne jede Filtration durch Holzröhren in die Stadt geleitet wurde. Er führte daher Abgangsstoffe aller Art und namentlich nach jedem Regen bedeutende Massen organischer Substanzen und andere gesundheitsschädliche Stoffe mit sich und wurde ohne Weiteres in Brunnen gesammelt. Dieselben konnten daher kaum Gebrauchswasser liefern; als Trinkwasser war es geradezu gesundheitsgefährlich. Dieses mußte daher von außen in die Stadt mit Wagen eingebracht und verkauft werden. Erst seit 12 Jahren hat Danzig eine Quellwasserleitung, die allen Anforderungen entspricht.

Bleibt aber nur Flußwasser zur Benutzung übrig, so muß das Wasser an einer Stelle, oberhalb der Stadt, dem Flusse entnommen werden, ehe er durch die städtischen Abfall- und Fabrikwasser verunreinigt worden ist, und ferner muß

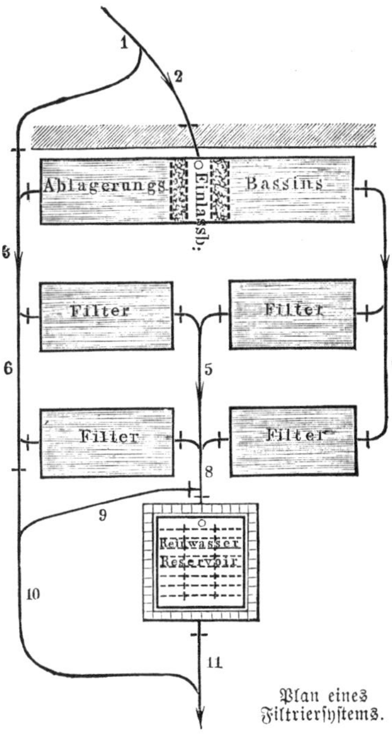


Plan eines Filtriersystems.

Vorsorge getroffen werden, daß wenn der Fluß durch besondere Umstände zeitweise oder immer trübes Wasser führt, dieses vorher in besonderen großen Behältern durch ruhiges Stehen oder ganz langsames Durchfließen die gröbsten Verunreinigungen absetzt. —

Es wird sich demnach die Anlage des Werks ungefähr so gestalten, wie die vorstehende Figur schematisch zeigt. Durch den Rohrstrang 1 u. 2 gelangt das Flußwasser zu den Ablagerungsbehältern, von da zu den Filtern und zuletzt in das Reinwasserreservoir, doch kann auch durch Schließen der Verbindungen das Wasser von 1 direkt durch den Röhrenstrang 3, 6, 10

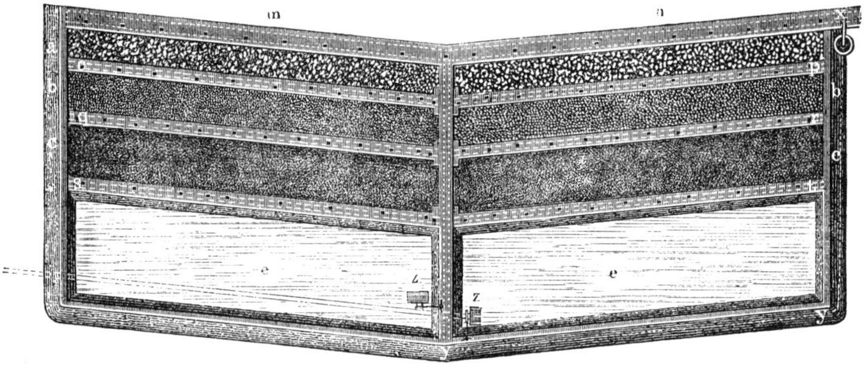

Filtriersystem der Stadt Glasgow.

ohne Reinigung zur Stadt geleitet werden, was unter Umständen namentlich bei Verbrauch von sehr großen Massen, z. B. bei Feuersgefahr, sehr wesentlich ist.

Da das Klären und Filtrieren einige Zeit erfordert, so müssen die Klärbassins in größerer Zahl vorhanden sein, einmal, damit das trübe Wasser genügende Zeit hat, wenigstens die gröberen Verunreinigungen abzuscheiden und dann, um wechseln und das eine oder andere Bassin ausschalten und von dem abgesetzten Schlamm reinigen zu können. Auch müssen die Klärbehälter eine verhältnismäßige Größe haben, damit das Wasser die richtige Zeit darin verweilt. Sind sie zu klein, so fließt es zu rasch durch und wird nicht genügend gereinigt. Im entgegengesetzten Falle aber bleibt das Wasser zulange darin stehn, und es kann namentlich in den warmen Monaten durch rasche Vermehrung der organischen Substanzen mehr verdorben als gebessert werden.

Uebrigens finden wir nicht bei allen Städten, die mit filtriertem Flußwasser versehen werden, solche Klärbehälter. Sie fehlen z. B. in Berlin, Bremen, Lübeck, Posen, Rostock, Schweinfurt, Witten und einigen anderen, dagegen sind in Braunschweig, Breslau, Brünn, Magdeburg, Stettin und a. O. solche vorhanden.

Es läßt sich im voraus annehmen, und die Praxis hat es bestätigt, daß die vorausgegangene Klärung des Wassers von wesentlichem Einfluß auf die Filtration ist. Unter allen Umständen müssen auch die Filter in größerer Zahl vorhanden sein. Nicht oder nur sehr unvollkommen geklärtes Wasser verdirbt in kurzer Zeit die Filter, indem sich der Schlamm in den Zwischenräumen des Sandes absetzt und dieselben mehr und mehr verstopft. Es ist dann erforderlich, mit größerem Druck zu filtrieren, aber dadurch werden die Schlammteilchen immer tiefer in die Sandschicht hineingepreßt. Auch ist ein zeitweises Ausschalten eines Filters nötig, um durch Auswaschen des Sandes und Entfernen des Schlammes den Filter wieder brauchbar zu machen. Die Wirkung der Filter auf das unreine Wasser ist nämlich offenbar eine doppelte. Einmal wirkt der Sand nur mechanisch abscheidend auf die feinen und feinsten Schlammteile, indem sie am Durchfließen verhindert werden; dann aber wirkt der Filter auch durch die zwischen den Sandkörnchen befindliche Luft oxydierend auf die im Wasser befindlichen aufgelösten organischen Bestandteile, die dadurch zersetzt und so beseitigt werden. Aber gerade diesen wird ja vorwiegend der gesundheitschädigende Einfluß unreineren Trinkwassers zugeschrieben.

Ueber die Größe der Filter läßt sich im voraus ebensowenig bestimmtes sagen, wie über die Größe der Klärbehälter. In beiden Fällen richtet sich die Größe nach dem Wasserverbrauch in einer bestimmten Zeit.

Man hat für die Wasserfilter die verschiedensten Materialien vorgeschlagen, und noch jetzt taucht von Zeit zu Zeit ein neuer Vorschlag auf, der aber gewöhnlich nur auf die Taschen von Leichtgläubigen spekuliert. Filz, Wolle, mit Eisen- und anderen Salzen getränkte Wolle u. dgl. haben sich für die Dauer als ganz unbrauchbar erwiesen.

Um Wasser in sehr großem Maßstabe zu filtrieren, wird seit 1828 vorwiegend reiner Sand benutzt. Simpson war es, der damals die ersten großen Sandfilter für die Chelsee-Wasser-Gesellschaft zu London anlegte. Seit dieser Zeit hat sich die Methode sehr wesentlich ausgebildet und verbessert.

Oft wird Sand von verschiedener Feinheit angewendet. In Glasgow z. B., wo die Stadt zwar zum größten Teil mit unfiltriertem Wasser aus dem Loch Kathrin versehen wird, arbeitet eine Gesellschaft mit einem Filter, das aus drei terrassenartig über und neben einander liegenden Sandschichten gebildet ist wie der Grundriß Seite 176 zeigt. Von den zwei Abteilungen m und n ist gewöhnlich nur eine in Gebrauch, während die andere gereinigt wird. Die oberste Filterabteilung a ist mit grobem Kies und Sandsteinbrocken, die zweite b mit feinem Kies, und die unterste und breiteste c mit feinem Sande gefüllt. Zwischen diesen Abteilungen finden sich wasserdicht gemauerte Räume, wie einer

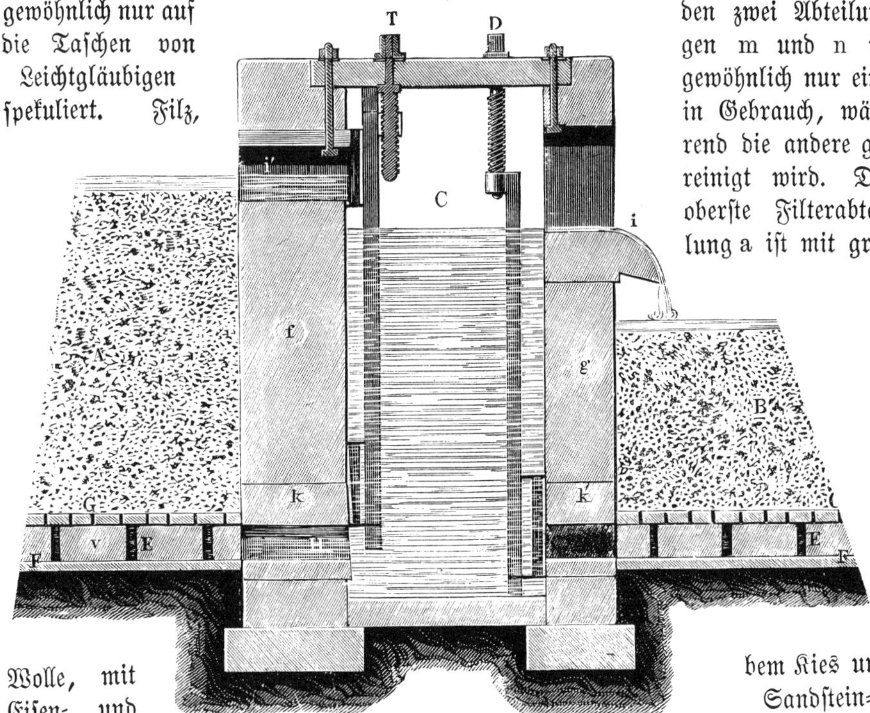

Ein wasserdichter Raum des Filtriersystems der Stadt Glasgow.

im Durchschnitt auf Seite 177 dargestellt ist. Das Wasser dringt durch die Schicht A und den Siebboden G, der auf Pfeilern F ruht, fließt durch H nach C, wenn die Schleuße D geöffnet ist, und breitet sich dann gleichmäßig über die Filtrierschicht B aus.

Ein Beispiel aus Karlsbad möge zeigen, wie das Filtermaterial von unten beginnend aufgeschichtet wird:

0,25 m große Steine,
0,20 m faustgroße Kiesel,
0,15 m hühnereigroße Kiesel,
0,10 m haselnußgroße Kiesel,
0,10 m Kies von Bohnengröße,
0,10 m Kies von Erbsengröße,
0,90 m Flußsand,
1,80 m.

Verschläumt sich die oberste Sandschicht, so wird sie abgehoben, in einer Trommel gewaschen, und dann wieder aufgegeben.

London mit seinen 3½ Millionen Einwohnern, wird durch 8 Gesellschaften mit Wasser versorgt, von welchen 7 Flußwasser liefern. Eine derselben entnimmt dasselbe ausschließlich dem Fluße Lea, eine teils der Lea, teils der Themse, und die fünf anderen ausschließlich der Themse, und zwar dicht neben einander bei Hampton Sonbury und Moulsey. Die Klärbassins, Filter 2c. sind an verschiedenen Orten in der Nähe der mit Wasser zu versorgenden Stadtteile, und nur zwei Gesellschaften haben einen Teil ihrer Klärbehälter in der Nähe der Themse, in welche das Flußwasser direkt einströmt, aber nicht darin zur Ruhe kommt, sondern ständig durchfließt.

Bei einer der Londoner Wassergesellschaften, besteht der Boden der Filter aus Concret auf Thonschlag. Das Wasser aus dem Klärbehälter ergießt sich in eine mittlere Rinne, welche der Länge nach durch das Filter geht, und unter dem der Sammelkanal a der untenstehenden Figur für das Reinwasser liegt, von dem drei 30 cm weite Luftröhren b aufsteigen. Die Seitenwände des Raumes haben Fugen, durch welche das filtrierte Wasser passieren kann. Außerdem steht eine Anzahl von horizontalen Kanälen c aus durchlöcherten Ziegelsteinen ebenfalls mit a in Verbindung. Ueber den Kanälen c liegt eine Schicht grober Steine d, dann kleine Steine d, darauf grober Kies f. und feiner Flußsand g.

Das Spreewasser, das in Berlin auch Genußwasser ist, wird nicht geklärt, nur filtriert. Die Abbildung auf S. 179 zeigt die selbstthätige Regelung des Wasserzuflusses auf die Filter. Wird durch die Oeffnung m die Schraube c bewegt, und dabei die zwischen b und d befindliche Klappe gehoben, so tritt das aus a zugeführte Wasser zum

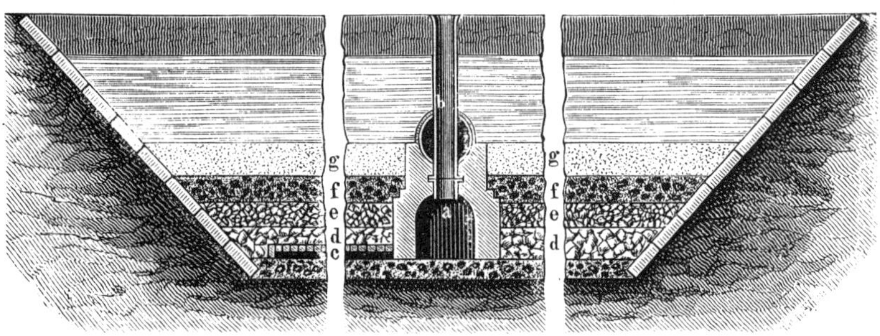


Filtriersystem einer Londoner Wasserversorgungsgesellschaft.

Filter. Die Drosselklappe e o, die sich mit steigendem Schwimmer schließt, und beim Sinken des Wasserstandes auf den Filterschichten B öffnet, regelt den Wasserzufluß. Der Filterboden ist gegen die Mitte schwach geneigt, und ist da ein Abzugskanal C gemauert der nur an den Seiten Oeffnungen zum Eintritt des Wassers hat.

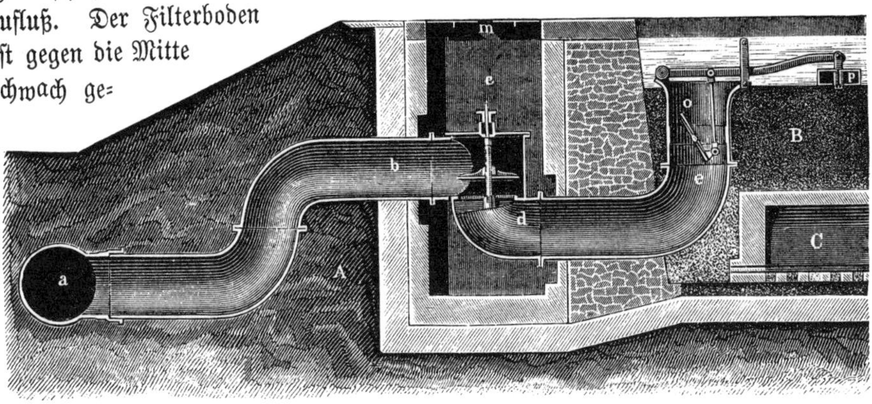


Selbstthätige Regelung des Wasserzuflusses bei der Wasserfiltrierung in Berlin.

Wenn auch unsere seitherigen Betrachtungen zeigen, daß Flußwasser bei hinreichend sorgfältiger Behandlung dazu verwendet werden kann, um eine Stadt mit Genuß- und Nutzwasser zu versehen, und daß die sich entgegenstellenden Schwierigkeiten, in keiner Weise unüberwindbar sind, so kommen doch bei der praktischen Ausführung noch einige Punkte in Betracht, die nicht übersehen werden dürfen, wenn der günstige Erfolg des Unternehmens gesichert sein soll. Diese Punkte ergeben sich eigentlich von selbst.

Es müssen die Vorrats- oder Klärbehälter so hoch angelegt werden, daß sie auch bei Hochwasser nicht vom Flusse aus überschwemmt werden können, sie dürfen ebensowenig von zufließendem Tagwasser verunreinigt werden. Ferner müssen sie wenigstens teilweise, die Filterbehälter und die Hochreservoire alle, überdeckt sein, um sie gegen Staub, und die wechselnde Temperatur zu schützen. Namentlich auch der letztere Punkt ist von besonderer Wichtigkeit, nicht nur weil warmes Trinkwasser unangenehm, selbst widerlich ist, sondern auch, weil es einen offenbar sehr die Gesundheit schädigenden Einfluß hat. Wenn, wie bei manchen Wasserwerken Londons und Umgebung, und ohne Zweifel auch an manchen anderen Orten, die Temperatur des Leitungswassers bis zu 18, 20 und selbst mehr Grad C steigen kann, so hört dieses auf Trinkwasser zu sein. Es ist aber statistisch nachgewiesen, daß solch warmes Wasser schädlich ist, denn die Sterblichkeit an Diarrhöen u. a. Unterleibskrankheiten steigert sich im Sommer in den Gebieten, wo filtriertes Themsewasser getrunken wird, so auffallend im Vergleich mit Nachbargebieten, wo kühles Quellwasser Verwendung findet, daß nicht schädigenden atmosphärischen Einflüssen sondern nur der hohen Temperatur des Trinkwassers die Schuld zuzuschieben ist.

Pumpwerke mit Dampfbetrieb sind immer dann notwendig, wenn die Ablagerungsbehälter und Filter niedriger liegen, als das zu reinigende Wasser, ebenso dann, wenn die mit Wasser zu versorgende Stadt höher liegt, als die Reinwasserbehälter; je nach der zu überwindenden Höhe wird auch der Druck verschieden stark sein müssen. Ein stoßweises Fließen in der Röhrenleitung wie bei den Pumpen oder in den Arterien ist dabei zu vermeiden, es muß die Bewegung des Wassers eine durchaus gleichmäßige sein, weil dann die Röhrenleitung dem Druck viel leichter widersteht, ohne an irgend einer schwächeren Stelle zu zerreißen. Es kann dieses gleichmäßige Fortbewegen des Wassers entweder bewirkt werden durch eine besondere Einrichtung der Dampfmaschinen, dann aber auch durch Anwendung von großen Windkesseln ähnlich wie bei den Feuerspritzen, wobei sich die darin enthaltene Luftmenge wie ein elastisches Kissen verhält, welches das stoßweise einfließende Wasser durch einen eigenen Druck gleichmäßig im Steigrohr empor preßt. Um zur größeren Sicherheit der Röhrenleitung eine gewisse Grenze des Drucks nicht zu übersteigen, wendet man häufig noch einen besonderen Wasserturm an, dessen höchster Teil selbst die höchsten Teile der Stadt überragt.

Unsere nebenstehende prächtige Darstellung zeigt die Anordnung des Maschinenhauses und des Wasserturmes zu Hamburg. Letzterer erhebt sich 80 Meter über den Nullpunkt der Elbe; seine Axe bildet der Schornstein p p, welcher den Rauch der Dampfkesselfeuerung abführt und die Dachfläche der oberen Galerie noch um 4 m. überragt. Er hat den weiteren Zweck, das Innere des Turmes zu heizen, so daß das Wasser in dem Steigrohr kk und dem Abfallrohr nn nicht gefrieren kann. In einer Höhe von 36 m. bei l und dann wieder bei 70 m. bei m stehen beide Röhren in Ver-

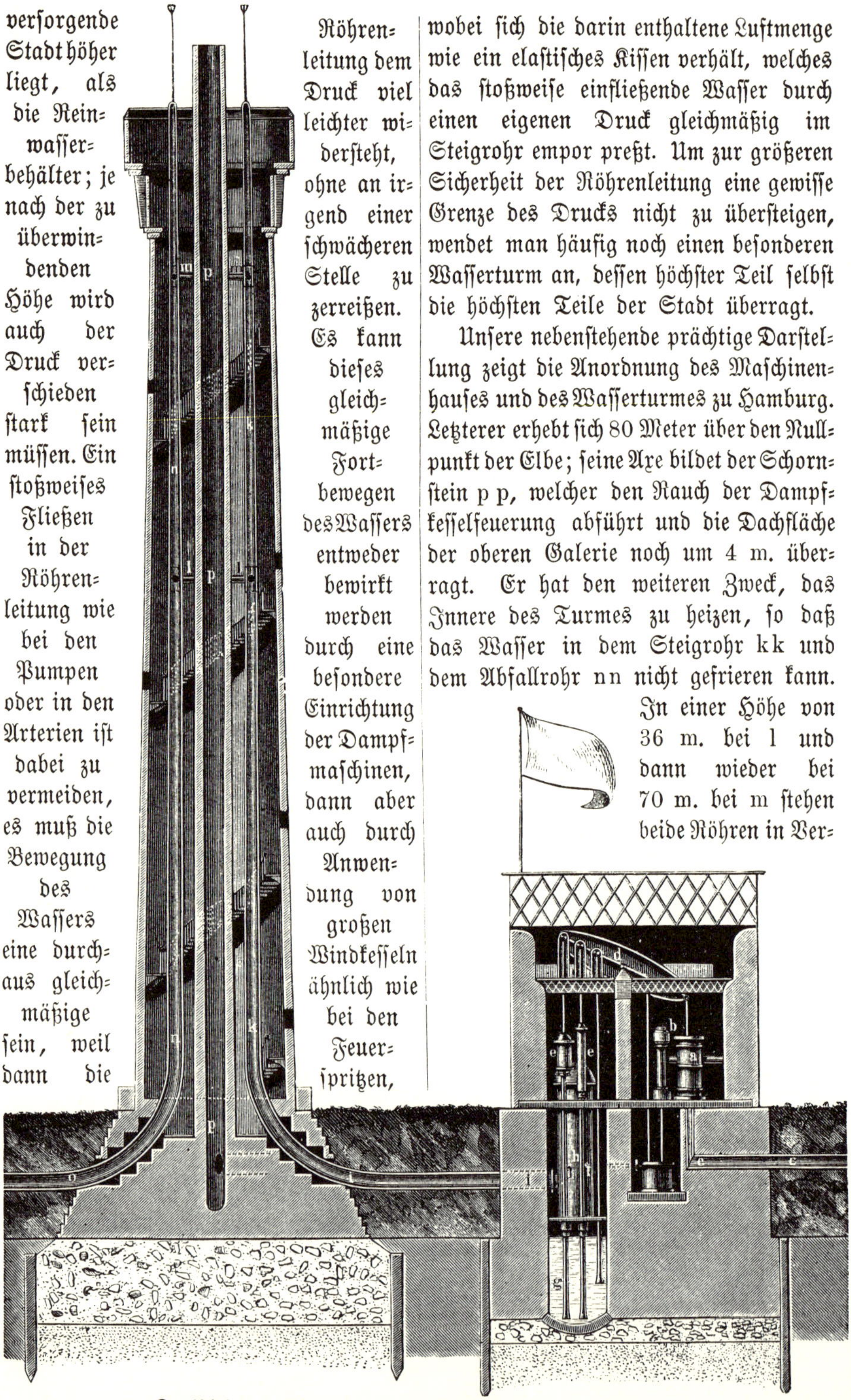

Durchschnitt des Maschinenhauses und des Wasserturmes zu Hamburg.

bindung. Das untere Umlaufrohr l kann durch einen Schieber abgeschlossen werden. Außerdem durchzieht eine eiserne Wendeltreppe den ganzen Turm.

Im Maschinenhause ist a der Dampfcylinder einer Cornvallmaschine, b die Steuerung, d der Balancier, e e zwei mit Gewichtskasten versehene Pumpenbalken, f f die beiden zugehörigen Pumpen, g der von dem Reinwasserreservoir gespeiste Pumpbrunnen, h der Windkessel, i das Leitungsrohr, welches das Wasser dem Steigrohr K im Turme zuführt.

Tritt, wie in unserer Figur S. 180, der Dampf über den Kolben in a ein, so hebt die linke Seite des Balancier die daran hängenden Pumpenstangen und Gewichte e e und die Pumpenstiefel f f füllen sich mit Wasser. Durch die Steuerung b wird dann eine Verbindung zwischen dem oberen und unteren Teile des Cylinders hergestellt und der Druck auf beiden Seiten des Kolbens ist nun gleich. Aber die Pumpenstangen sinken jetzt durch ihre eigenes Gewicht und pressen das Wasser in den Windkessel h. Von hier aus steigt es im Wasserturm empor, entweder bis zu dem Verbindungsrohr l, oder wenn dieses geschlossen ist, bis zu m und dann durch das Abfallrohr in die Stadtleitung.

Zu den verschiedenen Tageszeiten ist der Verbrauch verschieden stark; je größer er ist, um so schneller wird das Wasser in den Röhren des Turmes fallen; sobald aber der Wasserstand im Steigrohr abnimmt, um so geringer wird der Gegendruck sein, den die niedersinkenden Gewichte e e zu überwältigen haben und um so rascher wird die Maschine arbeiten. Umgekehrt ist es bei einem geringen Verbrauch und hohen Stand der Wassersäule. Hört, wie zu manchen Nachtzeiten, der Abfluß nach der Stadt ganz auf, so erreicht der Druck des Wassers in dem Steigrohr eine solche Höhe, daß er nicht mehr von den Gewichten überwunden werden kann; sie bleiben dann stehn und die Pumpen arbeiten gar nicht. Wird aber, was nur ausnahmsweise geschieht, das untere Verbindungsrohr l geschlossen, so kann das Wasser bis m steigen und die Dampfmaschine arbeitet sofort weiter und hebt das Wasser auf die fast doppelte Höhe. Dabei sind zwar die beiden Pumpen in Bewegung, aber die eine ist so abgestellt, daß sie nicht saugt und drückt, und es wirken nun beide Gewichtskästen e e auf den Kolben der einen wirklich thätigen Pumpe. Auf diese Weise ist eine sehr sinnreiche Selbstregulierung der Pumpen und ihrer Thätigkeit ermöglicht; sie schmiegt sich ganz dem augenblicklichen Bedürfnis an.

Vielfach tragen die Wassertürme zugleich die Hochbehälter, von welchen aus das Wasser in der ganzen Stadt verteilt wird. Sie müssen also die höchsten Teile der Stadt überragen und so groß sein, um den für einen Tag notwendigen Wasservorrat fassen zu können.

In Prag steht der Hochbehälter auf einem durchbrochenen eisernen Unterbau von zwölf Ständern, die unter einander genügend verbunden sind. Der Behälter selbst, dessen Wasserspiegel 80 m über dem Pflaster liegt, ist gegen Staub, Hitze und Kälte genügend geschützt.

Als ein Beispiel für einen Hochbehälter mit gemauertem Unterbau können wir den von Frankfurt a. O. nehmen. Er besteht aus einer ringförmigen und vier radialen Mauern, welche durch Gewölbe zusammengehalten und verstärkt werden. Dadurch zerfällt der gesamte Unterbau in vier Geschoße. Das Erdgeschoß enthält Treppenhaus und Raum für einen kleinen Heizkessel, die freien Räume des ersten und zweiten Stockwerks dienen als Wohnung, im dritten sind die Wasserschieber.

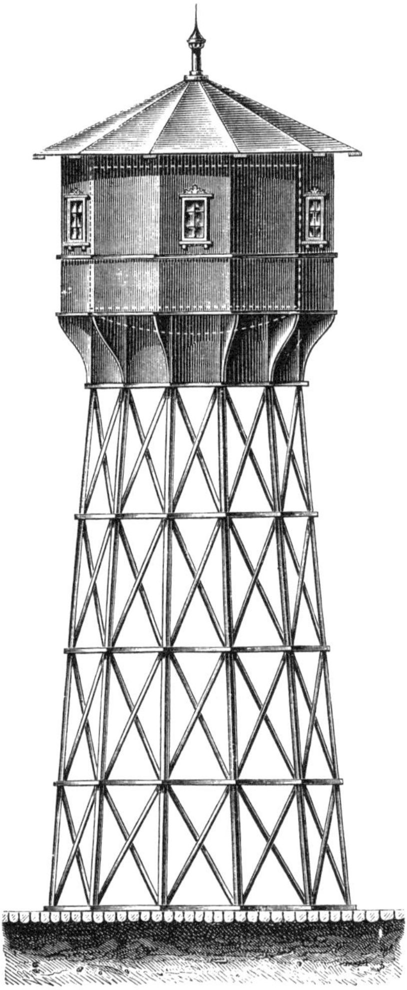

Wasserturm zu Prag.

Auf den Mauern ruhen gewalzte Träger, welche den Wasserbehälter aus Schmiedeeisen tragen. Dieser faßt 400 cubikm. Das Dach ist mit Pappe und Zinkblech gedeckt. Fünf Rohrstränge gehen durch den Unterbau zum Behälter, das Steigrohr, das Abfallrohr, das Rohr für das Ueberlaufwasser, eins für das Regenwasser und endlich das fünfte, das zur Entleerung des unteren Behälters dient. Da der Hochbehälter vom Maschinenhause das 650 m entfernt ist, gesehen werden kann, so kann der Maschinist den Wasserstand an einer Kugel erkennen, die sich an einer Flaggenstange auf- und abbewegt, wenn sich ein damit durch Drähte verbundener Schwimmer hebt oder senkt.

Der Hochbehälter in Frankfurt a. M. bei der Friedberger Warte faßt 12,300, der zweite bei Sachsenhausen 6,200 cbm, also beide zusammen 18,500 cbm Wasser entsprechend dem Zufluß in 24 Stunden.

Wo Wasser ohne Druck weiter zu leiten ist, wurden früher fast allgemein selbst auf weiten Strecken Holzröhren angewendet. Bei den außerordentlich gestiegenen Preisen des Holzes verbietet sich aber seine Verwendung zu diesem Zweck umsomehr, als die Röhren von geringer Dauer sind. Schon die alten Römer verwandten Thonröhren, und auch jetzt werden solche unter Umständen benützt. Ist aber der Druck des Wassers ein sehr hoher, so muß stärkeres Material zu den Röhren verwendet werden und als solches dient jetzt allgemein das Eisen. Zwar haben Wasserleitungsröhren daraus den Nachteil, daß anfangs besonders und bei langsamem Verbrauch des darin stehenden Wassers dieses durch Rostbildung getrübt wird und selbst den Eisengeschmack annehmen kann. Das ist aber auch bei eisernen Pumpen der Fall, wenn man morgens das im Rohr gestandene Wasser benutzen will; wird dieses zuerst abgepumpt, so folgt klares, reines, eisenfreies Wasser. Ebenso auch bei Wasserleitungen mit Eisenröhren. Ein inwendiges Ueberziehen derselben mit

Teer, Zink, Zinn oder sonst einer Substanz, welche die direkte Einwirkung des Wassers auf das Eisen verhüten soll, ist nutzlos, weil ein solcher Ueberzug niemals vollkommen ausgeführt werden kann, sondern an schadhaften Stellen das Eisen doch vom Wasser direkt berührt wird.

Für die Hausleitungen werden immer Bleiröhren verwendet, da aber jedes Wasser, namentlich weiches, das Blei angreift, so wird lange in Bleiröhren stehendes Wasser auch bleihaltig sein, und zwar umsomehr, je weicher das Wasser ist. Es ist also hier ganz besonders zu empfehlen, das Wasser, das einige Stunden in den Röhren gestanden hat, zuerst abfließen zu lassen, denn es ist genugsam bekannt, daß Bleisalze giftig sind und sich die schädliche Wirkung derselben im Laufe der Zeit summiert, bis dann endlich die Ursache erkannt wird. Auch hier ist aus dem schon angeführten Grunde ein innerer Ueberzug etwa mit unlöslichem Schwefelblei ganz nutzlos.

Zu gewissen Zeiten und Zwecken muß an einer passenden Stelle die Leitung geöffnet werden können, sei es um die Straßen und ihre Gassen ausspülen oder Gärten und Rasenplätze bespritzen zu können, oder um Feuer zu löschen, oder für bestimmte industrielle oder gewerbliche Zwecke. Hierzu werden in die Leitung an gewissen, außen genau bezeichneten und auch in der Nacht leicht aufzufindenden Stellen sog. **Hydranten** eingeschaltet; es sind dies Schieber oder Ventile, welche gewöhnlich mit einer Schraube niedergepreßt sind und so eine in der Leitung befindliche Oeffnung geschlossen halten. Wird die Schraube aber gelöst, so hebt der Wasserdruck das Ventil, tritt seitwärts in eine Kammer und kann dann durch einen hier aufgeschraubten Schlauch ausfließen.

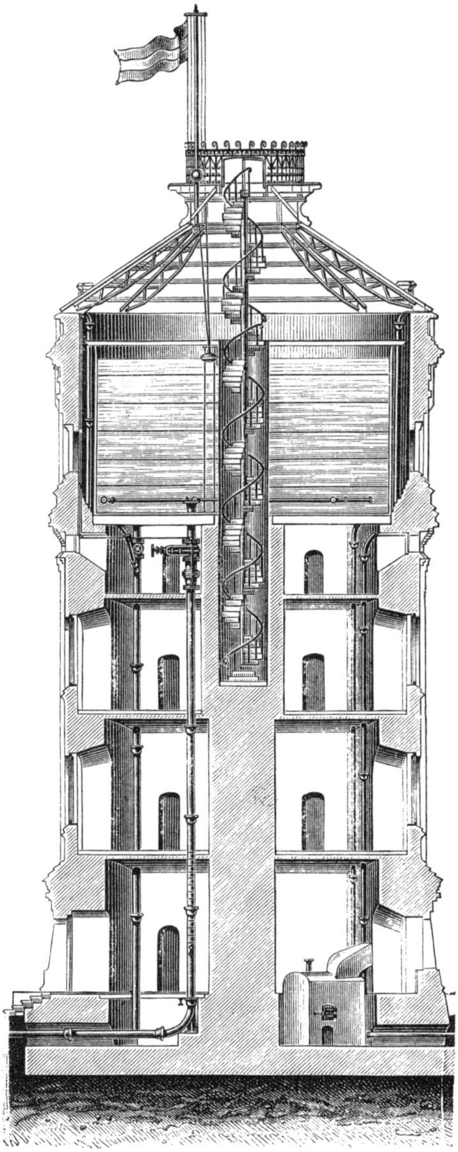

Wasserturm zu Frankfurt (Durchschnitt).

Um der oft unsinnigen Wasserverschwendung bei Hausleitungen zu steuern und den Betrag der zu zahlenden Kosten nach dem verbrauchten Wasser einzurichten ist es bisweilen nötig, Wassermesser in den Häusern aufzustellen, wie ja auch Gas-

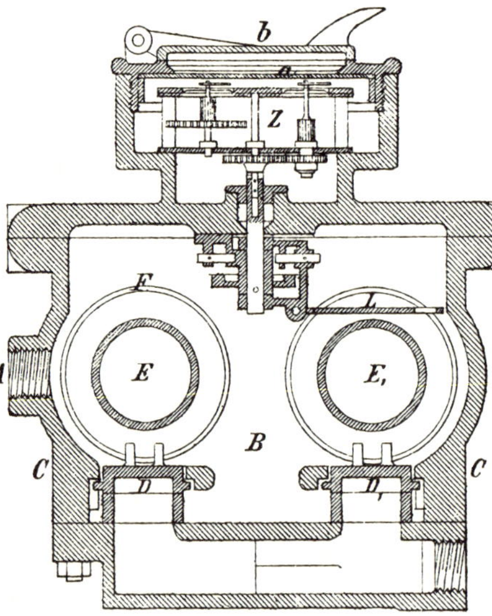


Sigl'scher Wassermesser.

messer aufgestellt sind. Doch ist die Konstruktion derselben mit manchen Schwierigkeiten verbunden. Einige Beispiele können zeigen, wie man dieselben zu überwinden gesucht hat.

Es kann die Abgabe des Wassers entweder nach Maß oder Gewicht erfolgen. Danach werden auch die Meßinstrumente verschieden gebaut sein müssen; sie sind auch gebaut worden und werden noch immer neue ersonnen, doch lassen wir hier alle diejenigen beiseite, welche für die praktische Verwendung weniger geeignet sind.

Mit Hilfe der sog. **Kolbenmesser** wird das durch die Leitung gehende Wasser wirklich gemessen. Es geschieht dies gewöhnlich dadurch, daß ein Kolben in einem cylindrischen Raume durch den Druck des Wassers abwechselnd nach der einen oder andern Seite fortgeschoben wird, ganz ähnlich wie bei den Dampfmaschinen durch den Dampf. Jeder Apparat ist mit einem Zählwerk versehen. Sehr leicht aber gerät der Steuerungsmechanismus in Unordnung, auch sind diese Apparate sehr kostspielig, in gutem Zustand registrieren sie aber sehr genau den Verbrauch an Wasser.

Ein Kolbenmesser von kleinem Format ist der von Sigl in Wien; seine Haupteigentümlichkeit besteht darin, daß zwei Kolben abwechselnd hin- und hergehen und dieselben aus einem Material gebildet sind, dessen Kolbengewicht gleich dem des verdrängten Wassers ist. Es ist bei kleinen Wassermessern Hartkautschuk, bei größeren Metall. Die nebenstehenden Figuren dienen als Erläuterung für die folgende Beschreibung. Das Wasser tritt durch A in den mittleren Raum B des Gehäuses C, in welchem sich die beiden Ver-

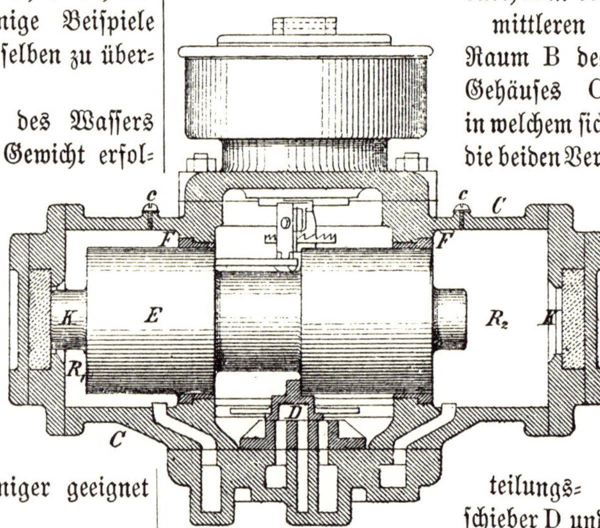


Sigl'scher Wassermesser.

teilungsschieber D und D¹ befinden. Die zwei cylindrischen losen Kolben E und E¹ bilden durch die Dichtungsringe F vier geschlossene Räume, von welchen $R^1$ und $R^2$ dem Kolben E, $R^3$ und $R^4$ dem Kolben $E^1$ angehören. Die Steuerung jedes Kolbens besteht in einem einfachen Muschelschieber, welcher auf der einen Seite das Wasser dem Meßraume zu-, auf der andern aber abführt. Kommt der Kolben am Ende seines Weges an, so nimmt er den Schieber während des letzten Stückes seines Weges mit und bewirkt auf diese Weise die Umsteuerung des Verteilungsschiebers. Schieber und Kanäle sind derart angeordnet, daß ein Kolben immer die Umsteuerung des anderen besorgt und daß daher, wenn der eine Kolben sich von links nach rechts bewegt, der andere sich in entgegengesetzter Richtung bewegen muß, oder es wird auf jeder Seite je ein Meßraum gefüllt und entleert und zwar wird beispielsweise

$R^1$ gefüllt ⟶ $R^2$ entleert,
$R^3$ entleert ⟵ $R^4$ gefüllt.

Die Zu- und Abführungskanäle müssen sich daher kreuzen und zeigt die nebenstehende Figur die Anordnung derselben von der Unterseite des Wassermessers aus gesehen. Die Kolbenhübe übertragen sich durch einen Hebel C auf das Zählwerk, das in einem vom Wasser getrennten Raume liegt.

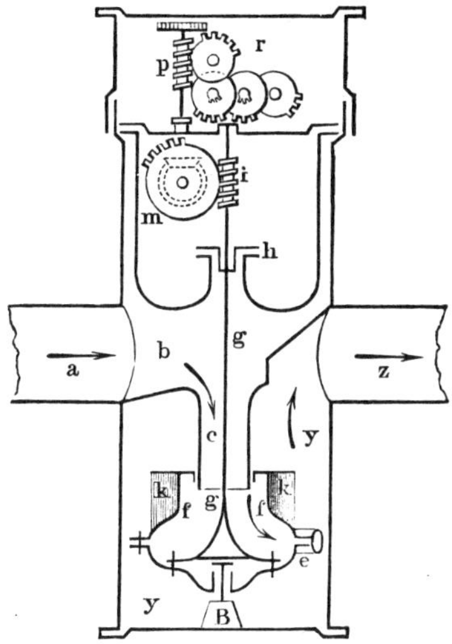

Wassermesser.

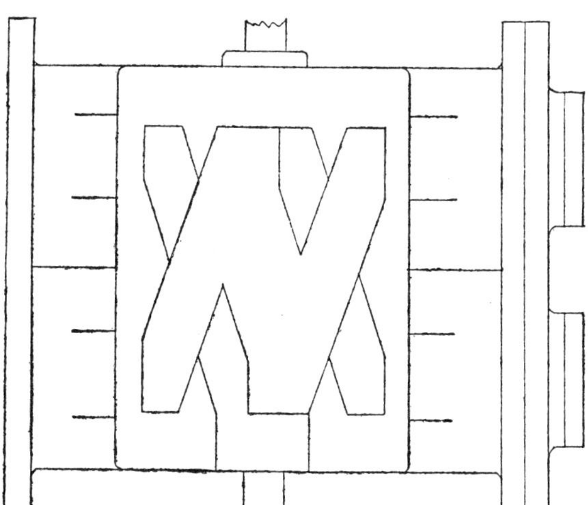
Sigl'scher Wassermesser.

Bei den Flügel- oder Turbinenradmessern wird die Geschwindigkeit des durchströmenden Wassers als Anzeiger für die verbrauchte Wassermasse benutzt.

Das Prinzip eines solchen Wassermessers wird aus obenstehender Abbildung leicht verständlich. Das bei a einströmende Wasser gelangt durch den unbeweglichen Raum b und das senkrechte Verbindungsrohr c in ein Holzgefäß f, welches am Rande seiner Ausbauchung eine Anzahl von seitwärts sich öffnenden Ausflußröhrchen e hat. Dieses turbinenartige Gefäß dreht sich um seine Vertikalaxe g, die bei B und h gehalten wird. Bei k sind noch vier Flügel außerhalb der kleinen Turbine angebracht. Fließt nun das Wasser durch die Oeffnungen bei e aus, so dreht sich das Hohlgefäß wie das bekannte Segnersche Wasserrad in entgegengesetzter Richtung um, das Wasser sammelt sich in dem äußeren Raum y, die Flügel k haben also einen Widerstand zu überwinden, so daß keine zu rasche Drehung des Hohlkörpers stattfinden kann. An der verlängerten Drehungsaxe g ist bei i eine Schraube ohne Ende, welche ein System von Rädchen und so ein Zählwerk ähnlich wie bei einer Gasuhr in Bewegung setzt. — Beim praktischen Gebrauch hat dieser Siemenssche Wassermesser manche Mängel ergeben, namentlich in Bezug auf den wasserdichten Schluß zwischen dem beweglichen und festen Teil ohne den ersteren dabei in seiner Beweglichkeit zu beeinträchtigen.

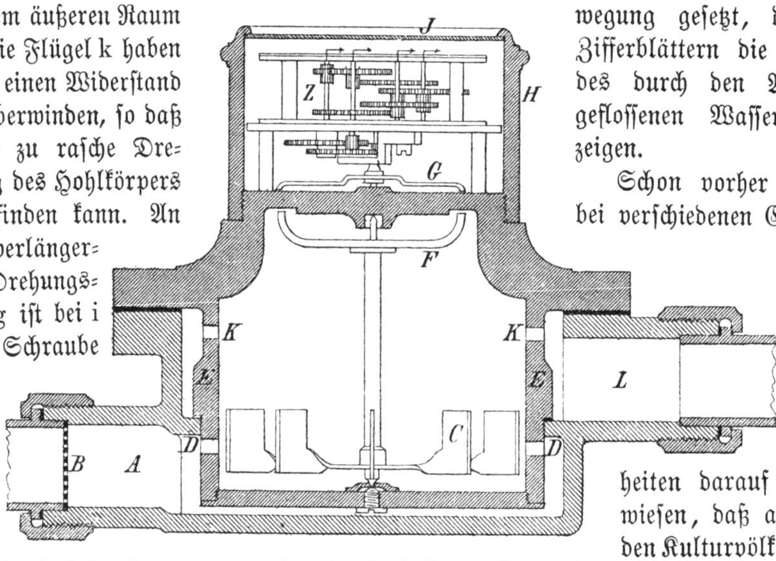

Querschnitt des Wassermessers von Leopolder, Streiff-Becker & Co. in Wien.

Dies soll vermieden werden bei einem anderen W a s s e r m e s s e r, der im Durchschnitt in Fig. dargestellt ist. Bei A strömt das Wasser ein, bei L aus; dadurch wird das Flügelrad C in Umdrehung versetzt und gleichzeitig der Magnet F, der auf derselben Axe befestigt ist. In einem zweiten, abgetrennten Teil der Trommel wird der Stahlstab G durch den Magneten F derart beeinflußt, daß er sich mit derselben Geschwindigkeit dreht. Seine Axe steht nun mit einem System von Radern und Trieben in Verbindung ähnlich wie in einer Uhr und werden dadurch eine Anzahl von Zeigern in Bewegung gesetzt, die auf Zifferblättern die Menge des durch den Apparat geflossenen Wassers anzeigen.

Schon vorher wurde bei verschiedenen Gelegenheiten darauf hingewiesen, daß auch bei den Kulturvölkern des Altertums die Wasserleitungen von größter Bedeutung waren. Dieselben hatten vielfach die Aufgabe, nicht nur die großen Städte mit Trinkwasser zu versehen, sondern auch die dem Ackerbau gewidmete Ebene zu bewässern. Vielfach finden sich noch jetzt Reste von großartigen Bauten zu diesen Zwecken in Assyrien, Babylonien und Aegypten. Auch das alte Karthago hatte eine solche Wasserleitung, deren mächtige Pfeiler noch jetzt das Staunen der Reisenden erregen. Schon unter Salomo wurde die große Leitung begonnen, welche Jerusalem mit Wasser versehen sollte; in verschiedenen Bauperioden wurde dieselbe fortgesetzt und großartig erweitert. Aehnliche Ueberreste zu Ephesos, Smyrna, Athen, Korinth u. a. volkreichen Städten des Altertums sind beredte Zeugen von den großartigen Unternehmungen zur Wasserversorgung. Aus den

Zeiten, wo Rom auf der Höhe seiner Macht stand, haben sich, wenn auch meist in Trümmern, höchst großartige Reste von Wasserleitungen erhalten; es war von denselben schon früher die Rede Ueberhaupt ist Italien reich an solchen riesigen Bauresten, welche einst den Zweck hatten, dem zahlreichen und verwöhnten Volke dieses unentbehrliche Element in reicher Fülle zuzuführen. Die Wasserverteilung in die Städte war sorgfältig geregelt und ein zahlreiches Heer von Beamten hatte die Einrichtungen zu überwachen. Wo die Römer auf ihren Kriegszügen dauernde Niederlassungen gründeten, gehörten großartige Wasserleitungen zu den ersten Arbeiten, nachdem die Festungswerke hergestellt waren. Mainz und Trier in Deutschland, Arcueil, Lyon in Frankreich, Merida, Legovia in Spanien mögen unter sehr vielen anderen als Beispiele genannt sein, welche noch jetzt unser Staunen erregen.

Diese weiten gemauerten Kanäle der alten Aquädukte, die ohne erhebliche Senkung und Neigung auf weite Strecken sich über Berg und Thal hinziehen, werden heut nur noch ausnahmsweise benützt.

Ruinen der Wasserleitung von Karthago.

Marseille besitzt eine solche Leitung von fast 13 geogr. Meilen Länge, welche der Stadt das Wasser der Durance zuführt. New York erhält das Wasser des Brentonflusses durch einen Aquädukt von $40^{1}/_{2}$ engl. M. Länge. Kürzere Aquädukte finden sich etwas häufiger.

Der Uneingeweihte glaubt oft, die Anlage einer Wasserleitung sei in technischer Beziehung eine ziemlich einfache

Sache; in Wirklichkeit gestaltet sich die Sache indessen ganz anders, wie wir aus Vorstehendem gesehen haben. Und doch konnten hier nur in großen und groben Zügen auf beschränktem Raume die wichtigsten Punkte berücksichtigt und ausgeführt werden, welche bei Versorgung einer Stadt mit Wasser in Betracht kommen. Dabei werden täglich neue Erfahrungen gesammelt, je mehr Städte sich entschließen, die großen Kosten auf eine allgemeine Wasserversorgung zu verwenden. Ein solches Unternehmen erfordert lange Vorbereitung; nur wenn dabei nichts versäumt worden ist und wenn die technische Ausführung ohne wesentliche Fehler stattfindet, ist das Baukapital wohl angelegt und wird reiche Zinsen tragen in dem verbesserten Gesundheitsstand der Bevölkerung und folgeweise auch in ihrem höheren Wohlstande.

Römische Wasserleitung bei Gard in Südfrankreich.

Ruinen einer römischen Wasserleitung, mit dem Blick auf das Albanergebirge.

# Chemische Versuche und Spielereien.

Wer tiefer in die so wichtigen Lehren der Chemie geblickt hat, wird zugeben, daß chemische Spielereien wenig Nutzen haben. Es kann vorübergehend die gereizte Neugier befriedigt, es kann ein kurzer Zeitvertreib gewährt werden, aber wirklichen Vorteil von einem chemischen Versuche wird nur der haben, welcher auch das Verständnis für den Vorgang hat, der dabei stattfand. Eine Erklärung ist nutzlos für den, welchem die Vorkenntnisse für das Verständnis abgehen.

Dazu kommt, daß bei vielen chemischen Versuchen unangenehme und selbst für die Gesundheit nachteilige Dämpfe sich entwickeln, so daß eine besondere Vorsicht bei der Ausführung erforderlich ist. Wenn wir in einem Glase Eisenfeile mit Salpetersäure übergießen, so entwickeln sich sehr rasch massenhaft rotbraune Dämpfe von erstickendem Geruch, bei geringer Unvorsichtigkeit steigt die Flüssigkeit aus dem Glase über, man will den Tisch retten, auf dem ein schlimmer Fleck entstehen wird, aber das Glas ist so heiß geworden, daß man es nicht in der Hand halten kann und das Mißgeschick wird vielleicht zu einem wirklichen Unglück vergrößert. Man hat sich schließlich überzeugen können, daß hier eine sehr heftige chemische Thätigkeit stattfand, welcher Art dieselbe war, versteht aber nur derjenige mit entsprechenden Vorkenntnissen.

Weniger heftig ist die Einwirkung der Salpetersäure auf ein Zwanzigpfennigstück oder sonst eine kleine Silbermünze, weil diese nicht eine so große Oberfläche besitzt und folgeweise der chemische Vorgang langsamer stattfindet. Auch hier entwickeln sich die unangenehm erstickend riechenden rotbraunen Dämpfe, auch hier wird Wärme frei, aber alles geht langsamer und weniger energisch vor sich. Wir erhalten schließlich eine grüne Flüssigkeit, die durch ihre Farbe zeigt, daß in der aufgelösten Münze neben Silber auch Kupfer enthalten war. Bringen wir dann diese Lösung mit etwas Kochsalz

Eisenfeile mit Salpetersäure in einem Glase.

zusammen, oder besser, Kochsalz in Wasser gelöst, und schütteln, so entsteht ein dicker, weißer, käsiger Absatz, der sich sehr rasch von der übrigen grünen Flüssigkeit trennt und nun alles Silber enthält, das ursprünglich in der Münze enthalten war. Setzt man jetzt diesen weißen Niederschlag dem Sonnenlicht aus, so bemerkt man sehr rasch eine Farbenänderung; die blendend weiße Masse wird braunviolet. Hier haben wir das für die Photographie jetzt noch unentbehrliche Chlorsilber gebildet.

Wollen wir in der zurückgebliebenen grünen Flüssigkeit das Kupfer als solches nachweisen, so brauchen wir nur ein Stückchen blankes Eisen hineinzubringen. In ganz kurzer Zeit wird dasselbe mit einem roten Kupferüberzug versehen sein.

Eine Zeitlang waren die sog. Pharaoschlangen ein beliebtes chemisches Spielzeug, das in Familien und Gesellschaften vorübergehend ergötzte. Eine kleine Patrone wird mit einem Streichholz entzündet, und nun entwickelt sich aus dem kleinen Raum eine immer größer und größer werdende Schlange aus grauer, lockerschaumiger Masse, sie biegt sich hin und her und nimmt die sonderbarsten Formen an. Für den Laien in der Chemie ist eine Erklärung unmöglich; jedenfalls aber kann er bei dem Versuch bemerken, daß sich massenhaft sehr übel-, selbst erstickend riechendes Gas wie von brennendem Schwefel entwickelt, welches in geschlossenen Räumen sehr belästigend ist. Daß dabei auch giftige Quecksilberdämpfe in die Luft übergehen, die dann natürlich eingeatmet werden, wissen aber die meisten nicht. Es ist deshalb dieser chemische Versuch als gesundheitsgefährlich zu vermeiden.

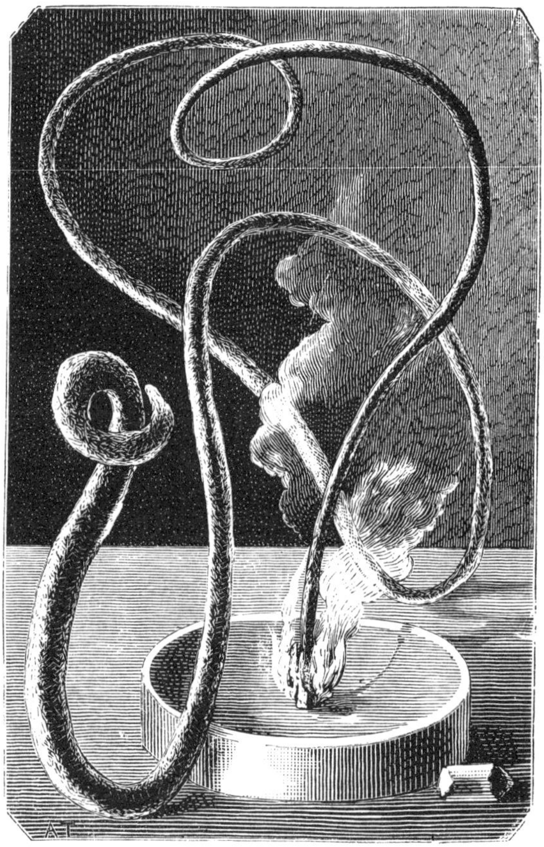

Eine Pharaoschlange.

Brennbare Körper brennen in der Regel um so leichter, je feiner sie verteilt sind. Ein feines Gewebe für Ballkleider oder Gardinen kann sehr leicht in Brand gesetzt werden, leichter als dicke und grobe Packleinwand. Verhindern wir aber die Luft zu dem brennbaren Körper zu treten, so wird er nicht mit Flamme brennen. Tränkt man Papier oder ein feines Gewebe mit einer Lösung von Ammoniumphosphat, das in jeder Apotheke oder Materialhandlung zu billigem Preise rein erhalten werden kann, so brennt dasselbe auch nach scharfem Trocknen nicht mehr mit Flamme, es verkohlt da, wo es von einer Flamme getroffen wird, diese pflanzt sich aber nicht weiter fort. Wäre diese Thatsache allgemeiner bekannt und infofern beherzigt, daß Ballkleidstoffe, Gardinen und andere in unseren Häusern benutzte, leicht brennbare Substanzen vor der Verarbeitung in der genannten Weise mit Ammoniumphosphat behandelt würden, so könnten zahlreiche, furchtbare Unglücksfälle vermieden werden.

Hier haben wir einen chemischen Versuch, der auch dem Laien in der Chemie verständlich ist und nicht nutzlos angestellt wird.

Die leichte Brennbarkeit fein verteilter Gegenstände, welche der Luft eine große Oberfläche darbieten, kann auch noch anders bewiesen werden. Der Satz: „Eisen kann leichter brennbar sein, als Schießpulver“, ist wörtlich richtig. In jeder Apotheke ist sog. pulverisiertes Eisen vorrätig. Es wird nicht etwa Eisen in einem Mörser zerstoßen, sondern auf chemischem Wege — wie, gehört nicht hierher — in ein feines grauschwarzes Pulver verwandelt. Schütte ich nun auf einen Porzellanteller etwas Spiritus, der entzündet wird, und lasse durch die Flamme ein trockenes Gemisch von Eisenpulver und feinem Scheibenpulver in kleinen Mengen nach und nach hindurchfallen, so blitzen um die Spiritusflamme tausend glänzende Fünkchen auf, die durch das verbrennende Eisen gebildet werden, während das Schießpulver unverbrannt durch die Flamme auf den Teller fällt und sich erst entzündet, wenn der Weingeist fast völlig verbrannt und die Flamme ganz klein geworden ist. Auch dieser Versuch ist ganz gefahrlos und lehrreich.

Eisenpulver, in Spiritus brennbar.

Es läßt sich das Eisen selbst als so feines Pulver darstellen, daß es schon bei unmittelbarer Berührung mit der Luft verbrennt und einen sehr glänzenden Feuerregen erzeugt.

Feinzerteiltes Eisen kann noch zu einem anderen belehrenden Versuche leicht verwendet werden. Wie jedes andere Eisen wird es von einem Magnete angezogen. Hängen wir nun an den einen Arm einer Wage einen kleinen Hufeisenmagnet und bringen ihn durch aufgelegtes Gewicht auf der Gegenseite ins Gleichgewicht, so wird dieses offenbar wieder gestört, wenn wir die Pole des Magnets in Eisenpulver tauchen. Es wird sich dieses in Form eines dicken Bartes anhängen. Auch jetzt läßt sich wieder das Gleichgewicht der Wage leicht herstellen. Wir wissen, daß dieses Eisenpulver sehr leicht brennt; es läßt sich durch ein glimmendes Streichhölzchen entzünden und verbrennt dann langsam unter Glimmen von Teilchen zu Teilchen zu rotem Eisenoxyd, das an dem Magnete noch hängen bleibt. Aber dann ist das vorher sorgfältig hergestellte Gleichgewicht gestört; der Arm, an dem der

Magnet hängt, senkt sich; er ist also schwerer geworden, offenbar nur, weil das Eisen beim Verbrennen sich mit dem Sauerstoff der Luft verband und dieser nun mitgewogen wird.

Bei zerbrochenen Barometern wird oft sehr leichtsinnig mit dem Quecksilber umgegangen. Es fließt auf den Boden des Zimmers, verkriecht sich in die Ritzen und Spalten und verdunstet nur langsam. Die giftigen Quecksilberdämpfe breiten sich in der Zimmerluft aus und werden oft erst dann bemerkt, wenn die Gesundheit der Bewohner geschädigt ist. Auch Thermometer zerbrechen leicht, aber diese enthalten in der Regel nur geringere Mengen von Quecksilber und werden daher auch weniger gefährlich. Will man sich überzeugen von der leichten Flüchtigkeit des Quecksilbers auch bei gewöhnlicher Zimmertemperatur, so braucht man nur ein Stückchen ächten Blattgoldes in einer Flasche mit Quecksilber aufzuhängen. Sehr bald wird man bemerken, wie das Gold seine gelbe Farbe verliert und weiß wird; es hat sich Goldamalgam gebildet.

Ueberhaupt ist Gold sehr empfindlich gegen Quecksilber und löst sich darin fast so leicht auf wie Zucker in Wasser. Experimentiert oder spielt man mit Quecksilber und hat man dabei einen goldenen Ring am Finger, so wird dieser im besten Fall bleigrau und matt und muß dann ausgeglüht werden, um das Quecksilber wieder auszutreiben. Schlimmer ging's einem Engländer, der den berühmten Chemiker Liebig in Gießen besuchte. Das chemische Laboratorium war damals eine Musteranstalt, und eine mit Quecksilber gefüllte pneumatische Wanne gehörte zu den besonderen Sehenswürdigkeiten. Auch für den Engländer war eine so große Menge des flüssigen Metalls neu und er erkundigte sich angelegentlich nach seiner Verwendung. Während Liebig in seiner geistreichen und liebenswürdigen Weise ausführlich Auskunft gab, ließ der Engländer spielend das Quecksilber über die Hand und zwischen den Fingern durchlaufen. Wie erstaunt aber war er, wie sein geschnittener Ringstein auf dem Quecksilber herumschwamm und der dicke Goldreif, in dem er gefaßt gewesen, verschwunden, aufgelöst war.

Wird Kupfer oder Messing mit Quecksilbersalbe (mit Fett verriebenes Quecksilber) oder mit manchen Quecksilbersalzen zusammengebracht, so entsteht ebenfalls ein silberweißes, aber sich fettig anfühlendes Amalgam, das schon zu manchem Betrug Veranlassung gegeben hat. Denn der Glaube an die Möglichkeit der Verwandlung von unedlen Metallen in edle, von Kupfer in Silber, von Blei in Gold, ist immer noch nicht ganz aus dem Volke verschwunden. Der Unterschied ist nur, daß noch im vorigen Jahrhundert und selbst noch bis in den Anfang des jetzigen dieser Glaube auch bei den Gebildeten und Gelehrten verbreitet war und sich Anhänger desselben in allen Schichten der menschlichen Gesellschaft fanden, während jetzt nur noch der ganz Unwissende durch plumpen Betrug irre geführt werden kann.

Wir möchten zum Schluß nochmals die eindringliche Warnung aussprechen: Der in der Chemie nicht vollständig Bewanderte hüte sich vor chemischen Versuchen und Spielereien, die im besten Fall nutzlos sind, im schlimmsten Fall aber die Gesundheit aufs äußerste schädigen können.

# Ein Blick auf die Porzellanindustrie.

Obgleich der Unterschied zwischen weißem Steingut und weißem Porzellan außerordentlich groß ist, so wird im gewöhnlichen Leben beides doch sehr häufig verwechselt und gar mancher hat auf seiner Mittagstafel nichts als Steingutgerät und glaubt von Porzellan zu speisen. Im Grunde ist's freilich einerlei, wenn nur die Speisen gut schmecken und gut bekommen, aber das Gefäß spielt in gewisser Art doch auch eine nicht unwesentliche Rolle.

Porzellan und Steingut sind Thonwaren, die im nassen Zustande in irgend einer Weise geformt und nach dem Trocknen gebrannt werden. Beide haben meist eine glänzende Glasur und können in der mannigfachsten Weise verziert werden, — trotzdem aber sind die Unterschiede außerordentlich groß. Steingut ist vollkommen undurchsichtig und hat eine weiche undurchsichtige Glasur, welche die nicht geschmolzene erdige Grundmasse zudeckt, leicht Risse bekommt, auch leicht durch Messer und Gabeln verletzt wird. Die Glasur wird durch Zinnoxyd undurchsichtig gemacht, enthält aber nicht selten auch Bleioxyd und kann dadurch giftig werden. Durch die verletzten Stellen der Glasur dringen die gefärbten Stoffe der Speise in die Grundmasse, welche begierig Flüssigkeiten einsaugt; so entstehen dann auf alten Tellern die dunkeln Hieroglyphen, aus welchen ein Sachverständiger die Küchenzettel von Jahrzehnten herauslesen kann.

Anders das Porzellan. Da die Grundmasse ganz weiß ist, so ist keine weiße undurchsichtige Glasur nötig; diese ist vielmehr glashell durchsichtig und härter als Stahl. Beim Brennen schmilzt die Grundmasse und wird durchscheinend, die Glasur schmilzt vollständig mit derselben zusammen, und beim Abkühlen entstehen keine Haarrisse in derselben.

Der Thon, welcher zu Porzellan verarbeitet wird, heißt **Kaolin** und ist ein wasserhaltiges Thonerdesilikat, das durch Verwitterung von Orthoklas entstanden ist. Kaolin ist sehr weich, mild und zerreiblich, weiß, gelblich, rötlich oder grünlich, matt und undurchsichtig, und findet sich an vielen Stellen auch Deutschlands. Außerdem aber ist zu Porzellan noch Feldspat nötig, ein in der Natur häufig auftretendes Kali-Thonerdesilikat, das in sehr hoher Temperatur zu einem farblosen durchsichtigen Glase schmilzt. Wird Kaolin mit einer kleinen Menge Feldspatpulver gemischt und dann stark erhitzt, so wird durch die geschmolzene Feldspatmasse auch der Kaolin durchscheinend; dies ist dann Porzellan, das noch mit einer geschmolzenen Feldspatglasur überzogen werden kann.

Man könnte glauben, das Durchscheinendwerden des undurchsichtigen Kaolin durch den geschmolzenen Feldspat sei ein rein physikalischer Vorgang, wie weißes, undurchsichtiges Glaspulver durch Oel durchsichtig gemacht wird. Betrachtet man aber einen sehr dünnen Porzellansplitter unter dem Mikroskop, so erkennt man darin kleine Kristalle, die sich erst bei der chemischen Einwirkung des geschmolzenen Feldspats auf Kaolin gebildet haben.

Es ist in der That erstaunlich, daß eine Industrie, die noch jetzt bei fortgeschrittenen wissenschaftlichen Kenntnissen so viele Schwierigkeiten darbietet, doch schon ein Alter von ungefähr 1000 Jahren hat. Es muß uns mit Bewunderung erfüllen, zu sehen, daß asiatische Erfinder ohne chemische und mineralogische Kenntnisse nur durch zähe Ausdauer, Mut und Geduld, ein Ziel erreicht haben, das dem hochzivilisierten Westen trotz aller seiner Hilfsmittel bis in die Neuzeit unerreichbar war. Schon vor 1000 Jahren haben die Chinesen das Porzellan erfunden; manche behaupten selbst schon vor 1500 oder 1800 Jahren, doch sind die beiden letzten Angaben wenig wahrscheinlich.

Man vermutet, daß die Venezianer am Ende des 13. Jahrhunderts die ersten Porzellanwaren nach Europa gebracht haben. In der Mitte des 15. Jahrhunderts erhielt Karl VII. von Frankreich unter Geschenken des Sultans von Babylon auch Gegenstände aus chinesischem Porzellan, aber erst im 16. Jahrhundert erreichte die Einfuhr desselben, namentlich durch portugiesische und holländische Kaufleute, größere Ausdehnung.

Es ist begreiflich, daß diese Gegenstände in Europa das größte Staunen hervorriefen; war doch das Material neu und mit vorzüglichen Eigenschaften ausgestattet, und waren die Gegenstände selbst mit glänzenden Farben geschmückt und ihre Form ebenso auffallend wie elegant. Natürlich fehlte es in den westlichen Ländern auch nicht an Versuchen, dieses neue Produkt des Ostens nachzubilden. Einen der ersten, wenn nicht den ersten, machte zu Ende des 16. Jahrhunderts Franz I. zu Florenz, doch mißlang er; ebenso alle folgenden. Dies kann bei dem damaligen Stande der Chemie, die als analysierende Wissenschaft noch gar nicht existierte, nicht Wunder nehmen. Daß bei dem Suchen nach dem geheimnisvollen Stoffe manche Erfindung gemacht wurde, die eine vorübergehende Bedeutung hatte, kann ebenfalls nicht überraschen. Das sogenannte weiche Porzellan der Franzosen, welches zu Ende des 17. Jahrhunderts entdeckt wurde, war eine Fritte, die aus Sand, Kalk, Pottasche, Soda und einer kleinen Menge Kalkmergel, gemischt mit Wasser und schwarzer Seife, oder anderen schleimigen Massen, plastisch gemacht, geformt und gebrannt wurde; bei dem zweiten Brennen wurde eine Glasur aus Kieselsäure, Bleiglätte, Pottasche und Soda aufgeschmolzen. Wenn die so hergestellten Gegenstände sich auch durch schöne Formen und blendende Schmelzfarben auszeichneten, so konnten sie doch das harte Porzellan nicht ersetzen, und mit dessen Erfindung durch Böttger ging die Industrie des weichen Porzellans sehr rasch unter. Jetzt sind Gegenstände daraus namentlich in Deutschland sehr selten geworden.

Die Erfindung des Porzellans durch Joh. Friedr. Böttger ist zu bekannt, als daß hier darauf genauer einzugehen notwendig wäre. Aber bei der Ruhmredigkeit der Franzosen, wenn von ihrer „porcelaine tendre“ die Rede ist, möge auch auf den nationaldeutschen Gesichtspunkt hingewiesen sein, von welchem aus Böttgers Erfindung betrachtet werden kann.

Das erste sächsische Porzellan war braunrot; erst als Böttger 1709 den Kaolin von Aue anwandte, gelang es ihm, auch weißes Porzellan darzustellen. Jetzt wurde die Fabrik in Meißen gegründet, die bis auf den heutigen Tag besteht und als älteste in Europa auch in Schönheit der Formen und Vorzüglichkeit des Materials mit den jüngeren Fabriken rivalisiert. Denn trotz des tiefen Geheimnisses, mit welchem die Arbeiten in Meißen umgeben waren, entstanden Porzellanfabriken 1720 in Wien, 1729 in Rövstrand bei Stockholm, 1744 zu Fürstenberg im Braunschweigischen, bald auch in Kopenhagen, 1751 in Berlin, 1756 in Petersburg, 1774 in Sèvres bei Paris u. s. w. Jetzt finden sich deren an vielen Orten in allen Ländern.

Der Kaolin ist niemals in reinem, unmittelbar brauchbarem Zustande, wenn er aus der Grube kommt. Er enthält noch Sand und gröbere unverwitterte Feldspatteile, die erst durch Schlämmen abgetrennt und gemahlen werden müssen, um dann nach abermaligem Schlämmen zur Bereitung der Porzellanmasse Verwendung zu finden. Außerdem können aber auch Sand, Kalk, Glasscherben u. a. im feingemahlenen Zustande dem Kaolin beigemischt werden, und jedes Land, ja jede Fabrik hat ihre besondere Methode, bestimmte Materien bei der Porzellandarstellung zu verwenden. Diese richten sich auch nach den zu fabrizierenden Gegenständen und der Art der Verzierung, die man anwenden will. Im allgemeinen ist das Porzellan um so fester, je mehr Kaolin verwendet wird, erfordert dann aber auch beim Brennen eine entsprechend höhere Temperatur. Wird dagegen die Menge des Feldspats vermehrt, so wird die Masse leichter schmelzbar und ist dann für Ausschmückungsteile zweckmäßiger verwendbar; doch vermindert sich auch wieder die Bildsamkeit und folgeweise die leichte Verarbeitung rasch mit dem Vermehren von Feldspat.

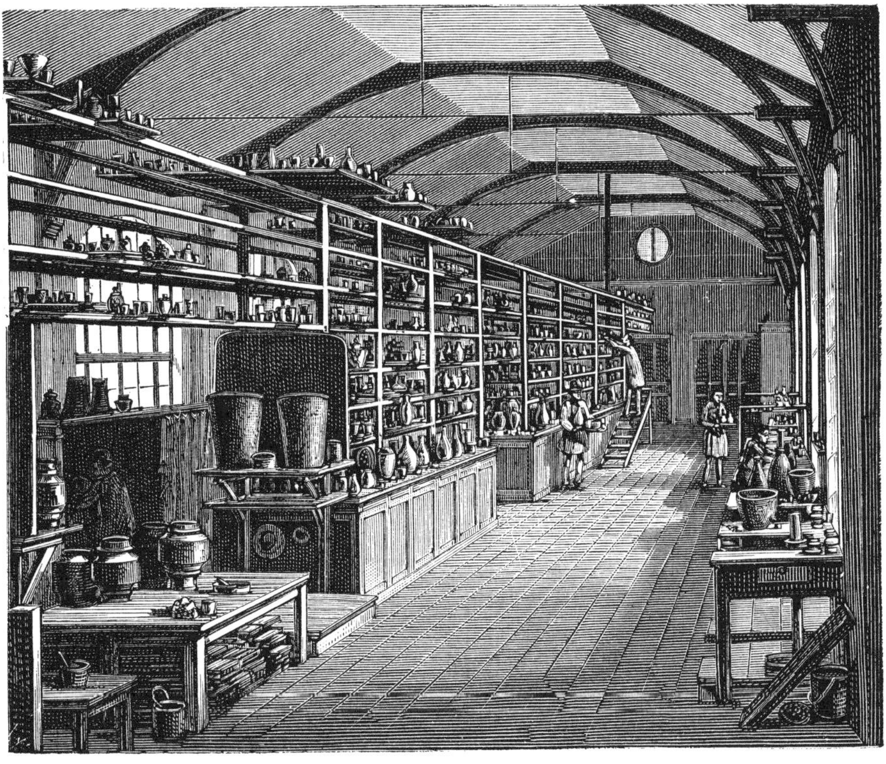

Die neue Manufaktur in Sèvres. Formensaal.

Das Mischen der Bestandteile muß vollkommen sein. Man erreicht dies, indem man die geschlämmten Teile in richtigem Verhältnis in Wasser einträgt und durch mechanische Rührvorrichtungen mischt. Der Feldspat — in Meißen wird schwedischer verwendet — wird zuerst geglüht und dann in Wasser abgelöscht; seine Farbe ist nun viel heller, seine Kohäsion schwach und so das Mahlen leicht ausführbar. Ist die Mischung vollständig, so läßt man absitzen und zieht das überschüssige Wasser ab; der Rest wird zum großen Teil aus dem nassen Brei durch Zentrifugen, Filterpressen, einseitigen Luftdruck oder durch Wegsaugen mittels poröser Substanzen entfernt.

Man erhält auf diese Weise eine feuchte Masse, die längere Zeit auf Haufen liegen bleibt und dabei eine eigentümliche Veränderung erleidet. Mit der Zeit wird sie mehr und mehr bildsam. Es wird behauptet, daß die Chinesen manche dieser Posten, die infolge ihres Reichtums an Kieselsäure sehr wenig plastisch sind, während eines ganzen Jahrhunderts liegen lassen. Doch hat man hierfür keinen sicheren Beweis. Die Erfahrungen in den europäischen Fabriken haben dagegen ergeben, daß die Masse die wünschenswerten Eigenschaften erlangt durch längeres Kneten und Bearbeiten. Man hat jetzt zu diesem Zweck in den Fabriken vorzügliche Maschinen; sie machen die Masse nicht nur bildsamer und mischen die Bestandteile gleichmäßig, sondern sie entfernen auch die darin etwa noch eingeschlossenen Luftblasen, welche sonst in die geformten Gegenstände gelangen und beim Brennen unangenehme Vorkommnisse veranlassen könnten.

Nun gilt es, den steifen Brei in eine bestimmte Form zu bringen, die von einem künstlerisch und technisch ausgebildeten Zeichner entworfen ist. Er muß künstlerisch vollkommen ausgebildet sein, um nur schöne Formen zu ersinnen, aber er muß auch technische Kenntnisse haben, um zu wissen, ob die erdachte Form auch in Porzellan ausführbar ist. Denn es ist klar, nicht jede Form läßt sich aus einem Material darstellen, das beim Brennen weich wird und eine geschmolzene Glasur hat. Damit sich der Gegenstand im Porzellanofen nicht verziehe und seine Gestalt so ändere, daß er möglicherweise ganz unbrauchbar wird, müssen die einzelnen schwereren Teile gestützt werden und zwar an solchen Stellen, wo sich die dabei verletzte Glasur leicht wieder ersetzen läßt.

Hier ist eine der großen Schwierigkeiten angedeutet, welche sich der Darstellung der mannigfachsten Porzellangegenstände entgegenstellt, Schwierigkeiten, welche bei der Fayence oder dem Steingut wegfallen.

Wer einmal einem Häfner oder Krugbäcker zugesehen hat, wie er auf dem Kranz der Töpferscheibe aus einer entsprechenden Menge Thon eine Küchenschüssel formt, und wie bloß durch Gegenhalten von Daumen und Finger aus der weichen Masse ebensogut ein Kochtopf, eine Blumenscherbe oder sonst ein Gegenstand werden kann, der begreift, daß diese Methode des Formens auch auf das Porzellan anwendbar ist. Die Geschicklichkeit des Arbeiters besteht darin, die Töpferscheibe mit dem Fuß in rotierende Bewegung zu setzen, sie mit bestimmter Geschwindigkeit darin zu erhalten, und dem mitrotierenden Thonklumpen durch Drücken mit beiden Händen außen und innen die gewünschte Form zu erteilen. Doch ist es unmöglich, mit Worten die

Die neue Manufaktur von Sèvres. Atelier für Emaille.

einzelnen Handgriffe zu schildern, auch können sie nicht bildlich dargestellt werden, denn in jedem Augenblick ändert sich die Form je nach dem Drucke, der von innen oder von außen stärker ist. Der Häfner arbeitet dabei nach hergebrachtem Muster, dessen Nachbildung er gelernt hat. Der Porzellanarbeiter aber hat seine vorgeschriebene Zeichnung, nach welcher er sich richten muß.

Ist der Gegenstand geformt, so muß er sehr langsam und sorgfältig getrocknet werden; bei der geringsten Uebereilung entstehen aber Risse in der Thonmasse, die unverbesserlich sind. Die genauere äußere Form, die Furchen und Leisten, welche im Kranz den Gegenstand verzieren sollen, werden dann auch wieder auf der Töpferscheibe durch eine angedrückte Blechschablone hervorgebracht, welche alle vorstehenden Teile abkratzt. So einfach die Methode ist und so gering die technischen Hilfsmittel, so groß muß dabei die Uebung und Geschicklichkeit des Arbeiters sein.

Natürlich werden die außerhalb der Schablonenform vortretenden Teile, Ausgüsse von Kannen, Griffe und Henkel u. dgl., besonders geformt und angesetzt. Auch hier ist besondere Vorsicht erforderlich, daß das Gewicht dieser Teile nicht beim Brennen, wenn das Porzellan weich geworden ist, ein Verziehen des Gegenstandes hervorruft und so eine Mißgestalt entsteht. Bei den feinsten Tassen sind deshalb auch die Henkel hohl.

Soll in Porzellan ein Reliefbild oder sonst ein Gegenstand dargestellt werden, dessen Form nicht wie die eines Tellers oder einer Tasse durch Umdrehung der Töpferscheibe erhalten werden kann, so ist die Ausführung eine andere. Einfache Gegenstände werden in trockenen Gipsformen dargestellt, indem man in diese einen Kuchen von Porzellanmasse sorgfältig ebenso eindrückt, wie einen Zuckerteig in eine Holzform. Der Gips saugt rasch das Wasser auf und trennt sich nachher sehr leicht vom Porzellan.

Schwieriger ist die Formerei bei Statuetten, Büsten u. a. Gegenständen mit runden Formen, wie sie so häufig auch z. B. an größeren Vasen Verwendung finden. Hierbei sind sehr kunstvoll zusammengesetzte Stückhohlformen von Gips zuerst darzustellen, in welche ein dünner Porzellanbrei eingegossen wird. Es bildet sich sehr rasch durch das Aufsaugen eines Teils des Wassers eine haftende Kruste, der Rest wird wieder ausgegossen. An den Nähten der Form und wohl auch an anderen Stellen muß dann durch Ziselieren und Retouchieren nachgeholfen werden.

Sollen große Gegenstände, z. B. eine Statue von 1 m Höhe und 60 cm Breite, gegossen werden, so ist die Schwierigkeit zu überwinden, daß der anhaftende Porzellanbrei, der fast noch flüssig ist, nach der Tiefe zu fließt und so ungleiche Dicke bekommt. Man hat sich damit geholfen, die Hohlform nach dem Ausgießen des überflüssigen Breies mit einem Apparat in Verbindung zu setzen, der nun komprimierte Luft in die Form bläst. Diese hält dann den anhaftenden Brei an der Wand der Hohlform fest. In anderen Fällen bringt man diese mit der Außenseite in einen luftverdünnten Raum und hierdurch wird dasselbe Ergebnis erzielt. Natürlich müssen auch hier die Nähte nachgearbeitet werden, was aber bei wirklichen Kunstwerken mit so großen Schwierigkeiten verbunden ist, daß diese Methode dort kaum Anwendung findet.

Es ist klar, daß bei soviel mühsamer und zeitraubender Arbeit das Produkt nicht eigentlich billig sein kann. Das kleinste Versehen bei einer der zahlreichen Handarbeiten hat einen Fehler im Gefolge, der oft erst nach dem Brennen entdeckt wird und den gewonnenen Gegenstand wertlos macht. Dazu kommt, daß die Fabrikate im Ofen schwinden, d. h. um 10—15% ihre Dimensionen vermindern. Auch darauf muß bei dem Formen wesentlich Rücksicht genommen werden.

Aber die Hauptschwierigkeiten stellen sich erst beim Brennen selbst ein; durch die Wirkung der sehr bedeutenden Hitze soll das eigentliche Porzellan erst entstehen, indem die Teilchen des Feldspat zwischen den Teilchen des Kaolin schmelzen und auch die Glasur mit der Unterlage zusammenschmilzt.

Es ist ein zweimaliges Brennen notwendig, das erste Mal bei einer Temperatur von 1000—1200°, dann aber bei der beträchtlich höheren Temperatur von 1600—1800°. Nach dem ersten Brennen ist die Masse sehr widerstandsfähig geworden, klingt beim Anschlagen, ist aber noch sehr porös, weil der Feldspat noch nicht geschmolzen ist. Aber gerade dadurch ist sie geeignet, die Glasur aufzunehmen. Feinst geschlämmter Feldspat wird in Wasser aufgerührt und der einmal gebrannte Gegenstand in das milchigtrübe Wasser eingetaucht, wobei an der Oberfläche soviel von der Glasurmasse haftet, als erforderlich ist. Von der Geschicklichkeit des Arbeiters hängt es ab, daß nicht zu viel, aber auch nicht zu wenig davon aufgetragen wurde, weil sonst Fehler entstehen, die nach dem zweiten Brennen nicht mehr zu verbessern sind. Es ist daher notwendig, daß der Glasurüberzug bei jedem Stücke mit einem Pinsel nachgebessert wird.

Sowohl beim ersten Brennen, wie beim zweiten im scharfen Feuer darf der Gegenstand nicht mit der Flamme und noch weniger mit Asche und Rauch in irgend welche Berührung kommen, wenn er nicht stark verändert werden soll. Es müssen deshalb die zu brennenden Gegenstände in feuerfeste Thonkapseln eingeschlossen sein, wobei aber natürlich soviel wie thunlich an Raum gespart wird, um möglichst viele Gegenstände zugleich in demselben Feuer zu brennen. Doch müssen diese vollkommen senkrecht geschichtet und symmetrisch im Ofen verteilt werden, damit sich die Hitze auch gleichmäßig darin verbreitet.

Erinnert man sich dabei, daß im

Die neue Manufaktur in Sèvres. Ansicht eines Porzellanofens.

scharfen Feuer die Porzellanmasse weich wird und die Gegenstände sich verziehen und ihre Form verlieren können, so ist klar, daß die nichtunterstützten Teile in passender Weise gestützt werden müssen, aber so, daß die Stützen nicht anschmelzen. Nur nach langer Uebung wird ein Arbeiter die nötige Geschicklichkeit erlangt haben, die Stützen in der richtigen Art anzubringen, so daß sie keine sichtbaren Spuren zurücklassen.

Betrachten wir uns nun den Porzellanofen (Abbild. S. 199) selbst. Derselbe hat gewöhnlich zwei, auch drei Stockwerke oder Abteilungen, die durch Feuerzüge im Gewölbe miteinander in Verbindung stehen. Um den unteren Teil herum ist eine Anzahl von Oefen angebracht, von wo aus das Feuer in das Innere schlägt und eine sehr hohe Temperatur erzeugt. Hier wird die Glasur eingebrannt. Im oberen Stockwerk aber ist die Hitze geringer, reicht aber noch vollständig zum ersten Brennen aus. Manchmal ist noch ein drittes Stockwerk vorhanden, in welchem dann die Kapseln gebrannt werden.

Nachdem die in Kapseln eingeschlossenen Gegenstände in den Ofen eingestellt sind, wird der Eingang durch feuerfeste Doppelthüren geschlossen und das Feuer in den verschiedenen Oefen entzündet. Die Temperatur im Ofen muß sehr langsam und sehr gleichmäßig steigen, weil sich sonst die zu brennenden Gegenstände ungleichmäßig ausdehnen und zerspringen. In manchen Fabriken benutzt man zur Messung der Temperatur im Ofen Pyrometer verschiedener Konstruktion, in der berühmten Porzellanfabrik von Sèvres bei Paris ist man aber mißtrauisch gegen alle und verläßt sich auf die Beobachtung durch kleine in der Außenwand des Ofens befindliche Löcher. Die Farbe des Feuers ist anfangs dunkelrot, dann lebhaft rot, dann dunkelorange, dann später heller und zuletzt weiß.

Dieser Hitzegrad wird je nach den Umständen in 24 oder 36, ja selbst erst nach 60 Stunden erreicht und damit auch der Punkt, wo das Porzellan zu schmelzen beginnt. Um diesen Vorgang genauer verfolgen zu können, sind einzelne kleine Gegenstände so gestellt worden, daß sie von außen erfaßt werden können. Wird eine solche Probe wenige Stunden vor dem Schluß des Brennens gezogen, so zeigt sich die Glasur fertig geschmolzen, aber sie zerspringt beim Abkühlen. Wollte man jetzt schon mit der Heizung aufhören, so würden alle Gegenstände im Ofen ebenso zerspringen und wären verloren. Man fährt also mit der Heizung fort, bis die gezogenen Proben nicht mehr diese Erscheinung zeigen und durchscheinend sind und bleiben. Wollte man aber jetzt noch nicht die Hitze abmindern, so würde das Porzellan zu weich und trotz der Stützen wäre der Verlust durch verzogene Ware sehr groß. Es gehört große Uebung dazu, den rechten Zeitpunkt zu treffen, wo die Heizung abgebrochen wird, um die Gefahren zu vermeiden, die durch ein Zuviel oder Zuwenig hervorgerufen werden.

Nun werden die Feuer gelöscht, alle Oeffnungen des Ofens geschlossen und dieser hat vier bis acht Tage Zeit sich abzukühlen.

Seither war nur von der Temperatur im Ofen, nicht aber von den Gasen die Rede, die denselben füllen. Hat man nur weißes Porzellan zu brennen, so ist es von Interesse, im Inneren des Ofens reduzierende Gase zu haben, weil die kleinen Mengen von Eisen, Titan 2c. in dem Kaolin dadurch auf der niedrigsten

Vase, zur Erinnerung an die Beobachtung des Vorübergangs der Venus vor der Sonne 1874. Ausgeführt in Sèvres.

Oxydationsstufe gehalten werden und so keine gelbfärbende Wirkung auf die weiße Masse ausüben, wie dies eine oxydierende Flamme bewirken würde. Ist dagegen das Porzellan gemalt, so ist es von Vorteil, eine solche oxydierende Flamme zu haben. Da man aber in der Regel beide Arten von Waren zu gleicher Zeit brennt, so hilft man sich damit, daß man die geeigneten Gasströme nach denjenigen Stößen von Kapseln lenkt, welche die bestimmte geeignete Ware enthalten. Auch dies erfordert während des Brennens große Aufmerksamkeit und Geschicklichkeit.

Als Heizmaterial wurde früher allgemein nur Holz angewendet; bei seiner steigenden Kostspieligkeit hat man aber auch Oefen für Steinkohlenheizung konstruiert. Die Hauptsache ist, daß die Verbrennung möglichst vollständig stattfindet, daß die nötige Temperatur erreicht wird und daß man Herr ist über die Natur der Flamme.

Nach dieser gedrängten Uebersicht betreffs der Herstellung des Porzellans ist es am Platz, noch einige Worte über die Dekoration desselben durch Malerei ꝛc. zu sagen. Die Art, wie die Farben auf eine Porzellanvase oder einen ähnlichen Gegenstand aufgetragen werden, ist wesentlich verschieden von dem Auftragen der Farben auf Holz, Papier, Gewebe u. dgl. Auf Porzellan sind die Farben festgeschmolzen und lösen sich in keiner Weise ab, sie verändern sich auch nicht durch irgendwelche atmosphärische Einflüsse. Alle organischen Farben, das ist klar, sind von vornherein ausgeschlossen, denn sie könnten nicht gebrannt werden; ebenso sind alle unorganischen Farben ausgeschlossen, welche sich in der Hitze leicht verändern. Dagegen nimmt der Porzellanmaler als Farben bestimmte Metalloxyde, oder Metallsilikate, oder Metalle selbst.

Beim Einbrennen der Farben findet wieder ein chemischer Prozeß, eine Verbindung z. B. der Metalloxyde mit den Silikaten des Porzellans oder seiner Glasur statt, es ist nicht nur ein einfaches Aufschmelzen.

Entweder werden die Dekorationen und Farben bei Scharffeuer eingebrannt oder in der Muffel. Wir wollen beide kurz betrachten.

Die Farbe kann mit der Porzellanmasse selbst gemischt werden, oder sie wird auf die geformten Gegenstände vor der Glasur aufgetragen oder mit dieser gemischt, oder endlich trägt man die Farbe auf die gebrannte Glasur auf und erhitzt nochmals im scharfen Feuer. Namentlich das herrliche Kobaltblau, durch welches die Fabrikate von Sèvres besonders berühmt sind, wird mit Glasurmasse aufgetragen im scharfen Feuer eingebrannt.

Eine überraschend schöne Dekoration wird auch dadurch hervorgebracht, daß auf den noch nicht oder nur einmal gebrannten Gegenstand mit dem Pinsel nach Maßgabe der Zeichnung Porzellanmasse als Relief aufgetragen wird. Geschieht dies vorsichtig, so läßt sich selbst eine beträchtliche Dicke erreichen. Der Künstler arbeitet dann mit dem Modellierstäbchen das Relief ins feine; im scharfen Feuer wird es dann aufgeschmolzen. Wurde die weiße Porzellanmasse dabei auf einen gefärbten Grund aufgetragen, so erhält man dadurch, daß das fertige Relief durchscheinend geworden ist, wundervolle kameenartige Wirkungen. Natürlich kann auch dem Relief selbst eine bestimmte Farbe erteilt werden. Doch ist die Auswahl unter den Farben sehr beschränkt, denn nur wenige bleiben im scharfen Feuer unverändert.

Anders ist es mit den sogenannten Muffelfarben, d. h. denjenigen, welche in der Muffel, d. h. in einem von Feuer umspielten, glühenden Thonkasten eingebrannt werden. Dabei wird die Malerei immer auf die fertige Glasur aufgetragen, und es genügt eine verhältnismäßig geringe Temperatur, um sie aufzuschmelzen. Da die Glasur dabei nicht selbst schmilzt, ist ein schmelzendes Bindemittel erforderlich; für Farben nimmt man gewöhnlich ein Silikat oder ein Silikoborat, für Metalle, Gold, Platin ꝛc. ein basisches Wismutnitrat. In der Hitze der Muffel schmelzen sie mit der Glasur zusammen und binden dadurch die Farbe fest an die Unterlage. Doch auch hier macht die besondere Natur jeder Farbe Schwierigkeiten. Manche Farben können einen Hitzegrad aushalten, bei welchem andere sich zersetzen, der Künstler muß sie also nach und nach auftragen und zuerst bei größerer Hitze einbrennen, dann weitermalen und nochmals brennen. Leider macht auch hier der Mangel eines sicheren Pyrometers, das genau die Temperatur in der Muffel angibt, große Schwierigkeiten.

Vase, zur Erinnerung an die Reise Nordenskjölds. Ausgeführt in Sèvres.

Diese werden teilweise dadurch überwunden, daß man Porzellanscherben mit den verschiedenen Farben in die Muffel einsetzt und zeitweise die Probe zieht. An der stufenweise fortschreitenden Veränderung der Farben kann dann der Arbeiter erkennen, wie weit das Einbrennen fortgeschritten ist und wo die Hitze unterbrochen werden muß.

Die Kunst des Porzellanmalers erstreckt sich also nicht nur auf das Auftragen der Farben und die richtige, künstlerisch ausgeführte Nachbildung der Meisterwerke der Kunst, sondern er muß auch aufs genaueste die Natur der Farben kennen, wie sie sich in der Muffel verändern und welchen relativen Schmelzpunkt sie haben. Ein Porzellangemälde vor dem Brennen sieht ganz anders aus, als nach demselben, denn viele Farben erscheinen dann ganz anders als ursprünglich. Zu künstlerischen Nachbildungen sind die mannigfaltigsten Farbennüancen nötig, und diese zu erzeugen macht ebenfalls sehr große Schwierigkeiten.

Aber einen großen Nachteil haben alle Muffelfarben, sie sind undurchsichtig und überkleiden die kostbare Unterlage derart, daß dieselbe als solche ganz verschwindet. Die Versuche mit Auftragen von, beim Brennen durchsichtig werdenden Glasflüssen, die Emailmalerei ist noch im Stadium der Entwickelung, verspricht aber ebenso vorzügliche Erfolge wie bei den Majoliken alter Zeit.

## Eine zusammenlegbare Postversand-Kiste.

Der Ingenieur Karl Toense in Berlin, Turmstr. 8, hat sich einen Behälter patentieren lassen, der behufs Rücksendung in leerem Zustande, sich auf einen kleinen Raum zusammenlegen läßt. Die nebenstehenden Holzschnitte zeigen, Fig. 1 die Kiste als gefülltes Poststück, Fig. 2 die leere Kiste zur Rücksendung fertig. Deckel, Boden und Seite bestehen aus starker Pappe (oder Holz 2c.), und die 4 Seiten sind an ihren 4 senkrechten Kanten durch je zwei in Fig. 1 erkennbaren Schnurverbindungen dauernd zusammengehalten. Fig. 1 zeigt jedoch nicht, daß die Schmalseiten nochmals senkrecht geteilt, und ebensowenig, daß die Hälften durch zwei Schnurverbindungen wieder vereinigt sind, damit sie sich, wie in Fig. 3 angedeutet, bei der Rücksendung zwischen die Langseiten einfalten lassen, ohne vorzuragen. Es ist diese Verbesserung erst nach Anfertigung des Holzschnitts erfolgt. Bei Verpackung eines Gegenstandes in diese Kiste hat man nur die verbundenen 4 Seiten auf den Pappboden zu stellen, den Deckel aufzulegen und ihn mit dem Boden fest zu verbinden. Dies geschieht, wie Figur 1 zeigt, mittels einer einzigen Schnur, die abwechselnd in am Boden und am Deckel festgenietete Haken greift und am letzten Haken angeknotet wird. Damit das Kästchen auch noch zusammenbleibt, wenn die ringsum eingehakte Schnur oder einer der Haken Schaden leiden sollte, hat der Erfinder in den Schmalseiten, unmittelbar über und unter der (nicht gezeichneten) senkrechten Trennungsspalte, noch je 2 Haken angebracht, die besonders zusammengeschnürt werden und nötigenfalls allein den Verschluß bewirken. Wie die Kiste behufs Rücksendung zusammengelegt wird, ergibt sich aus Vorstehendem und unserer Fig. 2 u. 3 von selbst. Der Erfinder versichert, daß eine erhebliche Anzahl solcher Kisten schon Beförderungen auf weite Entfernungen, wie Berlin-Straßburg und Rücksendung wiederholt mit Erfolg ausgehalten, und daß sie sich gut bewährt haben.

Fig. 1.

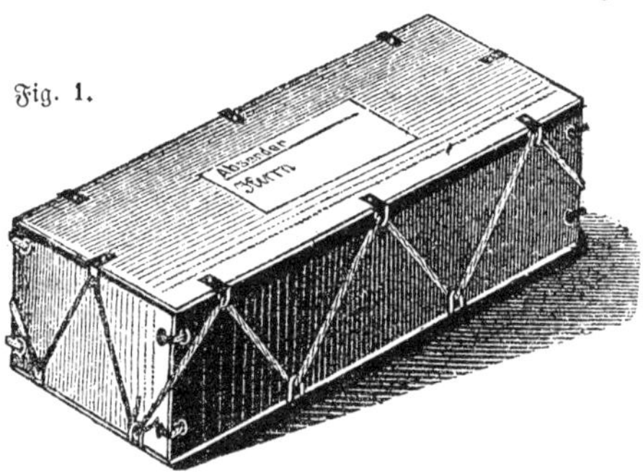


Fig. 2

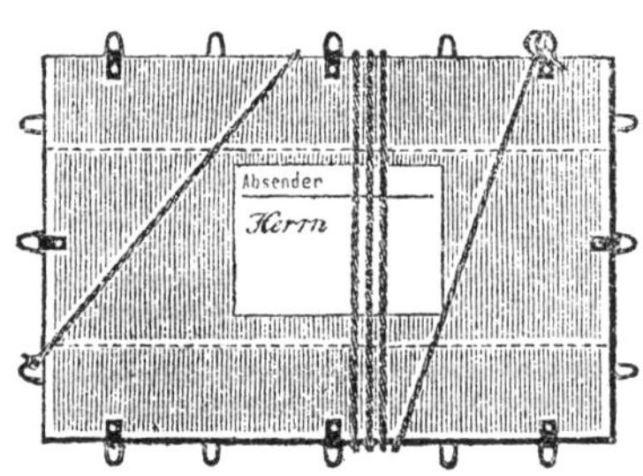


Fig. 3.

# Das Perpetuum mobile und neuere Versuche mit autodynamischen Apparaten.

Die Konstruktion eines Apparates der, einmal in Gang gebracht, unaufhörlich in Thätigkeit verbleibt, ist seit undenklichen Zeiten das Ziel des Ehrgeizes für viele gewesen. Heute läßt sich freilich streng beweisen, daß ein solcher Apparat, ein wirkliches Perpetuum mobile, nicht herstellbar ist, aber so sehr hat die irrige Vorstellung von der Möglichkeit einer solchen Maschinerie die Köpfe mancher berückt, daß ein Mann, wie Arago erzählt, er sei verschiedentlich von Leuten, die ein Perpetuum mobile erfunden zu haben glaubten, ersucht worden, doch nachzusehen, weshalb ihre Maschinerie stehen bliebe, da sie doch unfehlbar gehen müßte!

Es ist nun ganz interessant, einen Blick auf die Bestrebungen zur Auffindung eines Perpetuum mobile zu werfen und dieses Kapitel der menschlichen Irrtümer an der Hand der Geschichte einmal zu beleuchten. Dies hat jüngst Herr Civil-Ingenieur Albert Pütsch in der Berliner Polytechnischen Gesellschaft ausgeführt, und wir entnehmen das Folgende seinem Vortrage.

„Der Beweis der Unmöglichkeit eines Perpetuum mobile," sagt er, „beruht einfach auf dem unanfechtbaren Satz, daß ein Kilgr. im günstigsten Fall, Reibung ganz außer acht gelassen, nur einem Klgr. höchstens das Gleichgewicht halten kann, aber nicht 1½ Klgr. oder gar mehr. Sollte aber doch jemand wirklich entgegengesetzter Ansicht sein, so würde ich ablehnen müssen auf eine Diskussion über diesen Punkt einzugehen, da es eine psychologische Thatsache ist, daß jemand, welcher an das Perpetuum mobile glaubt, überhaupt für Beweise nicht zugänglich ist.

Ich nehme also an und gehe von der Thatsache aus, daß das Perpetuum mobile eine Schimäre, ein Hirngespinst ist, welches in die gleiche Kategorie gehört, wie die Alchymie und Astrologie, wie die Bestrebungen, den Stein der Weisen aufzufinden, oder die Schicksale des Menschen in den Gestirnen zu lesen.

Und doch, welch ein Unterschied ist noch zwischen einem Alchymisten, einem Astrologen, und einem Perpetuum mobile-Sucher? Wenn auch Albertus Magnus, Nostradamus, Paracelsus und Thurneisser, welcher letztere eine Zeitlang in Berlin gelebt hat, Charlatane waren, so waren sie doch, ihren Zeitgenossen gegenüber, bedeutende, wissenschaftlich gebildete Männer. Nur zu bekannt ist ja, daß Astronomie und Chemie im wesentlichen aus jenen magischen Studien hervorgegangen sind, welche somit auch praktischen Nutzen und für die Kultur bedeutsame Folgen hinterlassen haben.

Anders aber ist es mit den Bestrebungen zur Auffindung des Perpetuum mobile. Wenn sich auch im Mittelalter und noch früher bedeutende Männer damit abgegeben haben, so haben die Bestrebungen irgend welchen Erfolg, irgend welchen Nutzen nicht gehabt. Nicht eine einzige mechanische Kombination, nicht ein einziger Mechanismus hat sich ergeben, welcher für irgend welche Zwecke hätte Verwendung finden können. Alle angewandte Mühe, Zeit, Geld und Geisteskraft sind fruchtlos gewesen, sind unnütz aufgewendet worden.

Die ersten bekannten Bestrebungen, das Perpetuum mobile aufzufinden, gehören dem 13. Jahrhundert an.

In der Bibliothek der Ecole des Chartes zu Paris existiert das Skizzenbuch des Wilars de Honecort aus dieser Zeit, welcher darin nicht nur eine Skizze zu einem Perpetuum mobile gab, sondern auch die Randbemerkung hinzufügte, daß dasselbe gehen muß, und zwar in folgenden Worten:

„Vielmals haben geschickte Werkleute die Herstellung eines Rades versucht, welches sich von selbst dreht: hier wird gezeigt, wie man es machen muß, entweder mit Hämmern oder mit Quecksilber."

Auch Leonardo da Vinci hat sich mit dieser Frage befaßt, wie aus dem im Britischen Museum befindlichen Skizzenbuch hervorgeht, welches nicht weniger als 6 Versuche, dieses Problem

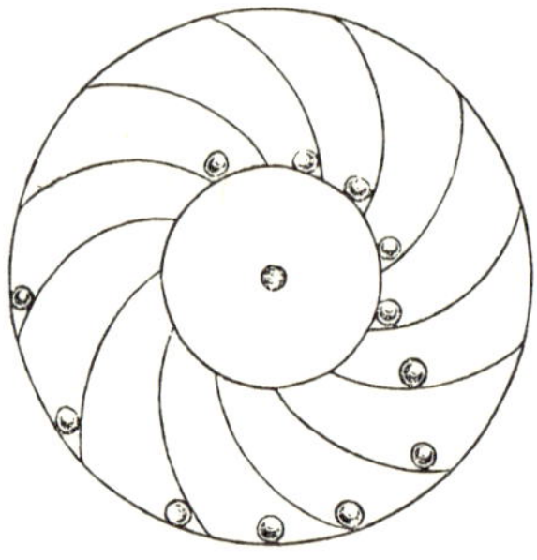

Leonardo da Vincis Skizze.

zu lösen, enthält. Eine dieser Skizzen gibt unsre Figur wieder.

Im Jahre 1612 veröffentlichte Thomas Tymme, Doktor der Gottesgelahrtheit, eine Abhandlung in dialogisierter Form über einen Achtstern des Holländers Cornelius van Drebbel, welcher denselben zur Bewegung eines Telluriums benutzte. Interessant ist die Notiz des Gottesgelahrten, wonach gerade dieser Apparat ihn von der Unrichtigkeit der Kopernikanischen Weltanschauung überzeugt habe. Leider findet sich, wie fast in allen ähnlichen Berichten, der Zusatz, daß das eigentliche Geheimniß auch hier von Mynheer van Drebbel nicht mitgeteilt worden ist.

Kaspar Schott veröffentlichte 1657 in seinem Werke: Mechaniko Hydrauliko-Pneumatiko eine etwas sehr komplizierte Konstruktion.

Er hebt mittels einer Pumpe Wasser auf ein Reservoir. Das Wasser läuft auf die Schaufeln eines oberschlächtigen Wasserrades, welches nun wiederum die Pumpe treibt.

John Wilkens, Bischof von Chester, der im Jahre 1672 starb, teilt in seinem Werke: Mathematicae Magik mit, daß sich das Perpetuum mobile auf dreierlei Weise erreichen ließe.

1) durch chemische Extraktion,

2) durch magnetische Kräfte,

3) durch Anwendung der Schwerkraft,

und es hätten sich bis dahin die meisten Erfinder auf die Benutzung der Schwerkraft geworfen, d. h. sie wollten ihre Apparate mit Gewichten treiben.

Der Kuriosität halber sei nur der Vorschlag des Petrus Peregrinus angegeben, welcher mittels Magnetismus ein Perpetuum mobile zu erreichen hoffte.

Ein aufrechtstehender Magnet sollte auf einer schiefen Ebene eine eiserne Kugel zu seinem Pol hinaufziehen. Dicht vor dem Ziel fand aber die Kugel ein Loch in der schiefen Ebene und fiel durch dieses wieder herab und rollte in einer geeigneten Rinne dann wieder zum Fuß der schiefen Ebene zurück. Der Magnet mußte nämlich gerade so stark gemacht werden, daß er wohl die Kugel mittels der schiefen Ebene anziehen, nicht aber direkt hoch heben konnte.

Am einfachsten aber erschien die Lösung der Aufgabe dadurch, daß durch Gewichte Räder in Umdrehung versetzt wurden und zwar in der Weise, daß die auf der einen Hälfte des Rades befindlichen Gewichte einen größeren Abstand vom Drehungsmittelpunkt haben als auf der anderen, und somit durch den längeren Hebelarm die betreffende Seite zum Sinken und das Rad in Umdrehung versetzen konnten. Nehmen nun kontinuierlich diese Gewichte die notwendige Stellung ein, so wird kontinuierlich diese Drehung erfolgen. Leider thun sie dies aber nicht.

Ein solches Rad ist nun 1678 von A. Capra angegeben. Es zeigt sich an

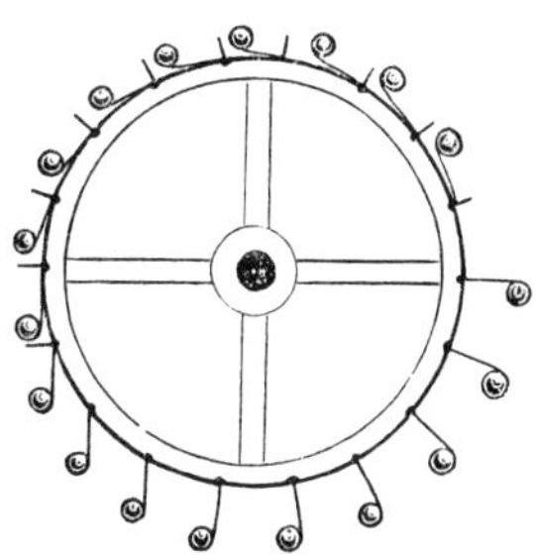

Rad des Capra.

ihm dasselbe Bestreben, welches bereits im 13. Jahrhundert mit dem Rade von Wilars de Honecort sich dokumentiert hatte.

Für die Geschichte des Perpetuum mobile sind aber weiter von großer Wichtigkeit die Räder, welche in England der Marquis of Worcester, in Deutschland aber der hochfürstlich hessische Kommerzienrat Orffyreus gebaut haben.

Von dem Rade des Marquis of Worcester weiß man, daß dasselbe 14 Fuß Durchmesser hatte und 40 Speichen besaß, von welchen jede mit 50 Pfund belastet war. Mit diesem Rade wurden 1648 im Tower zu London Versuche in Gegenwart König Karl I. und des gesamten Hofstaates gemacht, welche ergaben, daß das Rad sich ohne äußere Einwirkung in Bewegung hielt und Lasten zu heben im stande war.

Die Beschreibungen, welche von den zeitgenössischen Schriftstellern über die Erfindung des Marquis of Worcester gegeben sind, auch was dieser selbst veröffentlicht hat, gestatten einen Schluß darüber, auf welche Weise er die Bewegung hervorgebracht hat, nicht.

Am meisten Aufsehen hat aber das Rad von Orffyreus gemacht, und es liegen sogar Betriebsresultate aus den Jahren 1715 bis 1718 vor.

Nachdem dieser Erfinder bereits früher mit Hilfe des Herzogs Moritz Wilhelm von Sachsen in Merseburg ein Rad gebaut hatte, welches in einem fest verschlossenen und versiegelten Zimmer vom 26. November bis 4. Januar 1712 gegangen war, baute er im Jahre 1718 und zwar auf dem Schlosse Weißenstein bei Kassel ein zweites, über welches uns folgende Daten vorliegen:

Das Rad hatte 12 Fuß Durchmesser und war 14 Zoll breit. Es war aus Holz gefertigt und mit Leinwand bekleidet. Das Rad machte 25—26 Umdrehungen pro Minute, war mit einem Pendel als Regulator versehen, und hob etwa 70 Pfd. 8 Ellen hoch. Die Welle, worauf das Rad ruhte, war 6 Fuß lang, 8 Zoll stark.

Ein Physiker, Baron Fischer, gibt die genannten Zahlen an und macht noch den Zusatz, daß, wenn das Rad zu langsamem Gange gezwungen resp. angehalten wurde, es sich langsam wieder in Bewegung setzte und schneller und immer schneller ging, bis es endlich wieder auf die angegebene Umdrehungszahl kam.

Orffyreus zerschlug sein Rad, als ein holländischer Gelehrter, Dr. Gravesande aus Leyden, es einmal sehr scharf untersucht hatte. Wie weit ein Dienstmädchen, welches im Nebenraum irgend ein Rad zu drehen hatte, dabei thätig war, ist nicht aufgeklärt worden. Jener Baron Fischer erwähnt nur, er hätte deutlich im Innern des Apparates das Aufschlagen von 8 Gewichten gehört.

Es wurde nun vielfach versucht, das Rad des Orffyreus nachzumachen, und zwar zunächst mittels Rädern mit Hohlräumen, in welchen sich Kugeln oder auch Quecksilber befand.

Da auch hierdurch keine Bewegung zu erzielen war, so machte man die Gewichte zwangläufig und suchte dadurch das Resultat zu erreichen.

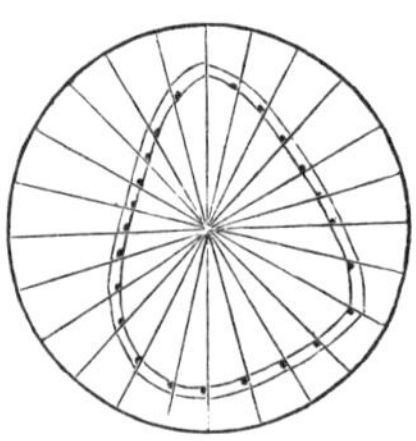

Rad mit zwangläufigem Gewichte.

Die Gewichte sind auf den Radspeichen verschiebbar und sollen nun durch eine außerhalb des Rades feststehende Kurvenführung so geleitet werden, daß der gewünschte Erfolg hervorkommt.

Viele Experimentatoren, welche mit Rädern und Gewichten nichts erreichen konnten, verließen das Radhirngespinst und suchten andere Mittel anzuwenden. Insbesondere ging man darauf aus, Wasserräder mit Pumpen in Verbindung zu setzen.

F. A. Vogel wollte 1857 eine einstiefligе Pumpe mit einem Wasserrad treiben und mit dem Wasserstrahl der Pumpe das Rad selbst wieder. Er nannte das Ding: hydrostatisches Generalmobile.

Aehnliche Versuche wurden mit Kettenpumpen oder mit Kombinationen von Wasserrad mit zwei Zentrifugalpumpen 1864 von Hawken Bäcker in Doris gemacht.

Weil eine Zentrifugalpumpe nicht half, sollten zwei übereinander das Wasser holen, um das Rad zum Betriebe der Pumpen treiben zu können.

Paul Fox läßt eine Turbine im luftleeren Raume laufen, wodurch mittels eines Hebers ein Wasserfall erzeugt wird, der die Turbine treibt. Das Wasser wird auch von der Turbine mittels einer Pumpe abgesogen, welche die Zisterne speist, aus welcher der Heber sein Wasser entnimmt.

Peter Pickering, Gutsbesitzer in Danzig, hatte 1858 eine Luftmaschine aus 4 Cylindern, je 18 Fuß lang, 3 Zoll Durchmesser, erfunden. Alle Cylinder pumpten sich wechselseitig Luft zu und sollten eine Welle umtreiben.

Die neueste Erscheinung auf dem Gebiete des Perpetuum mobile ist die Konstruktion von Horstmann, welche

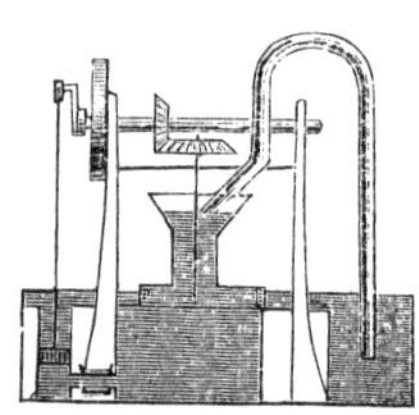

Turbine als Perpetuum mobile dienend.

z. Z. in Berlin in der Passage aufgestellt gewesen ist. Leider hatte ich nicht Gelegenheit, dieselbe zu sehen. Ich erinnere mich nur, gelesen zu haben, daß, nachdem die Maschine auseinandergenommen war und angeblich niemand sie wieder zusammensetzen konnte, eine Belohnung

— ich glaube von 5000 Mark — ausgeboten wurde, für den, dem dies gelingen würde.

Wenn auch nicht direkt zum Perpetuum mobile, so doch in das Gebiet desselben gehörend, ist die bekannte, zuerst vom „Daheim“ gebrachte Geschichte, wonach jemand einem Geh. Kommerzienrat B. und dem Kriegsminister Experimente vorgemacht hatte, welche die Möglichkeit nachwiesen, die Schwerkraft aufheben zu können. Der Experimentator soll richtige Kanonen und schließlich sich selbst frei in der Luft schwebend erhalten haben.

Nun sind aber thatsächlich Einrichtungen getroffen worden, welche scheinbar ein Perpetuum mobile repräsentieren, und lassen sich solche scheinbaren Perpetua mobilia durch Benützung der Wärme oder des Luftdrucks als Triebkraft herstellen.

In dem deutschen Reichspatent von G. Riedel in Havelberg wird die Ausdehnung einer Eisenstange von 30 m Länge zum Aufziehen des Werkes benutzt. Die Stange greift an einem Hebel an, der mit siebenfacher Uebersetzung an ein Remontoirwerk angreift und das Aufziehen bewirkt.

Einen selbstthätigen atmosphärischen Motor hat sich Friedrich v. Loeßl unter P. R. Nr. 15,048 patentieren lassen. Bei diesem wird Luft durch Temperaturwechsel ausgedehnt und zusammengezogen und damit ein wirklicher Betrieb erreicht.

Besonders die Uhrmacherei hat sich mit solchen, sozusagen verkappten Betriebskräften befaßt; ich erinnere nur an die Uhren, welche durch das Oeffnen der Kuvette aufgezogen werden und an diejenigen, welche durch die Erschütterungen und Stoßwirkungen beim Gehen in Gang gehalten werden.

Ich möchte nur noch einige Augenblicke bei den Individuen verweilen, welche sich mit der mechanischen Lösung des Perpetuum mobile befassen, und da stellt sich nun die Thatsache heraus, daß dies meist Personen sind, welche mit der Mechanik nichts zu thun haben, deren Beruf sie im Gegenteil von mathematischen und mechanischen Wissenschaften fern hält, namentlich stellen Landwirte, Rentners und Theologen ein erhebliches Kontingent.

Allen aber, welche sich trotz alledem und alledem nicht abhalten lassen wollen, dem Perpetuum mobile nachzujagen, möchte ich die Regeln ans Herz legen, welche Jakob Leupold in seinem Theatrum Machinarum Generale, Leipzig 1724, schon aussprach:

„Uebrigens ist allen, so das Perpetuum mobile noch beständig suchen, zu hinterbringen:

1) Daß sie solches mit den allersimplesten machinen thun, denn mehr die machine übersetzet, je mehr sie zapfen zahne und materialien hat, je weniger wird der motus perpetuus erhalten werden, und wenn es nicht in der simplizität geschiehet, wird es in compositione wohl ewig außen bleiben.

2) Daß keiner sich an die Arbeit mache, er habe denn seine invention auf dem pappier wohl examinieret, friction, Ruhe, die centrifugation oder daß die Körper so im Circkel beweget werden, nach der Peripherie eilen, den Abstand und alles wohl aus- und abgemessen und den calculum gezogen.

3) Wer diese Berechnung nicht kann, auch mechanische fundamenta nicht verstehet gar davon bleibe und es andern überlasse, denn er wird nur Zeit, wird Geld dabey verliehren, ja welches das schlimmste ist,

wenig Ruhe haben, wie ich viel Exempel anführen könnte."

Schließlich sagt Jakob Leupold:

„Dahero sind billig diejenigen, welche noch mehr prästieren, als die nach den Fundamenten der mechanic wohleingerichtete Künste bereits thun, unter die weise Narrheit zu zählen."

In eine besondere Kategorie gehören die scheinbaren Perpetua mobilia, die bisweilen so täuschend gemacht sind, daß der Uneingeweihte den Betrug nur schwer entdecken kann. Hierher gehört z. B. die Horstmannsche Schwerkraftmaschine, die in Merseburg aufgestellt war. Hr. März bemerkte darüber folgendes: „Ich wurde einmal privatim veranlaßt, ein Urteil darüber abzugeben und dazu stand allerdings nichts anderes zur Verfügung als ein Circular des Herrn Horstmann, mit einer nicht sehr klaren Abbildung und einer hochtönenden, aber nebelhaften Beschreibung. Bei genauerer Prüfung glaubte ich nun sehr wohl erkennen zu können, warum das Ding in Merseburg wirklich gegangen ist und gehen mußte.

In der Maschine rollten verschiedene sehr schwere Körper aufeinander. Ein schwerer Ring diente als Laufbahn für einen konisch gestalteten schweren Körper. Der Ring aber selbst bewegte sich auch. Mir war nun in der Beschreibung verdächtig, daß lebhaft hervorgehoben wurde, welcher Vorzug es für die Maschine vor anderen sei, daß man sie auch ganz beliebig und wie es für eine richtige Betriebsmaschine wesentlich sei, anhalten könne. Zum Anhalten war eine den Zwecken entsprechende wichtig aussehende Vorrichtung vorhanden. Wenn man eine Dampfmaschine anhalten will, so kurbelt man an einem Faustrad ein Ventil zu. Das hat wohl jeder Laie einmal gesehen und darum kurbelte man an der Horstmannschen Maschine auch an solchem Faustrad und zwar recht tüchtig und auch wohl mehr oder weniger lange Zeit herum, damit die Maschine still stehe. Das Ding, wie der Augenschein zeigte, war so tüchtig, es war gar nicht tot zu kriegen, so fest mußte man kurbeln. — Ich habe die Geschichte nicht gesehen, der Beschreibung nach bin ich zur Annahme, daß man das Ding ungefähr so gehandhabt hat, gekommen. — Das Ingangsetzen war desto einfacher. Nur eine Sperrklinke brauchte man mit einem Hebel auszulösen, dann lief das Ding um, wieder für den Laien ein Beweis, wie kräftig die Maschine war.

Nun die Täuschung ist so versteckt, daß so manche meiner Auffassung nicht zustimmen mögen, ich habe aber die Ueberzeugung, daß mit dem Anhalten der Maschine die ganzen schweren Körper, der Ring und der Konus hochgehoben wurden und beim Laufen der Maschine sanken diese Teile ganz langsam und zwar in einer Schraubenlinie von sehr geringer Ganghöhe herunter, indem sie umliefen.

Die Arbeitsleistung der Maschine zum Selbstgang — getrieben hat sie wohl nie etwas — war dabei das Gewicht der beiden Teile multipliziert mit deren Fallhöhe. Die letztere war in der Zeiteinheit klein, das Gewicht aber groß, folglich konnte die Maschine eine ansehnlich lange Zeit laufen und man sah ihr keine wesentliche Veränderung an. War aber die Maschine ihrem Stillstand bald nahe, so fand sich leicht begreiflicherweise unter den Zuschauern ein Neugieriger, der gerne sehen wollte, wie man das Ding anhalten könne. Der Vorzeiger kurbelte dann die Maschine in ihren Stillstand hinein, das heißt, er legte mit seinen Muskelkräften so viel Arbeit durch Heben der

Gewichte der laufenden Teile in die Maschine hinein, als zum nächsten Umlauf auf einige Zeit nötig war. Das endliche Einfallen der hemmenden Sperrklinke war nur nebensächliches Blendwerk. Zur Ueberraschung der Uneingeweihten konnte man durch einfaches Abziehen der Sperrklinke die Maschine wieder in Gang bringen.

Ein Konstrukteur, dem man die Aufgabe, solche Maschine zu bauen, stellte, möchte vielleicht in Verlegenheit kommen, wie dies anzufangen sei; Horstmann in Halle hat das Stückchen mechanischer Hinterlist, das selbst Sachkundige vielfach stutzig gemacht und betrogen hat, genial fertig bekommen. Jede Uhr ist im Grunde genommen eine Lösung solcher Aufgabe. Horstmann hatte nur verstanden, die treibenden Gewichte in offen vor den Augen rotierenden Körpern zu verstecken."

Die Benützung des stets wechselnden Druckes der Atmosphäre würde eine Art physikalisches Perpetuum mobile liefern.

Man lege z. B. dem Quecksilber eines Heber-Barometers bei seinem jedesmaligen Emporsteigen (an dessen offenem Ende der Glasröhre) ein kleines Gewicht auf und sorge dafür, daß dieses bei dem folgenden Niedergang nicht mehr zurücksinken könne, so wird sich die gewonnene Arbeit, nämlich die gehobene Last wohl langsam, aber doch immerfort bis ins Unendliche vermehren. Eine derartige thatsächliche Benützung des Quecksilberbarometers als Motor wurde schon einmal mit Erfolg ausgeführt und zwar für ein Uhrwerk, welches anfangs der vierziger Jahre in Cox Museum zu London als Perpetuum mobile großes Aufsehen erregte. Auch die Quecksilberbewegung in einem Thermometer gestattet eine Verwendung desselben als Motor. Beide Vorrichtungen geben jedoch eine so geringe bewegende Kraft, daß sie nur für äußerst fein gearbeitete und subtile Uhrwerke anwendbar sind. Der barometrische Apparat kann außerdem nicht als ein absolut dauerhafter betrachtet werden, weil das der Luft ausgesetzte Quecksilber in der untern Schale einer allmählichen Verdunstung unterliegt, wodurch das anfängliche Gleichgewichtsverhältnis der beiden Gefäße später alteriert und schließlich gänzlich gestört werden müßte. Aus diesem Grunde wird auch das Londoner Perpetuum mobile wahrscheinlich nur durch einige Jahre selbstthätig geblieben sein.

Herr Friedrich von Lößl hat jedoch eine autodynamische Uhr konstruiert, welche auf den barometrischen und zugleich auch auf den thermometrischen Vorgängen in der Atmosphäre beruht, nämlich auf dem dadurch bedingten Spannungswechsel der Luft. Hierbei spielt aber weder Quecksilber noch sonst eine Flüssigkeit die Rolle eines Druckvermittlers, sondern in dem Motore der Uhr agitiert direkt die Luft selbst und zwar derart, daß für verschiedene Gehwerke jede beliebige Summe und Intensität von Kraft sichergestellt und die Konstruktion des Motors mit wünschenswerter Festigkeit und unbegrenzter Dauerhaftigkeit ausgeführt sein kann. Der Erfinder berichtet darüber folgendes:

„Als Motor für die Uhr werden Aneroiddosen benutzt, welche wie folgt, hergestellt sind.

Es werden mehrere zentrisch gefaltete, elastische Ringplatten übereinander geschichtet, indem sie an ihren inneren und äußeren Peripherien mittels aufrecht stehender Kranzringe luftdicht mit einander verbunden werden. So bildet sich eine Art von Doppelcylinder, welcher, unten und oben mit einer Deckelscheibe luftdicht verschlossen, die Befähigung annimmt, jeder relativen Spannungs-Mehrung oder Spannungs-Minderung der in ihm eingeschlossenen Luft durch eine Ausstreckung oder Zusammenziehung seiner Längenachse folgen zu können.

Obwohl der innere oder äußere Luftdruck auf jede einzelne Ringplatte nur eine äußerst kleine konzentrische Biegung hervorbringt, so kann man doch die Summe aller dieser Biegungen, welche sich schließlich auf die obere Deckelscheibe überträgt, beliebig groß und ausgiebig gestalten, weil der Konstrukteur die Zahl der in Thätigkeit zu setzenden Ringplatten frei zu wählen hat. Mit anderen Worten: Man kann der obern Deckelscheibe jede beliebige Wegelänge zuerteilen.

Anderseits ist die Größe und Energie des Druckes, welche von der Deckelscheibe ausgeübt werden kann, von ihrem Flächenmaße abhängig; und da man das Flächenmaß sowohl der Deckelscheibe als aller Ringplatten frei bestimmen kann, so läßt sich also auch das Maß der Druckwirkung ganz beliebig auswählen.

Der Motor ist mittels eines Verbindungsrohres mit der Deckelscheibe in Verbindung, nimmt also an deren auf- und niedersteigenden Bewegung teil und überträgt ihre Bewegung derart, daß das Treibgewicht der Uhr, welches als Kraft-Akkumulator und Regulator wirkt, stets im aufgezogenen Zustand erhalten wird.

Es ist, nebenbei gesagt, auch ausführbar, den Luftbehälter in einer beliebigen Entfernung von der Art zu placieren, wenn in diesem Falle nur durch ein dünnes Bleiröhrchen seine Kommunikation mit dem bei der Uhr selbst befindlichen Motor hergestellt ist.

Die Luftquantität, welche in jeder hier exponierten Luftdose eingeschlossen ist, beträgt ca. 250,000 Kubik-Centimeter (d. i. 1/4 Kubikmeter). Die Ausdehnung oder Zusammenziehung dieses Quantums beträgt für jeden Millimeter, um welchen der Barometer steigt oder fällt, ca. 320 Kubik-Centimeter und für jeden Grad, welchen der Celsius-Thermometer fällt oder steigt, ca. 900 Kubik-Centimeter.

Will man eine Standuhr unter freiem Himmel aufstellen, worauf die eingeschlossene Luft außer dem Barometerstand auch durch häufige Temperaturwechsel zu wirken vermag, so genügt ein Motor kleinster Art, welcher ca. 30 Plattringe oder Elemente enthält. Das dynamische Flächenmaß desselben beträgt ca. 300 Quadrat-Centimeter und deshalb der von ihm ausgeübte theoretische Druck bei einer Barometerstands-Aenderung von 1 Millimeter jedesmal 1/2 Kilogramm und bei einer Temperaturänderung von 1° Celsius ca. 1 1/2 Kilogramm.

Die Bewegungsfähigkeit seiner Deckelscheibe erstreckt sich auf die Höhe oder Länge von 12 Centimeter, wenn jede Ringplatte nach beiden Richtungen mit einer maximalen Biegung von 2 Millimeter in Anspruch genommen wird, was indes niemals notwendig ist.

Ist eine Uhr samt Luftbehälter für die Aufstellung in Wohnräumen bestimmt, wo die Temperaturunterschiede weniger kräftig wirken, so kann man einen einfachen Motor mit einer größeren Anzahl von Ringplatten oder Elementen in Anwendung bringen oder auch 2, 3 und mehr einfache Motore zusammenwirken lassen, welche dann, den Batterien eines elektrischen Motors vergleichbar, die Leistungsfähigkeit verdoppeln, verdreifachen u. s. w.

Selbstverständlich können auch bei Bedarf die Plattenringe schon von vornherein mit größeren Durchmessern und Flächenmaßen konstruiert werden.

Nur des Regulierungsventils sei noch besonders erwähnt.

Dieses wird durch den Mechanismus selbstthätig geöffnet, um die Kommunikation und das Gleichgewicht der äußeren Atmosphäre mit der eingeschlossenen Luftmenge jedesmal herzustellen, sobald die Abwärts- oder Aufwärtsbewegung der Motordeckelscheibe die ihr erlaubte Grenze erreicht. Hierdurch werden die Ringplatten vor jeder ungebührlichen Inanspruchnahme ihrer Elastizität bewahrt und jede Kraftverschwendug auf unnötige Blechwiderstände vermieden.

Nach Oeffnung des Ventils kehrt der Motor jedesmal in seine Ruhelage zurück und ist von diesem seinem Nullpunkte aus für weitere eintretende Spannungswechsel in eine neue Anfangsbereitschaft zurückversetzt. Er arbeitet von hier aus effektiv mit seinem theoretischen Druckvermögen.

Dasselbe Ventil hat noch eine zweite Aufgabe zu erfüllen. Sobald nämlich das Treibgewicht der Uhr seinen höchsten ihm erlaubten Stand erreicht, öffnet sich das Ventil ebenfalls und verhindert hierdurch ein weiteres Ziehen oder Zerren im Aufzugswerke, wonach das Gewicht nicht in seiner absolutgleichen Wirkung auf den Uhrgang beeinträchtigt und der Motor nicht zu unnötigen Anstrengungen mißbraucht werden kann.

Es versteht sich von selbst, daß das Ventil sich wieder schließt, sobald das Treibgewicht infolge des Uhrablaufes seinen höchsten Stand zu verlassen beginnt, und daß in diesem Augenblicke die Anzugsfunktion neu beginnen kann. Der Haupterfolg der Ventileinrichtung besteht also darin, daß das Treibgewicht stets in der Nähe seines höchsten Standes verweilt und, was bei Gewichtsuhren sonst weniger der Fall ist, eine absolut gleiche Zugkraft auf das Bodenrad ausübt.

So oft das Ventil geöffnet wird, stößt es entweder Luft aus oder saugt Luft ein, so daß eine Art Atmungsprozeß stattfindet, welcher dem ganzen Apparate einige Aehnlichkeit mit einem lebenden Wesen verleiht.

Hierzu muß noch bemerkt werden, daß der Raum, in welchem sich das Gehwerk der Uhr befindet, sowohl von der äußern Atmosphäre, als auch von der Kammer, in welcher der Motor arbeitet, völlig abgeschlossen ist. Auch die von dem Ventil ein- und ausgeatmete Luft wird mittels einer Rohrleitung durch den Uhrwerksraum hindurch in die Kammer geleitet. Durch diese Isolierung des Uhrwerkraumes wird bezweckt, daß in demselben niemals ein Luftwechsel stattfinden und also auch keine feuchte oder staubige Luft jemals in denselben eindringen kann.

Ueberdies sind sämtliche Metallbestandteile vernickelt.

Wenn die Uhr auf einer festen Unterlage aufgestellt und der sorgfältig berechnete und erprobte Kompensationspendel nach der Höhe des Aufstellungsortes adjustiert ist, was mittels eines verdeckten Druckers ausgeführt werden kann, so ist die genaue Gleichmäßigkeit ihres Ganges gesichert. Sie kann umsoweniger beirrt werden, als jede bei andern Uhren zum Zwecke des Aufziehens und der Zeigerregulierung erforderliche Manipulation von Menschenhand nicht nur unnötig, sondern auch unmöglich gemacht ist.

Die erste nach diesem System angefertigte Uhr geht seit sieben Jahren anstandslos und zeigt keinerlei Gebrechen oder Nachlaß, indem ihr Treibgewicht heute ebenso vollständig aufgezogen ist, wie in der ersten Stunde vor sieben Jahren.

Der einzige Uebelstand, welchen man der autodynamischen Uhr mit einigem Grunde entgegenhalten kann, ist der, daß sie wegen ihrer physikalischen Einrichtung und ihres deshalb unvermeidlich großen Umfanges nicht zu so billigen Preisen wie gewöhnliche Uhren hergestellt und deshalb nicht in den allgemeinen Hausgebrauch eingebürgert werden kann.

Eine Uhr in der hier besprochenen einfachsten Form kostet incl. Aufstellung und anfänglicher Rektifikation fl. 500. Mit der schon angedeuteten Modifikation, daß der Luftbehälter an einer abgelegenen Stelle separat postiert wird, und die Uhr in die Form einer Pendule in geschnitztem Holzkasten gebracht wird, kann sie um 3—400 fl. hergestellt werden. Für den kontinuierlichen Gang wird Garantie geleistet.

Das System eignet sich hiernach hauptsächlich zur Ausschmückung von Kur- und Speisesälen, großen Salons, Restaurationen, Kaffees, Korridoren, Veranden, Terrassen und Gartenanlagen.

Vor allem empfiehlt es sich aber zu großen Stadtuhren auf öffentlichen Plätzen und Straßen, sowie zu Haus- und Turmuhren.

Eine autodynamische Straßenuhr bietet den gewichtigen Vorteil, daß bei ihrer Aufstellung und später nicht wegen Legung einer Rohr- oder Drahtleitung das Pflaster aufgerissen werden muß und daß sie für alle Zeiten keinerlei Kosten für Aufsicht und Bedienung erheischt.“

---

## Explosionssichere Brenner für Petroleumlampen.

Die zunehmende Zahl von Unglücksfällen schrecklichster Art, welche durch Explosion von Petroleumlampen verursacht werden, haben zu vielerlei Versuchen geführt, die eine größere Sicherheit bei Benützung des Petroleumlichtes bezwecken. Nachgerade ist man daraufgekommen, daß abgesehen von der Reinigung des Petroleums als solchem, was von seiten des Fabrikanten zu geschehen hat, die Konstruktion des Brenners von größter Wichtigkeit ist. Unter den vielen Konstruktionen ist nur diejenige, welche der Firma Schuster u. Baer in Berlin (Prinzessinnenstraße) patentiert wurde, von größter Bedeutung. Durch zwei Versuche ist festgestellt, daß die meisten Explosionen von Petroleumlampen darin ihren Grund hatten, daß durch die in der Regel im Boden des Brenners befindliche Oeffnung, die über dem Petroleumniveau entstehenden leicht entzündbaren, aus naphtahaltigem Petroleum gebildeten Dämpfe, entzündet wurden. Die erwähnten Oeffnungen sind indes behufs des Rückflusses des überziehenden Petroleums notwendig. Die in Rede stehende patentierte Vorrichtung bezweckt nun unter Beibehaltung dieser erforderlichen Abfluß-Oeffnung eine Rückentzündung des leichter abdunstenden Petroleums unmöglich.

In einem Zirkular berichten Schuster u. Baer über einige Versuche, welche mit diesen Sicherheitsbrennern angestellt wurden. Bei dem ersten derselben wurde Petroleum, das schon bei 12° R. entzündliche Dämpfe entwickelte, verwendet. Es trat in keinem Falle Entzündung ein, selbst dann nicht, als Brenner angewandt wurden, deren Dochthälse nicht ganz vollständig durch die Dochte erfüllt war. Erklärt wird dies dadurch, daß der Verschluß die Zirkulation der atmosphärischen Luft in dem Brennerkopf überhaupt wesentlich erschwert, was zur Folge hat, daß die Neigung der Luft, aus dem Bassin nach dem Brenner hin sich zu begeben, namhaft behindert wird.

Ein fernerer, sehr wesentlicher Uebelstand bei der Behandlung der Lampen ist der, daß sich infolge Mangels der nötigen Sauberkeit im Innern des Brenners Dochtschnuppen ansammeln. Wenn diese mit Petroleum getränkten Schnuppen zu brennen beginnen, so geht von diesem, dem Bassin unmittelbar naheliegenden Herde, die Flamme an die Dünste im Bassin und bewirkt hier Rückentzündung. Auch gegen diese Gefahr gewährt die Sicherheitsvorrichtung genügenden Schutz.

Die Zeichnung Fig. a zeigt eine Seitenansicht eines Petroleum-Kosmos-Rundbrenners mit dem am Brennerboden angebrachten hydraulischen Verschluß; Fig. b einen Längenschnitt, Fig. c eine Oberansicht, Fig. d eine Unteransicht dieses hydraulischen Sicherheits-Verschlusses und Rücklaufventils für Rundbrenner — für Flachbrenner ist derselbe von ovaler Form.

Die Sicherheitsvorrichtung besteht aus einer Glocke A, die in den ringförmig vertieften Boden b b des Brenners eingreift und ein im Zentrum des Brenners angebrachtes, mit feinen Oeffnungen versehenes Sieb c umschließt, durch welches das aus dem ringförmigen Raume überfließende Oel abtropfen kann, ohne daß gefahrbringende Kommunikation zwischen dem Brenner und dem Oelbehälter stattfindet.

Die Befürchtung einer leichten Verstopfbarkeit durch Dochtschnuppen, sowie durch Faserteile des Dochtes ist durchaus unbegründet, denn das Oel zieht erfahrungsmäßig durch sehr feine Oeffnungen. Selbst die bei den oben geschilderten vielseitigen Versuchen gebildeten Reste von verkohlten Dochtschnuppen führten keine Verstopfung des Verschlusses herbei. Etwaige angehäufte Unreinlichkeiten, von dem Docht oder Oel herstammend, lassen sich durch Ausblasen leicht beseitigen, und sollte dennoch nach Jahren eine Verstopfung eintreten, so ist in solchem, kaum vor kommenden Falle durch Ablöten des am Brennerboden befindlichen hydraulischen Sicherheits-Verschlusses (Reinigen und Wiederanlöten) jener Uebelstand schnell und mit höchst geringen Kosten beseitigt.

Fig. b.

Fig. c.

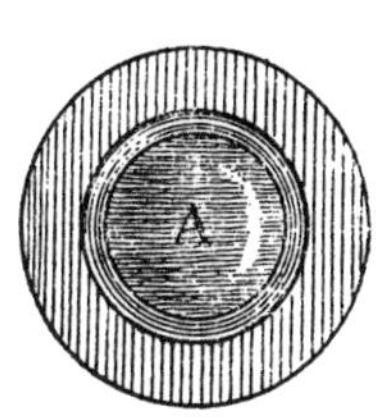


Fig. d.

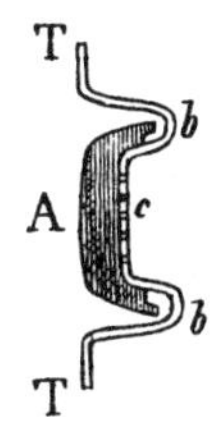


Der Meinung der Lampenfabrikanten und des Publikums, daß jene Oeffnungen im Brennerboden nötig wären, um den Ausgleich der Spannung der Luft in dem Maße zu bewirken, als das Petroleum im Bassin von der Flamme verbrannt wird, wird die direkte Wahrnehmung entgegengestellt, daß auch bei dieser Verschlußvorrichtung dieser Ausgleich durchaus unbehindert sich vollzieht. Einerseits nämlich bedingt der Verschluß keine merkliche Spannungsdifferenz, weil ja nur der Druck eines Tropfens zu überwinden ist, und weil anderseits durch die bei den Schraubengewinden des Brenners und Oelbehälters vorhandenen Zwischenräume ꝛc. ein genügender Luftaustausch stattfindet.

Fig. a.

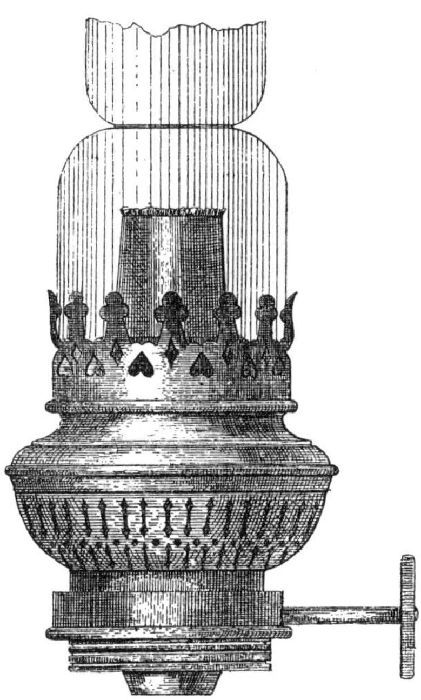

Petroleum-Kosmos-Rundbrenner.

Der neue hydraulische Sicherheitsverschluß mindert wesentlich die bei der Benützung von übelriechenden Mineralölen entstehenden Gerüche. Er verhindert auch, falls eine Lampe umgeworfen wird (wobei in den meisten Fällen der Oelbehälter nicht zerbricht) ein schnelles Ausfließen des Leuchtstoffes und gewährt deshalb selbst in solchen Fällen die nötige Zeit zur Löschung der etwa noch brennenden Lampe und zur Aufrichtung des Oelbassins, bevor aus dem Verschluß Brennstoff in großer gefahrbringender Menge ausfließt. Ferner gestattet der hydraulische Sicherheitsverschluß, die Flamme ohne die geringste Gefahr durch Ausblasen auszulöschen.

# Jersey.

Großbritannien wird, wie jeder in der Schule schon gelernt hat, von Frankreich durch eine mehr oder weniger breite Meeresstraße getrennt, die der Engländer mit Selbstbewußtsein den englischen Kanal nennt, der Franzose bezeichnet sie als Canal la Manche und wir übersetzen oft diese Bezeichnung mit „Aermelmeer.“ Seine engste Stelle ist die Straße von Dover oder Calais und mündet in die Nordsee, die weiteste Stelle ist zwischen Dorket in Südengland und der tiefen Bucht, welche sich zwischen den beiden französischen Halbinseln Normandie und Bretagne ausbreitet. Hier ist der Busen von St. Michel oder der normannische Meerbusen. In demselben liegt eine Gruppe kleiner Inseln, die sowohl durch ihre Geschichte, als durch ihre Naturschönheiten soviel Anziehendes darbieten, daß es wohl von Interesse sein kann, kurz auf der einen oder der andern zu verweilen. Wir wählen dazu die größte und in der Mitte der Gruppe gelegene Insel Jersey.

Obgleich ganz nahe der französischen Küste liegend, ist Jersey doch englisch. Im Anfange der Geschichte finden wir daselbst die Römer. Als aber die Sachsen in der Mitte des 5. Jahrhunderts nach England zogen, flohen viele Briten nach den normannischen Inseln und besiedelten dieselben an Stelle der abgezogenen Römer. Ein Jahrhundert später breitete sich auch hier das Christenthum aus; Sampson, der Bischof von St. Davids

Eine öffentliche Straße auf Jersey (nach einer Photographie.)

Felsen von Grave de Lecq auf Jersey (nach einer Photographie.)

in Wales war besonders ein eifriger Glaubensbote. Später gehörten die Inseln zur Normandie und kamen mit dieser 1135 an England, wozu sie auch jetzt noch gehören, der letzte Rest der ehemaligen so ausgedehnten englischen Besitzungen in Frankreich.

Die Bewohner sprachen einen Dialekt der altnormannischen Sprache, doch wird auch, teilweise veranlaßt durch den starken Fremdenverkehr, viel englisch und französisch gesprochen. Während der blutigen Hugenottenverfolgungen in Frankreich flüchteten zahlreiche Protestanten dahin und brachten außer ihrer Sprache auch die Lehren der reformierten Kirche mit hinüber. Doch ist die Anzahl der Bewohner nicht groß; ihre Anzahl mag 90—100,000 betragen; von diesen kommen etwa 57,000 auf Jersey, das wenig über 2 Quadratmeilen groß ist.

Wie auch die andern Inseln gebirgig sind, aber daneben fruchtbare Strecken darbieten, so auch Jersey, das an der Nordküste sich steil aus dem Meere hebt, nach Süden aber sanft abdacht. Die Insel besteht vorwiegend aus Granit und Syenit; dieser erhebt sich auch rings um die Insel in gefahrdrohenden Felsen und Klippen. Wenn auch Ackerbau und Obstzucht bei dem lieblich milden Klima mit trefflichem Erfolge betrieben werden, so fehlt doch eins, der Wald. Immerhin finden sich außerordentlich schöne Parkanlagen, die nie ihren Reiz auf die zahlreichen Fremden verfehlen.

Der Reichtum an Steinen gibt Veranlassung zu einem ausgedehnten Handel damit und sind an verschiednen Stellen mächtige Steinbrüche angelegt. Doch nicht überall läßt sich dieser Reichtum verwerten. Betrachten wir die malerische

Felspartie an einer kleinen Bucht an der Ostseite der Insel, so sehen wir hier eine der romantischsten Stellen, deren gleichen nur selten wieder gefunden wird. Wasserfälle, Höhlen, Abgründe, Spalten und Schluchten unheimlicher Art sind auf eine kurze Strecke zusammengehäuft. Alle diese höchst malerischen Partien sind durch Fußsteige zugänglich gemacht. Besonders wenn Nordwind weht, werden die Wogen des Meeres mit Gewalt in diese Spalten und Höhlen hineingetrieben und dann hört man hier ein Getöse wie fernen Kanonendonner und der Gischt spritzt hoch auf. Der waghalsige Tourist, welcher versucht, tiefer in diese Spalten vorzudringen, möge sich wohl vorher unterrichten, ob Ebbe oder Flut bevorsteht! Im letztern Fall könnte er durch die rasch steigenden Wasser vom Rückweg abgeschnitten werden.

Solche romantische Partien finden sich an verschiedenen Stellen der Küste und haben natürlich eine besondre Anziehungskraft für den Fremden. Wer bei klarem Sonnenschein in diese magisch beleuchteten Spalten und Höhlen eindringt und die wunderbaren Lichtwirkungen gesehen hat, wird den Eindruck nie wieder vergessen.

## Die photographische Büchse und die Jagd auf fliegende Bilder.

Die freundlichen Leser erinnern sich, daß im ersten Bande des Neuen Universums S. 104 u. ff. die Gangart des Pferdes nach Momentphotographien von Muybridge in San Francisco besprochen und durch Abbildungen erläutert wurde. Der Gedanke liegt nahe, die Reihe der verschiedenen, jeden Augenblick sich ändernden Stellungen des Pferdes, die mit Hilfe der Photographie fixiert worden sind, in rascher Folge einzeln auf das Auge einwirken zu lassen, um den Eindruck eines wirklich sich bewegenden Pferdes zu erlangen und die Gangart gewissermaßen lebendig vor sich zu sehen.

Mehr oder weniger einfache Apparate hierfür sind unter den verschiedensten Namen (Wunderscheibe, Phenakistoskop, Thaumatrop, Zootrop rc.) auch in die Kinderstube gewandert. Sie beruhen alle auf der physiologischen Thatsache, daß das sehende Auge einer gewissen Zeit bedarf, um ein bestimmtes Bild wieder verschwin-

Fig. 1. Benutzung der zootropischen Scheibe.

den zu lassen und dann erst ein anderes an seiner Stelle aufzunehmen im stande ist.

Auf der kreisförmigen Scheibe Fig. 2 sehen wir ein trabendes Pferd in 12 verschiedenen Stellungen nach den früher erwähnten Photographien von Muybridge. Es wird die Tafel auf Pappe geklebt und ringsum mit scharfem Messer ausschlagen mit dem Finger die Scheibe um ihre Axe rotieren, so wird in rascher Folge ein Spalt um den anderen am Auge vorbeigehen und folgeweise ein Bild um das andere Fig. 1. Der Eindruck eines Bildes auf das Auge haftet aber, bis das zweite Bild folgt, es wird keine Unterbrechung wahrnehmen und so muß

Fig. 2. Zootropische Scheibe, ein Pferd im Trab darstellend.

geschnitten. Auch die schraffierten Partien werden ausgeschnitten und die so vorbereitete Scheibe mit einem Stift in der Mitte an ein Stäbchen befestigt. Nun ist der Apparat fertig. Man hält die Scheibe vor einen Spiegel, blickt durch einen Spalt und läßt dann durch Ander Eindruck hervorgebracht werden, als ob das Bild, hier das Pferd, wirklich in Bewegung wäre. Sind die photographischen Aufnahmen oder deren Reproduktionen wirklich richtig, so muß auch die scheinbare Bewegung eine vollkommen richtige sein.

Ueber die Spielerei erhebt sich dieser einfache Apparat, wenn es gilt, die Mechanik der Bewegung beim Menschen oder einem Tiere zu untersuchen, und gerade dazu sind die Momentbilder von Muybridge von so großer Bedeutung. Ohne Zweifel sind die zahlreichen photographischen Aufnahmen des geschickten kalifornischen Künstlers nicht nur von den verschiedenen Arten der Bewegung beim Pferde, sondern auch beim Menschen u. s. w. von großer auch wissenschaftlicher Wichtigkeit. Denn wenn schon die mechanischen Vorgänge beim langsamen Schritte des Menschen noch in vielen Beziehungen rätselhaft sind, wie vielmehr beim Sprung, beim Purzelbaum, beim Ringen, bei Bewegungen am Barren, Reck, Trapez ꝛc. Dieses seither vollkommen unbekannte Feld ist durch die Momentbilder von Muybridge und die Kontrole derselben, das Zootrop, wenigstens angebahnt.

Fig. 3. Die photographische Flinte im Anschlag.

Aber auch der geübte amerikanische Photograph hat nicht gewagt, den Flug der Vögel zu verfolgen und von den verschiedenen Stellungen der Flügel und des übrigen Körpers in rasch aufeinander folgenden kleinsten Zwischenräumen photographische Aufnahmen zu machen. Denn offenbar reicht dafür ein gewöhnlicher photographischer Apparat nicht aus.

Ein Herr Marey in Paris, der sich seit länger als einem Jahrzehnt mit Untersuchungen über die tierische Bewegung beschäftigt hatte und 1873 ein Werk über „die tierische Maschine" erscheinen ließ, versuchte verschiedene Methoden, um die einzelnen Bewegungsstadien festzuhalten, ohne daß ihn eine derselben besonders befriedigt hätte. Da lernte er die Aufnahmen von Muybridge kennen; photographische Bilder

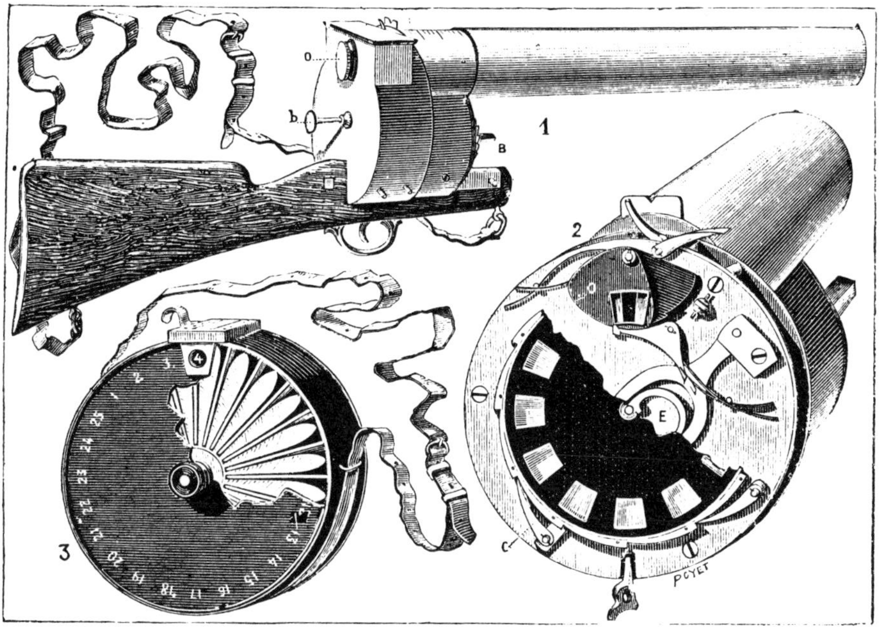


Fig. 4. Der Mechanismus der photographischen Flinte.
1. Ansicht des Apparats. 2. Die Scheibe mit den Fenstern. 3. Die Scheibe mit 25 photographischen Platten.

die in dem fünfhundertsten Teil einer Sekunde fixiert worden, waren bis dahin unbekannt und zeigten die wirkliche Stellung des Tiers fast mit derselben Schärfe, als wenn es vollkommen unbeweglich gewesen wäre. Freilich einen Vogel im Flug hatte er mit seinem Apparat noch nicht zu verfolgen und aufzunehmen gewagt, dies blieb Herrn Marey aufbehalten.

Schon früher hatte der berühmte Astronom und Spektroskopiker Janssen einen photographischen Revolverapparat gebaut, um die sich schnell folgenden Erscheinungen beim letzten Venusdurchgang fixieren zu können. In ähnlicher Weise, wenigstens nach demselben Grundgedanken, konstruierte Marey die photographische Flinte (Fig. 3) in der Größe eines gewöhnlichen Jagdgewehrs. Mit Hilfe dieses Apparates gelang es ihm, einen aufs Korn genommenen Gegenstand, z. B. einen fliegenden Vogel, in der Sekunde zwölfmal photographisch aufzunehmen und jedes Bild erforderte für sich nicht mehr als den siebenhundert und zwanzigsten Teil einer Sekunde!

Die Konstruktion der photographischen Flinte von Marey Fig. 4 Nro. 1 ist leicht verständlich. Im Laufe ist das nach der Entfernung des Gegenstandes einstellbare Objektiv, an denselben schließt sich ähnlich wie bei einem Revolver eine runde Kapsel mit Uhrwerk, Blendscheibe und der lichtempfindlichen photographischen Platte. Hinter dem Deckel o ist die mattgeschliffene Glasscheibe, die zum Einstellen dient. Sobald der Hahn losgedrückt wird, beginnt die Bewegung des Räderwerks; die zentrale Axe macht in der Sekunde zwölf Umdrehungen und überträgt ihre Bewegung auf andere Teile, zuerst auf eine runde Metallscheibe mit engem Fenster; sie läßt in der Sekunde 12mal das Strahlenbündel, welches vom visierten Gegenstand ausgeht, durch und zwar jedesmal 1/720 Sekunde lang. Hinter der ersten Scheibe ist eine zweite auf derselben Axe mit zwölf Fensterchen und hinter dieser die mit Bromsilber-Gelatine präparierte lichtempfindliche Platte, welche durch den Knopf b fest auf ihre Vorplatte angedrückt wird und sich so mit drehen muß. Die Bewegung beider ist ein stoßweises Rotieren, was durch die exzentrische Scheibe E (Fig. 4 Nro. 2) und den Sperrhacken bei c bewirkt wird. Das mechanische Spiel ist also derart, daß jedes Stückchen der empfindlichen Scheibe, das durch die Oeffnung in der Zwölffensterscheibe nicht gedeckt ist, 12/720 Sekunde dem Lichte ausgesetzt wird; während der darauf folgenden 59/720 Sekunde rückt das folgende Fenster mit einem anderen Teil der photographischen Scheibe vor und bleibt wieder 12/720 Sekunde u. s. f., so daß am Schluß der Sekunde durch die zwölf Fenster zwölf Lichtbündel auf zwölf verschiedene Stellen der lichtempfindlichen Scheibe fielen und so eine Reihe von photographischen Bildern (Fig. 5) aufeinanderfolgt, die in kürzesten Zwischenräumen hintereinander aufgenommen wurden und alle verschieden sein müssen.

Der Bilderjäger hat als Patrontasche eine runde Büchse (Fig. 4 Nro. 3) bei sich, in welcher 25 Trockenplatten getrennt von einander aufbewahrt werden und wo die Einrichtung derart ist, daß die Platte ohne vom Licht getroffen zu werden in die Kamera des Gewehrs und nach der Aufnahme wieder zurückgebracht werden kann.

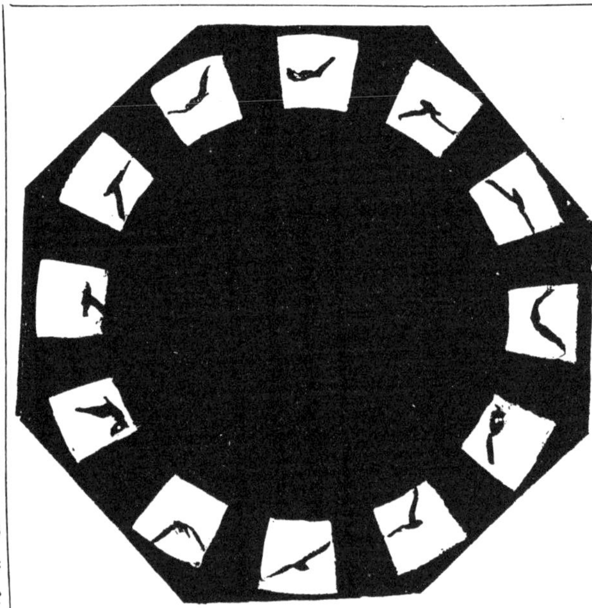

Fig. 5. Photographie einer fliegenden Möve, nach Aufnahmen mittels der photographischen Bilder.

Betrachten wir die 12 Aufnahmen einer fliegenden Möve Fig. 5, so zeigen sich dieselben Absonderlichkeiten in der Flügelstellung ꝛc., wie wir sie auch bei den Aufnahmen von Muybridge in der Stellung der Beine des sich bewegenden Pferdes gefunden haben. Wenn wir aber auch hier ein Zootrop zu Hilfe nehmen und damit die Bewegung verfolgen, so erkennt man, daß die 12 Aufnahmen in der Sekunde der Zahl nach nicht genügen. Bei drei Flügelschlägen werden sich dreimal je vier Flügelstellungen wiederholen, aber die Zwischenstellungen fehlen.

Marey hat daher das Uhrwerk seines Apparates derart geändert, daß eine größere Geschwindigkeit erzielt wurde; selbst der vierzehnhundertste Teil einer Sekunde genügte noch, um ein Bild zu erzeugen.

Fig. 6. Der Wunderkreisel.

Eine Taube oder sonst ein anderer Vogel wird andere Flugbilder liefern, als eine Möve. Freilich sind diese bei dem Apparat von Marey sehr klein; sie lassen sich zwar vergrößern, doch erscheinen sie dann nur silhouettenartig, wie Fig. 7, wo der Vogel im Begriff ist, die Flügel zu senken und Fig. 8, wo diese ihren tiefsten Stand erreicht haben. Aufnahmen derselben Vogelart, unter verschiedenen Umständen also z. B. bei Sturm oder bei ruhiger Luft, von unten oder von oben, wenn sich der Vogel

Fig. 7. Durch Lichtdruck vergrößertes Bild eines fliegenden Vogels, aufgenommen mit der photogr. Flinte. Beginn des Niederschlags der Flügel.

Fig. 8. Durch Lichtdruck vergrößertes Bild eines fliegenden Vogels, aufgenommen mit der photogr. Flinte. Die Flügel in ihrer tiefsten Stellung.

nähert oder sich entfernt ꝛc., geben sehr verschiedene Bilder, die sich bei der Untersuchung der Mechanik des Fluges ergänzen. Aber immerhin bleibt, trotz der gemachten Fortschritte, auch hier immer noch viel zu thun übrig.

Der Flug der Fledermäuse bietet ganz besondere Schwierigkeiten für das Photographieren, weil diese Tiere sehr unregelmäßige Flugbewegungen ausführen. Weit bequemer ist es, die Bewegungen von Säugetieren mit diesem Mareyschen Apparate zu untersuchen; zahlreiche Aufnahmen von Pferden, Eseln, Hunden und Menschen beweisen dieses. Doch will Marey diese Versuche nicht fortsetzen, weil Muybridge sich hierfür gewissermaßen das Vorrecht erworben hat. Aber die Flugbewegungen selbst und der mechanische Vorgang dabei, das Heben und Senken der Flügel, die Bewegung des Schwanzes, das Biegen der Federn, welche auf die Luft drücken und alle die zahlreichen anderen Punkte, welche dabei mit in Betracht kommen, werden vielleicht noch auf photographischem Wege genauer erforscht werden können. Ein guter Anfang hierfür ist gemacht.

Obgleich der anfangs beschriebene kleine Apparat zur Betrachtung der Momentbilder sehr zweckmäßig ist, seien hier kurz noch einige ähnliche erwähnt.

Auf demselben Prinzip beruht der Wunderkreisel, ein Instrument, das man sich auch leicht selbst anfertigen kann (Fig. 6). Vier dreieckige Spiegelplatten sind zu einer Pyramide zusammengestellt, deren Seitenflächen mit der Basis Winkel von 45 Grad bilden. An der Spitze der Pyramide ist eine Pappscheibe wieder mit einer Reihe von verschiedenen, sich gegenseitig ergänzenden Bildern, die verschiedene Bewegungsstadien eines und desselben Gegenstandes zeigen. Wird die Scheibe um ihre Axe gedreht, so spiegelt sich ein Bild um das andere in je einer Pyramidenfläche und jeder der vier Beschauer wird so eine Reihenfolge von verschiedenen Bildern im Auge aufnehmen, aber auch wieder nicht einzeln und unterbrochen infolge der Dauer des Lichteindrucks, sondern unmittelbar hintereinander, und auch da wird der Eindruck eines sich wirklich bewegenden Gegenstandes hervorgebracht. Natürlich wird derselbe Erfolg erzielt, wenn man in der Hand den ganzen Apparat rotieren läßt und der Reihe nach in die verschiedenen Spiegel blickt.

Fig. 9. Der Maulesel Rigolo.

Die Konstruktion des Apparates, wie sie Fig. 9 zeigt, beruht auf demselben Prinzip. Die vier Pappscheiben kreuzen sich unter rechten Winkeln und durch die Kreuzung geht eine Vertikalaxe, um welche das Kreuz drehbar ist. In jedem Winkel ist ein entsprechendes Bild, das auch wieder, ähnlich den vier Bildchen in Figur 10, je ein bestimmtes Bewegungsstadium eines Gegenstandes darstellt.

In ähnlicher Weise können noch in verschiedener Art verschiedene Apparate gebaut werden, die aber alle auf dasselbe wissenschaftliche Prinzip zurückzuführen sind; dem Kinde ist dieses unverständlich, um es aber bei fortgeschrittener geistiger Reife zur Anschauung und zum Verständnis zu bringen, gibt es kein besseres Mittel, als einen der erwähnten Apparate.

Darstellung des Ballschlagens für die zootropische Scheibe.

# Ein neuer Spitzenwebstuhl.

Die zierlichen Gebilde der Menschenhand, welche unter dem Namen Spitzen im Handel vorkommen und aus den feinsten Gewebsfäden, seien sie aus Leinenfaser, Baumwolle, Seide oder Metall, kunstvoll mit den mannigfachsten Mustern dargestellt werden, sind allgemein bekannt und allezeit hochgeschätzt und teuer bezahlt worden. Viele unserer Leser haben schon da oder dort gesehen, wie Spitzen geklöppelt werden. Durch reine Handarbeit werden zahlreiche Fäden in bestimmter Weise durcheinandergeworfen, geschlungen, geknüpft, verflochten und so die regelmäßig wiederkehrenden Muster hervorgebracht, die äußerst künstlich und schön sind. Einem nicht Sachverständigen kann unmöglich durch Beschreibung das Wesen des Spitzenklöppelns klar gemacht werden, weniger noch als das viel einfachere Stricken. Nur andeutungsweise sei hier bemerkt, daß zahlreiche Spindeln an Fäden herabhängen; die Arbeiterin wählt nach und nach diejenigen aus, welche sie braucht, wirft sie zwischen den Fingern hin und her entweder von rechts nach links, oder von links nach rechts, um die Fäden zu verschlingen oder sie ineinanderzuflechten; dann heftet sie mit einer Nadel diesen Teil der Masche fest, bis durch andere Verschlingungen eine andere Masche gebildet ist, und zieht dann die Nadel wieder aus dem fertigen Teil der Arbeit. Es sind also drei Arten von Bewegung auszuführen: das Herbeiholen oder das Beseitigen der ausgewählten Spindeln, die Drehung derselben nach links oder rechts und das Einstecken und Wegnehmen der Nadeln.

Das Klöppeln ist an bestimmte Gegenden gebunden und in anderen vollständig unbekannt, auch ist es mit großen Schwierigkeiten verbunden, diese Industrie in einer neuen Gegend einzuführen, weil das Erlernen und die nutzbringende Verwertung des Erlernten lange Zeit erfordern.

Der Gedanke liegt nahe, ob nicht die mühsame und zeitraubende Handarbeit durch Maschinen ersetzt werden kann. Es gelang allerdings dem menschlichen Scharfsinn die Konstruktion von Webstühlen, auf welchen einfache Spitzen dargestellt werden können; ihr Preis wurde dadurch außerordentlich herabgedrückt und ihre Verwendung breitete sich in immer weitere Kreise aus. Bei kunstvolleren Mustern half und hilft man sich noch jetzt dadurch, daß diese in den gewebten Spitzengrund eingenäht werden, aber ein Teil der Arbeit wenigstens kann durch Maschinen vorgenommen werden, und so sinkt auch hier der Preis und steigt die Verbreitung.

In neuester Zeit ist es dem Franzosen Malhere gelungen, einen Spitzenwebstuhl zu bauen, der allen Anforderungen entspricht und der, ein Wunder von geistvollem Mechanismus, alle Spitzen zu weben im stande ist und die kunstvollste Handarbeit nachbildet, so daß selbst von den geschicktesten Sachverständigen, ja selbst mit dem Mikroskop keine Unterschiede zu finden sind. Wir geben nebenstehend die Abbildungen von zwei mit diesem Webstuhl dargestellten Spitzen, welche nach Photographien erhalten sind und das vorhin Gesagte bestätigen können, obgleich sie nicht gerade Muster von Schönheit und Eleganz sind. Aber das Muster ist auch nicht vorher von einem geschickten Zeichner entworfen worden, sondern es wurde von Malhere nach unmittelbarer Eingebung hervorgebracht.

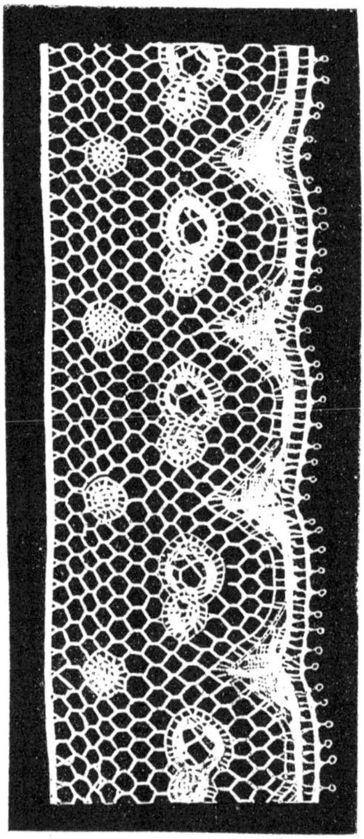

Spitzenmuster, mit Malheres Webstuhl dargestellt.

In Paris hat sich schon eine Gesellschaft gebildet, welche mit einem Kapital von 2 Mill. 500,000 Franks die Erfindung ausbeuten wird.

Malheres Spitzenwebstuhl arbeitet mit 1800 bis 2000 Spindeln, welche zu gleicher Zeit so in Bewegung gesetzt werden, daß 200—300 Wirtel in bestimmter Weise hin- oder herbewegt werden. Infolge der unvermeidlichen Kompliziertheit der einzelnen Teile der Maschine, die dabei gerechtes Erstaunen erregen muß, ist aber die Besorgnis gerechtfertigt, ob der gesamte Apparat auch seine Schuldigkeit thut, ob die einzelnen Teile so ineinandergreifen, wie sie sollen, ob die zahlreichen Fäden gerade in der Art sich verschlingen, wie es notwendig und erwartet ist. Um ökonomisch zu arbeiten, muß die Maschine sich mit großer Geschwindigkeit

Bruges Valenciennes, mittels des Spitzenwebstuhls angefertigt.

Malheres Spitzenwebstuhl. Totalansicht.

und ohne häufige Unterbrechungen bewegen. Ob aber diese Bedingungen in der Praxis ausführbar sind, darüber können nur die praktischen Versuche Aufschluß geben; sie sind sehr günstig ausgefallen.

Der Ingenieur Jousselin hat über den Malhereschen Webstuhl einen Bericht veröffentlicht und darin zuerst entwickelt, wie der Erfinder darauf hingeführt wurde, seine bewundernswürdige Maschine zu bauen. Indem er mit einem Vergrößerungsglas die Verschlingungen der Fäden an einer mit der Hand dargestellten Spitze untersuchte, überzeugte er sich, daß in allen Arten von Spitzen, sowohl im Netzwerk wie in den Blumen, der Faden derselben Operation unterworfen ist. Wenn aber die Hand diese Operationen ausführen kann, warum sollen diese nicht auch durch eine Maschine ausführbar sein? In der That, wenn man einen Faden betrachtet, welcher die Masche einer Valencienne-Spitze bildet und den Knoten in einer Blume, so erkennt man, daß

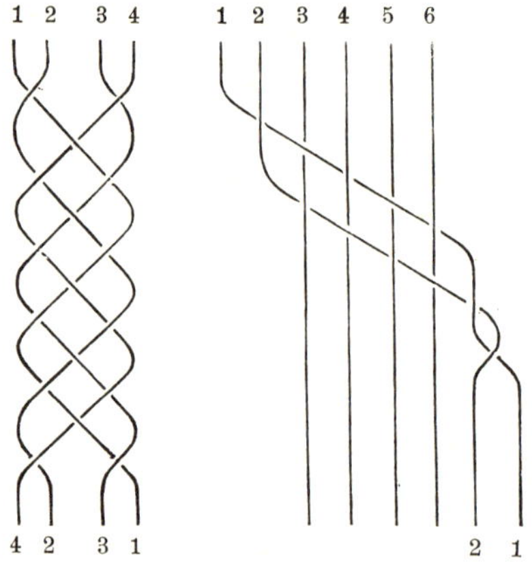


der Faden Nr. 1 der linksstehenden Figur nach und nach den Faden 2 und 4 kreuzt, nachdem letzterer über den Faden 3 im Kreuz weggegangen ist, dann diesen selbst, und auf dem Rückweg wieder nach und nach die Fäden 2, 4, 3 kreuzt, welche Verschlingungen sich weiterhin wiederholen.

In der rechts stehenden Figur verschlingen sich nicht 4, sondern 6 Fäden; verfolgen wir nur 1 und 2, so sehen wir, daß sie sich kreuzen, dann abwechselnd über und unter den Fäden 3—6 parallel hinlaufen und sich doppelt verschlingen.

Die Aufgabe für den konstruierenden Mechaniker besteht also darin, ein Geflecht aus zwei Fäden zu bilden, die sich bald von links nach rechts, dann in entgegengesetzter Richtung bewegen, je nach dem Erfordernis der Zeichnung oder des darzustellenden Musters, und daß dabei diese Fäden bald über bald unter anderen Fäden vorbeischlüpfen und diese kreuzen.

Bei dem Malhereschen Webstuhl wird dies durch rotierende Scheiben erreicht, welche zwei Fäden so führen, daß diese durch eine halbe oder eine ganze Umdrehung verschlungen werden können. Sie berühren sich paarweise und können den Faden von einer Scheibe auf eine andere übertragen. Sie sind im Abschnitt eines vertikalen Cylinders so angebracht, daß alle Fäden vom Mittelpunkt desselben bis zur Scheibe möglichst genau dieselbe Länge haben. Im Mittelpunkte des cylindrischen Rahmens webt sich die Spitze. Doch ohne Detailzeichnungen, welche nur für den Mechaniker und Konstrukteur Interesse haben, ist es nicht möglich auf die Einzelheiten des Baues der einzelnen Teile der höchst komplizierten Maschine einzugehen. Unsere Abbildung auf S. 227 zeigt in ihrem oberen Teil die Transmissionen, durch welche die einzelnen Teile des Webstuhls jeder für sich und in Uebereinstimmung miteinander in Bewegung gesetzt werden. Darunter sind die gelenkigen Ketten von in bestimmter Weise durchlöcherten Musterpappen aufgehängt, die der Erfinder von dem Jacquardwebstuhl entlehnte und die für die Verschiedenheit der Muster von so großer Wichtigkeit sind. Von hier aus laufen die Fäden nach dem viertelkreisförmigen Ausschnitt des Cylinders mit seinen einzelnen Teilen, der auf starken gußeisernen Füßen ruht; in dessen Mittelpunkt, wo die Fäden zusammenlaufen, schlingt sich die Spitze mit Hilfe von Nadeln, in ähnlicher Weise, wie wir es bei dem Klöppeln anzudeuten versuchten. Jeder Faden muß sich dabei unabhängig für sich bewegen und gerade dieses Erfordernis macht die praktische Ausführung auf mechanischem Wege so schwierig. Aber durch die sinnreichsten Konstruktionen hat der Erfinder alle Schwierigkeiten zu überwinden gewußt und ein Meisterstück eines Spitzenwebstuhles geliefert.

---

## Blitzableiter und Wasserleitungen.

Ueber den Anschluß von Blitzableitern an städtische Gas- und Wasserleitungen hat die technische Deputation des Königl. sächsischen Ministeriums ein ausführliches Gutachten erstattet, dessen Darlegungen sie zu folgenden Sätzen führen:

1. Die Verbindung eines Blitzableiters mit dem Straßenrohrnetz einer städtischen Gas- oder Wasserleitung von passender Beschaffenheit macht die Anbringung einer Erdplatte überflüssig.

2. Diese Verbindung ist nicht nur als zulässig, sondern als empfehlenswert zu bezeichnen.

3. Als Röhrenleitungen von passender Beschaffenheit sind diejenigen zu erachten, welche aus eisernen Röhren mit Muffenverbindung und Bleidichtung bestehen; Flanschenverbindungen sind nur dann als genügend anzusehen, wenn sie starke Schraubenbolzen besitzen.

4. Wenn Wasser- und Gasleitung zugleich in der Nähe des Blitzableiters sind, empfiehlt es sich, diesen mit beiden Rohrleitungen zu verbinden.

5. Falls der Blitzableiter in der Nähe einer Flanschenverbindung oder eines mittels zweier Flanschenverbindungen in die Rohrleitung eingefügten Stückes liegt, ist er mit den beiden zu beiden Seiten der Flanschenverbindung oder des eingesetzten Stückes liegenden Teilen des Rohrnetzes zu verbinden.

6. Die Verbindung des Blitzableiters ist womöglich durch Verlötung mit Weichlot auf möglichst großer Fläche vorzunehmen. Bei kupfernen Leitungen kann der Draht oder das Drahtseil für diesen Zweck einigemal um das metallisch blank gemachte und verzinnte Rohr herumgewickelt werden; bei eisernen Leitungen kann der Eisenstab an eine Rohrschelle angeschweißt oder an dieselbe angeschraubt und verlötet werden. Die um das Rohr gewundene Leitung oder die um dasselbe gelegte Schelle sind schließlich möglichst vollkommen mit dem Rohre zu verlöten.

7. Ist eine gründliche Verlötung nicht gut ausführbar, so kann die Verbindung folgendermaßen ausgeführt werden.

Das Blitzableiter-Ende wird eingeschoben oder eingeschraubt in einen durchbohrten Ansatz an einem Teile einer verzinnten oder verzinkten zwei- oder mehrteiligen Rohrschelle von Schmiedeisen, Bronze oder Kupfer und wird mit Zinn verlötet. Das Rohr wird an der Ansatzstelle in der Breite der Rohrschelle durch Beifeilen, Abschmirgeln oder Abbeizen möglichst vollkommen metallisch blank gemacht, dann wird ein beiderseits blank geschabtes Bleiblech von gleicher Breite mit der Schelle um die blanke Rohrstelle gelegt, die Schelle auf das mit dem Bleiblech umwickelte Rohr aufgesetzt und mittels ihrer Bolzenschrauben so fest angezogen, daß das Bleiblech sich sowohl an das Rohr, als an die Schelle dicht anlegt. Hierauf werden die schon vorher verzinnten Köpfe und Muttern der Schrauben mit den Lappen der Schelle, an welchen sie anliegen, die Muttern auch mit den Schraubenspindeln mit Zinn verlötet. Endlich wird der Blitzableiter von seiner Eintrittsstelle in die Erde an bis zur Verbindung mit dem Rohre und insbesondere die Verbindung selbst, also die Schelle samt Schrauben, mit einer Isolierschicht zum Schutze gegen Oxydation umgeben; diese Isolierschicht kann durch dichtes Umwinden der zu schützenden Teile mit geteertem Hanf oder durch Umgießen mit Asphalt hergestellt werden.

8. Um den in der Erde liegenden Teil des Blitzableiters und die Verbindungsstelle möglichst vor Verletzungen zu schützen und eine etwaige Revision zu erleichtern, empfiehlt sich die Umhüllung der fraglichen Teile mit einer leichten Ziegelmauerung.

9. Unterbrechungen des Zusammenhanges der Leitung bei Arbeiten an Wasser- oder Gasleitungen sollen während eines Gewitters nicht vorgenommen werden. Sind solche aus Anlaß dringender Reparaturen unvermeidlich, so empfiehlt sich eine Verbindung der getrennten Teile durch einen gut leitenden Körper, etwa durch ein Drahtseil.

---

# Telephonverbindungen in Paris.

Schon früher war mehrfach von dem Telephon und den wissenschaftlichen Prinzipien die Rede, auf welche dasselbe gegründet ist. Auch seine Geschichte kennen wir aus früheren Mitteilungen des Neuen Universum. In kürzester Zeit hat sich dieser kleine Apparat vom wissenschaftlichen Spielzeug zum wichtigen Verkehrsmittel erhoben und wird sich immer weiter verbessern und verbreiten. Aber dies macht auch nötig, immer wieder darauf zurückzukommen.

Man ist zur Annahme berechtigt, daß in keiner Stadt Europas oder der Vereinigten Staaten Nordamerikas das System des telephonischen Verkehrs so vollständig ist, als gerade in Paris. Vorwiegend wird dies bedingt durch die allermeist unterirdische Lage der Verbindungsdrähte, indem man dabei das höchstvollkommene und weitverzweigte Netz der unterirdischen Abflußkanäle benutzt hat. Zwar wird es auch ohne solche möglich sein, die Telephonverbindungen unterirdisch zu legen, dann aber werden bedeutende Erdarbeiten und Störungen in dem Straßenverkehr nötig, nicht nur während des Legens selbst, sondern auch bei etwa notwendig werdenden Reparaturen. In Paris aber, wo die unterirdischen Kloaken benutzt werden, ist nur ein kleiner Aufbruch da nötig, wo eine Verbindung mit einem neuen Abonnenten herzustellen ist und dessen Leitung an die Hauptleitung angeschlossen wird. Nur in den von dem Zentrum der Stadt weitentfernten Vierteln, deren Kanalnetz nicht mit dem Hauptnetz in Verbindung steht, ist die telephonische Leitung überirdisch.

Ein zweiter Vorzug des Netzes für den Fern-Sprechverkehr in Paris ist, daß die Verbindungslinien in ihren neueren Teilen doppelt gelegt sind und auch die älteren nach und nach verdoppelt werden. Die ganze Leitung hin und zurück ist also metallisch und wird nicht der Boden als Teil der Leitung eingeschaltet, wie dies bei den telegraphischen Verbindungen der Fall ist, um den elektrischen Strom zu schließen. Zwar wird dadurch die Ausgabe sehr beträchtlich vermehrt, aber zugleich ein unendlicher Vorteil erzielt: die Induktionsgeräusche werden vermieden.

Obgleich die aufmerksamen Leser des Neuen Universum wissen, was damit gemeint ist, so sei doch gestattet, einen Augenblick dabei zu verweilen.

Sind zwei Drähte parallel nebeneinander gespannt und der eine wird von einem veränderlichen Strome durchlaufen, so entsteht in dem zweiten Draht ein Induktionsstrom, der von dem ersten veranlaßt wird. Bei dem Morseschen Telegraphiersystem z. B., wo durch Unterbrechungen des Stroms in kürzeren oder längeren Unterbrechungen Punkte und Striche erzeugt werden, muß in einer Nachbarleitung bei jedem Schließen und Oeffnen des Stroms auch ein Strom induziert werden. Aber gerade diese Induktionsströme wirken auf das empfindliche Telephon in der Art störend ein, daß dadurch Geräusche entstehen, welche sich mit den artikulierten Lauten, die übertragen werden sollen, mischen und so stark werden können, daß dadurch die Worte ganz verwischt werden, die gehört werden sollen. Meist freilich wird man sich trotzdem telephonisch ebensogut unterhalten können, wie in einer Werkstatt, wo die Hämmer gehen und die Räder schnurren, oder in einer Küche, wo nebenher aus Töpfen, Pfannen und Kesseln mancherlei andere Geräusche aufsteigen.

Aber diese Induktionsströme haben noch einen anderen größeren Nachteil — der telephonische Strom, der in dem einen Draht zirkuliert, kann in dem Nachbardraht einen Strom derart hervorbringen, daß hier die Worte an beiden Enden gehört werden, die nur an der anderen Leitung gehört werden sollen und umgekehrt. Um dies hervorzubringen, ist selbst nicht nötig, daß die beiden Drahtleitungen ihrer ganzen Länge nach neben einander herlaufen, es genügt schon, daß sie auf eine gewisse Strecke benachbart sind, um am einen Draht zu hören, was am anderen gesprochen wird.

Es gibt verschiedene Mittel, um diese Störungen zu beseitigen. Das einfachste ist, auf den Gebrauch der Erde zur Rückleitung des Stroms zu verzichten und statt dessen einen besonderen Draht einzuschalten in der Art, wie es auch in den ersten Zeiten der Telegraphie war, ehe Steinheil gezeigt hatte, daß auch der feuchte Boden zur Rückleitung verwendet werden könne. Es gehört nur geringes Verständnis der Gesetze der Elektrizität dazu, um zu begreifen, daß, wenn ein Induktionsstrom in den beiden nebeneinanderliegenden Drähten eines geschlossenen Kreises auf einmal fließt, er auch in zwei entgegengesetzten Richtungen fließen muß; es wird sich also die Induktionswirkung in den beiden Nachbarleitungen gegenseitig aufheben. Man versteht ebenso leicht, daß die Induktion, welche in zwei Drähten einer doppelten Kreisleitung entsteht,

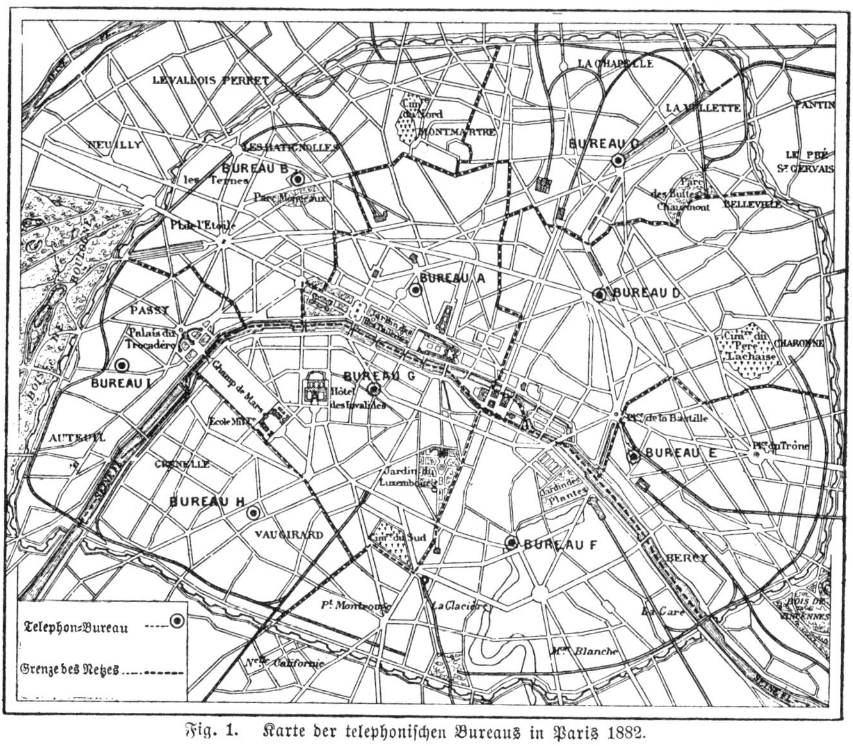


Fig. 1. Karte der telephonischen Bureaus in Paris 1882.

zwei Wirkungen in entgegengesetztem Sinne erzeugen müsse, die sich also im Telephon selbst aufheben.

Doch kann dieses Aufheben der beiden Wirkungen der Induktion nur dann vollständig sein, wenn die Verschiedenheiten der Entfernungen ausgeglichen sind durch eine gleichmäßige Lage der Drähte.

Nehmen wir zur Erklärung ein Beispiel. Bei einer telephonischen Luftleitung liegen die beiden Drähte nebeneinander in derselben Höhe an den Stangen befestigt. Aber die darüber befestigten Telegraphendrähte werden induzierend darauf einwirken, weil ihre Entfernung an verschiedenen Stellen verschieden sein muß. Rückt man aber die telephonische und telegraphische Leitung weiter auseinander, so wird dadurch die Induktion nicht nur an sich vermindert, sondern durch den verminderten Unterschied des Abstandes werden auch die beiden Induktionswirkungen gleichartiger werden und sich gegenseitig ganz oder fast ganz aufheben.

Gehen wir nach diesen einleitenden Bemerkungen wieder zu der Pariser Telephonleitung selbst über, so wird man erkennen, daß sie allen Anforderungen der Theorie vollkommen entspricht. Die großen Kabel bestehen aus vierzehn Drähten oder sieben doppelten Linien für sieben Abonnenten.

Sie sind durch sieben Farben unterschieden. Jedes Drahtpaar derselben Farbe ist zusammengedreht, so daß ihr mittlerer Abstand von einem anderen Leiter, wo derselbe auch sei, für beide gleich ist, und daß, was auch der Abstand oder die Lage eines benachbarten Leiters sei, er ohne induzierende Wirkung auf die Doppelleitung bleiben muß, ebenso wie diese auf ihn.

Ein anderes Mittel, um zu demselben Ziel zu gelangen, wurde neuerlich ebenfalls in Paris mit gutem Erfolge versucht. Statt der vierzehn Drähte werden nur sieben genommen, die natürlich isoliert sind und dann in einer Bleiröhre wie in einer Scheide stecken. Diese leitet den Strom wieder zurück, und auch hierbei werden alle Induktionsgeräusche vollkommen vermieden.

Auf der vorjährigen elektrischen Ausstellung wurde noch eine dritte Methode gezeigt, um dasselbe Ziel zu erreichen. In einem Bleirohre waren vierzig Drähte durch Baumwolle und Paraffin isoliert eingeschlossen; ausgedehnte Versuche, welche mit diesem Isolierungsmaterial angestellt wurden, lieferten die befriedigendsten Resultate. Auch bei Verwendung eines solchen Kabels entstehen keine Induktionsgeräusche, sei es, weil sich die Induktion eines Leiters auf neununddreißig andere gleichmäßig verteilt, sei es aus einem anderen noch nicht genauer festgestellten Grunde.

Das Pariser telephonische Netz wird von den Festungswerken der Stadt begrenzt. Es zerfällt (Figur 1) in zehn Bezirke, jeder mit einem Hauptbureau, die wieder unter einander und auch mit dem Zentralbureau A in der Opernstraße in Verbindung stehen.

Will ein Abonnent mit einem anderen sprechen, so sind zwei Fälle möglich. Entweder wohnt der zweite Abonnent in demselben telephonischen Bezirk, dann ruft der erste das Hauptbureau, dieses den zweiten an, setzt beider Leitungen in Verbindung und nun können sie sich nach Belieben unterhalten. Dies ist der einfachste Fall. Wohnen beide Abonnenten in verschiedenen Bezirken, so geht der telephonische Verkehr über das zwischen-

Fig. 2. Im telephonischen Zentralbureau. Die Zentral=Rosette, welche die Drähte der Abonnenten verbindet.

liegende Hauptbureau und über das Zentralbureau A in derselben Weise.

Doch sehen wir uns dieses einmal etwas genauer an. Eigentlich besteht dasselbe aus zwei Bureaus, C und D, Fig. 5, die mit dem Rücken aneinanderstoßen, aber so elektrisch verbunden sind, als wenn sie durch eine große Entfernung von einander getrennt wären. Wir unterscheiden sie kurzweg als das Bureau rechts und das links. Fig. 5 zeigt den Längendurchschnitt; hier sieht man, wie links aus dem Kanal die Kabel durch die Mauer in das Untergeschoß eintreten, sie trennen sich und die Hälfte läuft an der Decke, die andre am Boden hin, dann trennen sie sich wieder in einzelne Bündel von je sieben Drähten, die zu einer Rosette auseinanderlaufen. Die Bleihülle hört da auf, wo die Trennung des Strangs in seine einzelnen Teile beginnt. Je eine Drahtrosette ist auf jeder Seite des viereckigen Holzverschlags. Zu zwei und zwei gehen die Drähte durch die Wand desselben und enden an durch Hartgummi oder Ebonit isolierten Metallplättchen. Genauer als in Fig. 5 ist dies in Fig. 2 zu sehen; die einzelnen Teile der Rosette sind in größerem Maßstab in Fig. 3 dargestellt. Jedes Doppeldrahtende hat, wie schon bemerkt, seine besondere Farbe und trägt den Namen des Abonnenten und eine Nummer, doch folgen sich diese nicht der Zahlenreihe nach.

Wenden wir uns nun nach dem eigentlichen Bureau, das wir in Fig. 4 sehen und das, wie schon bemerkt, Rücken an Rücken neben einem ebenso eingerichteten liegt. In dem schrankartigen Verschlage zwischen beiden, der in Fig. 5 deutlich erkennbar ist und in welchen nur die Elektrotechniker des Spezialdienstes Zutritt haben, sind die Elektromagnete aufgestellt, auch breiten sich hier die isolierten Drähte aus und gehen an ihre ganz bestimmte Stelle. Gerade für kleine Reparaturen oder für Veränderungen in den Drahtverbindungen muß dieser Verschlag zugänglich sein.

Wir sahen vorhin die Drähte aus dem Straßenkanal in den Keller eintreten, sich nach den vier Rosetten ausbreiten und sich aufs neue im Zentrum vereinigen. Von hier aus steigen sie ins Obergeschoß, in den Raum zwischen den beiden Bureaus ein, wo sie sich auf der inneren Oberfläche der Vertäfelung verbreiten und mit den einzelnen Apparaten in Verbindung stehen.

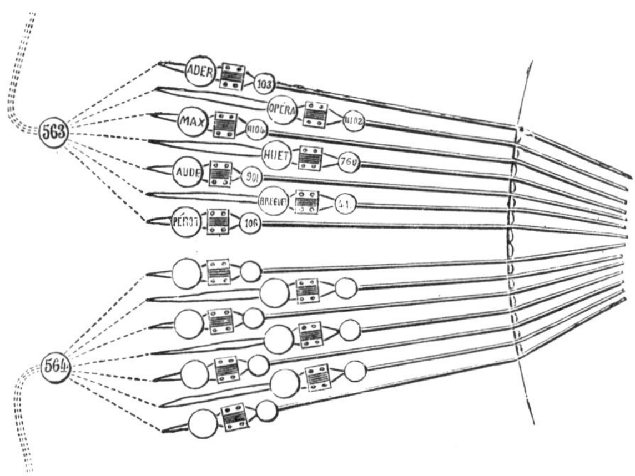


Fig. 3. Anordnung der Drähte in der zentralen Rosette.

Fig. 4. Thätigkeit in einem der Zentral=Telephon=Bureaus. Die Drähte der Abonnenten werden mit einander in Verbindung gesetzt.

Der erste ist selbstverständlich der Anrufer; jeder Abonnent hat einen solchen und sind dieselben am oberen Teil der Wand Fig. 4 angebracht.

Der Anrufer kann verschieden konstruiert sein. In unserem Fall besteht derselbe aus einer kleinen Scheibe die in ihrem unteren Teile um eine Horizontalaxe beweglich ist und durch einen kleinen Haken am oberen Teil in ihrer Lage gehalten wird. Mit dem Haken steht hinter der Bretterwand die Armatur eines Elektromagneten in Verbindung. Will der Abonnent A sprechen, so drückt er in seiner Wohnung auf einen Knopf und leitet so den Strom nach dem Elektromagneten des Anrufers, die Armatur wird angezogen, der Haken ausgelöst, das Scheibchen fällt und enthält eine bestimmte Nummer, gleichzeitig wird aber auch ein kleiner Lokalstrom geschlossen, der nun ein Läutewerk in Thätigkeit setzt.

Das für den Tagdienst ist nur klein, für die Nacht wird ein größeres eingeschaltet, so daß der dienstthuende Beamte — Mädchen werden ausschließlich bei Tag im Dienste verwendet — auch aus dem Schlafe erwachen würde.

Die Bedienstete hört die Schelle, sieht die Nummer, deckt sie wieder durch die Scheibe und hält das Läutewerk an. Sie ist benachrichtigt, daß der Abonnent A sprechen will. Durch einen Druck auf einen Knopf zwischen den einzelnen Nummertafeln (1—25, 26—50 ꝛc.) Fig. 4 ertönt nun die Schelle beim Abonnenten A als Zeichen, daß sein Anruf verstanden wurde, und die mündliche Unterhaltung zwischen ihm und der Telephonistin beginnen kann.

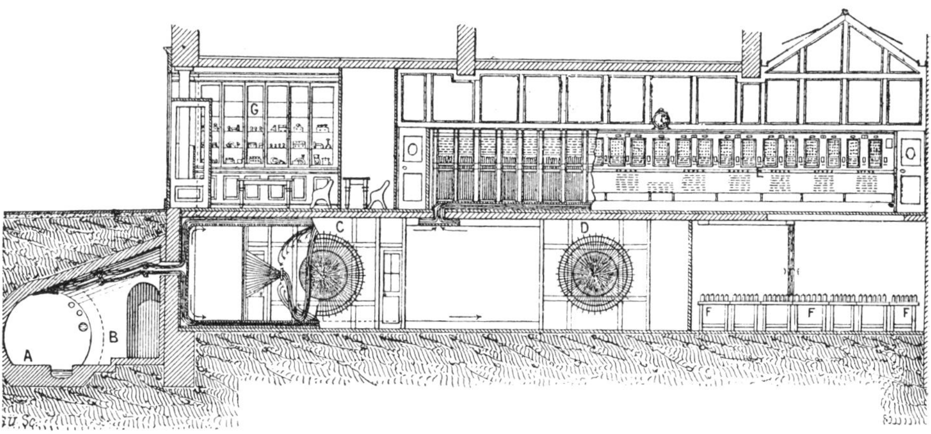


Das Zentralbureau in der Avenue de l'opéra, im Durchschnitt.
Fig. 5. A. Unterirdisches Gewölbe; B. Seitenthür, C. Rosette der Abonnements-Linie, D. Rosette der Hilfslinie, E. Commutatoren, F. Tafel mit galvanischen Säulen, G. Bureauraum.

Es ist nach dem früher schon Gesagten nicht nötig, auf den Bau eines Telephons nochmals einzugehen. Wenn auch fortwährend Verbesserungen an demselben angebracht werden, so wäre doch nicht möglich, durch Spezialzeichnungen auf die kleinen, aber wesentlichen Verbesserungen genauer einzugehen. Das Prinzip im Bau hat sich aber kaum verändert. Der Bedienstete setzt sein Telephon durch einen Draht mit dem kleinen Endapparat am Draht des Abonnenten durch einfaches Einstecken in Verbindung. Dieser äußert in der Regel den Wunsch, mit dem zweiten Abonnenten B zu sprechen. Die Station antwortet, sie werde B anrufen. Dies geschieht in derselben Weise, die Schelle des B schlägt an, dieser klingelt zurück, daß er bereit sei. Nun wird ihm mitgeteilt, daß A mit ihm sprechen wolle, die Drähte beider werden in Verbindung gesetzt und die Unterhaltung beginnt.

Die Verbindung beider Linien geht mit großer Geschwindigkeit vor sich, viel schneller, als sich dies durch Worte beschreiben läßt. Die Methode dabei ist in den verschiedenen Anstalten und je nach dem System verschieden. Nehmen wir den einfachsten Fall, daß die Leitungen der beiden Abonnenten A und B auf derselben Tafel (z. B. 1—25 Figur 4) oder auf zwei nebeneinanderliegenden Tafeln enden, so kann die Verbindung

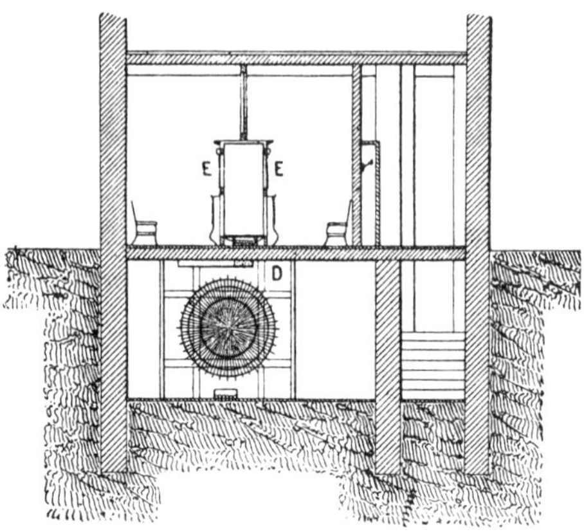


Fig. 6. Durchschnitt durch den Apparaten-Raum

direkt durch einen umsponnenen Draht hergestellt werden. Befinden sich aber die Nummern und Drahtenden der beiden Abonnenten auf weit entfernten Tafeln, so wären zur Verbindung sehr lange Drähte nötig, diese würden sich mit anderen verwickeln und die größte Unordnung wäre die unzweifelhafte Folge davon. In diesem Falle muß also anders verfahren werden, doch ist in unserer nebenstehenden Fig. 6 die Einrichtung zu klein gezeichnet, um daraus verstanden zu werden. Auch fürchten wir selbst mit Detailzeichnungen und ausführlicher Beschreibung nicht genügend klar zu werden, so einfach an sich die Einrichtung ist. Wir verzichten deshalb auf eine genauere Ausführung, wie der Abonnent A mit einem anderen weit entfernt liegenden B verbunden wird. Dabei ist die Einrichtung so getroffen, daß die Abonnenten der Gruppe 1—50 zu gleicher Zeit mit denen der anderen Gruppen sprechen können. In derselben Zeit können andere Abonnenten irgendwelcher Gruppe, der von 201—250 etwa, mit solchen der ersten Gruppe sprechen, ohne daß irgendwelche Verwirrung dabei entsteht. Befindet sich aber die Nummer eines anzusprechenden Abonnenten in einem anderen Bureau, so findet auch hier wieder durch die Drahtverbindung Anruf statt, die Leitungen beider Abonnenten werden verbunden und die Unterhaltung kann ebenso stattfinden, wenn die Entfernung viele Kilometer beträgt, als wenn nur auf eine ganz kurze Strecke ferngesprochen werden soll.

Es wurde früher bemerkt, daß alle Drahtverbindungen der verschiedenen Bureaus in Paris von dem Zentralpunkt A (Figur 1) auslaufen. Man hätte mit Ersparung von Kosten die Linien auf dem kürzesten Wege legen können, also von A aus zu jedem anderen, ebenso von B aus und sofort, doch hat man das Zentralsystem vorgezogen, bei welchem von der Mitte aus nach allen Richtungen die Linien nach den verschiedenen Bureaus ausstrahlen. Versuchen wir klar zu machen, warum gerade dieses System gewählt wurde.

Wir haben den Eintritt der Kabel

bei dem Bureau A gezeigt, doch sprechen wir nur von denen, welche zu der vierfachen Rosette des Doppelbureaus gehen.

Nicht die Rede war von denjenigen Kabeln, welche zu der Rosette der Hilfslinien gehen, die in Figur 5 mit D bezeichnet ist. Sie ist nicht wie die erste vierfach, sondern nur dreifach, die vierte Seite ist für die Bedürfnisse der Zukunft freigelassen. Hier vereinigen sich alle Hilfskabel der anderen Bureaus. Ihre Bleihülle ist weggenommen, und die sieben Doppeldrähte werden ebenso zu kleinen Schlußstücken geführt, wie dies früher geschildert wurde. Hier setzen sich zwei andere parallellaufende und zusammengedrehte Drähte damit in Verbindung, welche entweder zu derselben oder zu einer anderen Rosette zurücklaufen, um sich da mit einem anderen Doppelkabel zu vereinigen. So wird es möglich, daß wenn z. B. das Bureau C wenig Gebrauch von den Hilfskabeln von D macht, während D und J so lebhaften Verkehr haben, daß selbst Verzögerungen durch Mangel an Linien eintreten, so kann in Zeit von wenigen Minuten dadurch abgeholfen werden, daß man einen Doppeldraht CD an seinem Ende bei C abtrennt und ihn mit einem freien Kabel von J verbindet.

Wenn auch bei der unvermeidlichen Kompliziertheit der Einrichtung und der technisch schwierigen Ausführung der einzelnen Teile manches, wie schon bemerkt, ohne ausführliche Detailzeichnungen kaum vollkommen erklärt werden kann, so ist doch aus dem Gesagten das Prinzip der Einrichtung verständlich und deutlich zu erkennen, daß dasselbe mit großer Vollkommenheit ausgeführt ist.

In der That wird auch sehr ausgedehnter Gebrauch von den Telephonverbindungen gemacht. Der Abonnent kann zu Hause mit dem Personal seines Kontors oder seiner Fabrik verkehren, er bestellt sich einen Wagen zur Ausfahrt, er bittet den Arzt um einen Besuch, er macht bei Fleischer und Bäcker Bestellungen, er plaudert mit dem Freunde über Konzert und Theater, kurz er steht mit der ganzen großen Stadt in Verbindung, ohne von seinem Sopha sich zu erheben.

Freilich kann dieses nicht von Anfang an so sein. Als im April 1881 der telephonische Verkehr in Berlin eingeführt wurde, waren nur 17 Firmen abonniert und wenige Monate später etwa dreißig und fast nur Bankiers, die dabei interessiert waren, fortwährend oder in bestimmten Stunden mit der Börse und dem Kontor in Verbindung zu stehen. Ein Jahr später, und es sind schon 800 Firmen beteiligt und der Verkehr ist ein so reger, daß in der Woche etwa 30,000 Unterhaltungen vermittelt werden. Dazu sind in Berlin vier Amtsstellen. Der Verkehr ist am lebhaftesten zwischen 11 und 2 Uhr mittags und von 5 bis 8 Uhr abends. Auch die öffentlichen Fernsprechstellen, von denen aus jeder gegen Zahlung von 50 Pfennigen sich mit den Abonnenten unterhalten kann, werden sehr stark benutzt, wie aus der stets wachsenden Zahl der öffentlichen Fernsprechstellen hervorgeht.

Interessant ist auch zu vernehmen, aus welchen Kreisen der Bevölkerung die Abonnenten vorwiegend hervorgehen. Natürlich kann keine bedeutendere Bankierfirma fehlen, und die Börse stellt einen beträchtlichen Prozentsatz der Beteiligten. Aber auch zahlreiche andere Geschäftsfirmen haben sich angeschlossen, Kohlen- und Holzhändler, Maschinen-, Garn- und andere Fabriken. Nun konnten auch die Spediteure nicht mehr zurückbleiben, und ihnen folgten notgedrungen die Bahnhöfe nach. Da die Schlafwagen-Gesellschaft wiederum regen Verkehr mit den Bahnhöfen unterhält, folgten die Hotels ersten Ranges. Diese aber stellten nun die Forderung an ihre Lieferanten, ebenfalls in den Verband einzutreten; ihnen folgten dann die großen Restaurants. Als die Ministerien und Gerichte sich bei dem Fernsprechen beteiligten, konnten die stärker beschäftigten Rechtsanwälte nicht zurückbleiben, ebensowenig die Aerzte mit größerer Praxis. Zahlreiche wohlgestellte Privatpersonen, Künstler, Schriftsteller, Rentner u. a. traten in das Abonnement ein, und es ist kein Zweifel, daß der telephonische Verkehr in immer weitere Kreise dringen wird und die Wechselbeziehungen sich immer mehr ausdehnen. Wir stehen erst am Anfang der Bewegung, die durch den Fernsprecher in dem Verkehr hervorgerufen wurde; sie war vom Augenblick der ersten Erfindung an hoffnungsreich; sie wird immer größere Ausdehnung gewinnen und den Erfindern bleibt noch viel zu thun übrig.

## Weiße Schulschreibtafeln für Bleistift und Tinte.

Dem Lehrer Bernhardt Schmidt an der Souchay-Schule in Sachsenhausen ist es gelungen, eine Schultafel herzustellen, welche alle Vorteile der Schiefertafel bietet, ohne mit deren Mängeln behaftet zu sein, und die auf der Patent-Ausstellung in Frankfurt a. M. von dem Patentinhaber Carl Bürch in Worms ausgestellt war. Sie ist keine Augenverderberin und das matte Weiß derselben gestattet die Benutzung auch bei minder günstiger Beleuchtung. Sie ist aber auch keine Handverderberin, da man auf dieselbe sowohl mit einem weichen Bleistift (Graphitgriffel) als mit Stahlfedern und dazu eigens hergestellter „Kindertinte" schreiben kann. Die Schrift auf der Tafel wird mit wohl angefeuchtetem, nicht zu kleinem Schwamm, Kohlenzeichnung mittels Feuerschwammes ausgewischt. Die Tafel besteht aus einem mit Pergamentpapier überzogenen Pappdeckel, der in einen gewöhnlichen Tafelrahmen von Holz eingelassen ist. Sie ist leicht, unzerbrechlich und, was die Hauptsache ist, sehr wohlfeil (ein Stück von gewöhnlicher Größe kostet im Detailverkauf 30 Pf.). Die Kindertinte ist eine in Dextrinwasser aufgelöste unschädliche Erdfarbe, die den Vorteil hat, daß sich die Flecken als unvermeidliche Folgen des Gebrauchs des mit Feder und Tinte noch nicht recht geübten Kindes in kaltem Wasser sehr leicht auswaschen lassen. — Die Tafeln, auf welche mit Bleistift geschrieben wird, haben einen Ueberzug von Wasserglas, der es gestattet, daß man unmittelbar nach dem Auslöschen der Schrift wieder auf die noch nasse Tafel schreiben kann. Ist der Wasserglasüberzug im Laufe der Zeit etwas unrein geworden, so kann man ihn mit einem Stückchen Glaspapier abreiben und mit einem Schwämmchen einen neuen Wasserglasüberzug herstellen. Außer den Schultafeln werden von demselben Materiale auch Zeichentafeln und große Wandtafeln angefertigt; die letztern bieten beim Zeichenunterricht den großen Vorteil, daß die Schattenstriche schwarz erscheinen, während man beim Gebrauch der schwarzen Wandtafeln gezwungen ist, weiße Schatten anzubringen. Auf diese Tafeln kann man auch mit verschiedenen Buntstiften zeichnen, welche Eigenschaft sich beim naturgeschichtlichen Unterricht gut verwerten läßt.

## Stifters Cartometer.

Herr G. Stifter in Wien, Essenbachgasse, hat einen Cartometer oder einen Längenmesser konstruiert, der sehr praktisch ist. Er hat die Gestalt einer kleinen Uhr und sieht man unten ein kleines, mit einer Millimeterteilung ver-

Stifters Cartometer.

sehenes Rad, hervortreten. Mit diesem fährt man über die Linie hinweg, die man messen will, und dann geben die Umdrehungen des Rades die gesuchte Länge der Linie. Diese Umdrehungen aber werden durch Rädchen auf ein Zeigerwerk übertragen, an dem man unmittelbar die Länge in Metern und Millimetern ablesen kann.

# Experimente mit explodierenden Dampfkesseln.

Seitdem der Dampf mehr und mehr Arbeitsknecht der Menschheit geworden ist und rastlos Tag und Nacht als treibende Kraft thätig ist, hat man sich eifrig bemüht, den Dampfkessel-Explosionen vorzubeugen und das Rätselhafte, was sie in ihrem Auftreten zeigen, zu verstehen. In der That ereignen sich manchmal Kesselexplosionen unter Umständen, die fast unbegreiflich sind und aller äußern Vorsichtsmaßregel spotten. Erst in neuerer Zeit ist es gelungen, den Schleier zu lüften und den wahren Grund mancher schrecklichen Kesselexplosionen zu erkennen. Es hat sich dabei herausgestellt, daß sogar die meisten Explosionen weniger durch Nichtbeachtung äußerlicher Vorsichtsmaßregeln, als vielmehr aus gewissen, noch nicht genauer erforschten und beachteten physikalischen Bedingungen bei der Dampfentwicklung entstehen und daß alle äußerliche Vorsicht wenig hilft, wenn jene Naturgesetze nicht gehörig berücksichtigt werden. Vor allem sind es die Erscheinungen, welche beim Sieden des Wassers auftreten, die hier berücksichtigt werden müssen.

Bekanntlich versteht man unter dem Sieden einer Flüssigkeit denjenigen Zustand, in welchem die Dampfbildung in allen Schichten derselben gleichmäßig eintritt und wobei der Dampf gleiche Temperatur wie die verdampfende Flüssigkeit besitzt. Wann, bei welchem Wärmegrad dieses Sieden eintritt, hängt hauptsächlich von dem Drucke ab, welchen die Oberfläche der Flüssigkeit auszuhalten hat. Bei mittlerem Atmosphärendruck, wo das Quecksilber im Barometer auf 760 mm steht, siedet das Wasser, sobald es auf 100 Grad des Celsius'schen Thermometers erhitzt worden. In Genf siedet bei einem Barometerstande von 725 mm das Wasser schon bei $98^7/_{10}$ ° C. und auf hohen Bergen bei noch viel geringerer Erhitzung. Diese Temperaturen sind übrigens die **niedrigsten**, bei welchen das Sieden noch eintreten kann, denn man hat beobachtet, daß unter gewissen Bedingungen Wasser einen viel höhern Hitzgrad wie 100 ° C. besaß und doch nicht siedete. Versuche hierüber ergaben, daß Wasser meist nicht siedete, trotzdem es heißer als die gewöhnliche Siedetemperatur war, wenn diese Temperatur unverändert bleibt, dagegen sich der Druck ändert. Diese Eigentümlichkeit des überhitzten Wassers aber ist es höchst wahrscheinlich, welche in ihrem Gefolge die meisten Dampfkessel-Explosionen mit sich führt. Letztere entstehen durchgängig während der Kessel in Ruhe ist, und dann auch häufiger bei feststehenden wie bei bewegten Dampfkesseln. Ferner war es bisher geradezu unerklärlich, daß in den meisten Fällen vor der Explosion der Druck abgenommen hatte, nicht selten war das Feuer bereits gelöscht und der Kessel hatte sich abgekühlt. Aber gerade diese Umstände, welche am auffälligsten erschienen, sprechen klar für die eben entwickelte Theorie. Nachdem die Feuerung eingestellt worden und eine langsame Abkühlung eingetreten ist, muß der von der äußern kältern Luft umgebene Kessel schneller seine Wärme verlieren, wie der mit dem erhitzten Mauerwerk umgebene Wasserraum. In dem Maße nun, wie sich der Dampf abkühlt, läßt auch der Druck, welchen derselbe ausübt, nach, und das noch erhitzte Wasser sollte nun eigentlich aufs neue sieden, und zwar in Folge des Hauptgesetzes, daß, wenn sich der Druck vermindert, das Wasser geringerer Hitze bedarf, um zu sieden. Dieses Gesetz erleidet aber gerade im vorliegenden Falle eine Ausnahme, das Wasser siedet nicht, sondern es tritt Ueberhitzung ein. Ist aber diese nur unbedeutend, so kann das darauffolgende Sieden nur eine nicht allzubedeutende, vorübergehende Erhöhung der Dampfspannung hervorbringen: es entsteht keine Explosion, aber der Druckmesser, das Manometer, zeigt durch seine Schwankungen den plötzlich erhöhten Druck an. Solche Schwankungen kommen häufig vor. Denken wir uns nun, ein Dampfkessel, in welchem sich Dampf und überhitztes Wasser befindet, erhält plötzlich einen Riß, durch welchen eine Menge Dampf entweicht. Dieses Entweichen geht zischend aber sonst ruhig vor sich und würde an und für sich durchaus nicht zu einer Explosion führen können. Anders wird aber die Sache durch das überhitzte Was-

Künstlich verursachte Explosion eines Dampfkessels.

ser. Indem nämlich durch Abfließen des Dampfes von jenem Wasser ein beträchtlicher Teil des Drucks hinweggenommen ist, verwandelt sich das überhitzte Wasser in einem Augenblicke größtenteils selbst in Dampf. Es wird, indem es sich um sein 1700faches Volumen ausdehnt, selbst explosiv, fast wie Schießpulver, und diese explosive Kraft ist es, welche die zerstörenden Wirkungen hervorruft. Diese Erklärung ist so einleuchtend, daß man kaum noch an ihrer Richtigkeit zweifeln kann, allein trotzdem dürfte es gut sein, sie durch einige Experimente zu bestätigen.

Stücke des explodierten Dampfkessels.

Aber Experimente mit explodierenden Dampfkesseln sind einigermaßen gefährlich. Hr. Ingenieur M. Lawson in Welsvill (Ohio) dachte jedoch, daß ein Versuch mehr wert sei, als hundert Theorien, und hat sich daran gegeben, Dampfkessel-Explosionen als Experimente auszuführen. Wie er dabei verfuhr, ist aus der Zeichnung deutlich, obgleich auf dieser das Schutzhaus des Experimentators viel zu exponiert dargestellt ist. Der Kessel war vom besten Materiale und widerstandfähigster Form, 1.8 m lang, 3/4 m im Durchmesser. Beim Versuche wurde er zu 1/4 mit Wasser gefüllt; die Wasserlinie lag 17.5 mm über dem Feuerungsraum. Der Dampfdruck betrug 380 kg pro Quadratzoll oder 26.7 kg pro □cm. Der Widerstand des Kesselblechs 604 kg pro Quadratzoll oder 42 kg pro □cm. Als der Experimentator sich in seine schützende Behausung zurückgezogen hatte, ließ er mittels einer Seilverbindung rasch ein großes Quantum Dampf ab. Sogleich erfolgte eine furchtbare Explosion. Der Kessel zerriß in Stücke, die weit umhergeschleudert wurden, und selbst die gemauerten Kessellager wurden zum Teil zertrümmert. Der Experimentator sah von seinem geschützten Standorte aus gelassen dem Werke der Zerstörung zu, und nach seiner Erinnerung ist die Explosion in der Zeichnung bildlich wiedergegeben.

Wirkung der Explosion.

# Die Verwendung der Elektrizität in der Landwirtschaft.

Mehr und mehr tritt die Elektrizität in den Kreis der im Dienste der Menschheit arbeitenden und schwere Arbeit verrichtenden Kraft; mehr und mehr wird sie mit diesem Gebiete zu einem Rivalen des Dampfes. Es braucht wahrlich keiner Prophetengabe, um vorauszusagen, daß, sowie das gegenwärtige Jahrhundert die Zeit des Dampfes genannt wird, so das nächste Jahrhundert die Zeit der Elektrizität heißen wird.

Schon jetzt greift die elektrische Kraft auf zahlreichen Gebieten helfend ein, und selbst in der Landwirtschaft spielt sie heute bereits eine gewisse Rolle. Das konnte man am besten auf der elektrischen Ausstellung zu Paris erkennen, und wollen wir hier aus dem interessanten Bericht, den J. A. Barral über die Anwendung der Elektrizität in der Landwirtschaft erstattet hat, das allgemein Wichtige hervorheben.

Diese Anwendung, sagt er, ist zunächst noch eine beschränkte, es ist fast nur die Zukunft, auf welche in dieser Beziehung zu rechnen ist, doch können wir dies auch mit vollem und ganzem Vertrauen. Die Zeit, während welcher die Elektrizität bekannt ist, ist verhältnismäßig kurz, kürzer noch diejenige, während welcher man sich ihrer zu bedienen versteht, so daß man behaupten kann, daß ihrer Verwendung noch ein weites Feld vorbehalten ist, ein, man kann sagen, unbegrenztes. Wenn die bis jetzt erzielten Resultate keineswegs zu unterschätzen sind, so sind dieselben doch nur als Keime anzusehen, deren Entwicklung eine nicht absehbare zu werden verspricht.

Was wußte man bis vor 200 Jahren von der Elektrizität? Was uns von den Alten überliefert worden ist, ist wenig mehr als die Thatsache, daß ein geriebenes Stück Bernstein die vorübergehende Eigenschaft annimmt, leichte Körper anzuziehen. Die Naturforscher des 17. Jahrhunderts begannen die Kenntnisse über die Elektrizität zu erweitern, doch waren die erlangten Resultate ziemlich unbedeutend, bis Franklin die Identität des Blitzes mit der Elektrizität nachwies und den Blitzableiter erfand. Etwas später konstruierte Volta die Säule, und mit Galvani erreichte man die Kenntnis von dem Unterschiede der statischen durch Reiben erzeugten Elektrizität von der dynamischen oder Stromelektrizität, die sich in den chemischen Prozessen offenbart, die Körper durchströmt und den Erdkreis umspannt. Oerstedt, Arago, Ampère bewiesen die Identität der elektrischen und magnetischen Ströme, brachten durch die Wirkung der Magnete elektrische Ströme hervor und machten umgekehrt die Magnete wieder zu elektrischen Quellen. Seit dieser Zeit datiert eigentlich erst die Elektrizität als Wissenschaft, und von nun an entwickelte sie sich mit Riesenschritten.

Ehe wir auf die rapide Entwicklung der Anwendung der Elektrizität näher eingehen, sei der Männer gedacht, welche schon in der Kindheit dieser Wissenschaft einen Einfluß der Elektrizität auf die Vegetation vermuteten und die Natur desselben zu ergründen suchten.

Um die Mitte des vergangenen Jahrhunderts stellten drei ausgezeichnete Physiker in drei verschiedenen Ländern Versuche über die Beförderung des Wachstums der Pflanzen unter dem Einflusse der Elektrizität an. Es waren diese der Abbé Nollet in Frankreich, Jallabert in Genf und Mambray in Edinburg. Etwas später stellte Duhamel du Monceau, indem er sich auf die Beobachtungen von Nollet und le Mosnier stützte, den Satz auf, daß die atmosphärische Elektrizität einen günstigen Einfluß auf die Pflanzen ausübe. Nuneberg in Stuttgart studierte die Entwicklung der Zwiebel und bestätigte, daß diejenigen, welche dem Einfluß der Elektrizität unterworfen gewesen, sich schneller entwickelt hatten, als diejenigen, welche unter gewöhnlichen Verhältnissen aufgewachsen waren. Im Jahre 1783 veröffentlichte der Abbé Bertholon neue Untersuchungen über die Wirkung der Elektrizität der Luft auf die Pflanzen, suchte nach praktischen Anwendungen derselben in der Landwirtschaft und konstruierte sogar ein Elektro-Vegetometer, zu dem Zweck, die Elektrizität der Luft herabzuziehen und dieselbe auf die Pflanze zu verteilen. Diese Arbeiten waren trotz ihrer Zahl von keiner entscheidenden Bedeutung. Sie verfielen bald der Vergessenheit. Vor einigen Jahren nahm Grandeau in Nancy diese Versuche wieder auf, indem er Vergleiche anstellte zwischen Pflanzen, welche der freien Luft ausgesetzt waren, und solchen, die, in Kästen untergebracht, dem Einfluß der atmosphärischen Elektrizität unterworfen wurden. Naudin experimentierte ebenso in Antibes, also in einem vollkommen verschiedenen Klima, und gelangte zu entgegengesetzten Resultaten. Berthelot untersuchte den Einfluß der elektrischen Strömungen bei der Aufnahme des atmosphärischen Stickstoffes durch die Pflanze. Die bis jetzt erzielten Resultate sind wenig entscheidend, es ist das ein Feld für neue Versuche.

Wenn die bisherigen Versuche zur Verwertung der statischen Elektrizität wenig glücklich genannt werden können, so sind sie doch nicht absolut unfruchtbar gewesen. Es war in der elektrischen Ausstellung zu Paris eine bemerkenswerte Anwendung derselben auf die Müllerei vorgeführt.

In der Anwendung der dynamischen Elektrizität haben die Physiker ihre größten Erfolge erzielt, Erfolge, die oft vollkommen und ergiebig für die Zukunft waren. Diese Elektrizität wird bekanntlich durch die Säule oder durch dynamoelektrische Maschinen erhalten. Während langer Zeit hat man zu ihrer Erzeugung auch Säulen benutzt, doch sind diese sehr schwerfällig, wenn es sich darum handelt, eine beträchtliche Kraft zu erzielen, oder wenn man größerer Quantitäten und Spannung bedarf. Was die dynamoelektrischen Maschinen betrifft, so haben dieselben während eines langen Zeitraums ein besonders großes Volumen gehabt, die Ausgaben für die Inbetriebsetzung und die Schwierigkeiten der Bedienung standen ihrer Anwendung im Wege. Es war den letzten Jahren durch die Erfindung der Gramme'schen Maschine vorbehalten, die Lösung mit Riesenschritten herbeizuführen. Dem französischen Erfinder, dessen Grundideen man auf jedem Schritt in der Ausstellung begegnet, ist es gelungen, einen Elektrizitätserzeuger zu konstruieren, dessen Prinzip auf der Magnetisierung und augenblicklichen Entmagnetisierung des Elektromagneten beruht, derart, daß bei einem geringen Volumen der Maschine augenblicklich eine große elektrische Kraft gebildet wird. Die Fragen des Preises und der Schwerfälligkeit wurden hinfällig und die elektrische Kraft zum Gemeingut aller Industrien gemacht. Diese Maschine, welche zuerst konstruiert wurde, um unter vorteilhaften Bedingungen elektrisches Licht zu erzeugen, wird ein Mittel werden, Kraft und Entfernungen zu übermitteln. In der That, wenn man zwei derartige Maschinen durch einen Leitungsdraht verbindet und die erste derselben durch irgend einen Motor in Gang setzt, so bringt diese einen elektrischen Strom hervor, welcher durch den Leitungsdraht die zweite Maschine in Bewegung setzt. Man setzt auf diese Weise nach und nach die Arbeit in Elektrizität um und die Elektrizität in bewegende Kraft. Da der Leitungsdraht eine Länge von mehreren Kilometern haben kann, ersieht man sofort die Möglichkeit, durch sehr einfache Mittel Bewegungskräfte auf große Entfernungen zu übertragen. Die Benutzung aller verlorenen Kräfte in der Natur wird nun zur Möglichkeit. Die zahlreichen Wasserfälle, deren Kraft bis jetzt verloren ist, können der Industrie und Landwirtschaft ganz außerordentliche Dienste leisten. Ebbe und Flut, welche eine unberechenbare Kraft an unseren Küsten repräsentieren, werden den Menschen dienen, die Winde, selbst die Orkane können für uns arbeiten.

Die Befürchtungen, daß die vielleicht mißbräuchliche Verwendung der Kohlenlager eine Gefahr für künftige Geschlechter in sich schließe, zerfallen, man kann diese Lager erschöpfen ohne unsere Nachkommen zu schädigen und sie der Gefahr auszusetzen, in Ohnmacht und Barbarei zu verfallen. Und es ist nicht allein die Zukunft, die von dieser Entdeckung Nutzen zieht, die Gegenwart benutzt und verwertet sie. Die ersten Anwendungen setzen uns in Erstaunen und im Geiste sehen wir die schnelle und großartige Entwicklung.

Felix in Sermaize ackert, eggt, säet, drischt, bringt die Rüben auf das Lager, alles unter Anwendung von Elektrizität unter Uebertragung der Kraft auf Entfernung. Siemens hat in England seit zwei Jahren in einem Landgut bei London elektrische Apparate aufgestellt, welche des Tages bei landwirtschaftlichen Arbeiten Dienste leisten, bei Nacht die Felder erleuchten, um den Einfluß festzustellen, welchen das elektrische Licht auf die Entwickelung der Pflanze ausübt. Diese Einrichtung hat schon wichtige Aufschlüsse geliefert. Aehnliche Versuche sind durch Déhérain angestellt worden.

Man findet noch viele andere geistreiche Anwendungen, von welchen eine große Zahl auf denselben Prinzipien wie die Telegraphie beruhen.

Die letztere hat der Landwirtschaft schon große Dienste geleistet, denn die Gerechtigkeit verlangt es anzuerkennen, daß die schnelle Kommunikation auf dem Lande, wie auch die Vervielfältigung und der exakte Dienst der Posten, den Geist der Landbewohner aufgehellt haben. Dieselben glauben jetzt an die Wissenschaft und wollen sie sich zu eigen machen.

Ein Herr Germain hat sich der Lösung der Aufgabe zugewendet, die physiologische Wirkung der Elektrizität auf die Pflanzen zu verwerten, indem er durch dieselbe den Weinstock gegen die Frühlingsfröste zu schützen versuchte, doch scheint er einen nennenswerten Erfolg bis jetzt nicht erzielt zu haben. Zum Zweck das Fleisch während des Gewitters vor Fäulnis zu bewahren, hat Menuisier einen Apparat konstruiert, ein Signal-Thermometer, welches dazu dient, bei einer gewissen Temperatur durch Oeffnen einer Klappe Ozon in den Raum treten zu lassen, in welchem sich das Fleisch befindet. Die letztgenannten beiden Erfindungen haben sich erst noch zu bewähren.

Von praktischeren Konstruktionen sind der elektrische Feuermelde-Apparat von Charpentier, sowie dessen Röhren zur Angabe hoher Temperatur zu erwähnen. Der Feuermelde-Apparat besteht aus zwei gewöhnlichen kupfernen Leitungsdrähten, die durch eine Isolierschicht getrennt sind, und einem dritten Draht von Zinn. Dies alles ist in eine Hülse gesteckt, in der Weise, daß ein kleines Kabel gebildet wird; die so vereinigten Drähte werden nun in verschiedenen Räumen der ländlichen Wirtschaft untergebracht, auf den Böden, den Scheunen ꝛc. Gelangt nun das Feuer an die Verkleidung oder die sonst nächste Umgebung dieses Kabels, so schmilzt das Zinn und der Kontakt zwischen den beiden Leitungsdrähten wird hergestellt. Hierdurch wird ein Läutwerk ausgelöst, das so lange in Thätigkeit bleibt, bis das Feuer gelöscht ist.

Was den bereits erwähnten Apparat zur Anzeige hoher Temperaturen betrifft, so basiert seine Konstruktion auf der Erfahrung, daß die lineare Ausdehnung zweier verschiedener Metalle durch Wärme, wie z. B. von Eisen und Kupfer, eine ungleichmäßige ist. Eine Röhre von Eisen dient zur Umhüllung einer solchen von Kupfer. Der obere Teil dient als Stützpunkt für den Hebel eines Bewegungsmechanismus, wie derselbe bei Uhren angewendet wird, und wirkt auf eine Nadel, die sich um ein Zifferblatt bewegt. Ist die eiserne Röhre auf einen Wärme aufnehmenden Körper gestellt, so dehnt sich beim Steigen der Temperatur das Kupfer mehr als das Eisen aus und wirkt auf die Nadel des Zifferblattes, deren Bewegungen die Grade der Temperatur anzeigen. Will man einen gewissen Temperaturgrad vermeiden, so bringt man auf dem Zifferblatt vor der bezüglichen Zahl eine Arretierung an. Indem die Nadel auf dieselbe stößt, stellt sie den Kontakt her und läßt ein Läutwerk ertönen. Derselbe Erfinder hat nach dem gleichen Prinzip Kugeln und Sonden konstruiert, zum Messen der inneren Temperatur der Meiler. Charpentiers Apparate können in dem landwirtschaftlichen Betriebe wirkliche Dienste leisten, sein System läßt sich auf alle gewöhnlichen Signale anwenden, insofern bei den Oekonomen das Interesse besteht, durch elektrische oder telephonische Drähte mit den einzelnen Teilen der Wirtschaft in Kommunikation zu sein. — Im großen Schiff des Ausstellungspalastes trat uns zunächst Herr Felix aus Servaize (Marne) entgegen, der als der erste derer gelten muß, welche eine Uebertragung der Kraft durch Elektrizität in dem Bereich der Landwirtschaft angewendet haben. Seit drei Jahren wird eine große Zahl von Arbeiten in der Zuckerfabrik und im Landbau mit Hilfe elektrischer Maschinen verrichtet. Die Erfindung des Herrn Felix besteht speziell darin, durch Reibung die Bewegung der Axen der Gramme'schen Maschine auf Räder zu übertragen, deren Axe Transmissionsräder trägt, je nach der Arbeit, welche verrichtet werden soll.

Der erste Apparat, der ins Auge fällt, ist ein durch Elektrizität getriebener Pflug. Es ist dies ein sogenannter doppelter Pflug zu drei Pflugscharen an jeder Seite, analog denen, welche beim Dampfbetriebe in Benutzung sind. Der Pflug wird durch ein Kabel gezogen, welches sich auf zwei Haspeln auf- resp. abrollt, die an den äußersten Enden angeordnet sind. Diese sind auf einem vierrädrigen Wagen untergebracht, der auch zwei Gramme'sche Maschinen führt. Das ganze System umfaßt sechs Gramme'sche Maschinen. Zwei sind in der Fabrik und werden durch die Dampfmaschinen der Zuckerfabrik in Thätigkeit gesetzt. Indem sie sich drehen, erzeugen sie den elektrischen Strom, welchen zwei Leitungsdrähte zu jedem Haspel führen. Diese Drähte haben einen Querschnitt von 30—40 qmm.

Auf jedem Wagen trägt eine Zentralwelle an ihren Außenenden ein Getriebe, das durch Friktionsrollen in Bewegung gesetzt wird, die durch die elektrischen Maschinen rotiert werden. Das andere Ende trägt ein Räderwerk, welches mit dem Haspel in Eingriff steht, und ein zweites Getriebe, welches die Axe der Räder bewegt, in der Weise, daß unter dem Einfluß der Elektrizität der Wagen die Bewegungsmaschine darstellt. Ist eine Furche beendet, so läßt man den elektrischen Strom der Gramme'schen Maschinen auf den zweiten Haspel wirken, welcher seinerseits den Pflug in anderer Richtung zieht.

Unter gewöhnlichen Verhältnissen benutzt man in der Fabrik Maschinen von 30 Pferdekraft, von denen 15 auf eine Entfernung von 2 km zum Ziehen des Pfluges übertragen werden können. Der Nutzeffekt beträgt also 50 %, aber er vermindert sich mit der Entfernung und ist bei 5 oder 6 km nur noch gleich 40 Prozent.

Es sind in dieser Beziehung noch große Fortschritte zu machen und ist besonders in vollkommener Isolierung noch ein Problem zu lösen. Man kann ohne Furcht auch kräftigere Apparate benutzen, wenn ein bedeutender Betrieb dies gestattet, und alsdann mehrere Kilometer um das Etablissement herum Furchen ziehen. Es ist einleuchtend, daß man statt des Pfluges auch Eggen, Walzen, Säemaschinen, Dreschmaschinen, kurz alle Apparate, die zur Feldarbeit dienen, mit dem Kabel verbinden kann. Der Preis der Arbeitsapparate, einschließlich zweier Gramme'schen Maschinen für die Fabrik, der beiden Haspel mit ihren elektrischen Maschinen, der Zugkabel und der kupfernen Leitungsdrähte für 1 bis 2 km beläuft sich auf etwa 40,000 M. Diese Maschinen können übrigens allen Zwecken dienen, im Notfalle auch zur elektrischen Beleuchtung.

Nebenan fanden wir eine elektrische Lokomotive mit einer Gramme'schen Maschine von 5 Pferdekräften, die sich automatisch bewegt, indem sie die Elektrizität durch ihre Stahlschienen empfängt. Es ist dies die Lösung des Problems einer Lokomotive ohne Rauch, ohne Wasser, ohne Kohle, ohne Kraftverlust. H. Felix hat auch eine Gramme'sche Lokomobile konstruiert, welche auf 4 Rädern läuft und die Elektrizität zur Bewegung von Apparaten der verschiedensten Form überall hinbringt, sie dient abwechselnd dazu, eine Dreschmaschine nach dem System Hermann-Lachapelle in Gang zu setzen, deren Kraft Dampfmaschinen nach allen Teilen der Ausstellung hin übertragen, oder eine Flachsschwingmaschine nach dem System Jüst Roguet zu treiben.

Das Transmissionsverfahren des Herrn Felix fand sich auch noch bei zwei großen Sägwerken des Herrn Arbay in Anwendung gebracht, einer Rotationssäge, welche dazu dient, die ganzen Bäume in Diele zu schneiden, und einer vertikalen, welche feinere Arbeiten verrichtet; ferner in der Ausstellung des Herrn Piat, bei Maschinen für Steinbrüche zum Zerschlagen der Quadern, bei einem Fallhammer 2c. Die Elektrizität ersetzt die komprimierte Luft beim Durchbohren der Felsen. Alle diese schon so vielfachen Anwendungen genügen, die große Ausbreitung, deren das System fähig ist, zu zeigen.

Die große Zentrifugalpumpe des Herrn Dumont empfängt ihre Bewegung auf dieselbe Weise. Die Anwendung der Elektrizität bei dieser Maschine ist sehr einfach. Auf der Axe der Pumpe befestigt man ein Getriebe, das durch die Reibung der Räder der Gramme'schen Maschine in Bewegung gesetzt wird. Eine Hebelstange, welche ohne Anstrengung mit der Hand bewegt wird, vermehrt oder vermindert die Reibung, um die Schnelligkeit der Pumpe zu verlangsamen oder zu beschleunigen. Diese großen Rotationspumpen dienen heute sehr verschiedenen Zwecken. Am Meeresstrande, z. B. in den Wateringues im Departement Nord, dessen Boden unter dem Spiegel der Hochwässer liegt, benutzt man sie zur Trockenlegung, im Süden zur Berieselung und um die Weinstöcke unter Wasser zu setzen. Der Vorteil ihrer Anwendung ist klar, wenn man erwägt, daß man nicht mehr nötig hat, eine Dampfmaschine zu jeder Seite aufzustellen, und wenn man außerdem beachtet, daß man mit den elektrischen Maschinen, welche ihre Kraft von einer feststehenden Zentral-Dampfmaschine erhalten, die Motoren zur Kondensation benutzen kann und bedeutend weniger an Brennmaterial bedarf. In einem andern Teil der Ausstellung sah man eine andere große Pumpe nach dem System Greindl, welche ebenfalls durch elektrische Transmission getrieben wird und zwar nach dem Verfahren der Gebrüder Siemens in Berlin.

Nach dieser Uebersicht der Anwendung der Elektrizität auf große landwirtschaftliche Arbeiten kommen wir zu anderen Erfindungen. Von diesen ist zuerst der Ueberschwemmungsanzeiger von Chapuis zu erwähnen. Dieser kleine Apparat besteht aus einem Schwimmer von Kork, welcher sich in einem Ringe bewegt und dessen Axe von einem Kupferstab durchbrochen ist, in der Weise, daß er fallend oder steigend den elektrischen Strom öffnet oder schließt. Letzterer läuft in zwei Drähten, welche in einem Läutewerk in dem Wirtschaftsgebäude endigen. Befestigt man diesen Ring an einen am Rande des Ufers eingetriebenen Pfahl, in einer Höhe, wo der Wasserstand anfangen würde, gefährlich zu werden, so erfährt man zur rechten Zeit in der Behausung durch das Läutewerk, wann das Wasser diesen Stand erreicht hat. Das Wasser hebt dann den Schwimmer und der Strom ist damit geschlossen, so daß die Glocke ununterbrochen tönt. Dieser elektrische Schwimmer findet auch seine Bestimmung in Bewässerungskanälen, um den Konsumenten anzuzeigen, ob ihnen Wasser zur Verfügung steht, oder ob es abgesperrt ist.

Außerdem ist der Apparat zu verwenden bei dem Umfüllen von Flüssigkeiten. Man bringt den Schwimmer in den Bottich oder in das Faß, in einer Höhe, welche von der Flüssigkeit nicht überschritten werden soll, und das Läutewerk wird ausgelöst, sobald diese Marke erreicht ist. In derselben Weise dient es dazu, zu verhindern, daß ein Bottich sich leert.

Die Anwendung des elektrischen Lichtes bei landwirtschaftlichen Arbeiten, um das Tageslicht zu ersetzen, wenn dringende Geschäfte auszuführen sind, wie z. B. zur Zeit der Ernte, datiert nicht von heute. Der erste Versuch wurde schon vor 20 Jahren gemacht und zwar im September 1861 zu Fraskati bei Metz, wo Hr. Bouchotte bei den Arbeiten, welche durch Dampfkraft betrieben wurden, die elektrische Beleuchtung anwendete. Es fehlte indes eine kräftige Maschine, wie sie später von Gramme konstruiert wurde. Albaret hatte die Idee, auf der Lokomobile eine Gramme'sche Maschine anzubringen, deren elektrische Ströme durch zwei Drähte mit einer Laterne in Verbindung gesetzt sind, die auf einem hohen Träger von der Maschine angebracht ist. Das Licht der Laterne beleuchtete eine weite Fläche. Bei der Konkurrenz von Säemaschinen auf der Weltausstellung von 1878 haben wir am 22. Juli auf dem Felde von Mormant die reifen Aehren unter den Messern der Mähmaschinen fallen sehen, lange nach Untergang der Sonne, bei dem Lichte der künstlichen Sonne des Hrn. Albaret.

Wir kommen nun zu den Gewächshäusern, in welchen Hr. Déhérain, Professor am naturwissenschaftlichen Museum und der landwirtschaftlichen Schule zu Grignon, spezielle Untersuchungen über den Einfluß des elektrischen Lichtes auf die Vegetation anstellt. Er hat in der Ausstellung zwei aneinander grenzende Gewächshäuser inne, das eine hat transparente, das andere undurchsichtige Scheiben, das letztere ist zur fortwährenden Erleuchtung mittels elektrischen Lichtes bestimmt.

Das Gewächshaus mit durchsichtigen Scheiben war seit Beginn der Ausstellung, den 13. Aug., mit Pflanzen versehen, während man das andere erst seit dem 30. August hat elektrisch erleuchten können. Während der ersten Reihe von Versuchen, welche vom 13. bis 30. August dauerten, konnte man sich überzeugen, daß das Tageslicht nicht hinreicht, die Pflanzen, welche im Freien wachsen, im guten Zustand zu erhalten.

Die Reine-Marguerites welkten, die Cannas gingen sehr bald aus, und die Belles-de-Nuit bekamen ein bleiches Aussehen, die Pelargonien endlich verloren alle ihre Blätter. Am 30. August begann die elektrische Beleuchtung. Man benutzte Regulatoren nach Gramme'schem System, die ein Licht gleich 2000 Kerzen gaben, und erleuchtete Tag und Nacht das Treibhaus mit undurchsichtigen Scheiben. Man konstatierte, daß das elektrische Licht im stande ist, die Zersetzung der Kohlensäure zuwege zu bringen, denn Exemplare von Elodea canadensis, welche ins dunkle Treibhaus gebracht worden waren, ergaben in 2 bis 3 Tagen 30—40 cm Sauerstoff. Das elektrische Licht enthält also Strahlen, welche die Vegetation begünstigen, doch hat es auch solche von sehr nachteiligen Wirkungen. Am 10. September war der Anblick des Treibhauses mit dunklen Scheiben ein beklagenswerter, die Lilas, Azaleen, Deutzien, Bambus hatten an allen Stellen, welche von dem elektrischen Lichte getroffen waren, schwarze Punkte, während die Fikus, Camelien und Rhododendren diesem nachteiligen Einflusse widerstanden hatten. Es trat also die Notwendigkeit ein, das Licht zu ändern und die Elektrizität der Strahlen, welche einen nachteiligen Einfluß ausgeübt hatten, zu verringern. Hr. Déhérain meinte dadurch abhelfen zu können, daß er das Licht mit einem Cylinder umgab, der eine Lösung von schwefelsaurem Chinin enthielt, welches die chemisch-wirksamen Strahlen zurückhält, als er Kenntnis von einer Arbeit erhielt, welche W. Siemens der britischen Gesellschaft vorgelegt hatte und in der unter anderm bemerkt war, daß, falls das direkte elektrische Licht einen schädlichen Einfluß auf die Pflanzen ausübe, diesem Uebelstande sich dadurch abhelfen lasse, daß man es durch transparente Gläser auf dieselben fallen lasse. Man umgab also die Lampen mit Kugeln von Glas und begann am 25. September eine zweite Beobachtungsperiode. Es zeigte sich jetzt allerdings der erste nachteilige Einfluß nicht mehr, doch war nun das Licht so geschwächt, daß die Pflanzen ein welkiges Ansehen bekamen. Man bemerkte dies besonders bei den Pelargonien, welche alle Blätter verloren und sofort neue ansetzten, die sehr lang gestielt waren, ähnlich der Erscheinung, welche man an Bohnen beobachtete, die im Dunkeln gekeimt und sich entwickelt haben.

Alle diejenigen Pflanzen, deren Blätter widerstanden, hielten sich gut, machten indessen in der Entwicklung kaum merkbare Fortschritte.

Gerste, welche im Begriff in Aehren zu schießen in den Ausstellungspalast gebracht wurde, reifte ihr Korn, das sogleich gesäet wurde und gut keimte.

Während dieser zweiten Versuchsreihe wurde festgestellt, daß die elektrische Beleuchtung wohl genügend sei, den Pflanzen das Leben zu erhalten, jedoch nicht hinreichte, sie alle Funktionen, wie Blühen und Reifen der Samen, durchmachen zu lassen. Es kann kaum wunderbar erscheinen, daß die Pflanzen, die während des Tages die schlechte Beleuchtung des Palastes erhielten, und selbst diejenigen, welche im Freien während des Tages vegetierten und die beide des Nachts elektrisch beleuchtet wurden, keine merkbaren Fortschritte machten. Bei allen diesen Pflanzen war die nächtliche Beleuchtung zu schwach, um entscheidende Resultate liefern zu können.

Die dritte Versuchsreihe begann am 19. Oktober und endete mit dem Schluß der Ausstellung. Um die Einwirkung zu verstärken, näherte man die Pflanzen der Lichtquelle von 3 auf $1\frac{1}{2}$ m. Der Vorteil dieser Aenderung wird erst in einiger Zeit zu beurteilen sein.

Aus den von Hrn. Déhérain in dem verdunkelten Treibhause erzielten Resultaten ist zu schließen, daß nicht nur die Pflanzen mit ausdauernden Blättern, welche gegen Mangel an Licht nicht sehr empfindlich sind, sondern auch diejenigen in freier Luft, wie Chrysanthemum, Pelargonium, Mais, sich während zweier Monate haben erhalten können, ohne anderes als das Licht der elektrischen Lampe empfangen zu haben, sie setzten dabei sogar Blätter an, welche sich vollkommen grün erhielten.

Man kann nun schließen, daß mit diesem Licht, wenn man zugleich eine höhere Temperatur, als wie sie in der Ausstellung vorhanden war, und besonders ein intensiveres Licht angewendet hätte, auch ohne Zweifel bessere Resultate erzielt worden wären, vielleicht denen gleich, von welchen Siemens berichtet. In Bezug auf letztere sei bemerkt, daß bei seinen Versuchen gleichzeitig eine entsprechende Wärme mit einwirkt, wie ja auch die Sonne neben dem Licht Wärme ausstrahlt. Die Versuche von Siemens haben auch zur Evidenz erwiesen, daß die stärker brechbaren Strahlen, wie Violett oder Indigo, die nach Chevreuil organoleptische Eigenschaften haben, d. h. solche, welche den Eindruck der Farben verursachen, fehlen, einen zuweilen schädlichen Einfluß auf die Vegetation ausüben. Es ist dies eine neue und unvorhergesehene Thatsache.

Die Versuche der Ausstellung stellen folgende beiden Punkte fest:

1) die von einem Regulator ohne Glocke ausgehenden Strahlen sind schädlich;
2) die von einem bedeckten Regulator ausgehenden Strahlen sind hinreichend, die Pflanzen in freier Luft lebend zu erhalten. Die Versuche der Ausstellung wurden nur durch die Güte des Hrn. Sohier, welcher das Treibhaus unentgeltlich aufgestellt hat, sowie durch die Gefälligkeit des Herrn Generalkommissärs Berger und des Herrn Fontaine, welche die Kosten der Beleuchtung trugen, ermöglicht.

Es wurde schon zu Anfang gesagt, daß die statische Elektrizität in der Ausstellung nur eine Anwendung auf die Landwirtschaft zeigte, sie befindet sich in der amerikanischen Abteilung und zwar sind dies dort die elektrischen Siebe von Osborne und Kingsland Smith.

Sie repräsentieren die erste industrielle Anwendung der Anziehungskraft getriebener elektrischer Flächen auf leichte Körper. Walzen von gehärtetem Kautschuk drehen sich mit mäßiger Geschwindigkeit, 32 Umdrehungen in der Minute, und reiben mit einem Teil ihrer Oberfläche gegen Stücke Wollzeug, welche die Rolle der Elektrizitätserreger spielen. Die Kautschukwalzen werden durch die Reibung elektrisch und erlangen dadurch die Fähigkeit, leichte Körper, hier Kleie, anzuziehen, und zwar in dem Maße, als diese sich während des Herumkreisens auf einem darunter in geneigter Lage angebrachten Siebe, welches ziemlich schnell hin- und herbewegt wird, ihrer Oberfläche nähert. Die durch die Walzen fortgerissene Kleie wird in Seitenkanäle geworfen, durch welche sie nach außen gelangt, während die Mehlpartikel durch das Sieb hindurch in Kästen fallen. Das Phänomen erklärt sich daraus, daß die Kleie positive Elektrizität annimmt, während das Mehl negativ elektrisch wird; das letztere kann an den Kautschukwalzen nicht haften, weil es dort gleiche Elektrizität vorfindet. Man erhält auf diese Weise eine sorgfältigere Trennung der Kleie vom Mehl, als bei Anwendung der früheren mechanischen Siebe. Die feinen Griessorten gehen rein durch das Sieb, getrennt von den gröberen, welche am Rande des Siebes gesammelt werden, nachdem sie vollständig von der Kleie getrennt sind, mit welcher sie zuvor vermischt waren. Die Leistung ist also eine doppelte: Trennung der Kleie und Scheidung der gröberen von den feineren Griessorten. Man erzielt hierbei eine vollständige Reinigung und eine Verminderung des Abfalls, ein doppelter Vorteil für die Müllerei, bei geringem Kraftverbrauch. Die Arbeit wird mit großer Schnelligkeit ausgeführt, ein Sieb mit 12 Scheiben gibt einen Ertrag von 200—300 kg pro Stunde. Man kann dieselben in größeren Dimensionen herstellen, wodurch alsdann die Leistungsfähigkeit sich entsprechend vergrößert. Der Preis stellt sich für ein Sieb mit 12 Rollen auf 1400 M., mit 24 Rollen auf 2000 M. Seit kaum einigen Monaten sind diese Siebe erfunden, und schon hat Amerika deren 400 angekauft.

Wir haben so die thatsächlichen Anwendungen, welche die Elektrizität bisher in der Landwirtschaft und den ländlichen Industrien gefunden hat, verfolgt, andere sind noch im Entstehen. So versuchten Schröder und Naudin die Elektrizität bei der Reinigung des Alkohols zu verwenden. Eisenmann in Berlin rektifiziert den Alkohol, nachdem er zuvor mittels Holzkohlen gereinigt ist, durch Behandlung mit Ozon. Man wird noch mehr Wunderbares erleben, aber nur diejenigen werden erstaunt sein, welche kein unbedingtes Vertrauen zur Wissenschaft haben.

## Die Handfeuerwaffen der Gegenwart.

Wer jemals Gelegenheit gehabt hat, eine Wanderung durch die Büchsenkammern unserer Museen oder gar durch die Waffensammlungen unserer Zeughäuser zu machen, wird erstaunt sein über die Fülle von Konstruktionen der verschiedensten Art, welche hier aufgehäuft sind, noch erstaunter aber darüber, daß Systeme, welche heute als die besten anerkannt und allgemein eingeführt sind, jahrhundertelang in diesen Kammern unbeachtet und unbenutzt liegen geblieben sind. Geschütze und Gewehre mit gezogenem Lauf, welcher von hinten geladen wird, wurden hier um dieselbe Zeit als nutzlose Spielerei beiseite geworfen, wo die Infanterie aller europäischen Heere mit einer Büchse bewaffnet war, welche beim Abfeuern auf eine besondere Gabel gelegt werden mußte und zum Laden über eine Stunde in Anspruch nahm. Die Erkenntnis der unzulänglichen Verwendung des immer bekannter werdenden Treibmittels war eben eine allgemeine, die Versuche zur Abhilfe daher vielseitig; allein weder die Wissenschaft noch die Technik konnte mit denselben gleichen Schritt halten. Während erstere nicht im stande war zu erklären, warum diese oder jene Konstruktion die bessere Wirkung hervorbrachte, fehlte es letzterer an Mitteln, die störenden Einflüsse fernzuhalten, welche sonst praktische Ein-

Arkebusier aus der 1. Hälfte des 17. Jahrhunderts.

richtungen kriegsunbrauchbar machte. So z. B. scheiterte die Einführung der Hinterlader an der Unmöglichkeit der Herstellung des gasdichten Verschlusses; die der gezogenen Vorderlader, weil man nicht im stande war, einmal das Geschoß in den Lauf zu bringen und doch beim Abfeuern ein festes Einpressen in die eingeschnittenen Züge nötig war. So kam es, daß trotz der vielfachsten und praktischsten Konstruktionsversuche die Bewaffnung der Infanterie der europäischen Heere zu Beginn unseres Jahrhunderts einen ziemlich primitiven Standpunkt einnahm, und daß die Herstellung einer allseitig befriedigenden Handfeuerwaffe den letzten Jahrzehnten vorbehalten blieb.

Noch die Kriege Napoleons wurden mit einem Gewehre geführt, welches durch das Aneinanderschlagen zweier Feuersteine entzündet wurde und bekanntlich

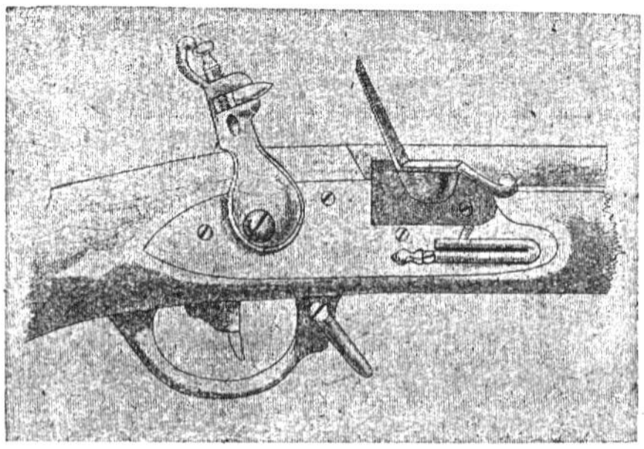

Französisches Infanterie-Gewehr M. 1770–1800.

bei schlechtem Wetter regelmäßig versagte; so an der Katzbach und bei Dresden. Nur die Elite-Waffen, wie die preußischen und österreichischen Jäger, besaßen gezogene Büchsen mit etwas größerer Treffsicherheit, aber auch sehr schwierigen Ladeeinrichtungen, welche ihre allgemeine Anwendung bei den gesamten Fußtruppen unmöglich machte. Die geringe Wirkung der aus einem glatten Laufe geschossenen Kugel beruhte nämlich darauf, daß man, um überhaupt laden zu können, die Ausbohrungen des Laufes weiter machen mußte als den Durchmesser der Kugel. Durch den dadurch entstehenden Zwischenraum entwich nun einerseits ein Teil der Pulvergase ungenützt, andererseits schlotterte das Geschoß schon im Lauf und seine Abgangsrichtung wurde eine bei jedem Schusse wechselnde. Um beiden Uebelständen abzuhelfen, umwand man die Kugel mit Werg und trieb sie dann mit Gewalt in den Lauf, in welchen Rinnen (Züge) eingeschnitten waren zur Erleichterung der ganzen Manipulation. Bald fand man auch, daß die Treffsicherheit noch erhöht wurde, wenn man diese Züge nicht geradlinig sondern gewunden einschnitt, während anderseits das Geschoß zur bessern Befestigung des Wergs nicht mehr als Kugel-, sondern als Spitzgeschoß verwandt wurde. Man gelangte also auf einfach praktischem Wege zu einer Einrichtung, welche die Grundbedingungen zur Lösung der Gewehrfrage enthielt, ohne sich indes über die Tragweite derselben klar zu werden. Denn während man die bessere Wirkung der bohrenden Bewegung des Geschosses zuschrieb, übersah man, daß dieselbe unerläßlich war, um zu verhindern, daß die Luft das Geschoß umkippte und durch größere Einwirkung auf die breitere Fläche zum Falle brachte.

Anderseits entging aber auch den Konstrukteuren der Umstand, daß das Langgeschoß schwerer war, als die Kugel von gleichem Durchmesser, und daher den Luftwiderstand besser überwand, solange die Spitze vorne blieb. Somit konnte von einer wissenschaftlichen Ausbeutung nicht die Rede sein, und die Mechaniker setzten zunächst ihre Versuche zur Vereinfachung des Ladens fort. Zunächst erhielt das Geschoß, anstatt dasselbe mit Werg zu umwickeln, hinten Einkerbungen und wurde mit Spielraum geladen und dann mittels des Ladestocks in den Lauf gepreßt, wobei zur Schonung des Pulvers die Kammer mit einem in die Mitte eingesetzten Dorne versehen wurde.

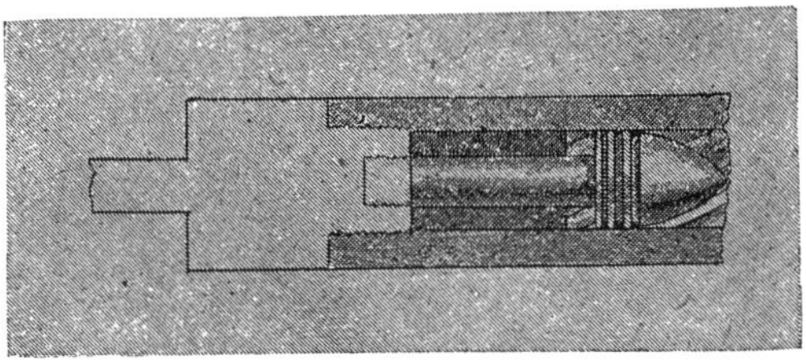

Stift-Schwanzschraube nach Thouvenin.

Die allgemeine Einführung der gezogenen Feuerwaffen ermöglichten aber erst die durch Minié eingeleiteten Versuche der Uebertragung der Pressung der Geschosse durch den Ladestock auf die treibende Kraft der Pulvergase. Zu dem Ende erhielt das Geschoß hinten eine konische Ausbohrung, in welche ein Keil eingesetzt wurde, welcher bei der Entzündung sich in die Höhlung einpreßte und so das Geschoß ausdehnte.

Englisches Expansionsgeschoß mit Hohlspiegel nach Pritchett.

Später ließ man diesen Keil ganz weg, machte die Bohrung etwas weiter und überließ nun den Pulvergasen allein die Ausdehnung. Auf diesem Standpunkte befand sich die Waffentechnik in den fünfziger Jahren dieses Jahrhunderts, als zwei für die ganze Weiterentwickelung entscheidende Erscheinungen allgemein bekannt wurden. Die eine löste zunächst zu einer allseitigen Zufriedenheit die Frage der Kompression der Geschosse, während die andere alle dahin gehenden Versuche überflüssig machte. Bei der Fabrikation von leichteren Luxus-Waffen war man darauf aufmerksam geworden, daß die Wirkung durch Verkleinerung des Kalibers (oder Durchmessers der Laufausbohrung) nicht verringert wurde, im Gegenteil innerhalb gewisser Grenzen noch zunahm. Diese Erscheinung beutete man zunächst technisch in der Schweiz aus und fand bald, daß hierbei das lange dünne Geschoß sich ohne die frühere komplizierte Form in die Züge einpreßte. Diese Entdeckung würde je-

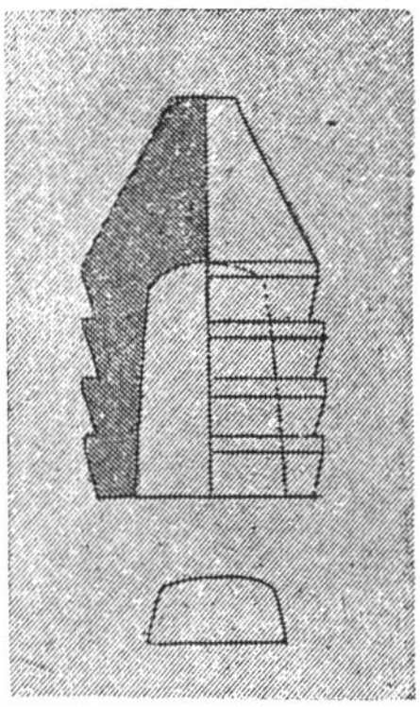

Französisches Ordonnanzgeschoß nach Minié.

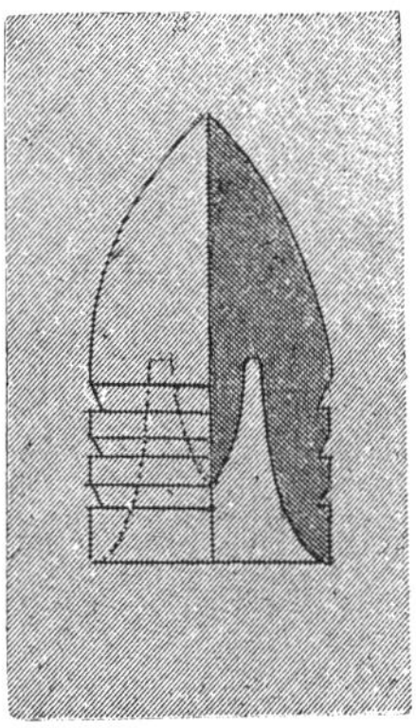

Belgisches Ordonnanzgeschoß ohne Treibspiegel nach Timmerhans und Peeters.

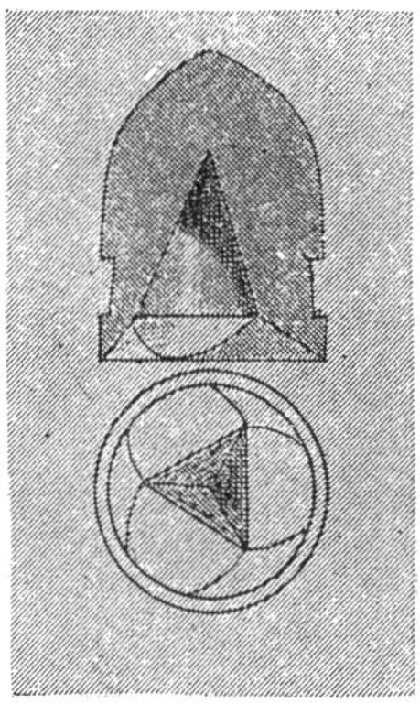

Französisches Ordonnanzgeschoß nach Neßler.

doch von keinem weiteren Einflusse auf die heutigen Waffen gewesen sein, da die Einführung der Hinterladegewehre die Stauchung des Geschosses überflüssig machte, wenn nicht die zu Tage tretenden Erscheinungen der Treffweite und Treffsicherheit die Wissenschaft angeregt hätten, eine Erklärung für dieselbe zu suchen. Um Auffindung derselben haben sich besonders verdient gemacht der schweizerische Oberst Siegfried und der hessische Major Plönnies. Sie wiesen nach, daß das Langgeschoß bedeutend schwerer sei als die Kugel und daher den Luftwiderstand besser überwände, und ferner, daß man bei einem kleinen Kaliber eine im Verhältnis zur Schwere des Geschosses größere Ladung verwenden könne, somit auch die Wirkung erhöht wurde. Bei allen dieserhalb angestellten Versuchen deckten sich Theorie und Praxis so auffallend, daß kaum zehn Jahre notwendig waren, um dem kleinen Kaliber Eingang zu verschaffen. Statt der in den sechziger Jahren üblichen Ausbohrung des Laufes von ca. 18 mm sind heute nur mehr Gewehre von 10—11 mm im Gebrauch. Die Folge davon ist, daß die Tragweite und Wirkung der Handfeuerwaffen sämtlicher europäischen Mächte annähernd gleich ist. Die volle Ausnutzung derselben findet dagegen nur in Deutschland, Frankreich und Oesterreich statt, wo eine Visiereinrichtung bis 1600, 1800 resp. 2100 m eingeführt ist, während die andern Mächte sich von der Wirkung auf weitere Distanzen wenig versprechen und mit Visieren von 1050 (Italien, Rußland) bis zu 1300 m (England) begnügen.

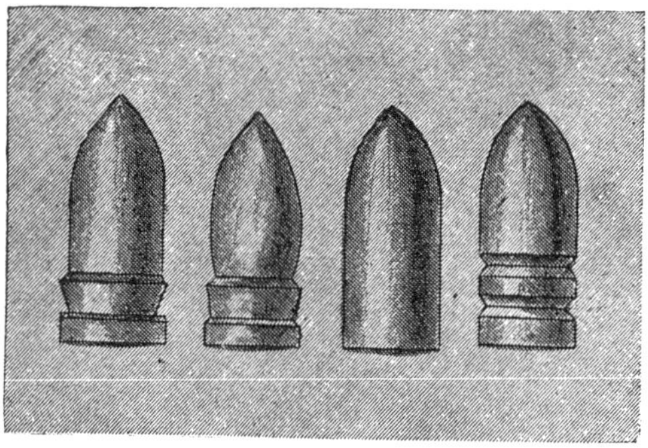

Aeltere Schweizer Stauchungsgeschosse.

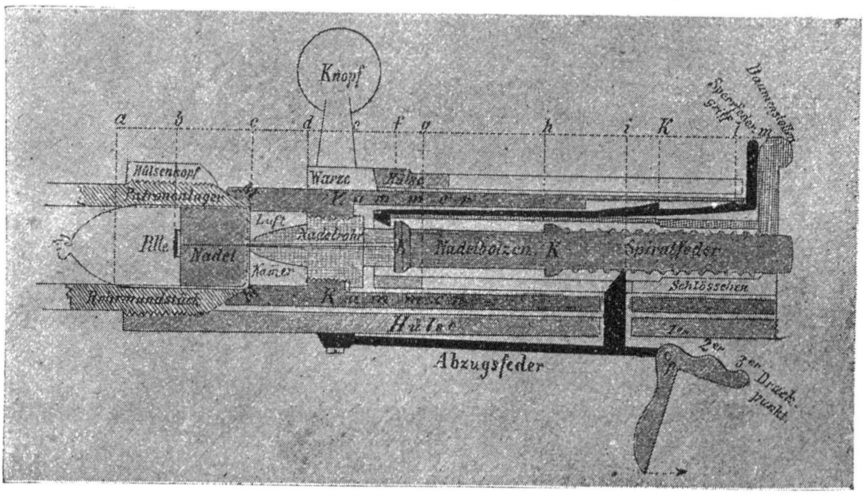


Mechanismus des Zündnadelgewehrs.

Französisches Chassepot-Gewehr.

Gleichzeitig mit den vorhin geschilderten Konstruktionen, welche die Stauchung des Geschosses im Laufe auf eine möglichst einfache Weise bewerkstelligen wollten, suchten andere Mechaniker die Lösung der Gewehrfrage durch Herstellung von kriegsbrauchbaren Hinterladern. Die Versuche zu napoleonischen Zeiten mißlangen, da damals die Knallpräparate noch nicht allgemein bekannt waren und somit eine Vereinigung der gesamten Ladung (Geschoß, Pulver und Zündmasse) unmöglich war. Erst 1836 gelang es Dreyse, ein allgemein befriedigendes System herzustellen. Der Verschluß wurde durch einen langen Cylinder bewirkt, welcher vorne eine Ausbohrung enthielt, so daß er über das Laufende übergriff. Derselbe Cylinder enthielt in seinem hintern Ende ein Schlößchen, welches durch Vorschieben oder Zurückziehen die Spannung resp. das in Ruhe setzen des Gewehres bewirkte. Eingeführt wurde dieses Gewehr bekanntlich schon 1836 in Preußen, und doch sollten beinahe 30 Jahre vergehen, bevor das Hinterladesystem allgemeine Anerkennung fand. Erst zu Beginn der sechziger Jahre wurden in allen Staaten Versuche mit Konstruktionen angestellt, welche größtenteils schon gleichzeitig praktische Anwendung im nordamerikanischen Kriege fanden. Bei dieser Gelegenheit tauchte denn auch zuerst die für die heutige Waffentechnik entscheidende Idee des gasdichten Abschlusses des Laufes durch die Patrone selbst auf. Während Dreyse, wie wir gesehen, den Verschluß durch Aufeinandertreiben zweier Cylinder herstellte und noch 1867 in Frankreich Chassepot den Kammerrand in den Lauf einzwängte, entschied man sich in England schon für die Metallpatrone. Durch die Erfindung von Flobert bei der Konstruktion von Salon-Büchsen und Lefaucheux bei der Herstellung von Jagdgewehren aufmerksam gemacht, vereinigte man Geschoß, Pulver und Zündmasse in einer Kupfer- oder Messingpatrone, welche bei der Entzündung das Ausströmen der Pulvergase nach rückwärts ver-

Boxer-Patrone zum Snider-Gewehr. Mod. 1865.

hinderte. Die Vorteile dieser neuen Einrichtung waren so in die Augen fallend, daß in noch nicht zehn Jahren sämtliche europäischen Heere ihr Gewehrsystem, die meisten in kurzer Zeit zum zweitenmale, änderten. Ueberhaupt trat von jetzt ab, nachdem mit der Lösung der Kaliberfrage die Wirkung und Treffsicherheit der Waffen eine befriedigende geworden war, die Anforderung der schnellen Funktionierung und Einfachheit des Verschlusses immer mehr in den Vordergrund. Die Grenze des in dieser Beziehung zu Leistenden ist bei den heutigen Einzelladern, welche in fast allen Staaten eingeführt sind, erreicht, wenngleich der Entwickelungsgang ein verschiedener ist. Die meisten Heere, unter ihnen diejenigen von Deutschland, Frankreich, Rußland, haben mit der Einführung der Metallpatronen die Vervollkommnung des Dreyseschen Verschlußcylinders verbunden, während andere, wie Oestreich und England, durch Block oder Klappe das Laufende verschlossen.

Aus Sparsamkeitsrücksichten hatten nämlich die letztern Mächte zunächst daran gedacht, die vorhandenen Gewehre

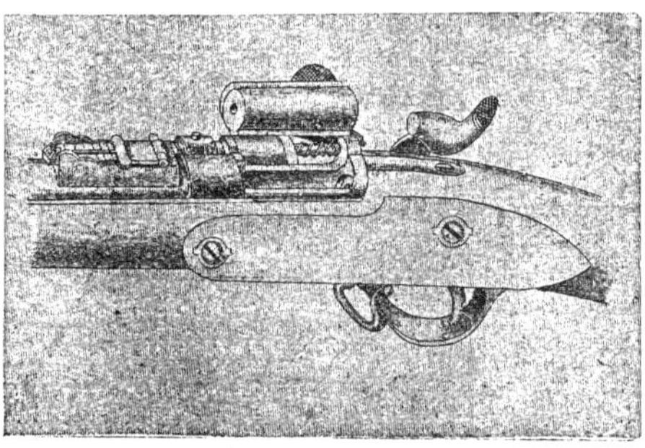

Englisches Snider-Gewehr.

durch einfache Umänderung in Hinterlader zu verwandeln. Durch die Notwendigkeit der Einführung des kleinen Kalibers wurden sie zwar von der Verwirklichung dieser Idee abgehalten, allein der einmal beschrittene Weg wurde festgehalten. Schon 1866 hatte England das System Snider eingeführt, bei welchem

Das österreichische Werndl-Gewehr.

das Gewehr geöffnet wurde durch Aufklappen eines Blockes, in welchem sich ein Stift befand, der durch das Aufschlagen des Hahnes nach vorne getrieben wurde und die Entzündung bewirkte. Da aber gleichzeitig die Metallpatrone verwandt wurde, so war durch die nun notwendig werdende Entfernung derselben nach dem Schusse noch keine Zeit gewonnen gegenüber dem System Dreyse. Den nächsten Fortschritt in dieser Richtung bezeichnet das noch jetzt mit geringer Modifikation in Oestreich vorhandene Werndl-Gewehr, welches durch eine nach der Seite gedrehte Welle geöffnet wurde. Damit gleichzeitig greift ein Winkelhebel die Patrone an und wirft sie heraus. Dadurch wurde die Zahl der Griffe auf vier reduziert: Spannen des Hahns, Rechtsdrehen der Welle, Einlegen der Patrone und Zurückdrehen der Welle. Die nächsten Versuche gingen nun dahin, das Verschieben des Verschlußkolbens, d. h. das Oeffnen des Gewehrs, mit dem

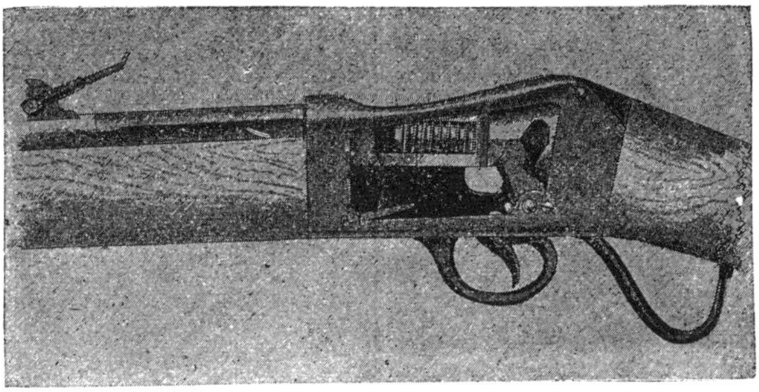

Martini-Henry-Gewehr (gespannt, linkes Schloßblech weggenommen).

Spannen zu verbinden. Dieses wird erreicht durch das in England eingeführte Martini-Henry-Gewehr. Der Hahn ist ganz weggefallen, der hinter dem Abzug befindliche Hebel wird nach dem Schuß abwärts gedreht, dadurch der Verschluß heruntergezogen auf den Ejektor, welcher in Thätigkeit tritt. Gleichzeitig drückt der Haken den Schlagstift zurück und spannt so das Gewehr. Dann wird

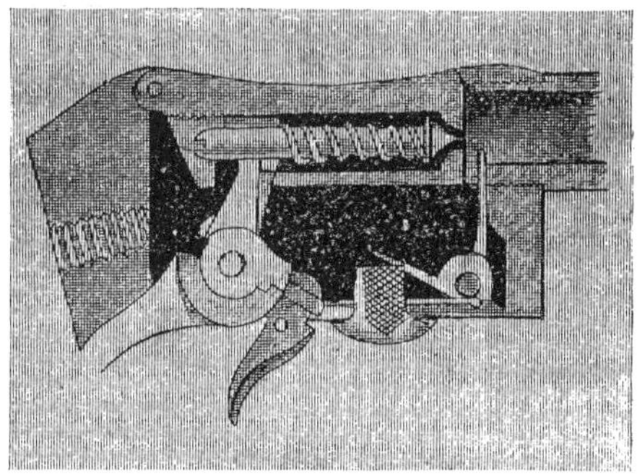

Schnitt des Blocks vom Martini-Henry-Gewehr.

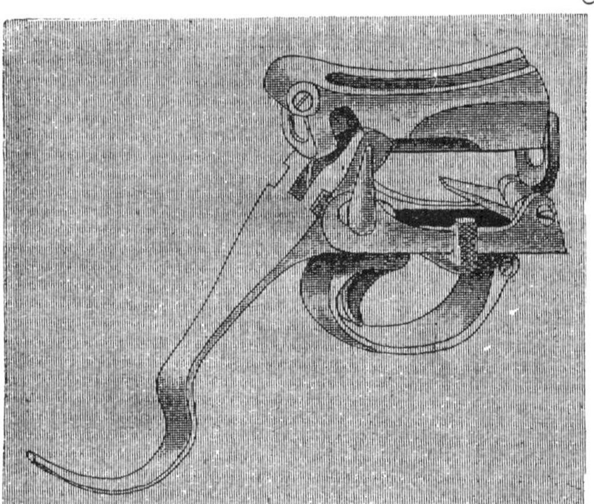

Verschluß und Perkussionsmechanismus des Martini-Henry-Gewehrs.

die Patrone eingelegt, der Hebel wieder gehoben und dadurch das Gewehr geschlossen. Bedeutende Vereinfachungen dieses Mechanismus sind offenbar nicht mehr möglich, da nur drei Griffe notwendig sind, um ein abgedrücktes Gewehr neu zu laden und zu spannen.

Gleichzeitig mit der geschilderten Vervollkommnung des Klappenverschlusses, welche sich in dem kurzen Zeitraum von 1865 bis 1871 vollzog, kamen auch diejenigen Staaten, welche sich bei Einführung der Metallpatrone für Beibehaltung des Cylinders entschieden, zu einer Konstruktion, welche den Anforderungen der Einfachheit und des schnellen Funktionierens in jeder Beziehung genügt. Schon das Chassepot-Gewehr wies dem Dreyseschen Verschluß gegenüber eine Vereinfachung auf und der dort betretene Weg führte zu dem erstrebten Ziele, nämlich Verbindung des Spannens des Gewehrs mit dem Oeffnen desselben. Wie wir gesehen haben, ist beim Cylinderverschluß in den hintern Teil des Cylinders eine Feder eingesetzt, in welcher der Nadelbolzen liegt. Durch Vor- oder Zurück-

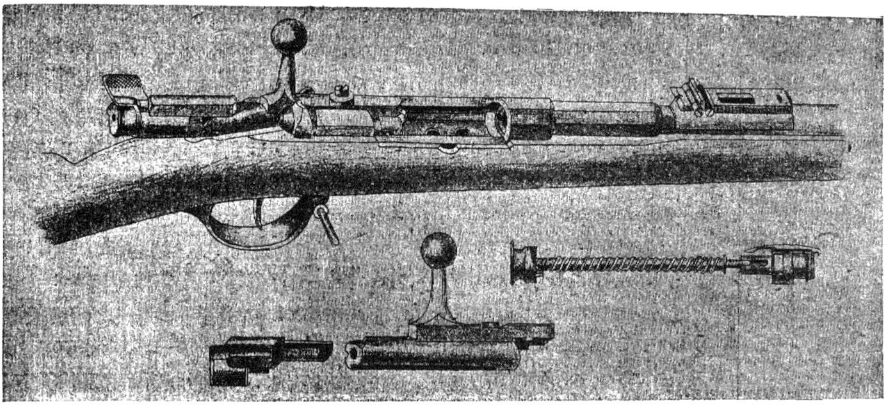

Das Infanterie-Gewehr M. 1871. (System Mauser.)

ziehen eines Schlößchens, in welches der Nadelbolzen eingeschraubt ist, wurde sodann das Spannen des Gewehrs bewirkt. Bei Dreyse sowohl wie bei Chassepot mußte dieses mit der Hand mittels besonderen Griffes geschehen, der bei den neuen Konstruktionen wegfiel. In Deutschland wurde das System Mauser mit einigen Umänderungen als Modell 1871 eingeführt. Bei demselben erhielt das Schlößchen einen dreieckigen Ansatz, dem ein ähnlicher Ausschnitt am Cylinder entsprach. Wurde nun der Verschlußcylinder von rechts nach links gedreht, so drückte, da das Schlößchen, in dem Einschnitt der Hülse festgehalten, diese Bewegung nicht mitmachen konnte, der Ansatz dasselbe heraus und zurück und spannte

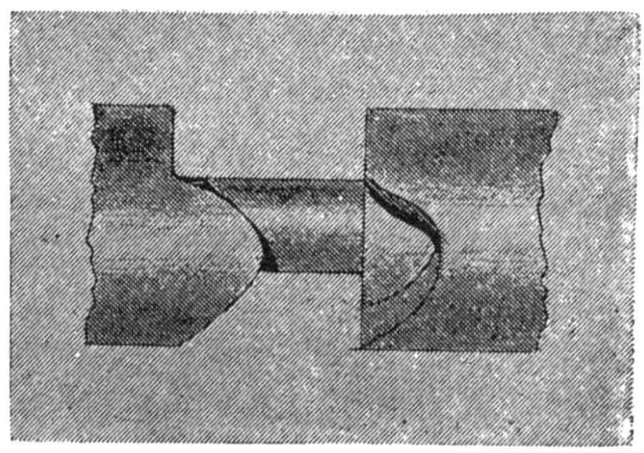

Dreieckiger Ansatz am Schlößchen und ähnlicher Ausschnitt am Cylinder des Gewehrs M. 1871.

so die Feder, die hinten gegen den Boden des Verschlußcylinders zusammengedrückt wurde. Beim Vorschieben und

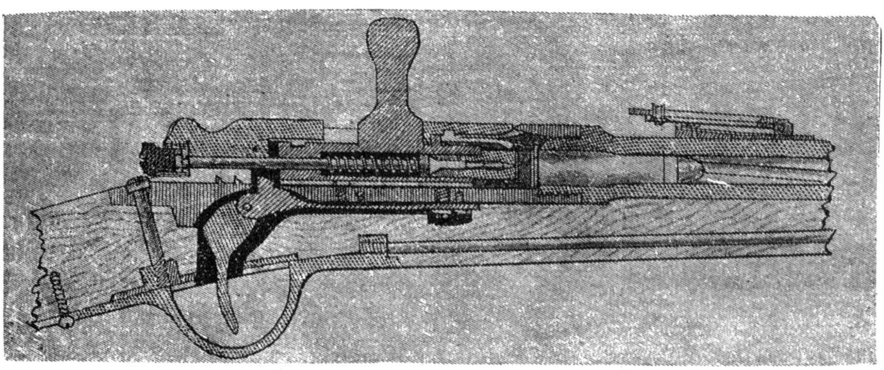

Französisches Infanteriegewehr M. 1874.

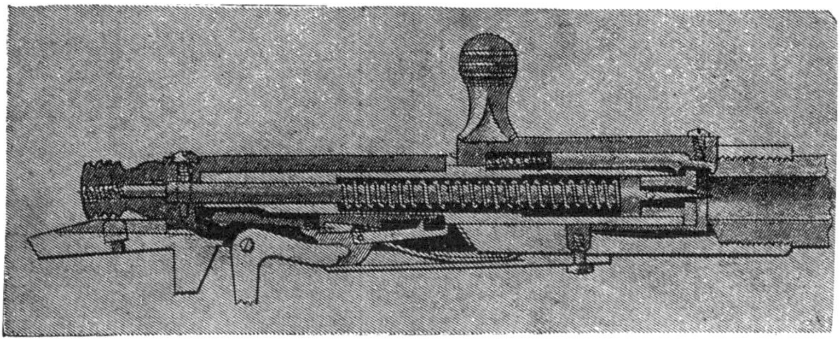

Russisches Infanteriegewehr M. 1871. (Berdan Nr. 2.)

Schließen verhinderte der Abzug das Vorschnellen derselben. Am vorderen Ende des Schlosses ist ein Verschlußkopf angebracht, welcher bei geschlossenem Gewehre sich gegen die Metallpatrone anlegt und das Zurückschnellen derselben bei der Entzündung verhindert. Dort befindet sich auch ein Haken, der die Hülse beim Oeffnen der Kammer wieder herauszieht. Eine ähnliche Konstruktion ist in Frankreich als System Gras und in Rußland als System Berdan eingeführt. Bei ersterem findet eine doppelte Spannung statt, da beim Vorbringen des Cylinders der Abzug die Feder ebenfalls noch einmal weiter zusammendrückt. In Rußland wird erst durch diese Bewegung die Spannung überhaupt bewirkt.

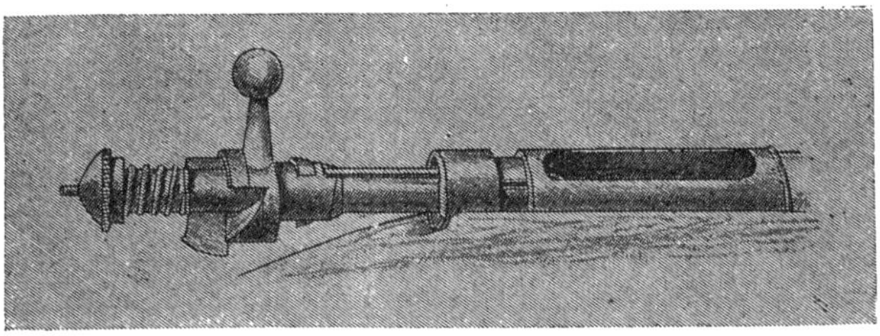

Der schweizerische Einlader von Vetterli mit weggelassenem Schlagfedergehäuse. (Gespannt und zum Laden geöffnet.)

In Italien und der Schweiz wurde nach dem Vorgange Vetterlis dasselbe Ziel erreicht durch eine Konstruktion, bei welcher die Feder außerhalb der Kammer und des Verschlußcylinders zu liegen kam.

Aus dem Gesagten geht hervor, daß heute alle größeren europäischen Mächte mit einem Gewehre gleicher Treffweite (ca. 2500 m) und Treffsicherheit versehen sind, zu dessen Laden nur drei Griffe erforderlich sind. Eine Steigerung der Wirkung ist kaum mehr möglich, solange kein neues Treibmittel erfunden oder verwendbar gemacht wird. Dahingegen hat sich die Konstruktion in jüngster Zeit abermals die Beschleunigung des Ladens zum Ziel gesetzt, und da man damit beim Einzellader an der Grenze angekommen ist, so ist die Frage der Repetiergewehre wieder in den Vordergrund getreten. Da die Mehrzahl der europäischen Mächte soeben erst die Neuanschaffungen beendet hat, so können sich diese Versuche nur an die bestehenden Systeme anlehnen. Die älteren Konstruktionen dieser Art, wie das in der Schweiz eingeführte Vetterli-Repetiergewehr, verlegten das Magazin zur Aufbewahrung der Patronen in den Schaft, während die in Deutschland und Frankreich angestellten Versuche von anderen Prinzipien ausgingen. Es wurde nämlich vorgeschlagen den Einzel-

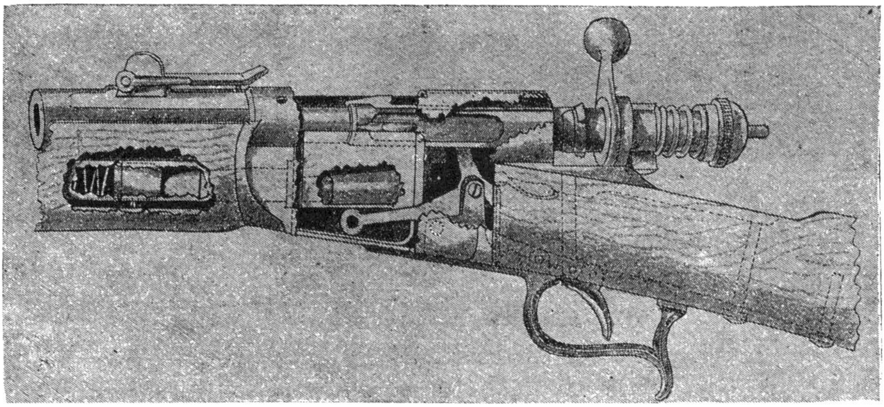

Schweizerisches Repetiergewehr Konstruktion Vetterli M. 1867/71.

lader beizubehalten und ihn im Gebrauchsfalle erst durch Anschrauben eines die Patronen enthaltenden Kastens zum Repetiergewehr umzuwandeln. Von mehreren in der neuesten Zeit genannten Konstruktionen sind am bekanntesten die Magazine von Bruckmann in Dortmund und Löwe in Berlin. Bei ersterem befinden sich in einem viereckigen Kasten die Patronen übereinander, die unterste aber auf einem Schlitten, welcher mit dem Verschlußcylinder in Verbindung gesetzt dessen Bewegungen mitmacht und beim Zurückziehen die Patrone in die Patroneneinlage legt. Löwe hat einen halbkreisförmig gebogenen Kasten für die Patronen fabriziert, aus dem sie beim Oeffnen des Gewehrs mittels einer Feder nach oben gedrückt werden und in die Patroneneinlage gelangen. Das Magazin enthält 11 Patronen und wird im Gebrauchsfalle unter der Patroneneinlage angebracht. Bis jetzt haben indes die Versuche in keinem der genannten Staaten einen befriedigenden Abschluß herbeigeführt.

## Heilmittel gegen Schlangenbiß.

In Südamerika stehen verschiedene Pflanzen im Rufe, Mittel gegen Schlangenbiß zu sein. Die meisten derselben sind Aristolochia-Arten, eine jedoch, Mikania guaco, gehört zu den Kompositen. Bis jetzt war eigentlich das, was man über die Heilkraft dieser Pflanze wußte, höchst unbestimmt, trotzdem bedeutende Forscher, so z. B. Schomburgk, diese Unklarheit aufzuheben gesucht hatten. Jetzt tritt in einem Briefe an den Direktor des Royal Gardens zu Kew ein gewisser Rob. White in La Salada, Neu-Granada, für die Wirksamkeit der Pflanze gegen den Schlangenbiß mit seinem persönlichen Zeugnis ein. Derselbe teilt mit, daß Mikania guaco der wahre „guaco“ sei und den Hauptbestandteil aller Schlangenbißmittel jener Gegend bildet; es gäbe zwei Varietäten der Pflanze, die eine habe einen grünen, die andere einen purpurfarbenen Stamm; die letztere sei die wirksamste. Sobald jemand von einer Schlange gebissen ist, wird, wenn die Blätter des guaco in frischem Zustande zu haben sind, eine Infusion in Zuckerwasser hergestellt; man rechnet dabei ein Blatt auf eine Tasse und gibt diese Quantität in Zwischenräumen von einer Stunde; es soll dadurch das gewöhnlich eintretende Erbrechen verhindert werden. Man bewahrt auch wohl die gequetschten Blätter in Alkohol auf und gibt dem Gebissenen von der so gebildeten Tinktur erst dreimal hintereinander alle halbe Stunde einen Theelöffel voll, dann stündlich einen, indem man die Dosis nach und nach kleiner werden läßt. Heiße Umschläge aus den zerquetschten Blättern und dem Stamme des guaco werden auf die Wunde gelegt, wobei man jedoch darauf achten muß, nicht zu starke Hitze anzuwenden, da sonst das wirksame Prinzip der Pflanze verflüchtigt wird. Wenn das verletzte Glied anschwillt und schmerzt, so muß es mit heißem Wasser, dem man etwas guaco-Tinktur zusetzt, gewaschen werden.

# Krupp und sein Etablissement.

Unter die Erscheinungen, welche den alten Kulturvölkern zu den bekannten sieben als fernere Wunder der Welt gegolten hätten, gehört auch die Krupp'sche Fabrik in Essen a. d. Ruhr, an der Grenze zwischen Westfalen und Rheinland. Das gilt schon von derselben in ihrer engsten Begrenzung, um wie viel mehr also, wenn man die Krupp'schen Schöpfungen und Besitztümer in ihrer Totalität betrachtet, und sich dabei vergegenwärtigt, daß ein einzelner Mann aus ursprünglich beschränkten Verhältnissen heraus diesen mit allem Zubehör ausgerüsteten Kulturorganismus geschaffen hat. Dieser Mann hat dabei die Zeitumstände benutzen können, die ihm günstig waren, keineswegs aber in dem Maße günstig, wie etwa dem Pelzhändler Astor, der barfuß und siebzehnjährig aus Nassau auswanderte und sechsundachtzigjährig unter Hinterlassung von baren dreißig Millionen Dollars und eines riesigen Geschäfts 1853 in seinem Palaste in New York starb. Es ist gewiß und könnte nur von Leuten bestritten werden, die es nicht gesehen haben, daß das Etablissement von Alfred Krupp den großen Kulturthatsachen unseres Jahrhunderts beizuzählen ist, wenn wir auch dabei gern zugestehen, daß es zuletzt zu kommen hätte und keine der anderen verdunkeln kann.

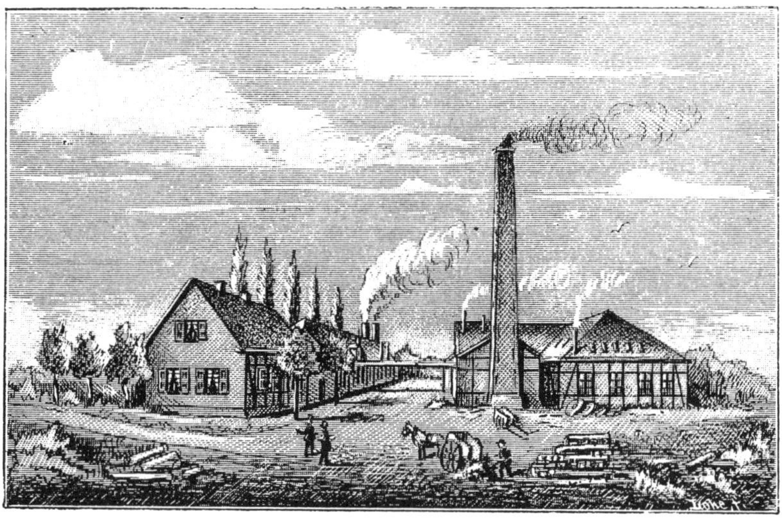

(Ahnenhaus)

Krupp'sche Fabrik im Jahre 1840.

Es ist ein Irrtum, von der Krupp'schen Kanonenfabrik zu sprechen und dabei zu denken, die Gußstahlfabrik in Essen hätte kein anderes Ziel, als die Welt mit schweren, scharfen Waffen zur gegenseitigen Zerfleischung zu versorgen. Merkwürdigerweise aber ist diese verkehrte Auffassung weit verbreitet.

Schon geringes Nachdenken könnte

belehren, daß eine Fabrik, die seit 1846 mit mehreren Tausenden von Arbeitern nichts als Kanonen verfertigte, einfach an Ueberproduktion zu Grunde gehen müßte. Eine Zeit, in der das Mitsichführen von Kanonen derart in die Mode käme, wie in Amerika das Tragen der Revolver oder das in den verflossenen Jahrhunderten übliche Tragen der Galanteriedegen, haben wir wohl nicht zu erwarten, schon wegen des zu großen Gewichts auch der kleinsten Kaliber. Schwerlich werden auch unsere ehrsamen Landwirte darauf verfallen, an Stelle ihrer wachsamen Hunde je eine 6 cm-Gebirgskanone zu plazieren. Das gehörte aber dazu, wenn eine so große Fabrik seit so langer Zeit mit dem bloßen Verkaufe von Kanonen hätte bestehen können. Wahr ist nur, daß die von Krupp gelieferten Kanonen fabrikmäßig, nicht handwerksmäßig, hergestellt sind, nicht aber ist sein Etablissement eine ausschließliche Kanonenfabrik.

Daß die Kanonenfabrikation eine der Hauptsäulen des Baues Krupp'scher Unternehmungen mit ist und doch wieder nichts mehr als das, geht auch daraus hervor, daß bis Schluß des Jahres 1879 18,000 Kanonen aller Kaliber verkauft worden sind. Das ist eine stattliche Zahl, für die viele Millionen Mark eingelaufen sind, aber sie verteilt sich auf 34 Jahre, und man begreift es wohl nun, daß bei fabrikmäßiger Herstellung der Geschütze in so langer Zeit an die eben genannte Stückzahl eine Null angereiht werden könnte. Auch wenn statt der erwähnten ganzen Anzahl nur ein Bruchteil, etwa dreitausend, Krupp'sche Arbeiter an der Verfertigung der Geschütze beteiligt waren, hätten diese in dreißig Jahren bequem 180,000 Stück liefern können; nun vollends gar die ungleich größere Zahl, welche seit 1863 den Jahresdurchschnitt der Fabrikangehörigen gebildet hat. Die Zahl der Personen, welche in Deutschland Alfred Krupp als ihren Lohnherrn anerkannten, betrug 1872 nahezu 20,000, wovon über 12,500 der Gußstahlfabrik angehörten, über 2000 zwar auch in Essen waren, aber nur zum Baue der neuesten Kolonien (Schederhof und Cronenberg) verwendet wurden und der Rest von 5000 sich auf die auswärtigen Berg- und Hüttenwerke verteilte. Es läßt sich schwer bestimmen, wieviel Arbeiter in Wirklichkeit zur Geschützanfertigung verwendet werden, denn die Ursprungswerkstätten widmen sich auch anderen Zwecken und dies oft in überwiegender Weise. So z. B. befaßt sich von vier im Betriebe befindlichen großartigen Schmelzwerken nur das größte mit dem Guß der Kanonen-Rohrblöcke, aber nicht etwa ausschließlich, sondern als einer Nebensache. Die Messinggießerei ist diejenige Werkstatt, welche ihre Existenz mehr wie alle übrigen auf den Verkauf kompletter Geschütze gründet, aber zweifünftel ihrer Zeit verwendet sie doch auf die Bedienung derjenigen Werkstätten, die außerhalb des „Kanonenviertels“ liegen und den größten, ältesten und eigentlichen Bestandteil der Fabrik ausmachen.

Nicht also eine Kanonenfabrik ist das Krupp'sche Etablissement zu nennen, sondern eine Fabrik für Eisenbahnbedarf in erster Linie, wie die übrigen Stahlwerke auch, und für Schiffs-, Bergwerks- und Kriegsbedarf in zweiter Linie; auch für Fabriken aller Art werden auf Bestellung und eingesandte Zeichnung stählerne Gegenstände geliefert; endlich ist eines der auswärtigen Werke, die Sayner Hütte, mit einer Maschinenfabrik verbunden von derselben Art, wie es derer so viele gibt.

Nach diesen einleitenden Bemerkungen und der notwendigen Begriffsklärung über das Wesen der Essener Gußstahlfabrik können wir nun dieser selbst näher treten. Ehe wir aber auf den Besitzer eingehen und einen Blick in das Innere seiner Werkstätten werfen, empfiehlt es sich, dieselbe von außen kennen zu lernen.

Lokale Situation und äußerer Anblick. Die Stadt Essen mit ihren 60,000 Einwohnern und weiteren 100,000 Menschen ihrer nahegelegenen Nachbarortschaften liegt inmitten des niederrheinisch-westfälischen Steinkohlenbeckens eine Meile von dem nächsten Flusse, der Ruhr, in einer gewellten Gegend, die keine landschaftlichen Reize aufzuweisen hat.

Kommen wir etwa vom Bergisch-Märkischen Bahnhofe, so gelangen wir nach der Durchkreuzung des Straßenlabyrinths auf die tiefste Stelle zwischen Stadt und Fabrik, auf den Limbecker Platz, der dreiseitig und mit Promenade und Springbrunnen versehen ist. Von hier aus steigt das Terrain bis tief in die Fabrik hinein, freilich nur ganz allmählich. Indem wir auf der Limbecker Chaussee (eine Straße der Stadt, keine mit Bäumen besetzte Landstraße) weiter gehen, zeigt uns die Zunahme des die Luft durchziehenden Rauchs und Wasserdampfs und ein immer lauter werdendes Donnern, Zischen und Brausen die Nähe der Fabrik an. Gewöhnlich ist man schon innerhalb derselben, freilich aber durch Wohnhäuser, Mauern und fensterlose Gebäude, an der Aussicht verhindert, ehe man es gemerkt hat.

Die Krupp'sche Fabrik ist ein getreueres Abbild allmählicher Entwicklung als die übrigen Eisenwerke Deutschlands, weil sie ja auch das längstbestehende ist; kein System von Kolossalbauten, wie sie bei nunmehrigem Betriebe sein könnten, liegt vor uns, sondern eine Konglomeratensammlung. Konnten die Werkstätten der Nachfrage nicht mehr genügen, so wurde auf dem ersten besten Platze eine neue dazu gebaut, und wurden die Anforderungen noch mehr gesteigert, so fügte man Anbaue und Seitenschiffe an die schon stehenden Gebäude. Daß dabei diese Konglomerate oder einzelnen Betriebsgebäude an gewaltiger Ausdehnung und geradezu sinnverwirrender maschineller Einrichtung im Innern ihresgleichen nicht finden, kann dem Gesagten keinen Eintrag thun, da es Thatsache ist, daß man im Falle eines gänzlichen und zwar dann systematischen Neubaues der Fabrik die einzelnen Betriebe in einer Großartigkeit anlegen müßte, daß das gegenwärtig wirklich Bestehende und unzweifelhaft auch schon Großartige doch keinen Vergleich damit aushielte. Auch niedrig sind die meisten Gebäude, besonders im Verhältnis zu ihrer Breite; immerhin aber scheint, von der inneren Mitte eines Baues gerade in die Höhe gesehen, die Laterne (Dachreiter) so hoch zu sein, daß der dieses Anblickes ungewohnte Fremde von einem leisen Schauder überrieselt wird, zumal Säulenunterstützung nur an den Seitenschiffen gebräuchlich, das Hauptschiff sich auf die große Breite durch Balkenverstrebung von selbst tragen muß und daher wie in der Luft schwebend erscheint. Hierzu tritt der gänzliche Mangel weißer Gegenstände, die im stande wären, einige Strahlen von dem aufdringenden Lichte der glühenden Gegenstände wieder zurückzugeben; der zolldicke Rauch- und Staubüberzug ist unersättlich im Verschlucken

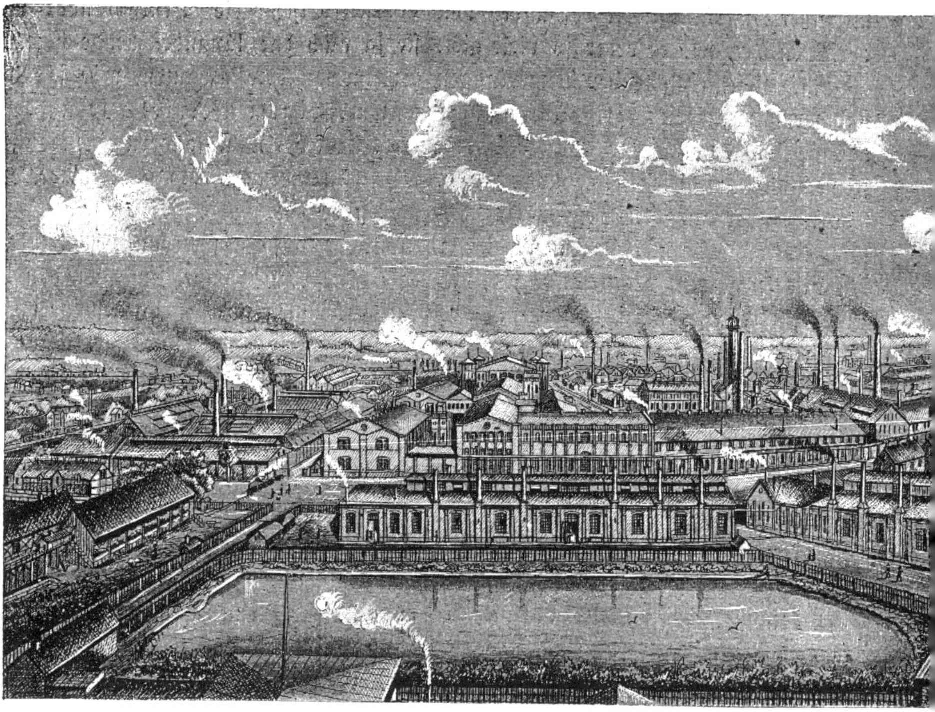

Panorama des

von Licht, weshalb denn die Dächer, weil kaum erkennbar, doppelt so hoch erscheinen als sie sind.

Die Fabrik wird von drei öffentlichen Straßen durchschnitten, wovon indes die mittelste die Hauptpassage sowohl des Fabrikpersonals wie des übrigen Publikums ist; sie heißt Limbecker Chaussee. Im Tempo des gemächlichen Wandelns bringt der Beschauer eine halbe Stunde zu, ehe er den Komplex der Fabrikgebäude durchschreitet. Alles ist so angelegt, daß vom Innern und selbst vom Aeußern der Werke ungemein wenig zu sehen ist.

Erheblich höher als die übrigen (Hütten-) Bauten ist dasjenige Hammergebäude, welches die Hämmer Fritz und Max beherbergt. Auch im Aeußerlichen ist demselben ein besserer Baustil zu teil geworden und an beiden Seiten seines Hauptportals trägt es je die Büste des Kaisers und Friedrich Wilhelms III. Der Grund für die Höhe des Hammergebäudes Fritz und Max findet sich im Innern von selbst. Es enthält außer zwei 30 Zentner-Hämmern die zwei größten Hämmer der Fabrik, wovon der eine der zweitgrößte auf der Erde ist, während der zweite (Max) allerdings mehr Konkurrenten hat, die ihn überflügeln. Soviel nun ein Hammer-Bär (so heißt der schlagende Eisenklotz) schwerer ist als ein anderer, um soviel ist auch sein Gerüst höher und seine Hilfsmaschinerie umfänglicher. Wenn wir einen 4 Zentner-Schnellhammer sieben Fuß hoch finden, wobei der obere Cylinderdeckel den höchsten Punkt bezeichnen soll, so können wir einen 30 Zentner-Hammer auf zwölf Fuß Höhe

Etablissements.

schätzen einen 100 Zentner-Hammer auf 25, einen 200 Zentner-Hammer auf 33 Fuß. Der Hammer Max (400 Zentner) hat nun 45, der Hammer Fritz (1000 Ztr.) gar 60 Fuß Höhe, und da man den Dachreiter auch nicht unmittelbar auf den Cylinderdeckel aufsetzen darf, so folgt daraus ein Ueberragen des Daches über die umliegenden Hammer- und Walzwerke. Andere Hüttenbauten, besonders alle Walzwerke, haben keine Höhenunterschiede, weil deren Einrichtung sich nur in die Breite erstreckt und ziemlich gleichartig ist.

Auf unserem Bilde, welches die „ganze" Fabrik bei solcher Verkleinerung nur undeutlich zeigen kann und übrigens auch nicht vollständig, vielmehr nur ein Blick auf den zentralen Hauptkomplex ist, sind besonders die mechanischen Werkstätten stiefmütterlich behandelt, weil es eben nicht Absicht gewesen ist, das Kanonenviertel besonders hervortreten zu lassen, sondern ein Ueberblick über das Ganze aus halber Vogelperspektive gewonnen werden sollte. Von ebener Erde und vom richtigen Standpunkte aus treten sie genugsam hervor und können wenigstens die III. und IV. mechanische Werkstatt als großartige Bauten überhaupt betrachtet werden; unser Bild versucht dies zu zeigen. Die Länge des ganzen Baues beträgt das Doppelte von der gewaltigen Breite des Giebels. Der Bau ist dreistöckig, auch innerlich, mit Ausnahme des Mittelschiffes, welches eine einzige, schwindelndhohe Halle ist, die am Tage ihr Licht durch die Kolossalfenster an den beiden Giebelseiten erhält. Jedes Stockwerk hat auf der Längsseite 22 große Fenster à 42 Scheiben, macht auf beiden Längswandflächen nahezu 6000 Scheiben. Das große dreifache Giebelfenster ist 10 Meter hoch und einschließlich der (für sich 1 1/2 Meter breiten) Zwischenmauerstreifen 16 Meter breit; es enthält 1650 Scheiben. Die übrigen Giebel- und Turmfenster haben zusammen auch noch über tausend Scheiben.

Zu den Hochbauten der Fabrik rechnen wir alles das, was merklich über die Dächer hinwegragt und zugleich für sich allein eine den Fabrikzwecken entsprechende wichtigere Sache ist; das wären also Türme und Kamine (Schornsteine). Indem wir letztere als nach Gestalt und Zweck gar zu bekannt natürlich einer Beschreibung nicht würdigen können, bringen wir von jenen drei zur Abbildung, weil sie von eigenartiger Gestalt und deshalb seit den langen Jahren ihres Bestehens die Wahrzeichen des Etablissements geworden sind.

Man könnte glauben, diese drei Türme wenigstens wären, weil es eben zunächst Türme sind, für die Fabrik zwecklos und ähnlich wie die Türme an den gotischen Domen nur deshalb errichtet, um dem Ganzen ein imponierendes Aeußere zu geben, reiner Zierrat. Das ist keineswegs der Fall, vielmehr hat der Geschäftsbetrieb die Errichtung dieser drei Hochbauten seinerzeit unabweislich gefordert. Das höchste Bauwerk der Fabrik ist der Kamin, welcher den Rauch der Oefen im Hammergebäude Fritz und Max in die Lüfte führt; er erhebt sich zwar 200 Fuß über den Erdboden, wird aber von mehreren Kaminen der weiteren Umgebung Essens überragt. Es gewährt dieser jahraus jahrein an allen Sonn- und Wochentagen schwarzen Rauch in Ueberfülle ausströmende Turm in unmittelbarer Nähe einen majestätischen Anblick, weil er in gewaltiger Dicke pyramidal in die Höhe steigt und eine Eisengittertreppe von außen zu seiner Kuppel emporführt.

Während der Hammerfritzkamin das Zentrum der Nordhälfte der Fabrik bezeichnet, liegt die Zentralwasserstation an dem äußeren Rande der Südhälfte; dicht hinter ihr ziehen sich hohe angeschüttete Dämme aus Schutt und Asche hin und hart an deren Fuße erstreckt sich das Cronenberger Thal, welches zugleich die Bürgermeisterei Altendorf von der Oberbürgermeisterei Essen trennt. Eine Meile von hier liegt am rechten Ufer der Ruhr ein Wasserwerk, welches der Fabrik in Essen über Berg und Thal das in ungeheuren Quantitäten notwendige Wasser zutreibt und nebenbei den Bedarf des hart darüber auf einem Hügel liegenden Krupp'schen Schlosses deckt. In der Zentralwasserstation erreicht das Ruhrwasser sein Ziel; hier wird es von sechs starken Dampfpumpen in das Hochreservoir befördert, welches sich im höchsten Teile des Turmes befindet. Dieser ist achteckig und in architektonischer Hinsicht recht hübsch; er erreicht bis zur Plattform 80 Fuß Höhe; eine gleiche Höhe hat der darauf befindliche eiserne Mastbaum. — Der Wasserschacht ist ein achteckiger, 160 Fuß hoher Turm mit Hochreservoir, das sich in seinem Kopfe befindet. Unterhalb desselben sind neun Etagen im Turme, mithin 72 Fenster im ganzen, da alle acht Seiten damit bedacht worden sind. Oben ist auch die maßgebliche Hauptuhr der Fabrik; vier Zifferblätter verkünden der ganzen Umgegend die Zeit; das Uhrwerk ist jedoch nicht im Kopfe, sondern im obersten Stockwerke unterhalb des Wasserbehälters angebracht; nach dieser Uhr rich-

Der Kamin „Fritz".

ten sich alle übrigen öffentlichen Uhren, welche an den zahlreichen Punkten starker Frequenz angebracht sind. Dem Stundenschlage (nur diese Hauptuhr schlägt) ist dadurch beträchtliche Fernwirkung ermöglicht, daß man die Glocke über dem in acht Winkeln ausspringenden Dache des Kopfes in einem kleinen Glockenhäuschen aufhing. Den Namen hat dieser Turm davon, daß sein Inneres nicht vom Erdboden anhebt, sondern eben so tief auf das Grundwasser niedergeht, als er äußerlich die Oberfläche überragt.

Bestand und Wirksamkeit. Es wurden auf der Gußstahlfabrik in Essen im Jahre 1851 mit 250 Arbeitern 11,000 Zentner Gußstahl produziert; 1865 mit 8100 Arbeitern 1 Mill. Ztr.; 1872 mit nicht ganz 13,000 Arbeitern 2½ Mill. Ztr.; 1879 mit 8300 Arbeitern 3,068,000 Ztr. Das produzierte Schmiede- und Stabeisen ist in diesen Zahlen mitenthalten und betrug dasselbe z. B. im letztgenannten Jahre 230,000 Ztr. Man ersieht hieraus, daß seit dreißig Jahren nicht allein die Arbeiterzahl außerordentlich gewachsen ist und ihr entsprechend die Produktion, sondern daß letztere sich bei gleicher Kopfzahl verdreifacht hat; so sehr haben sich also im Zeitraum von fünfzehn Jahren die Methoden und die Hilfsmittel vervollkommnet. Auch schon in den fünfzehn Jahren von 1850—1865 ist die Produktion annähernd auf das Dreifache gestiegen. Es waren nämlich im letztgenannten Jahre dreiunddreißigmal mehr Arbeiter als 1850; der erzeugte Stahl aber wog 1865 einundneunzigmal mehr als 1851. Wenn seit 1872 die Herstellungsweise auf gleicher Höhe stehen geblieben und der Abschluß des Jahres 1879 dennoch das Quantum von weit über 3 Millionen Zentnern Stahl und Eisen ergeben hätte, so müßten im Anfang 1880 16,000 Arbeiter statt 13,000 in Beschäftigung gewesen sein; anstatt dessen finden wir fast 5000 Mann weniger vor als damals; es sind mithin durch die größere Rationalität des Betriebes fast 8000 Mann oder die Hälfte der Leute erspart worden — recht schön für die Betriebshauptkasse. Die hier gegebenen Kopfzahlen der Arbeiter beziehen sich nur auf die Gußstahlfabrik im engsten Sinne, nicht auch auf Berg- und Hüttenwerke; allerdings kann auch für jene allein allemal der dritte Teil auf solche Arbeiter gerechnet werden, die mit Gußstahl nur entfernt in Berührung kommen. Im Jahre 1879 wurde von den einzelnen Arten des Stahls und Eisens produziert: Schmiede- und Stabeisen 11,481,000 kg; Gußeisen 6,838,000 kg; Martinstahl 10,577,000 kg; Tiegelgußstahl 8,603,000 kg; Bessemerstahl 115,895,000 kg.

Die Gußstahlfabrik enthält folgende Betriebswerkstätten: Drei Puddel- und Schweißwerke, wovon das jüngste 1872 erbaut ist. Hammerwerke, von denen drei nur Hämmer enthalten; die zahlreichen übrigen Hämmer verteilen sich nämlich auf Werkstätten, die nicht den Namen Hammerwerke führen, so z. B. sind viele Hämmer in den Puddelwerken, im Blechwalzwerk, in der Räderschmiede, in den vier Herdschmieden, in den Reparaturwerkstätten, im Vorwalzwerk, in der Federwerkstatt 2c. Ein Schienenwalzwerk, jedenfalls diejenige Werkstatt, welche seit ihrem Bestehen am meisten umgewandelt worden ist und jetzt an Größe, innerer Komplikation, Vollkommenheit, ja sogar Schönheit wohl schwerlich von irgend einer andern Schienenerzeugungsstätte auf der Erde auch nur annähernd erreicht wird. Ein

Schienenvorwalzwerk, welches aus den Bessemerschmelzereien die Gußblöcke noch weißglühend vom Guß her empfängt und sie zu 4kantigen langen Schienenblöken vorwalzt. Ein Bandagenwalzwerk, in welchem die Radreifen mit Spurkant gebäuden. Ein Martinstahlwerk, auf der Fabrik selbst Probierhaus H oder Schmelzbau H genannt. Es ist 1870 angelegt und liegt von Essen aus links an der südlichen Seite der Fabrik, an der Frohnhauser Straße. Außer dem Haupt-

Wasserschacht nebst Schmelzbau.

walzt werden, welche man nachher auf die Lokomotiv- und Waggonspeichenräder zieht; es setzt sich zusammen aus zwei großen Hauptwerkstätten (Bandagenwalzwerk I und II) und vielen dazu gehörigen Gebau, dessen Dach ganz in Eisen konstruiert ist, gehört zu diesem Werke eine große Formerei und dito Generatur (Brenngaserzeugungsgebäude). Im Innern des Baues standen vorher zwölf, jetzt noch elf Oefen, wovon einer ein Pernotofen ist; die übrigen zehn Oefen sind Verbindungen der Konstruktionen der beiden Schmelztechniker Siemens und Martin. Von Siemens stammt die Art und Weise der Gaszuleitung, Verbrennung und Abführung, von Martin die Art der Metalleinlage, der Ausnahme, des Schmelz- und Gießprozesses und das Hauptsächlichste an der Ofenform.

**Bessemerwerk** I, II und im S. V. liegen in dichter Nähe des Portier I. Nur I und II sind im Betrieb, das letzte, jenen beiden hart an der andern, linken Seite der Limbecker Chaussee gegenüber gelegene und deshalb im Südviertel genannt, ist seit 1874 errichtet, ist aber nicht fertig ausgebaut und liegt seit sechs Jahren tot und still, auf größere Nachfrage nach Bessemerstahl harrend. Freilich kann man mit I und II schon soviel produzieren, daß uns ein drittes auch bei gesteigerter Nachfrage überflüssig erscheint. Dieselben enthalten zusammen zwanzig Konverter, von denen mindestens sieben am Blasen sind, denn auch hier muß nach mehrmaligem Gebrauche das Gefäß erst wieder neu ausgemauert werden, so daß ein gleichzeitiges Blasen aller gar nicht vorkommen kann und soll. Ein Konverter heißt der aus starken schmiedeisernen Platten zusammengenietete, birnenförmige Koloß, in welchem sich der Bessemerschmelzprozeß vollzieht. Unausgemauert ist er so geräumig, daß man leicht ein halbes Dutzend schwerer Ochsen in ihm verpacken könnte; durch die Ausmauerung verliert er natürlich an innerem Raum beträchtlich. Der Konverter ist um zwei Achszapfen drehbar; durch den einen mündet das Luftrohr von der Gebläsemaschine her; oben, am verjüngten Ende, hat er eine 1/2 m weite Oeffnung, welche dem nunmehr mit dem Kohlenstoff und Silicium des Eisens gesättigten Luftstrom den Austritt gestattet. Ein niedriger Kamin nimmt den furchtbar heißen und brausenden trübgelben Luftstrom auf und führt ihn bis knapp über das durchweg eiserne Dach. Ehe man die Luft einströmen läßt, erhält der Konverter seine Ladung, ca. 10,000 kg Roheisen oder auch sonstiges altes Eisen. Dasselbe wird so eingefüllt, daß es in Brennmaterial (Koks) eingehüllt ist, und zuletzt wird die Ausströmungsöffnung noch mit Koks überhäuft. Zum Durchglühen oder völligen Entzünden wird erst nur ein schwacher Luftstrom eingelassen; hat der Inhalt aber den Schmelzpunkt erreicht, was mit dem Verzehrtsein des Brennmaterials ungefähr zusammenfällt, so läßt man die ganze Kraft der 78zölligen Gebläsemaschine wirken. Die an sich kalte Luft wird durch die im Konverter bereits herrschende Weißglut glühend; sie ergreift das im Eisen enthaltene Silicium und den Kohlenstoff und bringt beides zum Verbrennen, so daß nunmehr die im Eisen enthaltenen unreinen, weil nichtmetallischen Stoffe, nach deren teilweiser Austreibung dasselbe eben Stahl heißt, das sonst fehlende Brennmaterial vorstellen müssen. Ganz dürfen diese Stoffe aber aus dem Eisen nicht vertrieben werden, weil sonst dieser gewissermaßen absolute Stahl keinen Fluß mehr hat, d. h. schlecht schmiedbar und gar nicht mehr schmelzbar ist. Erachtet man den Inhalt des Konverters für gar, so wird dieser durch Maschinenkraft und Räderwerk umgekippt. Zwischen je zwei Konvertern befindet sich in der Mitte des Baues eine Gießgrube, ein kreisrundes, 1 m tiefes Bassin von ca. 10 m Durchmesser. Im Zentrum desselben steht ein hydraulischer Gießdrehkrahn, der nach Belieben erhöht und versenkt werden kann; an seinem tragenden Arme hängt eine Gießpfanne, so groß, daß sie den glühendflüssigen Inhalt des Konverters auf einmal in sich aufnehmen kann. An der Peripherie des kreisrunden Bassins stehen dicht nebeneinander die Gießformen von verschiedenen Konstruktionen, je nachdem runde, achtkantige, vierkantige oder Brammengüsse gemacht werden sollen. Solange der flüssige Stahl aus dem Konverter fließt, steht der Gießkrahn am tiefsten; nach vollendeter Umschüttung hebt er sich auf seinen höchsten Stand und nun beginnt unter Assistenz des Schmelzpersonals das langsame Umdrehen des Krahns um seine senkrechte Säule und das allmähliche Abzapfen des Inhalts der Pfanne in die Gießformen. An der Seite der Pfanne ist ein Hebel angebracht, der mit einem Stopfen im Pfannenboden in Verbindung steht und beliebiges Oeffnen und Schließen des Abflußloches ermöglicht. Außer hydraulischen Gießkrähnen gibt es in den Bessemerwerken neben jeder Gießgrube noch einen hydraulischen Hebedrehkrahn, dessen Zweck ist, auf die leichteste Weise von der Welt zuerst die sehr schweren Gießformen (ca. 3 Zoll Wandstärke bei 30 bis 60 Zoll Höhe) emporzuheben unter Zurücklassung der noch weißglühenden stählernen Kerne, sodann diese selbst mittels ungeheurer Kneipzangen zu packen und auf unverbrennliche kleine Waggons zu verladen. Wo nun bei andern Krähnen zum Heben der Last ein Räderwerk von Menschenhänden mit Mühe und selbst einiger Gefahr in Bewegung gesetzt werden muß, wächst hier eine mit Tragarm versehene Säule aus dem Boden hervor oder versinkt in denselben und die ganze Arbeit ist gethan durch müheloses Oeffnen oder Schließen eines Hahns.

Ein Tiegelstahlschmelzwerk, hier Schmelzbau N. V. (Nordviertel) oder noch gewöhnlicher großer Schmelzbau genannt, nimmt den Raum zwischen Gartenhaus und Wasserschacht einerseits und dem Hauptkontor, der Eisengießerei und dem alten Puddelwerk anderseits ein. Der Unkundige dürfte sich so leicht nicht wieder aus dem Labyrinth von Glüh- und Schmelzöfen und sonstigen Sachen dieses düstern Riesenbaues herausfinden, wenn man ihn mit verbundenen Augen hineingeführt hätte. Obwohl niedrig wie alle Fabrik-Hüttenbauten, ist er doch in seinem Hauptschiff so hoch, daß das Hinaufsehen leisen Schwindel erregt und man nur mit Mühe die Galerien unter dem Dachreiter erkennen kann. Das Längenschiff ist 400 Schritt lang und über 100 Schritt breit, das Querschiff 200 Schritt lang und ebenso breit. In der Mitte läuft durch die ganze Länge der Gießkanal, natürlich stets verdeckt, zu beiden Seiten eine Schiene; auf dieser breiten Spur steht der größte Krahn des Baues, ein 1000 Zentner-Handlaufkrahn, von dem der Beschauer sich nicht leicht trennen kann, weil er, in Staunen verloren ob der majestätischen Breite, Höhe, Stärke und der schwierigen Komplikation, das Instrument erst verstehen lernen und sich einprägen möchte. Es gibt noch viele Krähne von derselben Tragfähigkeit auf der Fabrik, dieselben können aber mit einer einzigen Ausnahme deswegen keinen solchen Eindruck machen, weil es keine Gegenstände für sich, keine Laufkrähne, sondern mit ihren Gebäuden fest verwachsene einfache Hebezeuge sind. In gewisser Entfernung vom Krahngeleise liegen in zwei Reihen durch das Längenschiff die Schmelzöfen, auch der eine Flügel des Querschiffes enthält noch eine

Doppelreihe derselben; sodann folgen in angemessener Entfernung hinter den Schmelzöfen die Glühöfen, zwischen denen Flammöfen eingeschaltet sind, deren Zweck es ist, mit ihrem Inhalte die Schmelzöfen zu entzünden. Ein solcher Flammofen ist ein gewölbter, vorn offener Raum von 3 m Höhe und 2 m Breite; zwei Fuß über dem Fußboden liegt auf langen Roststäben eine doppelte Lage Reisholzbündel, welche mit ca. zwanzig Scheffeln Koks bedeckt werden. Das muß abends geschehen, so daß früh nur nötig ist, einige Eisenstangen in den niemals verlöschenden Glühöfen weißwarm zu machen und in das Reisholz im Ofen einzubohren. Nach wenigen Minuten schlägt die Flamme heraus, durchdringt den Koks und binnen einer Viertelstunde ist der Ofeninhalt in voller Glut. Nun beginnt die schlimmste Arbeit der Schmelzer, das Feuertragen. Auf eisernen Schaufeln von ca. drei Quadratfuß Grundfläche, die auf drei Seiten mit Rädern versehen und an fünf Meter langen Stielen stecken, wird der glühende, brennende Koks von den Leuten aus dem Ofen genommen und in den Schmelzofen getragen. Hier steht ein Vorarbeiter (erster Mann am Ofen) und deutet mit einer Stange an, wo er die Schaufel voll Feuer gerade hin haben will. Zur selben Zeit sind andere, die zweiten und dritten Männer an den Oefen, damit beschäftigt, aus den Glühöfen die vorgeglühten Tiegel zu nehmen und mit Zangen, die das möglich machen, in den Schmelzofen zu stellen. Dieser ist weiter nichts als eine Vertiefung im Boden, genau wie ein gewöhnliches Grab, nur daß der Grund nicht fest ist, sondern aus

Bessemer Werk.

Roststäben besteht; unter diesen ist ein Tempel des Pluton, eine Art Krypta, welche Asche und Schlacken der Schmelzöfen aufnimmt und während der Arbeit so ziemlich die Temperatur eines geheizten Backofens hat, in der aber nichtsdestoweniger Leute arbeiten müssen. Der Schmelzofen ist fünf Fuß tief; er faßt zwölf Tiegel, von denen jeder sechzig Pfund zerschlagener Stahlstäbe enthält. Deckeln, damit während der Schmelzzeit das Feuer in Ordnung gehalten werden kann. Alle halbe Stunden wird vom ersten Mann das Feuer niedergestoßen, vom zweiten von der Krypta aus der Rost von Schlacken befreit, vom dritten das Ab- und Zuziehen der kleinen Deckel und mit einem Haken die Reinhaltung der Ofenzüge besorgt, vom vierten Koks in Fülle durch die Deckellöcher aufge-

Hauptkontor mit Umgebung.

Der erste Mann läßt so viel Feuer in den Schmelzofen tragen, daß die Zwischenräume zwischen den Tiegeln so dicht wie möglich ausgefüllt sind und noch eine glühende Schicht das Ganze bedeckt. Alsdann wird eine zum Ofen gehörige, stets danebenliegende Deckelhaube auf kleinen Laschen herübergezogen und jeder Spalt mit Asche überschüttet. Im Deckel befinden sich sechs Oeffnungen mit kleinen

schüttet. In vier Stunden spätestens ist der Stahl geschmolzen. Während der zweite Mann von der Krypta aus soviel Roststäbe wegzieht, daß eben die Tiegel noch stehen bleiben können, stoßen die übrigen mit eisernen Stangen alles Feuer durch, so daß die Tiegel frei stehen. Es erfolgt nun das Wegziehen des Haubendeckels und die Aushebung der Tiegel. Der erste Mann nimmt seine Zange, deren Griffstangen nach 4½ Fuß Höhe sich rechtwinkelig umbiegen und dann noch 5 Fuß horizontale Länge haben. Nr. III hält eine 5 Fuß lange „Brücke“, die in der Mitte eine Ausbiegung für die Zange hat, in den Händen; er schlägt sie in demselben Augenblicke unter die Zange, in welchem der erste Mann mit Blitzesschnelle den Tiegel packt. Denn dauerte das Experiment auch nur zwei Sekunden, so müßten die Leute unverrichteter Sache und halb verbrannt zurücktaumeln, stehen sie doch während desselben dicht über dem weißglühenden Ofenschlunde. Der vierte Mann packt die vom dritten untergeschlagene Brücke mit Behendigkeit und beide heben den Tiegel heraus, drehen sich um und stellen ihn denen hin, welche mit Gießzangen bereit stehen, um ihn in die Form zu entleeren. Das Ausnehmen der Tiegel ist eine furchtbare Strapaze, wie es vielleicht keine zweite in der Welt gibt; niemand könnte sie zehn Minuten ununterbrochen durchführen, und selbst in der verschwindend kurzen Zeit, die sie wirklich anhält, fallen Anfänger, besonders die kräftigen vom Lande, hin wie die Fliegen im Spätsommer. Das Ausnehmen eines Ofens nimmt, wenn alles glatt geht, höchstens vierzig Sekunden in Anspruch, doch haben dieselben Leute stets drei Oefen auszunehmen, zwischen welchen Akten keine längeren Pausen als solche von zwei bis vier Minuten möglich sind. Ein interessantes und großartiges Schauspiel, das sich aber nur sehen, nicht in annähernd treffender Weise beschreiben läßt, gewährt die Herstellung eines sogenannten „großen Gusses“, wie deren auf den verschiedenen Weltausstellungen zu sehen gewesen sind. Es sind dies runde Stahlblöcke von fünfzehn Fuß Höhe oder Länge und über fünf Fuß Dicke im Minimalgewichte von 50,000 kg = 1000 Zentner. Zu einem solchen Guß ist das Anzünden sämtlicher 150 Schmelzöfen erforderlich, was 1800 Tiegel ergibt, und um das Gelingen einigermaßen zu sichern, müssen Hunderte von Arbeitern aus den übrigen Werkstätten als Hilfskorps zugezogen werden. Was ein solcher Akt zu bedeuten hat, läßt sich ungefähr schon daraus entnehmen, daß erstens an einem solchen Tage gar nichts weiter gethan wird, während sonst täglich zweimal geschmolzen wird und dann jedesmal mehrere Gießformen vollgegossen werden; zweitens, daß, obgleich die Löhne sonst tief genug stehen, pro Kopf fünf Mark Gießgeld gezahlt werden; drittens, daß trotz viel späteren Anfangens und frühzeitigen Feierabends, bei durchschnittlich nicht übertriebener Arbeit, der ganze gewöhnliche Lohn gezahlt wird, der selbstredend im Gießgelde nicht mit inbegriffen ist. Letzteres wird nur gegeben für die Viertelstunde, in welcher der Guß wirklich erfolgt, damit jeder Grund habe, seine Schuldigkeit zu thun; gelingt nämlich der Guß nicht, so gibt es auch kein Gießgeld, doch ist ein Mißlingen bisher noch nicht erlebt worden. Die Viertelstunde, in welcher die gewaltige Gießform zugleich leer und schwarz und durch 1800 einzeln einzugießende Tiegel bis an den Rand voll glühendflüssigen Stahles ist, ist nun freilich eine solche, in der sich jeder förmlich abhetzen muß, und wenn er das vielleicht nicht von selbst thäte, so treiben ihn die Beamten, vom Ressortchef bis zum Meister und Schreiber herab, derart, daß man in Zweifel bleibt, ob die Gießer und Schmelzer, oder aber die treibenden Kräfte die größte Aufopferung an den Tag legen. Um zu ermöglichen, daß so viele Tiegel in einer so sehr kurzen Zeit ausgegossen werden können, sind allseitig Rinnen (aus Eisen mit Pottlohe überstrichen) gelegt, in denen der Stahl wie Wasser bis zur Form läuft. — Es gibt noch zwei kleinere Schmelzwerke für Tiegelstahl auf der Fabrik, die im Südviertel liegen.

Das Blechwalzwerk. Dasselbe steht neben den Bessemerwerken und hinter dem Hammergebäude Fritz und Max nach der Stadt zu. Schweißöfen nehmen den Raum an den Seiten ein. Gleich vorn steht eine Blechschere; so nennt man nämlich eine haushohe, mit vielen gewaltigen Rädern arbeitende Maschinerie, welche unten in 1 m Höhe zwei geschärfte Backen aus federhartem Stahl hat, von denen die untere feststeht und die obere sich durch Dampfdruck schräg herabsenkt. Die Wärter dieser Schere ziehen eine von den fertig gewalzten Platten dazwischen, rücken sie zurecht, einer öffnet ein Ventil und im Augenblick ist eine Platte von beliebiger Dicke an einer Seite gerade geschnitten. Am jenseitigen Ende des weitläufigen Baues steht ein 60 Zentner-Hammer, dessen Bestimmung ist, die Brammen vorzuschmieden und zum Teil zu spalten, wenn es kleinere Platten geben soll. Brammen sind die rohen Gußblöcke, welche teils von den zwei Bessemerwerken, teils vom Martinstahlwerk hieher geliefert werden; sie werden je nach der Größe der zu walzenden Bleche oder Platten in den verschiedensten Dimensionen gegossen; eine Art ist z. B. vier Fuß hoch, zwei Fuß breit und in der Mitte einen Fuß dick; die Ecken sind abgerundet und stellt die Kopfansicht ein unrichtiges Oval vor. Die Bramme wird so weißglühend aus dem Ofen genommen, daß sie dem Schmelzpunkt nahe ist (deshalb Schweißofen); man wirft sie mit langen und schweren eisernen Hebestangen, deren Trageketten in der Höhe befestigt sind, auf den Amboß; hier wird sie von allen Seiten geschmiedet, hauptsächlich aber doch in die Breite. Einer der Arbeiter ist bemüht, nach jedem Schlage mit einem Reisbesen an langem Stiel die grell leuchtende Bramme abzufegen, denn das Schmieden hat vorwiegend den Zweck, die nichtmetallischen Stoffe vollends herauszuschlagen. Indem der Stahlklotz von hier unter die Walze kommt und damit die letzte Hand an das Halbfabrikat gelegt wird, hat er die Fließbarkeit nicht mehr nötig und kann zur Erlangung größerer Härte die Stoffe, welche das Schmelzen erleichtern, entbehren und abgeben. Zwei Mann heben nun einen stählernen Keil an langem Eisenstiel auf die Bramme, suchen damit eine genaue Mittellinie zu gewinnen und halten ihn aufrecht; der Hammerbär fällt wenige Male mit leichtem Schlage darauf und der zehn Zoll dicke Stahlklotz ist in zwei Hälften geteilt. Man fährt dieselben auf zweirädrigen Kippkarren an die Blechvorwalze und läßt darin die noch zu sehr an Würfel erinnernden Stücke verbreitern. Alsdann kommen sie in die Feinwalze, und nachdem sie dieselbe ca. dreißigmal passiert haben, werden sie als fertige Bleche, die nur noch der Beschneidung harren, mit großen Kneipzangen von acht bis zwölf Mann seitwärts aus dem Wege geschleift. Die Feinwalze ist verstellbar in ihren Teilen, denn sie walzt die mehrere Zoll dicken und 1 m im Quadrat haltenden Brammen aus der Vorwalze und dieselben gehen als dünne Platten von $\frac{1}{4}$ bis zu 1 Zoll Stärke und 4 und mehr Meter Länge aus ihr hervor. Auf jeder

Seite der Walze ist ein Schaukeltisch, ein schmiedeisernes Gerüst mit sehr vielen Rollen zwischen seinen Stäben, angebracht; denn das Blech kann da, wo es zuletzt herauskam, nicht wieder hineingehen, es muß eine Stufe höher oder tiefer steigen, wo dann die Walzen entgegengesetzt laufen; zu diesem Zwecke hebt und senkt sich der Tisch und zum bequemen Fortschieben der Platten sind die vielen Rollen da. Die Walzenstraße in diesem Werke wird getrieben durch eine 56zöllige Walzenzugmaschine, die schwerste Dampfmaschine, die es auf der Fabrik gibt; ihr Schwungrad hat 32 Fuß im Durchmesser. Es können im Blechwalzwerk Platten hergestellt werden von beliebiger Länge und Dicke und bis zu 2,80 m Breite.

Der Hammer Fritz. Es herrscht hier der Glaube, daß die Krupp'sche Fabrik den größten Dampfhammer der Erde enthalte; es ist jedoch daran zu erinnern, daß die Eisenwerke von Creuzot (Departements Saone et Loire) in Frankreich einen Dampfhammer bergen, der den großen Krupp'schen an Schwere weit übertrifft. Es hat der Creuzot'sche Hammer 1600 Zentner Bärgewicht, der Krupp'sche nur 1000 Zentner, und nach den Bären richten sich selbstverständlich auch alle übrigen Dimensionen; so z. B. ist die Kolben-Hubhöhe des ausländischen 24, des Krupp'schen 15 Fuß. Wozu freilich ein noch schwererer Hammer als der Krupp'sche „Fritz“ dienen soll, vermag vielleicht ein Laie einzusehen, der im Ungeheuerlichen das Vollkommene sieht, der Fachmann aber begreift es nicht, denn ihm ist nur die möglichst kostenlose Herstellung und der Erfolg maßgebend. Weil der Krupp'sche Hammer „Fritz“ durch sein bloßes Fallgewicht ausreicht, die allergrößten Stücke zu schmieden, hat man ihm schon keinen Oberdampf gegeben, sondern läßt ihn nur durch sein eignes Gewicht wirken. Es werden hier Stahlblöcke von fünfzehn Fuß Länge und fünf Fuß Dicke geschmiedet; größere Werkzeuge und Schmiedstücke kommen in der weiten Welt nicht vor, könnten aber bequem hier bearbeitet werden, wenn sie dennoch einmal verlangt werden sollten. Unter solchen Umständen kann der Creuzot'sche Riesenhammer nur als eine Spielerei betrachtet werden, von dieser aber können wir versichern, daß sie der Natur Alfred Krupps fremd ist. — Wir haben auf eine Abbildung dieses gewaltigen Instrumentes verzichtet; mit seiner ganzen Umgebung abgebildet, würde vom Hammer selbst ungemein wenig zu sehen sein. Das Fundament dieses Hammers ist ein kostspieliges Cyklopenwerk, und wer schon beim Anblick des oberen Hammergerüstes erstaunt, würde dies noch mehr thun beim Anblick des unter dem Fußboden liegenden Fundaments. Hundert eichene Stämme von 3½ Fuß Dicke schließen sich glatt gehobelt aneinander; darauf liegen sechs Chabottestücke, die zusammen einen Kreis bilden, auf diesen liegt ein stählerner Ring, der über sich ein Chabottestück von 3750 Ztr. Gewicht trägt. Der Schlag des Hammers trifft also auf eine hohle Stelle, nämlich auf das Innere des Stahlringes, und das Chabottestück muß die Wucht des Schlages auffangen, kann dies aber auch, da seine Dicke neun Fuß beträgt. Das alles liegt unter der Erde und erst der auf dem obersten Chabottestück aufgesetzte Amboß sieht zur Hälfte über den Fußboden hinweg. Unglaublich ist die Täuschung über die Dimensionen der einzelnen Teile; was uns auf zwanzig Schritt zwei Fuß dick erscheint, ist in

Hammergebäude Fritz und Max mit Umgebung.

Wahrheit, wenn wir ganz nahe treten und messen, fünf Fuß dick. Der Cylinder hoch oben auf dem Gerüst scheint ein dickes Dampfrohr von sechs Fuß Höhe zu sein; aber wenn wir abseits in die Hofräume der mechanischen Werkstätte gehen, wo gerade das Bruderstück zu dem im Betriebe befindlichen der Reparatur harrt, können wir uns durch den Zollstab überzeugen, daß er 5 Fuß innere Weite, den Kolben nicht höher als 15 Fuß steigen zu lassen. Sobald er höher geht, ist dem furchtbar gespannten Dampfe der direkte Weg ins Freie durch besagte Riefen geöffnet. Diesen Weg nimmt er denn auch nach allen Vollhüben mit schnaubender Gewalt, wodurch die größte Spannung im Cylinderinnern gehoben wird. Die noch verbleibende Dampfmasse wird durch das gleichzeitig sich

Vierte mechanische Werkstatt, Kanonenwerkstatt und Schmiergelwerkstatt.

6 Fuß äußeren Durchmesser (denn er ist mit einem Mantel umhüllt, der einen hohlen Raum zwischen sich und dem Cylinder läßt) und 20 Fuß Länge hat. Hier haben wir auch gleich die Erklärung für das erschreckend scharfe Schnauben, das sich nach jedem Kolbenhube am Kopfende des Cylinders bemerklich macht. Es sind auf 4 Fuß Länge 1 ½ Zoll Tiefe und 4 Zoll Breite Riefen im obersten Teile des Innern eingegraben (etwa 20 im ganzen Kreise), deren Zweck es ist, öffnende Abzugsventil durch ein dickes Rohr über das Dach hinaus in das Freie entführt, woselbst nach jedem Schlage eine große Dampfwolke unter meilenweit hörbarem Stoße erscheint. Jeder einzelne Schlag kostet also hier soviel Dampf, wie in gewöhnlichen kleinen Fabriken der einzige Dampfkessel im ganzen enthält. Und der Hammer schlägt, wenn ihm sonst nichts fehlt, Tag und Nacht. — Da kann man sich wohl ein ungefähres Bild von dem Dampfverbrauche der Fa-

brik machen, in der außerdem noch 81 andere, wenn auch kleinere Hämmer und 400 Maschinen gehen. — Der neben Fritz stehende Hammer Max von 400 Zentner Bärgewicht schmiedet für gewöhnlich dieselben schweren Stücke wie Fritz und ist in seinem Schlag und Geräusch kaum von jenem zu unterscheiden.

Eine Eisengießerei für Maschinenguß und Geschosse mit acht Kupolöfen; während die bisherige und von Anfang bestehende weiter im Betriebe bleibt, ist bereits eine neue im größten Stile im Bau begriffen und im Betriebe, soweit sie fertig ist. Fünf Herdschmieden, auf verschiedenen Stellen der Fabrik; zwei seit 1873 gebaute liegen vor der Zentralwasserstation und sind im Gegensatz zu allen alten Bauten architektonische Zierden des Etablissements; zwei davon liegen auf dem beigefügten Gesamtbilde gleich im Vordergrunde und bezeichnet jeder der gleichmäßig niedrigen Kamine einen Schmiedeherd. Eine Räderschmiede, in der diverse 30 Zentner-Hämmer und ein 60 Zentner-Hammer stehen; der übrige Teil wird von Schweißöfen, Herden und Ambößen eingenommen, an denen Mannschaften mit dem Schmieden und Schweißen der Waggonspeichenräder beschäftigt sind. Eine Kesselschmiede mit Brückenbau-Anstalt und vielen zugehörigen Gebäuden. Ein Federstahl- und Laschenwalzwerk, in dem Stahlstäbe als Halbfabrikat und Laschen, d. h. Schienen für Schmalspurbahnen, gewalzt werden. Eine Federwerkstatt; hier werden die Federn zugeschnitten, gebogen und zusammengenietet, auf denen die Waggonkasten ruhen. Drei Satzachsendrehereien, wovon die jüngste und größte auf einem der beigefügten Bilder mit ihrem südlichen Ende sichtbar wird; hier werden die Radsätze, d. h. je zwei Waggonspeichenräder mit festsitzender Achse, als einheitliche Stücke gedreht. Vier mechanische Werkstätten, von denen II, III, und IV zugleich Kanonenwerkstätten sind und eine Gruppe stattlicher, massiger Gebäude vorstellen. Eine Ringaufzieherei, der Ort, wo die anfänglich dünnen Kanonenrohre durch Ringe oder Mäntel immer dicker gemacht werden; die Ringe werden dabei immer kürzer, so daß vom Ladungsende nach der Mündung zu das Rohr spitz zuläuft, und zwar stufenförmig, denn die Ringe sind zwei bis vier Zoll dick. In diesem Verfahren liegt der Hauptvorzug der Krupp'schen Kanonen, indem das so sehr verstärkte Ladungsende eine Pulverladung zu geben gestattet, welche die Kanonenrohre alten Stils zersprengen müßte. Auch dieses Gebäude ist kathedralenartig lang, hoch, breit und massig, wie die III. u. IV. mechanische Werkstätte, aber ohne Türme; es liegt an der Limbecker Chaussee zwischen dem Bandagenwalzwerk und der II. mechanischen Werkstatt. Vier Reparaturwerkstätten, von denen I im Nordviertel unweit der Härtekammer liegt und unbedeutend ist, II, III und IV aber große selbständige Betriebe sind und an verschiedenen andern Orten liegen; neben allen allgemeinen Reparaturen und Neuanlagen liegt vornehmlich ob der Nr. II die Instandhaltung der Dampfmaschinen, Dampfhämmer, Dampfleitungen und Dampfkesselarmaturen, der Nr. III die der Walzenstraßen, der Nr. IV die der Bessemerschmelzwerksarmatur und aller Glüh-, Schweiß- und Trockenöfen der Walzwerke und der Steinkammer nebst den Generaturen (Gaserzeugungsanlagen) und sonstigem Zubehör dieser Werke.

Eine Steinkammer, ausgedehnter Gebäudekomplex mit großen Plätzen und Straßen innerhalb seiner Einzäunung, liegt weit unten auf der Südseite der Fabrik, links von der Frohnhauser Straße und verfertigt 1) die für das Etablissement in ungeheuren Mengen erforderlichen feuerfesten Steine von allen möglichen Formen, 2) in einer eigens dazu errichteten Fabrik Briquettes, das sind große, länglich viereckige, schwarze Steine zum Verbrennen an solchen Orten, wo eine heftige Flamme und ungewöhnlich starke Hitze erforderlich ist, oder auch da, wo Mangel an gutem Brennmaterial ist und man nun gleich etwas sicher Brennendes hinschaffen will; diese Briquettes sind unter den Flammabilien genau das, was die Fleischpräserven unter den Nahrungsmitteln sind: wertvolle, wenig Raum wegnehmende und bequem transportable Gegenstände, echte Ausrüstungsstücke für Nordpolexpeditionen, wie gerade die Fleischpräserven auch; die Briquettes werden aus Steinkohlenmehl mit Teer und Oel durch Maschinen angeknetet, geformt und gebacken. Eine Gasfabrik, weitläufiger Betrieb mit vielem außerhalb seiner engsten Begrenzung liegenden Zubehör, als z. B. drei gewaltige Gasometer, die Zentralwasserstation, der Wasserschacht, das Wasserwerk an der Ruhr hinter dem Krupp'schen Schlosse, mit danebenliegender Gasanstalt (lediglich zur Erleuchtung des Schlosses und seiner vielen zugehörigen Gebäude, sowie des Wasserwerks bestimmt); alle Gas- und Wasserleitungen des Essener Etablissements ressortieren vom Chef der Gasfabrik. — Als Hilfsbranchen, von denen die meisten mit einer solchen Unternehmung verbunden sein müssen, der Rest es aber deshalb ist, damit die Unabhängigkeit des Etablissements von der übrigen Welt bis zum höchsten Gipfel gesteigert werde, sind folgende zu nennen: Kompletter Bauressort mit großem Hauptbüreau und vielen Zweigbüreaus, Zimmerwerkstatt, Glaserei, Anstreicherei, Klempnerei, Dachdeckerei, Stellmacherei, Bauschlosserei, Bauschreinerei, Möbelschreinerei, Schneidemühle, großer Bauhof mit Holzvorräten und danebenstehenden Holzschuppen, endlich ein Vorarbeiter mit etlichen Leuten, die fast nichts anderes thun als Fußböden mit Asphalt belegen. Nicht zum Baufache gehörige Branchen sind: die Sattlerei, die Modellschreinerei, die Tiegelkammer, die Lithographische Anstalt mit Buchdruckerei, Buchbinderei und photographischem Atelier; eine Graveurwerkstatt, eine Telegraphen- und Telephonwerkstatt mit Magazin, ꝛc. ꝛc. — Einen eigenen Betrieb größten Stils bilden die Dampfkesselanlagen, die man aber nicht als eine oder mehrere Werkstätten für sich aufführen kann, weil sie eng mit der ganzen Fabrik verwachsen sind und großenteils innerhalb von Puddel- und Hammerwerken liegen. Mögen sie aber liegen wo sie wollen, sie gehören nie dem Führer der Werkstatt an, bei der oder in der sie liegen, sondern dem Chef des Zentralbüreaus der gesamten Kesselanlagen. Diese sind nach den Buchstaben des Alphabets geordnet und gehen auch wirklich von A bis W; doch sind jetzt einige Buchstaben außer Betrieb (z. B. N, Q, V u. T), andere Kesselhäuser dagegen außeralphabetarisch neu angelegt, noch andere mit der Bezeichnung I, II den bestehenden Buchstaben zugeteilt. — Endlich sind hier noch (oder schon) aufzuführen, die noch nicht ganz ausgebauten, aber schon teilweise im Betriebe befindlichen Glühhäuser I und II

Satzachsendreherei.

am nördlichsten Rande der Fabrik, bestimmt zur Vergütung der Kanonenrohre, zwei sehr große Hüttenbauten mit vielen Glühöfen und breiten Schienengeleisen für die Lokomobilendampfkrähne, von denen der eine mit 25,000 Kilo Tragfähigkeit in I und der andere von 65 Fuß Höhe und von 50,000 Kilo Tragfähigkeit in II plaziert ist, beides wahre Wunderwerke der neuesten Maschinentechnik.

In den einzelnen Werkstätten sind thätig 1550 diverse Oefen; über 300 Dampfkessel verschiedener Konstruktion, aber stets der größten Art; 82 Dampfhämmer von 2 Zentner bis 1000 Zentner Bärgewicht; 21 Walzenstraßen; 310 Dampfmaschinen von 2 bis 1000 Pferdekräften, zusammen 12,000 Pferdekräfte; 1622 diverse Werkzeugmaschinen. Der fabrizierte Tiegel-, Martin- und Bessemerstahl wird in Gestalt folgender Gegenstände von der Fabrik verkauft: Achsen, Radreifen, Räder, Weichen, Herzstücke und Kreuzungsstücke für Geleiseanlagen, Federn und Schienen für Eisenbahnen- und Grubenwaggons und Geleise, Kurbelachsen für Dampfschiffe, Maschinenteile, Stahl- und Eisenbleche, Brücken, Walzen, Münzstempel, Ruder, Steven und sonstige Stücke für Schiffe aller Art, Kanonen, Lafetten, Artilleriefahrzeuge, Geschosse, Zünder, Werkzeugstahl und Federstahl. — Es werden an Kohlen und Koks im Durchschnitt täglich verbraucht 2680 Tonnen, davon 900 auf den der Firma gehörigen Hüttenwerken und Dampfschiffen. Zum Waschen und Aufbereiten der Kohlen dienen vier Kohlenwäschen. Wasser verbraucht das Etablissement täglich 13,000 Kubikmeter, welches größtenteils vom eigenen eine Meile entfernten Wasserwerke an der Ruhr bei Werden bezogen wird; der Rest wird auch heute noch (früher eine Zeitlang ausschließlich) von den umliegenden Zechen entnommen. An Leuchtgas verbraucht die Fabrik täglich 17,300 Kubikmeter, welches, in eigner Gasanstalt erzeugt, 22,300 Flammen speist; das ist indes ein geringes Quantum gegen das in den Feuerwerkstätten selbständig erzeugte Gas zum Schmelzen oder Glühen des Stahls; hier steigt allein täglich unbenutzt soviel in die Luft, daß jede Stadt bis zu 20,000 Einwohnern ihre ganze tägliche Beleuchtung davon bestreiten könnte. Noch größer würde der Leuchtgasverbrauch sein, wenn nicht fünf Werkstätten elektrisch erleuchtet würden. — Zur Vermittlung des Verkehrs dienen 41 Kilometer normalspuriger Eisenbahn mit 14 Tenderlokomotiven und 540 Wagen, 22½ Kilometer schmalspuriger Eisenbahn mit 9 Lokomotiven und 230 Wagen, 50 Pferde mit 206 Wagen, 65 Kilometer Telegraphenleitung mit 35 Telegraphenstationen. In der Buch- und Steindruckerei sind drei Schnellpressen und fünf Handpressen im Betrieb. Auch ein chemisches Laboratorium ist in einem Wohnhause inmitten der Südhälfte eingerichtet. Der Firma gehört ferner ein Schießplatz bei Meppen von über zwei Meilen und ein solcher bei Dülmen von einer Meile Länge.

Die Hüttenwerke bestehen aus sechs Hütten mit 14 Hochöfen und beschäftigen augenblicklich etwas über 1000 Mann. Der Kalkstein für die Hochöfen wird aus vier eigenen Kalksteinbrüchen gewonnen. Die Sayner Hütte hat mit dem benachbarten Oberhammer zwei Hochöfen, wovon der eine mit Holzkohlenbetrieb. Beide Oefen produzieren täglich 20,000 kg Spiegel- und Holzkohlenspiegeleisen. Mit der Sayner Hütte ist eine Eisengießerei und eine Maschinenfabrik verbunden. Die Mühlhofer Hütte am Rhein, mit der Rheinischen Eisenbahn vom Bahnhof Engers aus in Geleiseverbindung; vier Hochöfen neuester schottischer Konstruktion mit pneumatischen Aufzügen. Dieselben produzieren Spiegel-, Bessemer- und Qualitätseisen 45,000 kg pro Ofen täglich. Die Hermannshütte am Rhein bei Neuwied, ebenfalls durch Zweigbahn mit der Rheinischen Eisenbahn in Verbindung, steht mit drei Hochöfen im Betriebe. Die Bendorfer Hütte mit einem Hochofen alter Konstruktion ist zur Zeit nicht im Betrieb. Die Johanneshütte (früher dem deutschholländischen Aktienverein für Bergbau und Hüttenbetrieb gehörig) am Rhein bei Duisburg arbeitet mit vier Hochöfen à 40,000 kg täglicher Produktion. Schienenverbindung mit Rheinischer und Bergisch-Märkischer Bahn ist vorhanden. Die Hütte besitzt eine Kokkerei mit 260 Oefen. — Die Krupp'sche Hüttenverwaltung produziert demnach gegenwärtig mittels 14 Hochöfen pro Monat nahezu 13 Millionen kg Roheisen. Dazu sind vorhanden (Essen nicht mitgerechnet) 78 Dampfkessel, 66 Dampfmaschinen von 4—300 Pferdekräften, zusammen 3350 Pferdekräfte.

Die Bergwerke beschäftigen zur Zeit 6110 Arbeiter und umfassen 4 Kohlenzechen und 547 Eisensteingruben in Deutschland, hauptsächlich im Siegerland und in Nassau gelegen, ferner bedeutende Eisenerzgruben in Nordspanien bei Bilbao. Um letztere ausbeuten zu können, mußte eine 12 km lange Eisenbahn angelegt werden und auch die Dampfschiffe sind hauptsächlich mit Rücksicht auf diesen Eisentransport entstanden. Der Import an Erzen zur Verhüttung und späteren Stahlfabrikation auf den deutschen Werken ist auf 300,000 Tonnen jährlich zu schätzen. Die Zechen sind: „Graf Beust" dicht auf der andern Seite von Essen, „Ernstine" und „Friedrich Ernstine" in der weiteren Umgebung Essens, und „Hannover" bei Wanne. Teilhaber ist die Firma aber noch zu 1/3 an „Humboldt und Diergardt" auf der linken Rheinseite, zu 1/2 an „Sälzer und Neuack" innerhalb der Südhälfte der Gußstahlfabrik. Auf den Zechen sind vorhanden 33 Dampfkessel, 48 Dampfmaschinen von 2—300 Pferdekräften, zusammen 2400. Die tägliche Durchschnittsförderung beträgt 3000 Tonnen Kohlen. Auf den deutschen in Betrieb befindlichen Erzgruben sind vorhanden 34 Dampfkessel, 26 Dampfmaschinen von zusammen 750 Pferdekräften, 2 Drahtseilbahnen, 2 Lokomotiven. Die tägliche Erzförderung aus diesen Gruben beträgt 1200 Tonnen, wovon aber nicht alles selbst verhüttet, sondern ein Teil verkauft wird. Die deutschen Gruben repräsentieren einen Flächenbesitz von rund 100,000 preußischen Morgen. Die zum Transport der spanischen Erze dienenden fünf eigenen Dampfschiffe haben zusammen einen Gehalt von 7800 Tonnen, doch müssen selbst jetzt schon, wo die ursprünglich beabsichtigte größere Ausbeutung noch nicht verwirklicht ist und nur erst 400 Tonnen täglich importiert werden, für dieses viel geringere Quantum noch Schiffe dazu gemietet werden. — Die Berg- und Hüttenwerke sollen die Gußstahlfabrik in Essen von den Schwankungen der Konjunkturen unabhängig machen und ihr den regelmäßigen Bezug gleichartigen besten Rohmateriales sichern.

Die Wohnungen und ihre Preise in Essen mußten frühzeitig den Schöpfer der Gußstahlfabrik veranlassen, auf Abhilfe zu denken; es war dies so notwendig wie die Sicherstellung des Bezuges von eigenem Rohmaterial; denn ohne Arbeiter, die irgendwo wohnen müssen, konnte alles zugefahrene Material nicht verarbeitet werden. Infolge der starken Zunahme der Arbeiterzahl sah sich die Firma schon 1863 veranlaßt, mit dem Bau von Arbeiterwohnungen in einem ganz anderen Maßstabe vorzugehen, als man ihn bei sonstigen Sitzen der Großindustrie kennt, und den Arbeitern gesund gelegene Wohnungen zu verhältnismäßig billigen Mietspreisen zu verschaffen. So entstand 1863 die unmittelbar an der Fabrik gelegene Kolonie Westend mit 140 Wohnungen; dieselbe wurde 1872 noch um 60 Meisterwohnungen vergrößert; letztere sind massive zweistöckige lange Häuser à 12 Wohnungen, jene ebenfalls zweistöckig, aber niedrig und nur aus Fachwerk bestehend. Im Jahre 1870 waren 500 Wohnungen im Besitze der Firma, die in der Folge noch vermehrt wurden, so durch die Kolonien Dreilinden, Schederhof und Cronenberg mit 80, bzw. 772, bzw. 1250 Wohnungen. Gegenwärtig besitzt die Firma Friedrich Krupp in der Nähe von Essen 3250 Wohnungen, die meistens gut und gesund sind, mit Ausnahme der Kolonie Nordhof I, deren elende Baracken entschieden zu niedrig, dabei ungesund, miasmatisch, zwar nicht feucht aber naß sind. Die Manier des Barackenbaues wiederholt sich unter den zahlreichen Krupp'schen Kolonien öfter, doch kann von denselben wenigstens gesagt werden, daß sie trocken, zum Teil zweistöckig sind und ein besseres Aussehen haben. Es leben auf allen Kolonien um Essen ca. 18,000 Seelen. Die Gebäude sind zwei- und dreistöckig, mit Ausnahme der ältesten Westendkolonie und der Baracken massiv und von Gärten umgeben, soweit die beschränkten Terrainverhältnisse es gestatteten. Letzteres ist der Fall bei Dreilinden, Cronenberg und bei vier Beamtenwohnungen an der Altenessener Chaussee. Große Vorstellungen darf man sich aber von diesen „Gärten“ nicht machen, denn es gehört der umliegende Flächenraum zwischen den Häusern nicht einer, sondern zehn bis zwanzig Familien; da schrumpfen die Parzellen bei der Verteilung bis zur Größe einer großen Stube zusammen. Die einzelnen Kolonien sind von breiten Straßen durchzogen, für deren Beleuchtung durch Gaslaternen hinreichend gesorgt ist. Die Aufnahme von Kostgängern ist nur für drei- und mehrzimmerige Wohnungen in beschränkter Weise gestattet und hat die zur Aufrechthaltung der Reinlichkeit und Ordnung bestehende Kontrollkommission hierüber zu wachen. Der jährliche Mietzins für die Familienwohnungen variiert zwischen 60 und 180 Mark; von den Beamtenwohnungen kommt indes eine Klasse auf 700, eine geringere Klasse auf 400 Mark. Auch für die einzelnen und fremden Arbeiter wurde gesorgt. Schon im Jahre 1856 war zu diesem Zwecke eine Menage für 200 Mann errichtet. Seit dieser Zeit sind diese Einrichtungen allmählich soweit ausgedehnt, daß die Fabrik 1800 Einzelarbeiter in Kost und Logis verpflegen kann. Der Preis beträgt 80 Pfennige pro Tag ohne Brot; wer aber diesen Satz billig finden sollte, dem ist zu raten, daß er sich die Leistungen dafür erst ansehe, wonach er finden wird, daß der Einzelarbeiter hier merkwürdig teuer lebt. Für die besser situierten Facharbeiter besteht eine besondere, für hundert Personen eingerichtete Logier- und Speiseanstalt, welche indes nicht an Ueberfüllung leidet. Der Logier- und Verpflegungssatz beträgt 1,10 Mark pro Kopf und Tag. Für Beamte besitzt die Firma Friedrich Krupp 150 eigene Wohnungen; jedoch ist unter Beamten der Gußstahlfabrik nur das Personal vom Betriebsassistenten aufwärts zu verstehen; für gewöhnliches Büreaupersonal gibt es keine besonderen Wohnungen und noch weniger wird dasselbe von obenherab unter das genus „Beamtenstand" subsumiert. Auf den Hütten- und Bergwerken sind ebenfalls, den Bedürfnissen entsprechend, Arbeiter- und Beamtenwohnungen hergestellt.

Konsum-Wesen. Bereits 1858 war eine Bäckerei mit zwei Backöfen erbaut, welche jährlich 50,000 Stück Schwarzbrote à 3 kg lieferte. Mit der steigenden Arbeiterzahl erweitert, arbeitet diese Bäckerei gegenwärtig mit zwölf Backöfen, einer Weiß- und zwei Schwarzbrotknetmaschinen, die durch Dampfkraft getrieben werden, und einer Dampfmahlmühle mit zwei Gängen. Die Produktion betrug 1879 128,575 kg Weißbrot und 2,084,526 kg Schwarzbrot. Eine wesentliche Ausdehnung erhielt die Konsum-Anstalt 1868 durch die Aufnahme des Verkaufs von Kolonial- und Kurzwaren nebst Schneiderei. In den folgenden Jahren wurde der Verkauf von Schuhwaren, verbunden mit einer Schuhmacher-Reparaturwerkstatt, aufgenommen, ferner von Manufakturwaren, Nähmaschinen, Eisenwaren, Hausgeräten, Möbeln und Betten. Die Einrichtung von Erfrischungsanstalten fällt in das Jahr 1872. Dieselben bestehen aus a) einer Selterswasserfabrik, b) dem Hotel „Essener Hof" mit Garten, c) sieben Bierwirtschaften mit Billards und Kegelbahn. In der 1250 Familienwohnungen enthaltenden Kolonie Cronenberg wurde 1874 ein Markt für den täglichen Verkauf von Gemüsen, Fleisch und sonstigen Lebensbedürfnissen eingerichtet. Im Jahre 1875 entstand eine Schlächterei mit fünf Verkaufsstellen. Um invaliden Arbeitern Beschäftigung und neben der Pension Verdienst zu geben, wurden mehrere Industriezweige (Anfertigung von Bürstenwaren, Briefkouverten, Düten rc.) aufgenommen. Die Konsumanstalt wird für Rechnung der Firma Friedrich Krupp verwaltet, welche das erforderliche Personal an Beamten und Gehilfen anstellt und besoldet. Sie soll bestimmungsgemäß keinen Gewinn abwerfen und hat in der That bisher Zuschüsse erfordert — freilich nur deshalb, weil man darin mit einem Apparate von Beamten auftritt, den auch kein anderes Kaufmannsgeschäft der Welt ertragen könnte. Alle Verkäufe geschehen gegen Barzahlung.

Schulwesen. Dasselbe hat die Firma Friedrich Krupp durch Errichtung einer eigenen Privatschule, welche für die Arbeiterkolonien Schederhof und Cronenberg bestimmt ist, sowie durch Errichtung von Industrieschulen, für Erwachsene sowohl als auch für schulpflichtige Kinder, befördert. Außerdem hat sie der Gemeinde Altendorf für deren Volksschulen beider Konfessionen Schulgebäude mit im ganzen zwanzig Schulzimmern unentgeltlich zur Verfügung gestellt.

Die Feuerwehr besteht seit 1866; bis dahin wurden die vorhandenen Spritzen von dem Wächterpersonal bedient. Aber wenn auch eine umfangreiche Verordnung über das Verhalten bei Bränden erlassen worden war, so konnte dies doch den Mangel einer gut organisierten und geschulten Feuerwehr nicht ersetzen. Es wurde also 1866 mit

Errichtung einer uniformierten Feuerwehr vorgegangen, die im ersten Jahre 45 Mann zählte und allmählich, der Entwicklung der Fabrik und der Kolonien entsprechend, erweitert wurde. Die Feuerwehr der Gußstahlfabrik besteht gegenwärtig aus 1 Kommandanten, 1 zweiten Chef, 1 Brandmeister, 2 Oberführern, 7 Rottenführern, 3 Hornisten und 49 Wehrmännern, letztere gleich sieben Spritzenbedienungen à 7 Mann. Die Feuerwehr hat ihre Zentralstelle in einer Kaserne, welche inmitten der Fabrik links an der Limbecker Chaussee liegt. — Das Wasser für Löschzwecke liefern zwei getrennte Leitungssysteme, die sich über den ganzen Bezirk der Feuerwehr erstrecken.

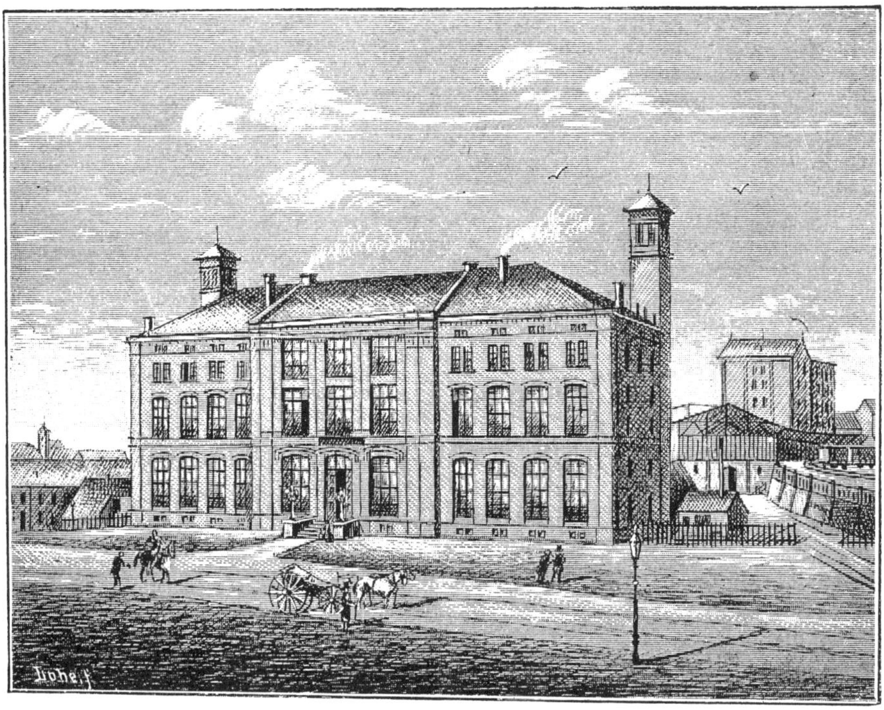

Zentralverkaufsstelle der Krupp'schen Konsumanstalt.

**Allgemeine humanitäre Betriebseinrichtungen.** Die Arbeitszeit der Feuerarbeiter der Gußstahlfabrik währt von 6 bis 6 Uhr, da diese meist nicht anders als auf Wechselschicht arbeiten können wegen der Feuer, Oefen und des in diesen zum Glühen, Schweißen und Schmelzen liegenden Stahls. Ruhepausen und Zeit für Einnahme der zum Leben nötigen Speisen und des Wassers kennt ein Feuerarbeiter überhaupt nicht; nicht allein hier, sondern wohl in der ganzen industriellen Welt; er muß sich das förmlich hineinstehlen. Die Arbeitszeit aller übrigen, und das ist mehr als die Hälfte, dauert von früh 6 bis abends 7 Uhr und gibt es demnach hier keine Wechselschicht. Ruhepausen für Frühstück haben diese Leute früh von 8 bis 8 ¼ Uhr, für Mittagessen von 12 bis 1 ½ Uhr, für Vesper von 4 bis 4 ¼ Uhr nachmittags. Ein Betrieb macht von diesen zwei Regeln eine Ausnahme, das ist die Eisengießerei mit den ihr zugehörigen Werkstätten, als Gelbgießerei, Geschoßgießerei, Geschoßdreherei, Modellschreinerei, Formerei, Putzhütten. In diesem Betriebe wurde zwar nie auf Wechselschicht gearbeitet und wird es auch jetzt nicht, trotzdem wird schon um 5 Uhr von denen der eine außer zwei, je 400 qm betragenden, geschlossenen Räumen noch überdeckte Hallen und anstoßende Gartenanlagen zur freien Bewegung aufweist, der zweite 112 qm Fläche hat. Von besonderen Einrichtungen zum Warmhalten der zugebrachten Speisen konnte bei hiesigem Werke abgesehen werden, da die Feuerarbeiter, denen vorzugsweise das

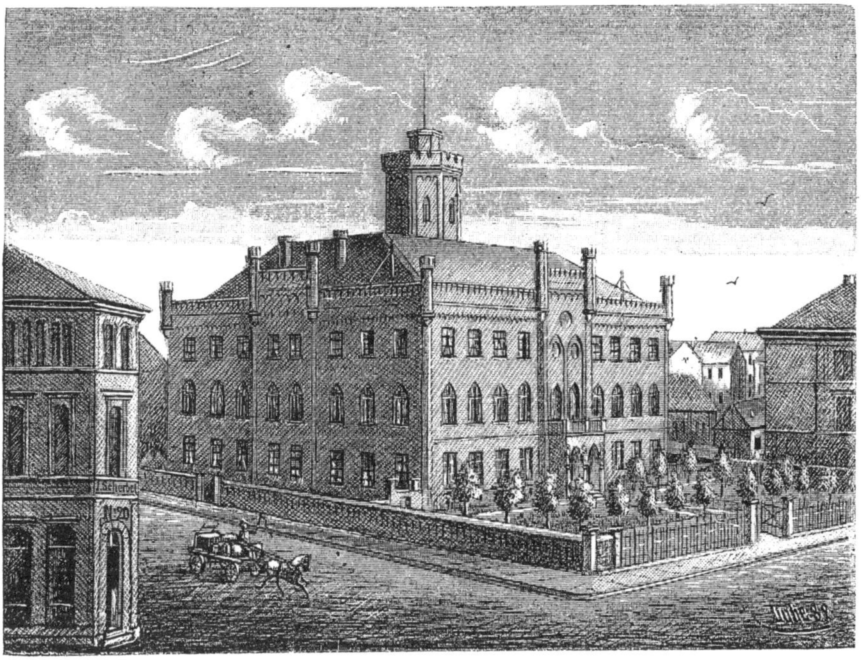

Krupp'sche Industrieschule in Essen.

gegen Abend Feierabend gemacht, allerdings unter Wegfall der Mittags- und Vesperpause. Das ist übrigens erst seit fünf Jahren von einem Engländer nach der Manier seiner Heimat (Woolwich) eingerichtet worden, der um diese Zeit (1. Januar 1878) die Krupp'sche Eisengießerei gegen ein schweres Entgelt (1000 Pfd. Strlg. = 20,000 Mark jährlich) übernahm. Für die Arbeiter, welche mittags nicht nach Hause gehen können, sind zwei Speisesäle errichtet, Essen gebracht werden muß, an der Arbeitsstelle überreiche Gelegenheit zum Warmstellen haben. Soweit nicht kochendes Wasser aus den zahlreich vorhandenen Kondensatoren genommen werden kann, sind zur Kaffeebereitung besondere Wasserkochstationen errichtet. In der heißen Jahreszeit wird, sobald die Temperatur 18° R. übersteigt, den Feuerarbeitern zum Löschen des Durstes dünner kalter Kaffee verabreicht. Arbeiterkategorien, welche beständig im Freien arbeiten oder auf die Dauer täglich viele Male unbedeckte Straßen zu passieren haben, erhalten grobleinene Regenmäntel, andere, z. B. alle Maschinisten, grobleinene Anzüge; Feuerarbeiter erhalten Schmelzerstiefel (lederne Gamaschen), Handsäcke aus groben Leinen zum Schutze des Armes und der Hand, wieder andere Handleder, Schutzbrillen und Schutzschirme (letztere ein Drahtkorb vor dem Gesicht für Blechwalzer). Frauen- und Kinderarbeit ist ganz ausgeschlossen.

Geschichtliches zur Gußstahlfabrikation und zur Krupp'schen Fabrik in Essen. Der Gußstahl ist schon im vorigen Jahrhundert in England hergestellt worden; wie sich die Methode aber nach Deutschland verpflanzt hat, ist in Dunkel gehüllt. Man weiß nur, daß zu Anfang dieses Jahrhunderts auf deutschen Eisenwerken der Gebrauch herrschte, durch Versuche hinter die Methode der englischen Fabrikanten zu kommen. Es ist merkwürdig genug, daß dabei die gegenwärtig bedeutendste Erzeugungsstätte des Gußstahls, die auch zugleich die älteste in Deutschland ist, die Krupp'sche Fabrik, nicht erwähnt wird, weil sich eben in gedruckten und geschriebenen Papieren damaliger Zeit nichts vorfindet, was auf ihr Dasein schließen ließe. Von einer Krupp'schen Fabrik, von welcher doch der gegenwärtige, nun auch schon greise Besitzer von seinem Vater weiß, daß er sie 1810 gegründet hat, läßt sich erst 1816 die erste Spur entdecken. Im genannten Jahre kommt die Krupp'sche Fabrik in einer Annonce in der Essener Zeitung und im „Hermann", einer westfälischen Fach-Zeitschrift, vor, in welcher sich die Fabrik dem Publikum unter Aufzählung ihrer Fabrikate empfiehlt. Es ist aber damals ein Kompaniegeschäft gewesen, indem Friedrich Krupp mit einem gewissen, sonst nicht näher bekannten Nicolai associiert war; beide sind in den Annoncen unterzeichnet.

Nach dem Ausscheiden Nicolais, das vor dem Jahre 1820 erfolgt zu sein scheint, ob durch Tod oder sonstige Ursachen ist nicht bekannt, sind die Tage Friedrich Krupps nicht geradezu rosig verlaufen; die ältesten Bürger Essens wollen wissen, daß der kleinen Fabrik zu wiederholten Malen der Untergang gedroht habe. Indessen hat eiserner Fleiß und treue Sorge des Besitzers jeglicher Katastrophe vorgebeugt und das Schifflein durch die Fährlichkeiten einer in industrieller Hinsicht noch schlummernden Zeit gesteuert und trotz seines vorzeitigen Todes das Resultat seiner Mühen seinen leiblichen Nachkommen zum Weiterführen überlassen können. Wie damals die Verhältnisse lagen, geht recht deutlich aus einer Veröffentlichung der Witwe hervor, die wir deshalb auch wörtlich mitteilen:

Der „Hermann. Zeitschrift von und für Westfalen, oder die Lande zwischen Weser und Maas." Schwelm bei M. Scherz — enthielt in seinem Jahrgang 1826, Seite 688, unter der Rubrik „Empfehlungen" folgendes Inserat:

„Den geschätzten Handlungsfreunden meines verstorbenen Gatten beehre ich mich die Anzeige zu machen, daß durch sein frühes Hinscheiden das Geheimnis der Bereitung des Gußstahls nicht verloren gegangen, sondern durch seine Vorsorge auf unsern ältesten Sohn, der unter seiner Leitung der Fabrik vorgestanden, übergegangen ist; daß ich mit demselben das Geschäft unter der früheren Firma von

„Friedrich Krupp"

fortsetzen und in Hinsicht der Güte des Gußstahls, sowie auch der in meiner Fabrik daraus verfertigten Waren, nichts zu wünschen übrig lassen werde.

Die Gegenstände, welche in meiner Fabrik angefertigt werden, sind folgende:

Gußstahl in Stangen, von beliebiger Dicke, desgleichen in gewalzten Platten, auch in Stücken, genau nach Abzeichnungen oder Modellen geschmiedet, z. B. Münzstempel, Stangen, Spindeln, Tuchscherblätter, Walzen u. dgl., wie solche nur verlangt und aufgegeben werden, sowie auch fertige Lohgerber-Werkzeuge.

Gußstahlfabrik bei Essen, im Oktober 1826.

Witwe Therese Krupp,
geb. Wilhelmi."

Alfred Krupp.

Die zuletzt aufgeführten „fertigen Lohgerber-Werkzeuge" waren für die in bedrängten Verhältnissen zurückgebliebene Witwe Friedrich Krupp und deren Sohn von besonderer Wichtigkeit, da sie von Gerbern gern gekauft wurden und das für sie eingehende Geld viele Jahre dazu beitrug, die damals auf dem kleinen Werke beschäftigten wenigen Arbeiter auszulohnen.

Welchen Bildungsgang der Vater genommen, ist nicht bekannt; bekannt ist aber, daß er ein aufgeweckter Geist war. Der Sohn hat an Unterricht genossen, was Essen bot, neben Elementarschulen ein Gymnasium. Man begegnet mitunter der Ansicht, daß Leute, die aus bescheidnen Verhältnissen emporgekommen sind, Muster von Unwissenheit sein müssen, wie etwa der alte Blücher; man stellt sich solche Männer nur gar zu häufig vor als hölzerne, halb unbewußt handelnde, von ihrem genialen Funken getriebene Individuen. Die Uebertragung dieser Vorstellungsweise auf Alfred Krupp wäre das Verkehrteste, was sich denken ließe. Derselbe, obwohl doch gewiß ein industrielles Genie ersten Ranges, stand schon in seiner Jugend in bezug auf geistige Ausbildung auf der Höhe seiner Zeit und thut dies heute mehr als je, besonders auch in sprachlicher Hinsicht.

Man weiß ja, daß heutzutage selbst Perser, Türken, Aegypter und Ostasiaten zu der Einsicht gekommen sind, daß sie englisch oder französisch lernen müssen, wenn sie in der Welt durchkommen wollen, und auf diese Art ist es Herrn Alfred Krupp möglich, persönlich mit seinen Kunden, den Regierungshäuptern der Erde, zu unterhandeln; selbstverständlich wird dies aber von seinen sachkundigen Angestellten besorgt und beschränkt sich seine eigne Uebung in fremden Sprachen auf den Besuchsverkehr.

Es ist ein wackrer Kämpfer, den wir hier vor uns sehen. Haar und Bart, jetzt längst schneeweiß, sind dies mit Ehren geworden. Mühen und große Sorgen sind ihm nicht erspart geblieben; er hat sich zu seiner gegenwärtigen Stellung des ersten Bürgers in Preußen redlich durchgekämpft. Aber großartig wie die Sorgen es waren, sind auch die Erfolge, auf die der Greis nunmehr zurückblickt. Wenn irgend einer in der Welt, darf Alfred Krupp auf seinen Lorbeeren ruhen und — — er thut dies wirklich. Dies würde nämlich nicht der Fall sein, wenn Herr Krupp, wie eine weit verbreitete Meinung es will, seiner Schöpfung in dem Sinne präsidierte, wie ein angestellter Direktor. Das ist aber ein noch größrer Irrtum, als ihn der eingangs klargestellte Ausdruck Kanonenfabrik enthält. Allerdings hat es eine Zeit gegeben, in der die persönliche Sorge des Besitzers das ganze Etablissement umfaßte und leitete; auch Kleinigkeiten wurden von ihm gesehen und von ihm selbst wurde inspiziert, angeordnet und nachgedacht, was im einzelnen täglich zu geschehen habe. Doch das ist lange her und etwa vom Jahre 1860 an geht Alfred Krupp mit schnellen Schritten in die Stellung über, in der wir ihn heute finden und die mit einer persönlichen Verwaltung seines Besitzes und Leitung seiner Weltgeschäfte keine entfernte Aehnlichkeit hat. Nur die ältesten Arbeiter der Fabrik wissen davon zu erzählen, wie es war, als der „alte Herr“ noch in Person innerhalb der Umfassungsmauer des Etablissements wohnte, in den Werkstätten, auf den Straßen, Plätzen und Höfen desselben schaltete und waltete. Dieses Walten ist von einer Art gewesen, daß die junge Generation sich auf die Erzählungen der Alten hin allgemein danach zurücksehnt.

Am Krupp'schen Hofe (jeder weniger besagende Ausdruck bliebe hinter den Thatsachen zurück) auf der Villa „Hügel“ bei Werden herrscht ein lebendiger Verkehr einfluß- und geistreicher Personen. Die Spitzen des Beamtenstandes der

Werke, die Agenten des Geschäfts in auswärtigen Städten und viele entweder vornehme und hochgestellte, oder aber berühmte Gäste beleben auf erhaltene Einladung hin die Prachtsäle des Schlosses. Manchmal pflegt der Inhaber der Firma seiner höheren Beamtenschaft ein Fest zu geben, doch glaube man nicht, daß zu dieser schon jeder gerechnet würde, der etwa einen Betrieb selbständig leitet; um wieviel weniger also die Betriebsassistenten, die doch auch wohlerzogne Leute sein wollen, oder gar solche, die noch unter diesen stehen. Distinguiert im höchsten Grade geht es nun einmal auf der Villa Hügel zu. Das Wort Hofhaltung drängt sich auch in andrer Weise von selbst auf, nämlich im Hinblick auf die Agenten des Geschäfts. Wie jeder Monarch seine Gesandten und Konsuln in andern Ländern unterhält, so hat auch Alfred Krupp seine Vertreter. Wie man aber zu Staatsgesandten nur Leute wählen kann, die ein bedeutendes Privatvermögen besitzen, so werden auch die Krupp'schen Agenturen nur solchen übertragen, die in gleicher Weise reich an Geld wie an Einfluß sind. Ein festes Gehalt mögen wohl nur wenige beziehen, sie erhalten Rabatt von den von ihnen abzuschließenden Käufen und zwar gewöhnlich fünf Prozent. Eine solche Agentur mag jahrelang wenig abwerfen; kommt es aber wirklich einmal zu einer Lieferung von etwa hundert Feldgeschützen, oder sechs Küstengeschützen, oder tausend Radsätzen, oder hunderttausend Schienen, so machen sich die schlechten Jahre mit bezahlt. Wir führen hier eine Reihe derselben auf, ohne damit zu behaupten, daß nicht in den letzten Jahren noch einige weitere Repräsentanten des Etablissements installiert worden sein könnten: Berlin, Karl Meyer, Regentenstraße 10;

Haus Hügel, Krupp'sche Villa bei Werden a. d. Ruhr.

Breslau, F. W. Gehra, Schweidnitzer Stadtgraben 27; Brüssel, August Köster, Rue St. Lazare 48; Chemnitz, Josef Hallbauer; Konstantinopel, Otto Dingler; Havanna, F. C. Schmidt u. Comp.; Calle San Ignacio 66; Hannover, Otto Ehlers; für Hongkong, Shanghai und Yeddo, F. Peil; London, Alfred Longsdon, Crown Buildings Queen Viktoria Street, E. C. Friedrich Krupp (zugleich großes Kontor der Firma, Herr Longsdon ist auch beständiger Prokurist der Gußstahlfabrik und mehr in Essen als in London domiziliert, einer der bedeutendsten Industriellen und Ingenieure Englands); Mainz, Adolf Vogel; München, W. Claußen, Louisenstraße 5; New York, Thomas Prosser & Sohn, Gold Street 15; Paris, H. Haaß (jetzt nicht mehr am Leben), Rue de Provence 65, Friedrich Krupp (Kontor der Firma); St. Petersburg, C. Barth, dritte Rotte Ismailow-Regiment Nr. 16; Stettin, Roderich Grunow; Straßburg, C. Waßmuth; Warschau, H. Somya; Wien, R. Gwinner, Wieden, Heugasse 38. Die Repräsentanten außerhalb Deutschlands haben sich vorwiegend auf den Verkaufsartikel „Kanonen" oder „Artilleriebedarf" zu werfen, wie leicht einzusehen ist; die in deutschen Städten installierten dagegen, da für denselben Artikel nur in Berlin einer nötig sein kann, auf die umfassendere Branche des Eisenbahn-, Schiffs- und Bergwerksbedarfs. Jene haben sich mit den Kriegsministern der Staaten, in denen sie akkreditiert sind, diese mit den Eisenbahn- und Grubendirektionen und den Schiffsrhedern auf vertrauten Fuß zu setzen, wenn sie im Interesse der von ihnen vertretenen Firma und also auch in ihrem persönlichen Interesse thätig sein wollen.

Krupp'sches Ahnenhaus in jetziger Lage, davon links: Uhr und rechts: Schmelzbau.

**Wohnungen der Familie Krupp.** Das kleine, einstöckige, nur vier Zimmer enthaltende Ahnenhäuschen, welches wir im Vordergrunde auf einem der beigefügten Bilder sehen, hat dem Gründer der Fabrik bis zu seinem Ende als Wohnung gedient und auch nach dem Tode des Vaters hat die Familie sich noch lange Jahre damit begnügt. Was hinter dem Wohnhause liegt, war bis zum Jahre 1830 alles, was zur Krupp'schen Fabrik gehörte; erst von da an datiert eine allmähliche Erweiterung und noch im Jahre 1852 ist der Plan des etwa fünfmal vergrößerten Werkes ungemein einfach und als Ganzes unbedeutend, wie sich aus einer noch vorhandenen Zeichnung erkennen läßt. Von da an aber hat ein ununterbrochenes, wenn auch niemals rapides Wachstum stattgefunden. Zum frühen Heiraten hatte Alfred Krupp keine Zeit; er ließ unter unablässigen Sorgen und energischem Streben die reifen Mannesjahre herankommen, ehe er sich zur Gründung einer Familie entschloß. Auch war ihm ja seine Mutter verblieben und ihm dadurch eine geordnete Häuslichkeit gesichert; aber nachdem er den Tod derselben im Jahr 1850 zu beklagen hatte, hätte bei so vielen und großen Sorgen die dauernde Vereinsamung ihn erdrücken müssen. Er schritt nun zum Aufbau einer herrschaftlichen Wohnung, die jetzt noch da ist und „Gartenhaus“ genannt, von ihm persönlich gegenwärtig aber nur selten benutzt wird. Das beigefügte Bild zeigt nur das Herrenhaus; am andern Rande des Gartens liegt noch ein weitläufiges Fremdenhaus mit 70 Fuß hohem Turm.

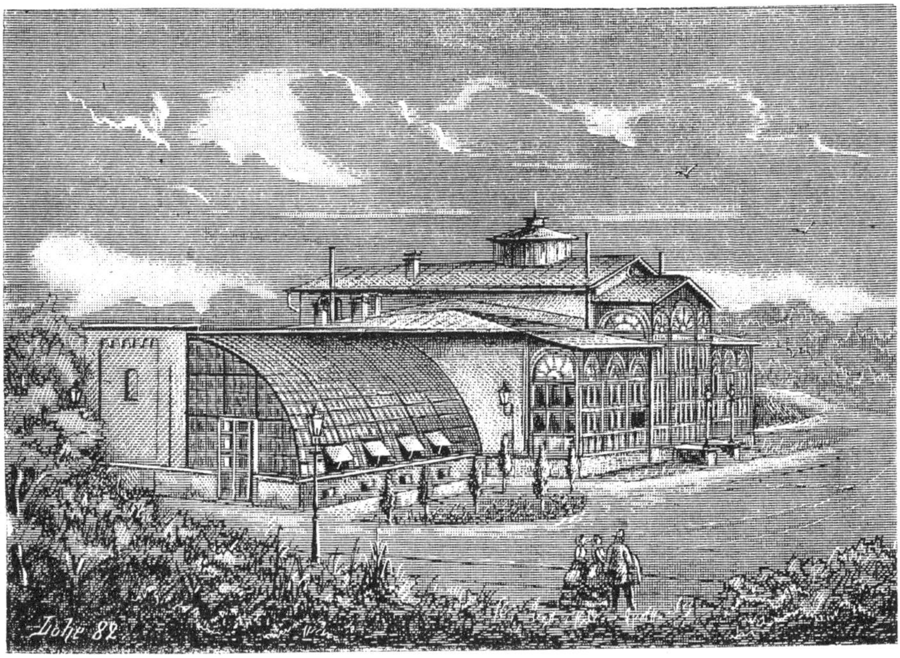

Krupp'sches Gartenhaus im Innern der Fabrik.

Nach der Erbauung des Gartenhauses fand 1853 die Vermählung Alfred Krupps, der nun schon 42 Jahre alt war, mit Fräulein Bertha Eichhoff aus Köln, der Tochter eines dort garnisonierenden Stabsoffiziers, statt. Dieselbe stand im siebzehnten Lebensjahre und war damals eine außerordentlich sylphidische Erscheinung. Jetzt, als Frau in gereiften Jahren, hat sich das Zarte naturgemäß verloren, doch gilt sie immer noch für schön. Geist und Herz sind bei ihr in gleichem Maße zur hohen Ausbildung gelangt. Sie gehört auf alle Fälle zu den gelehrtesten Damen, die es gibt, und das ist auch der erste Eindruck, den man bei ihrem Anblick bekommt. Die Gewohnheit des Studiums hat ihr das beständige Tragen einer blauen Brille auferlegt, die ihr übrigens nicht entfernt zur Unzierde gereicht, wie manchen andern Frauen, und ohne die sie sich ein Bewohner der Essener Gegend kaum vorstellen könnte. Sie ist die Königin der Festlichkeiten, soweit diese rein künstlerische Zwecke verfolgen, also der Oratorien und großen Gelegenheitskonzerte, und wird der Erfolg und der Wert derselben hier immer danach bemessen, ob Frau Krupp anwesend war oder nicht.

Mit dem sich steigernden Rufe der Firma Friedrich Krupp schien das Wohnen innerhalb der Fabrik und des Getöses dem Inhaber derselben zuletzt nicht mehr verträglich, zumal die Raumverhältnisse des Garten- und Fremdenhauses, wenn auch in der Praxis ausreichend, doch immerhin sehr beschränkt, von aller Welt abgeschlossen waren und deshalb nicht mehr dem Stande eines Großindustriellen entsprechend gefunden werden konnten. Deshalb wurde schon zu Anfang der sechziger Jahre von Alfred Krupp mit der Absicht eines Villenbaues ein Komplex von Ländereien im schönen Ruhrthale erworben, der allem Geschäftsgewühl entrückt ist und mit allen Sommersitzen der Monarchen konkurrieren könnte, wenn Geschmack und Mittel sich zur Herstellung eines Herrensitzes vereinigen würden. Es wurde aber zunächst nur ein wenig in die Augen fallendes, niedriges Schloß mit einer Anzahl Nebengebäuden errichtet, über die sich mehrere unschöne Türme im modernen unqualifizierbaren Fabrikstil erheben. Desto mehr Sorgfalt wurde auf die umliegenden Gärten verwendet, und das Ganze hatte doch den Vorzug, erstens das Gartenhaus in Essen weit zu überbieten und dann in der frischen freien Natur am blauen Wasser der Ruhr weitab von allem Dampf und Rauch der Gußstahlfabrik zu liegen. Erst nach 1870 wurde mit dem Bau eines majestätischen Herrenhauses vorgegangen, über dessen Baustil man zwar ebenfalls streiten, dem aber jedenfalls der Vorzug der Großartigkeit und Augenfälligkeit nicht abgesprochen werden kann. Diese Villa „Hügel“ liegt tief im Thale; das hohe Ruhrufer tritt nämlich an dieser Stelle weit zurück und läßt zwischen sich und dem Ruhrwasser ein Flachland liegen, welches in der Mitte eine kleine Erhöhung hat, auf der jetzt das Herrenhaus steht. Das Betreten desselben ist nur wenigen, keinem einzigen aber ohne vorherige telegraphische Anmeldung gestattet. Man gelangt in den Park durch vier Thore, die durch ebensoviele Portiers mit Wächter- und Telegraphenpersonal gehütet werden und von denen nur der an der Ruhr gelegene in der Nähe des Schlosses, die übrigen in zehn Minuten Entfernung davon liegen. Die Portiers haben unter sich telegraphische Verbindung, doch ist ihre Hauptthätigkeit die direkte telegraphische Korrespondenz mit der permanenten Telegraphenstation innerhalb des Herrenhauses. Von letzterer geht eine Leitung nach dem Hauptkontor der Gußstahlfabrik in Essen und mehrere nach den verschiedenen Eisenbahnstationen der Umgegend. Die Besitzung umfaßt den ganzen Halbkreis zwischen Ruhr und dem zurückgetretenen Ufergebirge, doch ist nicht alles dem Publikum verschlossen; nur die eigentlichen Gartenanlagen, freilich ein großes Stück Land, etwa 700 Morgen, sind eingezäunt und zwar abwechselnd mit Latten und mit Planken. An dem Zaun entlang patroulliert beständig ein Feuerwehrmann; ein Führer mit sieben Wehrmännern ist hier beständig stationiert. Neben der Villa Hügel ist im nämlichen Baustile, nur kleiner, ein Fremdenhaus gebaut, das mit dem Herrenhause durch einen bedeckten Gang verbunden ist. Hinter dem Fremdenhause liegen Stallungen, Remisen, Reitbahn (bedeckt und offen) und hinter diesen Nebengebäuden erhebt sich der älteste Schloßbau mit seinen vier oder fünf unschönen, turmartigen Hochbauten. Das neue Herrenhaus erhebt sich wie ein Würfel, und wenn auf dem Dache die „Laterne" (Dachreiter) nicht wäre, und die Fenster von außen weiß verhangen würden, hätte das Ganze von einem riesigen weißen Sandsteinblocke gar kein unterscheidendes Merkmal. Ein hohes Vestibul empfängt den Eintretenden. Rechts und links davon befinden sich Büreaus und Zimmer der persönlichen Beamten und Bediensteten der Familie Krupp, eine Treppe hoch die Zimmer der Herrschaft selbst. Als besondere Merkwürdigkeit befindet sich im Arbeitszimmer des Herrn Krupp ein Spiegel aus poliertem Gußstahl von drei Meter Höhe und zwei Meter Breite — gewiß ein würdiges und treffendes Ausrüstungsstück für einen Gußstahlkönig. Das Schloß wird in ca. fünfzig Schritt Entfernung von einem Laubengang umgeben, der ein Quadrat bildet, dessen vierte Seite fehlt. An den Ecken des Laubengangs stehen Kioske in maurischem Stil. Schloß und Garten, jenseits von der Ruhr begrenzt, werden diesseits eingerahmt vom bewaldeten Ruhrufergebirge, in dessen Schluchten einer tief versteckt das kleine Pulvermagazin des herrschaftlichen Sitzes angelegt ist. Weiter hinauf in dieser Schlucht, auf der höchsten Erhebung der Gegend, steht eine holländische Windmühle; von ihr aus ist das hier beigefügte Bild der Villa nebst Umgebung aufgenommen. Man kann das Areal dieser Privatbesitzung auf 2500 bis 3000 Morgen schätzen. Zwischen dem Kunstgarten und den waldigen Höhen befinden sich ausgedehnte Baumschulen und ein Wildpark, in dem einige Hirsche und ca. zwanzig Rehe sich neben der sorgsamsten Pflege eines Spielraums erfreuen, der ihnen den Verlust der vollen Freiheit kaum fühlbar werden läßt. Nach dem Anblick dieses feenhaften Landsitzes wird jeder gern gestehen, daß sich das Genie Alfred Krupps nicht einseitig auf schwarzverrauchte Hütten- und Schmelzwerke richtet, vielmehr in gleicher Weise landschaftliche Kunst und Schönheit umfaßt.

---

### Das größte Trajektboot der Welt

besitzt die Zentral-Pacific-Kompanie, und zwar vermittelt es den Eisenbahnverkehr an der Mündung des Sacramento in Kalifornien zwischen Port Costa in Benicia. Das riesige Boot führt den Namen „Solano" und ist im stande, einen ganzen Eisenbahnzug über die breite Wasserstraße zu befördern. Seine Länge beträgt 129 m, die Breite $35^1/_3$ m, der Tiefgang bei voller Belastung 2 m, der Tonnengehalt 72,000 Zentner. Die Fortbewegung geschieht mittels zweier Schaufelräder von $9^1/_7$ m Durchmesser. Jedes dieser Räder kann für sich in Umdrehung versetzt werden mittels einer Dampfmaschine von 2000 Pferdekraft. Das Boot hat auf seinem Verdeck Raum für 48 Güterwagen und 2 Lokomotiven.

# Die hydraulische Goldgewinnung.

Als im Jahre 1847 in Kalifornien zum erstenmale Gold in größeren Mengen gefunden wurde, und den ersten glücklichen Bemühungen rasch neue und immer neue Funde folgten, verbreitete sich die Kunde von dem unerwarteten Reichtum mit Blitzesschnelle nicht über den Kontinent Amerika allein, auch in Europa und vorzugsweise in Deutschland erregte die Kunde das größte Aufsehen. Nun entstand ein widriges Hetzen und Treiben und Jagen nach den Schätzen des fernen Kalifornien. Hier war das solang gesuchte und oft erhoffte Eldorado gefunden. Wer nicht in behaglichem Besitztum zu Haus festgehalten wurde, machte sich auf, wenn er nur irgend die allerdings beträchtlichen Reisekosten aufbringen konnte. Abenteurer, Bankrottierer, Betrüger und Spitzbuben aller Art und aller Länder strömten dort zusammen. Die wenigen ehrlichen Leute, die durch irgend einen Umstand mit dem Strome fortgerissen wurden, mußten auch bei Tage mit der Laterne gesucht werden.

Aber San Francisco, die Haupt- und Küstenstadt, wurde eigentlich jetzt erst gegründet. Zwar hatten die Spanier schon 1776 eine Missionsstation daselbst errichtet, die sie Yerba buena, d. h. gutes Kraut, nannten, weil daselbst mancherlei heilkräftige Pflanzen gefunden wurden. Die frommen Franziskanermönche streuten das Geld des Glaubens in die Indianerherzen und 1831, wo die Mission auf der Höhe ihrer Blüte angekommen war, freuten sie sich der Bekehrung von 7000 Rothäuten. Aber die Schätze der Erde blieben ihnen verborgen.

Im Jahr 1848 fiel das nördliche Kalifornien an die Vereinigten Staaten. Diese politische Aenderung, verbunden mit den entdeckten Goldfeldern, brachte den merkwürdigsten Umschwung hervor. Daß die ersten Ansiedler und Goldgräber vorwiegend ohne sittlichen Kern waren, wurde schon gesagt. Sie konnten folgweise auch nicht von sittlichhebendem Einfluß auf die junge Ansiedelung sein. Und wie viele gingen zu Grunde auf dem weiten Landweg vom Osten her durch die unwirtlichen Prärien und die noch unwirtlicheren Gebirge, die kaum erforscht waren; wie viele gingen zu Grunde in den Goldminen oder in den Spielhöllen San Franciscos.

Aber trotzdem wuchs der Staat und die Stadt. Ende 1847 zählte San Francisco nur 459 Einwohner, jetzt über 300,000. Nicht mehr das Gold allein, sondern auch Weizen, Wein, köstliches Obst werden aus dem reichen Boden gewonnen, Landwirtschaft, Industrie, Handel über die ganze Erde erblühten aus den kleinsten Anfängen, und so ist Kalifornien trotz der fraglichen Existenzen, welche den Staat ursprünglich besiedelten, zu einem höchst bedeutenden Glied in der Kette der Unionsstaaten geworden.

Wenn nun auch der Goldreichtum des Landes nicht mehr den einzigen Anziehungspunkt für den Einwanderer bildet, wie dies anfangs der Fall war, so unterläßt man doch natürlich nicht, auch diesen Schätzen nachzuspüren und dieselben soviel wie möglich zu heben.

Aber wie ganz anders ist die Goldgewinnung binnen wenigen Jahrzehnten geworden! Anfangs wurden nur der Sand und die Geröllschichten der Flüsse und Bäche durchwühlt und gewaschen,

Die hydraulische Goldgewinnung.

und der Erfolg war günstig genug, um immer neue Abenteurer herbeizulocken. Dann aber genügte diese einfache Handarbeit nicht mehr. Man spürte dem Golde an seiner ursprünglichen Lagerstatt im Quarze nach, es wurde Bergbau auf goldführenden Quarz betrieben, Maschinen wurden erbaut, um denselben zu zerkleinern und dann das Gold auszuwaschen. Oder es wurden die Quarze geglüht und dann in kaltem Wasser abgelöscht, um die Zerkleinerung und so die Gewinnung des Goldes zu erleichtern.

Jetzt ist an vielen Stellen des Landes, wo goldführende Gerölle und Wasserabsätze oft in sehr beträchtlichen Massen vorkommen, die hydraulische Gewinnung des Goldes mit vielem Erfolg eingeführt worden.

Jede Gasse, jeder kleinere oder größere Wasserlauf kann uns beweisen, daß die festen Teile der Erde einer fortwährenden Veränderung unterworfen sind durch die Einwirkung des als Regen, Schnee ꝛc. herabfallenden Wassers. Diese Veränderungen sind teils mechanischer, teils chemischer Art. In Risse und Spalten auch der festesten Felsen dringt das Wasser ein, das beim Gefrieren sich ausdehnt und Stücke lossprengt; diese werden vom abfließenden Wasser mit fortgenommen, mehr und mehr abgerollt, und die weichsten Bestandteile werden eher zerrieben sein, als die festeren. Alle aber wandern weiter nach den größeren Rinnsalen, die auch wieder auf ihr Bett um so stärker zerstörend und verändernd einwirken, hier abreißend und loslösend, dort anschwemmend, je weicher das Gestein des Bettes ist und je größer die Masse des Wassers und seine Geschwindigkeit, also sein mechanisches Moment ist. Dann folgen wieder Stellen ruhigen Fließens, wo die fortgerissenen Mineralbestandteile sich nach ihrem spezifischen Gewicht absetzen können.

Neben der mechanischen Thätigkeit des Wassers geht aber seine chemische Thätigkeit her. Gleichzeitig mit dem Sauerstoff und der Kohlensäure der Luft wirkt das Wasser durch Bildung neuer chemischer Verbindungen, die weggeführt werden, fortwährend zerstörend auf die Gesteine ein. Feldspat, Glimmer und andere Silikate, die zusammengesetztere Verbindungen bilden, werden dabei leichter verändert als einfachere, wie etwa Quarz oder gar Metalle, die weder durch Wasser, noch durch Sauerstoff, Kohlensäure oder sonst ein Agens verändert werden.

So wird das Gold zwar in größeren und kleineren Partien, wie es sich im Gestein ursprünglich findet, auch mit den übrigen Gesteinstrümmern in den Wasserläufen und ihren mineralischen Absätzen sich finden, aber auf seinem Wege von der ursprünglichen Lagerstatt bis zur Stelle, wo es als Waschgold gegraben und gewonnen wird, kann es durch die Bewegung im Wasser zwar mechanisch abgerieben und zerkleinert, nicht aber chemisch verändert sein.

So ist es auch mit dem Platin und den harten Steinen, die kurzweg als Edelsteine bezeichnet werden, wie Diamant, Rubin, Spinell, Granat ꝛc. Alle diese auf nassem Wege durch Ablagerung entstandenen Lager werden kurzweg S e i f e n genannt, und so spricht man von den Diamantseifen Brasiliens und des Kaplandes, von den Platinseifen des Ural, den Goldseifen Kaliforniens und Australiens ꝛc.

Bei dieser doppelten Wirkung des Wassers spielt die Z e i t eine besonders wesentliche Rolle. Was nicht heute oder in einem Jahr zerstört ist, kann in 100 oder 1000 oder mehr Jahren zerstört sein. „Gutta cavat lapidem, consumitur annulus usu" sagt schon der alte Ovid: Tropfen höhlen den Stein und der Ring zerreibt sich beim Tragen, das beste und kürzeste Beispiel für das, was oft auch kurzweg mit dem „Zahn der Zeit" bezeichnet wird. Nicht die stolzesten Gebäude, nicht die Berge widerstehn demselben. Aber die für dieses Zerstörungswerk erforderliche Zeit wird abgekürzt mit dem Wachsen des mechanischen Momentes des Wassers, und damit kommen wir auf den wesentlichen Teil dessen, was die hydraulische Gewinnung des Goldes ausmacht.

Während die Goldwäscher Kaliforniens in den ersten Jahrzehnten sich mit den oft ärmlichen Wasserläufen begnügen mußten, die sie in der Nähe ihrer Goldseifen vorfanden, und in ihren mühsamen Arbeiten oft lang unterbrochen wurden durch Mangel an Wasser, hat man in neuerer Zeit angefangen, auch von fernher für große Wassermassen zu sorgen, die mit großem Druck an der Stelle ankommen, wo man ihrer bedarf. Sie sind nicht allein dazu notwendig, um das Gold von dem leichteren Gestein zu trennen, sie werden auch dazu benutzt, mächtige Lager von Erde, Sand, Kies und anderem Geröll, das sich früher aus Wasser abgesetzt hatte, nun wieder fortzuschwemmen, um so zu den tieferliegenden goldhaltigen Seifen zu gelangen.

Aber auch diese reicheren Lager werden durch Wasserstrahlen aufgeschwemmt und direkt in die Wäschereien geführt; diese bestehen der Hauptsache nach aus Wasserströmen, die in einfachen Kanälen fließen und in welchen sich dann das Gold vermöge seines hohen spezifischen Gewichts bald absetzt, während das leichtere Gestein weiter geschwemmt wird. Sollten die kolossalen Erdmassen, die da zu bewältigen und abzutragen sind, durch Menschenkraft beseitigt, durch Hacke und Schaufel weggeführt und in die Waschkanäle gebracht werden, so vermehrten sich die Kosten der Goldgewinnung ganz außerordentlich. Ein wohlgezielter Wasserstrahl von genügender Kraft kann aber die Arbeit von hundert Männern verrichten, ganze Hügel bis auf den Grund wegwaschen und sogar Thäler vertiefen, indem die aufgewühlten Massen mit Hilfe von Wasserstrahl-Ejektoren an höher gelegenen Orten wieder abgelagert werden.

Die Wasserkraft, wenn sie in hinreichender Größe vorhanden ist, erspart also nicht nur Tag für Tag in sehr beträchtlicher Menge Arbeitslohn, sondern auch Zeit. Freilich ist dafür Sorge zu tragen, daß auch in der trockenen Zeit des Jahres das Wasser nicht ausgeht.

Aber gerade für Kalifornien sind diese Verhältnisse von besonderer Bedeutung. In zwei ganz verschiedene Teile zerfällt das kalifornische Jahr. Von November bis Mai, in der Regenzeit, sind die wässerigen Niederschläge so häufig und reichlich, daß man annehmen kann, der Regenfall betrage für das ganze Land im Durchschnitt zwanzig Zoll oder über 50 cm. In der übrigen Zeit dagegen ist der Regenfall kaum nennenswert, es müssen also alsdann die Wasserläufe ärmer und ärmer werden und viele der kleineren versiegen schließlich ganz. Da aber der Erfolg der Goldwäschereien ganz und gar von der Menge des verfügbaren Wassers abhängt und von dem Druck, mit welchem dasselbe auf die goldführenden Schichten wirkt, so sind die

Wäschereien gerade in der durch die Temperatur mehr begünstigten Zeit ihres nötigsten Elementes, des Wassers, ganz oder fast ganz beraubt und so an der Arbeit gehindert, wenn nicht besondere Vorkehrungen getroffen sind, den Ueberfluß aus der Regenzeit für den Sommer aufzuspeichern und nutzbar zu verwenden.

Haben wir ein Gebirgsthal zur Verfügung, das von einem kleinen Bach durchflossen wird, und dämmen wir diesen an der engsten Stelle des Thals ab, so wird sich hinter dem Wehr eine größere Menge von Wasser ansammeln und zwar umsomehr, je höher der Damm gebaut wird. So läßt sich der ganze obere Teil des Thals bei hinreichend hohem Damm in einen großen Teich oder See verwandeln, aus welchem nach und nach das Wasser in kleineren, aber für die Zwecke hinreichenden Mengen abgelassen werden kann. Es läßt sich das abfließende Wasser auch durch Röhrenstränge oder offene Kanäle an diejenigen Stellen leiten, wo man seiner bedarf.

Von diesem System der Wasserstauung ist zum Zweck der Versorgung von Städten mit Trinkwasser, oder um die verheerenden Wirkungen von Hochfluten unmöglich zu machen und die untere Thalstrecke auch in der trocknen Zeit gleichmäßig zu bewässern, vielfach Gebrauch gemacht. In Kalifornien hat man dasselbe benützt, um die aufgespeicherten Wassermassen auch in der trocknen Zeit für die Goldwäschereien zu verwenden.

Das Land der Wunder, Kalifornien, kann auch in dieser Beziehung die großartigsten Leistungen aufweisen. Manche dieser künstlich abgedämmten Wasserbehälter bedecken eine Oberfläche von 130 Quadratkilometer und manche Leitungen haben eine Länge von 160 km. Das Bowman-Reservoir, dessen Herstellung 350,000 Dollars gekostet hat, faßt 100 Mill. cbm Wasser. Der Damm eines anderen Behälters hat an einer Stelle eine Höhe von über 10 m und sammelt über 60,000 cbm Wasser an.

Da es wesentlich darauf ankommt, daß das gesammelte Wasser nicht nur reichlich vorhanden ist, sondern auch mit möglichst starkem Druck an der Arbeitsstelle ankommt, so müssen die Behälter so hoch wie möglich liegen. Wir werden sie also vorwiegend auf Hochplateaus oder in hochliegenden Thälern antreffen, gewöhnlich an Stellen, die sonst wenig zugänglich sind. Aber gerade dadurch wird der Bau der Dämme wesentlich erschwert und besonders kostspielig.

Nicht minder ist dies bei den Kanalleitungen der Fall. Diese bestehen entweder aus offenen Gräben, welche in den Boden eingelassen sind, wenn derselbe eine genügende Wasserdichtigkeit besitzt; oft müssen sie auch meilenweit in festes, hartes Gestein eingemeißelt werden, oder es werden Aquädukte aus Holz, Stein und Eisen gebaut oder endlich schmiedeiserne Röhren verwendet. Die offenen Leitungen sind vorzuziehen, sobald der Boden keine zu großen Höhenunterschiede aufweist, sodaß das Wasser mit mäßigem Gefäll gleichmäßig abfließen kann. In gebirgigen Gegenden aber finden Rohrleitungen Verwendung. Die nebenstehende Tabelle zeigt, wie großartig einige dieser Kanäle sind und wie bedeutende Kosten ihre Anlage veranlaßte.

Es ließen sich die Beispiele vermehren, aber die angeführten sind genügende Belege für die Großartigkeit und Kostspieligkeit dieser Anlagen.

Wie groß die sich der Ausführung entgegenstellenden Schwierigkeiten sind,

| Name der Mine | Länge km | Durchschnitt □ m | Kosten Doll. | Gefäll. per km in cm |
|---|---|---|---|---|
| North Bloomfield | 89 | 2,6 | 422,000 | 260 |
| Milton Co. | 161 | 3,6 | 259,000 | 280 |
| Eureka Lake | 29 | — | 430,000 | — |
| San Juan | 70,5 | — | 293,000 | — |
| Hendriks | 75 | 2,0 | 136,000 | 179 |
| La Grange | 32 | 6,8 | 450,000 | 140 |

läßt sich aber nicht daraus ersehen. So ist der in der Tabelle zuletzt angeführte Kanal von 32 km fast ganz in Granit gehauen. Ja mitunter scheint die Ausführung einer Kanal- oder Röhrenanlage an manchen Stellen geradezu unausführbar, aber dem zähen Willen und der Kühnheit der Ingenieure und Arbeiter gelingt es, auch scheinbar Unmögliches möglich zu machen.

Unsere Abbildung zeigt eine der berüchtigtsten kalifornischen Felswände mit senkrechtem Absturz. Die hölzerne Kanalleitung, die von der Miocene Mining Co. an derselben hingeführt und kürzlich vollendet wurde, kann als ein Triumph unermüdlicher Ausdauer angesehen werden. Hier galt es die Leitung über ein, durch eine senkrechte Wand abgeschlossenes Thal zu führen, das in origineller und solider Weise durch Befestigung eines Holzkanals seitlich an der Felswand erreicht wurde. Die Leitung befindet sich etwa 60 m über der Thalsohle und wird auf eine Länge von 146 m allein durch eiserne Träger getragen, welche in 2,5 m Entfernung von einander in der 105 m hohen Felswand eingelassen sind. Wo die Felswand aufhört, geht die Leitung über Gittergestelle von bedeutender Länge weiter. Um die für die Eisenkonstruktion erforderlichen Löcher in die Felswand zu bohren, wurden die Arbeiter von der oberen Kante der Felswand an Seilen herabgelassen. Das Trägergestell des Kanals ist von möglichst einfacher Konstruktion, aber hinreichend stark, um durch die Last nicht verbogen zu werden. Dabei sind die Träger in 60 cm tiefe Bohrlöcher im Fels eingelassen. Der darauf ruhende Holzkanal ist im lichten 1,2 m breit und 0,9 m

Hölzerne Kanalleitung der Miocene Mining Co.

tief. Der abgebildete Teil gehört zu einer Leitung von 54 km Länge; an einer anderen, nicht abgebildeten Stelle hat dieselbe einen Aquädukt von 326 m Länge und 24 m Höhe.

Nicht überall aber sind solche offene Leitungen möglich. An ihre Stelle treten dann Rohrleitungen aus Schmiedeisen, die außerdem noch eine Anzahl von wesentlichen Vorteilen vor den offenen Kanalleitungen gewähren, da man sie ohne großen Druckverlust über Berg und Thal führen kann. Auf einer kurzen Strecke oberhalb der Arbeitsplätze kommen die Rohrleitungen fast regelmäßig in Anwendung, nachdem man die offene Leitung zuerst auf eine möglichst hohe Stelle in der Nachbarschaft geführt hat. Um eine Wasserleitung über breite und tiefe Klüfte zu führen, sind die Rohrleitungen oft das einzige Mittel.

Unsere Abbildung zeigt das Ende einer solchen Rohrleitung am Arbeitsplatz, wo zugleich der Uebergang der offenen Leitung in die Rohrleitung erkennbar ist. Die Röhrenstücke werden aus Eisenblech mit horizontalen genieteten Nähten hergestellt und durch Manschetten verbunden. Um sie gegen das Verrosten zu schützen, werden sie in gelösten Asphalt getaucht. Natürlich hängt die Stärke der Rohrwandung von dem Wasserdruck ab, der sich leicht aus der Höhe des Wasserspiegels über der Rohrleitung berechnen läßt. Bei einer der großartigsten derselben, der Rohrleitung der Cherokee Flat Mining Co. in Yuba City, Kalifornien, liegt die Röhre an zwei Stellen 240 m und 300 m unter dem Wasserspiegel.

Ende einer hydraulischen Leitung an der Arbeitsstelle.

So findet das Wasser seinen Weg von den großen Behältern auf den Bergen oder in den Hochthälern durch Gräben, Kanäle und Rohrleitungen über Berg und Thal, durch Tunnels, an Bergabhängen und Felswänden entlang über Hängebrücken und Aquädukte, in tiefe Schluchten herab- und auf der anderen Seite wieder emporsteigend. Es ist in dem gebirgigen Lande ein Rennen mit Hindernissen fast auf Schritt und Tritt.

Manche derselben sucht man, namentlich bei langen Röhrenleitungen, dadurch zu überwinden, daß Zwischenbehälter je nach den örtlichen Verhältnissen angebracht werden, denn Differenzen in der Strömung können besonders in den Rohrleitungen großen Schaden verursachen.

Wir folgten dem Wasser bis zur Arbeitsstelle. Damit dasselbe mit möglichst großer Geschwindigkeit aus dem Mundstück der Rohrleitung ausfließe, muß natürlich der Druck so stark wie möglich sein. Unsere Abbildungen zeigen das kanonenähnliche Mundstück, aus welchem mit furchtbarer Gewalt ein mächtiger Wasserstrahl hervorschießt. Das ganzseitige Bild (S. 297) ist eine solche Anlage mit einem Mundstück älterer Konstruktion, zu dessen Führung offenbar ein großer Kraftaufwand erforderlich ist, denn bei Schwankungen macht sich dasselbe Schlagen wie bei den Mundstücken der Schläuche an Dampffeuerspritzen bemerkbar.

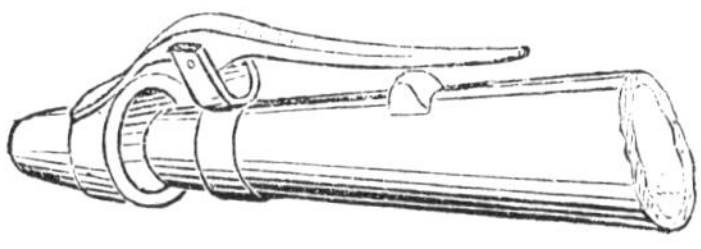

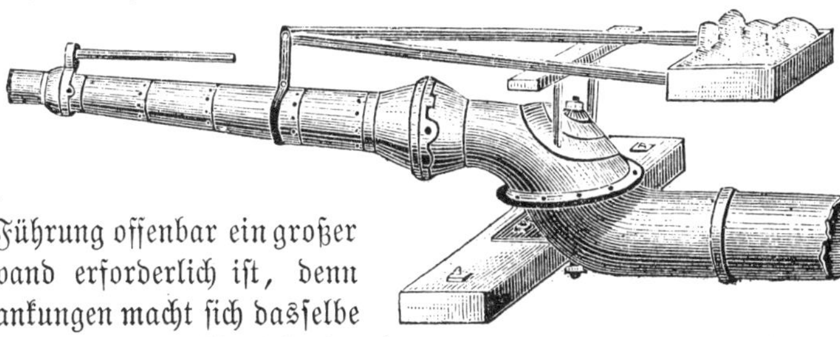

Morey & Sperry's Mundstücke für Wasserleitungen in Goldminen.

Obenstehende Figuren zeigen die Mundstücke in verbesserter Konstruktion, bei welchen die Kraft des gedrückten Wassers selbst zum Führen benutzt wird, so daß der Wasserstrahl leicht an die gewünschte Stelle geworfen werden kann. Die Mundstücke haben zwei Gelenke, von welchen das eine eine Drehung in senkrechter, das andere eine solche in wagerechter Richtung möglich macht. Die Gelenke sind durch Ledereinsätze wasserdicht gemacht. Die Auf- und Abwärtsstellung des Wasserstrahls wird durch Gegengewichte bewirkt, welche in einen Kasten gelegt werden, der mit dem vorderen Teile des Rumpfstücks im Gleichgewicht gehalten wird.

Die Balancierstange ruht mit ihrem mittleren Teile auf einer Querleiste, welche sich mit dem Mundstück zugleich in der Horizontalebene dreht. Seither war diese horizontale Drehung nur mit Hilfe eines langen Hebelarmes und mit großer Kraftanstrengung zu erreichen, während sie mit der neuen, in unsern Figuren abgebildeten Konstruktion außerordentlich leicht zu erreichen ist. Auf dem vorderen Ende des Mundstücks ist ein beweglicher Röhrenabschnitt aufgesetzt, welcher in seiner normalen Stellung den Wasserstrahl frei durchläßt, da er einen größeren Durchmesser als das Ende des Mundstücks hat. Dieser Röhrenabschnitt ist an dem vorderen Ende eines Hebels angebracht, der sich leicht so stellen läßt, daß der Ansatz schräg und exzentrisch zum Mundstück zu stehen kommt und daher auf der einen inneren Seite von dem Wasserstrahl getroffen wird. Hierdurch übt dieser einen seitlichen Druck auf den Ansatz und dreht ihn mit dem ganzen

Mundstück in seiner Richtung in der Horizontalebene. Sobald das Mundstück in der gewünschten Stellung angekommen ist, wird der Ansatz wieder in die Achse des Mundstücks eingestellt, worauf der Wasserstrahl konstant in der gewünschten Richtung verbleibt. Da nun der Erfolg eines Wasserstrahls auf eine wegzuspülende Schicht zum großen Teil von einer geschickten Einstellung derselben abhängt, so leuchtet ein, daß diese Vorrichtung, welche ein leichtes und schnelles Richten des Strahls ermöglicht, für die praktischen Arbeiten in den Goldwäschereien von großer Bedeutung ist.

Beim Arbeiten in tiefliegenden Thälern oder in Schachten, wo das Wasser keinen natürlichen Abfluß nach einer tieferen Stelle finden kann, hat man bisher Pumpwerke für das Wasser und Elevatoren für die Gangart oder lange tiefe Gräben, Tunnels und dergleichen nötig gehabt. Jetzt wird aber auch da der direkt wirkende Wasserstrahl verwendet, indem derselbe Ejektoren oder Strahlapparate in Thätigkeit setzt, welche nicht nur das Wasser, sondern auch die aufgewühlte Gangart aus den Gruben emporfördern.

Die Ejektoren werden in der Tiefe, wo sich das zum Abschlemmen benutzte Wasser mit der Gangart ansammelt, horizontal aufgestellt. Der Apparat, der keine beweglichen Teile hat, besteht aus einer Anzahl ineinandergesteckter Trichter, durch welche ein Wasserstrahl von einem höher gelegenen Behälter geführt wird. Dieser reißt das abzuführende Wasser und die losgeschwemmte Gangart mit sich fort und treibt sie in das nach oben führende Ableitungsrohr. Sobald die festen mitgerissenen Bestandteile einmal in dem dichten Ableitungsrohr angekommen sind, nehmen sie an der Bewegung des Wassers teil und kommen erst beim Ausfluß desselben zur Ruhe. Hierbei findet eine weitere Trennung und Zerkleinerung der Gangart statt und wird dadurch die darauffolgende Arbeit des Waschens wesentlich erleichtert.

Der Ejektor selbst und das Ableitungsrohr sind natürlich besonders in ihren unteren Teilen einer ziemlich starken Abnutzung durch Reibung der Steine an den inneren Wandungen unterworfen. Die Röhren sind daher aus zwei Halbröhren zusammengesetzt, von denen die untere stärker ist und nach vollständiger Abnutzung durch ein anderes neues Stück ersetzt werden kann.

Mit einem Wasserdruck von 30 m über dem Ejektor ist man mit der geschilderten Einrichtung im stande, Wasser und Gangart aus der Grube bis zu 3 m Höhe, mit 60 m Druck auf 6,6 m Höhe und mit 90 m Druck auf 12 m Höhe zu heben.

Auch bei dem schließlichen Goldwaschen spielt das Wasser eine Hauptrolle, doch kommt es dabei weniger auf hohen Druck, als auf ein geeignetes Gefälle an, damit eine möglichst vollkommene Trennung des schweren Goldes und des leichteren, vom Wasser weitergeführten Sandes und Gerölles stattfinde.

Sonderbarerweise hat sich gerade diese eigentliche Arbeit beim Goldwaschen so gut wie gar nicht vervollkommnet und steht noch auf dem uralten, schon in den frühesten Zeiten und bei den unkultiviertesten Völkern verwendeten Prinzip der Scheidung nach dem verschiedenen spezifischen Gewicht des Goldes und der Gangart.

Das Amalgamationsverfahren in Verbindung mit dem Waschen wird nur unter besonderen Umständen verwendet, namentlich bei armer Gangart mit sehr kleinen und platten Goldkörnern. Auch ist diese Methode viel teurer als das einfache Auswaschen des Goldes. Noch weniger verwendet man bis jetzt in Kalifornien das Chlorextraktionsverfahren, mit welchem man in Europa, auch in Deutschland, mit so großem Erfolge die ärmsten goldführenden Erze nutzbringend zu behandeln versteht und sehr beträchtliche Mengen von Gold gewinnt, die früher geradezu verloren waren.

Die großartigen Anlagen zur Wasserzuführung nach den Goldwäschereien Kaliforniens wären wahrscheinlich unausführbar geblieben, jedenfalls aber nur unter viel größeren Geldopfern zur Vollendung gebracht worden, wenn nicht die geschickten, ausdauernden und genügsamen chinesischen Arbeiter in großer Menge zur Verfügung gestanden hätten.

Schon während des Goldfiebers, das 1848 und 1849 in Kalifornien ausbrach, kamen einzelne Chinesen in das Land, sondierende Vorposten, die blutarm kamen und mit mäßigen Reichtümern wieder abzogen. Direkte Schiffverbindung Kaliforniens mit China bestand noch nicht, und so konnten auch den ersten chinesischen Pionieren keine größeren Nachschübe folgen. Anders war es, als mit der industriellen Hebung des Goldlandes der Seeverkehr in rascher Steigerung sich mehr und mehr ausbreitete. 1852 kamen größere Mengen der langzopfigen, schlitzäugigen Herren und bis zu 1877 waren deren über 150,000 im Westen der Vereinigten Staaten, die nichtgerechnet, die lebend oder tot wieder in ihre Heimat zurückgekehrt waren. Ihre Anstelligkeit, die Möglichkeit, sie zu jeder Arbeit zu verwenden, am Waschtrog, am Setzkasten, im Stall oder in der Werkstatt, oder sonstwo, ihre Genügsamkeit, ihre große Arbeitskraft bei geringen Ansprüchen machten, daß sie gern gesehene und gesuchte Arbeiter waren. Anders gestaltete sich die Sache bei noch größerem Anwachsen ihrer Zahl. Sie waren für die meisten Arbeiten eine nicht zu bewältigende Konkurrenz und stetig stieg die Erbitterung der weißen Rasse gegen die gelbe, „das gelbe Fieber", wie die Chinesen in Kalifornien geheißen wurden. Man erkannte zwar ihre Vorzüge an, suchte aber eifrig nach ihren schlechten Seiten, vergrößerte diese ins Ungeheuerliche.

Die gelbe Rasse wird die weiße vollständig verdrängen, sagte man. Aber der Chinese betrachtet den Aufenthalt in der Fremde nur als einen vorübergehenden; sobald er die nötigen Mittel erworben hat, um daheim leben zu können, kehrt er zurück. Ein geordnetes Familienleben außerhalb seiner Heimat kennt er nicht; das Auswandern von Frauen ist in China verboten und daher die verschwindend kleine Zahl von Chinesinnen der verworfensten Sorte in San Francisco, wo doch in einem besonderen Viertel etwa 30,000 Chinesen leben.

Die weitere Folge ist, daß der Chinese nicht mit der anderen weißen Bevölkerung verschmelzen, in derselben aufgehen kann; er bleibt bis zum Tod Chinese in Sprache, Kleidung, Sitten und Anschauung. Er ist auch bei der reichlicheren Einnahme in der Fremde genügsam und sparsam, selbst geizig wie in der Heimat, und daß er das eingenommene Geld nicht weiter rollen läßt, ist der bitterste Vorwurf, der ihm gemacht wird. Seine religiöse Gleichgültigkeit, die von manchen Seiten besonders betont wird, mag nicht größer sein, als bei den meisten der sogenannten christlichen Amerikaner. Nur sein Neujahrstag im Februar ist ihm ein hoher Festtag, und daß der Chinese dann nicht nur gut ißt und ein frohes Leben führt, sondern auch seine Bücher abschließt und seine Schulden bezahlt, zeigt, daß er in diesem Punkte besser und gewissenhafter ist, als viele seiner weißen Brüder. Und daß Heimatliebe und Familiensinn in hohem Grade entwickelt ist, kann man in San Francisco jeden Sonntag sehen, wo der Chinese an den Gräbern seiner Lieben reiche Opfer bringt. Nur provisorisch sind sie daselbst beerdigt, nach Verwesung des Fleisches kehrt jeder wieder in die Heimat zurück, und jedes Schiff, das von Kalifornien nach China fährt, birgt solche Fracht. Aber solange er in fremdem Boden ruht, vergeht kein Sonntag ohne Opfer seiner Verwandten.

Um den Chinesen von der Küste Amerikas zurückzuschrecken und so die gefährliche Konkurrenz zu beseitigen, hat man verschiedene Mittel versucht. Eins der drastischen war, daß jedem Untersuchungsgefangenen das Haar, also dem Chinesen der Zopf abgeschnitten wurde. Der dadurch erduldete Schimpf hat trotzdem keine Wirkung hervorgebracht.

Kürzlich (Ende April 1882) ist ein Gesetz angenommen worden, welches den Chinesen auf zehn Jahre die Einwanderung in die Vereinigten Staaten verbietet. Zwar werden dadurch bestimmte Verträge zwischen China und der Union umgestoßen, aber die Furcht vor einer fortgesetzten Völkerwanderung von Westen nach Osten über den stillen Ocean war zu groß, um sich an eine solche Kleinigkeit, wie der Bruch eines Völkervertrages, zu stoßen.

Die Probezeit von zehn Jahren wird lehren, ob die Staaten der Union, ob namentlich Kalifornien mit seinen Bergwerken und Goldwäschereien und seiner ausgedehnten Industrie in derselben Weise sich weiter entwickeln und stetig aufblühen kann, wie seither mit Benutzung der fleißigsten, geschicktesten und genügsamsten Arbeiter, der Chinesen.

---

### Der europäische Postverkehr

hat innerhalb der letzten sechs Jahre um rund 600 Millionen Briefe und Postkarten zugenommen. Die Anzahl der im Jahre 1880 aufgelieferten Briefe, Postkarten, Drucksachen und Zeitungsnummern beträgt zusammen nicht weniger als 5,843,000,000 und zwar 3,151,000,000 Briefe, 416,000,000 Postkarten, 884,000,000 Drucksachen, Warenproben 2c. und 1,383,000,000 Zeitungsnummern. Es entfallen somit im Durchschnitt auf jeden Einwohner 18,5 Stück und zwar 11,3 Briefe und Postkarten und 7,2 Drucksachen. Deutschland nimmt hinsichtlich der Anzahl der auf jeden Bewohner entfallenden Postsendungen die sechste Stelle ein. Denn es entfielen auf einen Einwohner in Großbritannien und Irland 48,2, in der Schweiz 46,1, in Belgien 35,5, in Frankreich 29,5, in den Niederlanden 29,5, in Deutschland 28,7, in Oesterreich 16,0, in Italien 13,4, in Schweden 12,6, in Ungarn 7,6, in Rußland (mit Finnland) 2,6, in Rumänien 1,5, in Serbien 0,7, und in Bulgarien 0,3 Postsendungen. Die Summe der auf Deutschland entfallenden Postsendungen betrug 1,294,875,000 Stück und zwar 576,685,000 Briefe, 141,556,000 Postkarten, 125,316,000 Drucksachen und Warenproben, 451,318,000 Zeitungsnummern. — Auf Amerika dürften jährlich ca. 1300 Millionen, auf Asien 200 Millionen, auf Afrika 12 Mill. und auf Australien 40 Millionen Briefe und Postkarten entfallen. Rechnet man die Bevölkerung des Erdballs zu 1400 Millionen Menschen, so ist die mittlere Korrespondenzzahl etwa 3,6 Briefe und Postkarten jährlich per Kopf.

---

### Ein Alarmthermometer

von sehr zweckmäßiger Einrichtung hat sich Hofmechaniker Th. Finger in Koblenz patentieren lassen. Der Apparat besteht aus einem gewöhnlichen Quecksilberthermometer, in welchem die Quecksilbersäule oben einen magnetischen Stahlstift trägt und durch ihr Steigen und Fallen vorschiebt. An einer neben dem Thermometer befindlichen Stange ist ein Kästchen mit einer Magnetnadel parallel der Thermometerröhre verschiebbar, so daß letzterer stets von der Magnetnadel berührt wird. An der untern Seite des Kästchens befindet sich ein Zeiger, während oben in das Innere desselben ein isolierter Kontakt hineinragt. Zeiger und Kontakt berühren zwei Metallstreifen, die mittels zweier Klammschrauben mit den Leitungsdrähten verbunden sind. Wird nun der Zeiger auf irgend einen Grad der Thermometerskala eingestellt, so muß, sobald der Stift die betreffende Höhe erreicht hat, die Nadel vom negativen Pol des Stiftes zurückgesetzt werden. Sie berührt einen der Kontakte, der Strom wird geschlossen und die Alarmglocke ertönt.

---

## Fertig zur Abfahrt!

Mit diesen Worten führt uns der Künstler auf dem prächtigen Titelbilde, welches den vorliegenden Band des „Neuen Universums“ schmückt, einen deutschen Bahnhof vor, unter dessen glasbedeckter Halle ein Eisenbahnzug des Momentes der Abfahrt harrt. Der Führer der Maschine benutzt die kurze Zeit, um rasch noch etwas Oel in die Büchsen zu geben, damit die Kolbenstangen sich nicht warm laufen, während der Bahnhof-Inspektor sich mit dem Zugführer unterhält. Es ist Abend; aber die elektrischen Lampen strahlen aus der Höhe ein scharfes, helles Licht herab, gegen dessen grellweiße Erleuchtung der gelbliche und rote Schein der Laternen vor der Lokomotive scharf absticht. Man hört oft von der nüchternen Alltäglichkeit unserer modernen Dampfverkehrsmittel sprechen, im Gegensatz zur Poesie der dahingeschwundenen Zeit mit ihren Postschnecken und staubigen Kaleschen. Nichts ist unwahrer als diese Deklamation! Höchst unpoetisch und überaus langweilig, von ertötender Einförmigkeit, war die Transportgelegenheit der guten alten Zeit; reizvoll und poetisch ist dagegen die heutige Fahrt auf den Flügeln des Dampfes. Mit der Sonne um die Wette schmettert das Dampfroß auf den eisernen Schienen daher; Häuser und Bäume, Wälder und Triften sausen rechts und links an uns vorbei; jetzt donnert der mächtige Wagenzug auf gewaltiger Eisenbrücke über einen tiefen Abgrund, über Felsen und Klüfte, gleich darauf saust er in das Innere eines Berges, um nach wenigen Minuten auf der entgegengesetzten Seite des Tages Licht wieder zu erreichen. Ein schriller Pfiff — und das mächtige Dampfroß steht still, einem leisen Drucke seines Führers gehorsam. Aber Zeitverlust, Ruhe, gibt es hier nicht! Ein Glockenschlag, dann abermals ein schriller Pfiff der Lokomotive und weiter geht es auf der eisernen Bahn! Und überall rechts und links, an allen Wegübergängen, an allen Weichen und allen Stationen, sind Menschen aufgestellt, deren Aufmerksamkeit nur auf den dahinbrausenden Zug gerichtet ist, welche die eiserne Wegebahn des schnaubenden Ungetüms sorgsam überwachen, daß kein Unheil denen drohe, die der Dampf auf seinen mächtigen Fittigen davonführt. Wahrlich nicht nur ein Stück Poesie, sondern noch mehr: ein Triumph des Menschengeschlechts über die Naturkräfte wird uns in dem Eisenbahnzuge, der da fertig zur Abfahrt steht, vorgeführt und so wünschen wir ihm denn glückliche Fahrt und uns selbst, wenn wir mitreisen!

## Juvets Zeitglobus.

Schon längst ist man darüber einig, daß zum richtigen Verständnis und zum vollen Begreifen von mancherlei Dingen das wirkliche Sehen, die Anschauung von höchstem Wert und Nutzen, ja durchaus eine Notwendigkeit ist. — Jeder Unterricht, besonders aber jeder naturwissenschaftliche ohne Anschauung ist ein Unding. — Diese Thatsache fällt namentlich recht überwiegend ins Auge bei den Hilfsmitteln des geographischen Unterrichtes: Karten und Globen. Besonders letztere geben ein anschauliches Bild von der Erde, die wir bewohnen, von der Sphäre des Himmels, welche uns umgibt. Mit Hilfe der Erdgloben oder Nachbildungen der Erdkugel erreichen wir eine deutliche Vorstellung von der ganzen Erdoberfläche, von der Gestalt der Länder und Meere, sie gewähren eine Ansicht sowohl von ihrer Lage zu einander, als auch von ihrer relativen Größe, und zeigen die Lage der bedeutendsten Orte in denselben.

Juvets Zeitglobus.

Die Himmelsgloben oder künstlichen Himmelskugeln veranschaulichen die Sternbilder mit den wichtigsten Sternen in ihrer richtigen Lage zu einander.

Allein welch großer Unterschied zwischen diesen Gegenständen älterer Zeit und denen der Gegenwart.

Zu welch hohem Grade der Vervollkommnung man seit der Erfindung der Erdgloben, was ums Jahr 580 v. Chr. durch Anaximander geschehen sein soll, in der Herstellung derselben gelangt ist, zeigt der vor einigen Jahren von dem Schweizer Louis Paul Juvet, jetzt zu Canajohorie in Nordamerika, konstruierte Zeit-Globus, welcher auf der Weltausstellung zu Philadelphia die höchste Anerkennung gefunden hat und für Europa und Amerika patentiert ist.

Die Kugel selbst ist aus einem neuen Material hergestellt, ebenso hart und glatt wie Stahl, jedoch unempfindlich gegen Temperatureinflüsse, besonders Hitze, Kälte und Feuchtigkeit. Im Innern derselben ist ein Chronometeruhrwerk angebracht, welches die Kugel in 24 Stunden einmal um ihre Achse dreht. Ueber dem Nordpol befindet sich ein Zifferblatt in Verbindung mit dem Meridianringe, welcher zum Messen der geographischen Breiten in

Grade eingeteilt ist und zugleich als Halter des ganzen Instrumentes dient, wie aus der Abbildung zu ersehen ist.

Während das Zifferblatt die gewöhnliche Ortszeit angibt, kann die Zeit in anderen Teilen der Erde am Aequator-Zifferblatt direkt abgelesen werden, es ergibt sich demnach auch sofort der Zeitunterschied an den verschiedenen Orten der Erde. Die Erdachse wird durch einen Pfeil gebildet, dessen Federende als Uhrschlüssel für das im Innern befindliche Uhrwerk dient.

Die Länderkarte ist äußerst sorgfältig und genau ausgeführt, sie enthält alles, was man nur wünschen kann. Es befindet sich auf derselben auch die durchschnittliche Winter- und Sommer-Temperatur der verschiedenen Länder, durch blaue und rote Linien verzeichnet; weiße Linien veranschaulichen die Strömung der Ozeane 2c. Man kann mittelst einfacher Rechnung durch die Bewegung der Kugel die Größe der Länder und Meere berechnen. Eine große Anzahl von Aufgaben aus der praktischen Astronomie, der mathematischen und physikalischen Geographie, lassen sich mit Hilfe des Globus auf eine leichte mechanische Weise lösen.

Derselbe zeigt thatsächlich eine Erde en miniature in Bewegung und Stellung während des Tages und der Nacht.

Auf die gesamte technische wie künstlerische Herstellung ist die größte Sorgfalt verwendet, und wird dieser Globus in verschiedener Ausstattung und Größe von 30—75 cm Durchmesser ausgeführt.

Zum Schluß sei hier noch bemerkt, daß die geographisch-artistische Anstalt von E. Schotte in Berlin Globen, besonders Reliefgloben liefert, die ebensowohl in der sorgfältigsten, elegantesten, wie dauerhaften Ausführung, als auch in Hinsicht des wissenschaftlichen Wertes alle Anerkennung beanspruchen dürfen. Dieselben lassen hinsichtlich Klarheit und vollständiger Darstellung nichts zu wünschen übrig und haben auf der Weltausstellung zu Paris ungeteilten Beifall gefunden. Die Schöpfungen dieser Anstalt auf dem Gebiete geographischer Anschauungsmittel haben bereits einen Weltruf erlangt, und sind dieselben nicht nur in ganz Deutschland, sondern auch in Frankreich, Rußland und auch in überseeischen Ländern von den namhaftesten Autoritäten mannigfach rühmlichst anerkannt worden.

## Ein Eisenbahn-Velociped.

Beistehende Illustration gibt ein gutes Bild von einem Gefährt, welches wohl geeignet ist die Draisinen zu verdrängen, deren sich Eisenbahn- und Telegraphenbeamte bei ihren offiziellen Inspektionsreisen zunächst noch bedienen, wenn sie die „Strecke“ zu befahren haben. Dieses von der Firma Gro. Sheffield u. Cie. zu Three Rivers im Staate Michigan fabrizierte Eisenbahnvelociped ist bereits von vielen der größeren Bahnverwaltungen in den Vereinigten Staaten angeschafft worden und wird von denselben in Bezug auf Schnelligkeit und bequeme Handhabung sehr gelobt und empfohlen. Die Firma war von den Vorzügen des Gefährtes so fest überzeugt, daß dieselbe einem Dutzend der größten Eisenbahnkompanien je eins zur Probe überschickte; und der Erfolg zeigte, daß man sich nicht verrechnet hatte. — Die Einrichtung ist aus der Figur ersichtlich. Um eine bedeutende Geschwindigkeit zu ermöglichen, ist der von Hand und Fuß zugleich bewegte Kurbelmechanismus nicht direkt mit dem Hinterrad verbunden, sondern es ist ein Zahngetriebe eingeschaltet. Eine gute Bremsvorrichtung wird mit dem unteren Griffe gehandhabt.

Gestell und Räder sind von Holz, so daß die ganze Vorrichtung nicht mehr wie 125 Pfund wiegt. Dies ermöglicht es, eine durchschnittliche Geschwindigkeit von 8—10 (engl.) Meilen in der Stunde mit Bequemlichkeit zu erreichen, ja im Notfalle kann man auf gewisse Zeit eine solche bis zu 18 Meilen fertig bringen. Mr. Sheffield hat wenigstens in zwei Fällen eine Strecke von 30 Meilen in 1 ³/₄ Stunden zurückgelegt.

Der Arm, welcher das leergehende Rad hält, kann (zum Transport) abgeschraubt werden.

Das Eisenbahn-Velociped.

# Inhalts-Uebersicht.

## 1. Länder- und Völkerkunde.



## 2. Verkehrswesen.



## 3. Industrie.



## 4. Technik, neue Apparate, Maschinen, Bauwerke ꝛc.

## 5. Militärwesen, Marine, Aeronautik.



## 6. Physik und Chemie des täglichen Lebens.



## 7. Geologie und Witterungskunde.



## 8. Naturgeschichte.

Seite

## 9. Geschichte der Wissenschaft und Technik.



## 10. Statistisches.



## 11. Vermischte Mitteilungen.

# Namenregister.